Rudolf Langthaler / Michael Hofer (Hg.)

Selbstbewusstsein und Gottesgedanke

Ein Wiener Symposion mit Dieter Henrich
über Philosophische Theologie

Wiener Jahrbuch für Philosophie, Band XL / 2008

Wiener Jahrbuch für Philosophie

begründet von Erich Heintel †

Herausgegeben von Rudolf Langthaler und Michael Hofer

Wissenschaftlicher Beirat:

Michael Benedikt (Wien), Klaus Dethloff (Wien),
Klaus Düsing (Köln), Karen Gloy (Luzern),
Jens Halfwassen (Heidelberg), Hans-Dieter Klein (Wien),
Wolfgang Marx (Bonn), Erhard Oeser (Wien),
Johann Reikerstorfer (Wien), Wolfgang Schild (Bielefeld),
Wolfdietrich Schmied-Kowarzik (Kassel), Wilhelm Schwabe (Wien),
Violetta Waibel (Wien)

Band XL / 2008

Rudolf Langthaler / Michael Hofer (Hg.)

Selbstbewusstsein und Gottesgedanke

Ein Wiener Symposion mit Dieter Henrich über Philosophische Theologie

Wiener Jahrbuch für Philosophie, Band XL/2008

BRAUMÜLLER

Gedruckt mit Unterstützung des
Bundesministeriums für Wissenschaft und Forschung
sowie der Kulturabteilung der Stadt Wien,
Wissenschafts- und Forschungsförderung.

Bibliografische Information Der Deutschen Bibliothek

Die Deutsche Bibliothek verzeichnet diese Publikation in der
Deutschen Nationalbibliografie; detaillierte bibliografische Daten
sind im Internet über http://dnb.ddb.de abrufbar.

Printed in Hungary

Alle Rechte, insbesondere das Recht der Vervielfältigung und Verbreitung
sowie der Übersetzung, vorbehalten. Kein Teil des Werkes darf in irgendeiner Form (durch Fotokopie, Mikrofilm oder ein anderes Verfahren)
ohne schriftliche Genehmigung des Verlages reproduziert oder unter
Verwendung elektronischer Systeme gespeichert, verarbeitet,
vervielfältigt oder verbreitet werden.

© 2010 by Wilhelm Braumüller Universitäts-Verlagsbuchhandlung Ges.m.b.H.
A-1090 Wien
http://www.braumueller.at

ISBN 978-3-7003-1692-3
ISSN 0083-999X

Basisdesign für Cover: Lukas Drechsel-Burkhard
Druck: Prime Rate

Inhalt

Vorwort 7

Dieter Henrich
Selbstbewusstsein und Gottesgedanke 9

Ulrich Barth (Halle/Saale)
Subjektivität und Gottesgedanke 23
Dieter Henrich zu Ulrich Barth
Wie ist Subjektivität zu begreifen?. 54

Konrad Cramer (Göttingen)
Bemerkungen zu einer These Dieter Henrichs
in seinem Gottesbeweisbuch von 1960 81
Dieter Henrich zu Konrad Cramer
Der ontologische Gottesbeweis, Beweisgrund und Faszination 96

Dietrich Korsch (Marburg)
Dieter Henrichs ontologischer Gottesgedanke,
seine Kontexte und Konsequenzen 109
Dieter Henrich zu Dietrich Korsch
Die Genesis von Grundgedanken 119

Jörg Dierken (Hamburg)
Selbstbezug und Alterität
Subjektivität zwischen Individualität und Intersubjektivität
und der Gottesgedanke – im Gespräch mit Dieter Henrich 133
Dieter Henrich zu Jörg Dierken
Das Absolute als Grund im bewussten Leben 147

Christoph Jamme (Lüneburg)
„Trennungen, in denen wir denken und existieren" 163
Violetta L. Waibel (Wien)
„zu fehlen und zu vollbringen dem Götterähnlichen" 175
Dieter Henrich zu Christoph Jamme und Violetta L. Waibel
Hölderlin über Seyn und die Dynamik des Lebens 201

Klaus Müller (Münster)
Gedanken zum Gedanken vom Grund 211
Dieter Henrich zu Klaus Müller
Über das Endliche im Absoluten 228

Raimund Litz (Köln)
Abgrund All-Einheit
Anmerkungen zu einer dunklen Dimension der „monistischen Denkform"... 251
Dieter Henrich zu Raimund Litz
Komplexionen und Wechselbeziehungen im Absoluten 275

Johann Reikerstorfer (Wien)
Zu einem subjekttheoretischen Universalisierungsangebot
im interreligiösen Verständigungsprozess 291

Dieter Henrich zu Johann Reikerstorfer
Hoffnung und Sammlung des Lebens................................ 306

Hinweise zu den Autoren 313

Vorwort

Es ist nicht zu übersehen, dass das Thema „Religion" in vielerlei Hinsicht gegenwärtig auch Gegenstand philosophischen Nachdenkens ist. In auffälliger Spannung dazu steht der Sachverhalt, dass die Philosophische Theologie hingegen offenbar weithin als ein philosophisch obsolet gewordenes Themenfeld eingeschätzt wird, das allenfalls von philosophiehistorischem Interesse sei. Der Befund Hegels scheint sich also auch für die Gegenwart in eigentümlicher Weise zu bestätigen – nämlich, dass wir „heutigentags nur von Religion sprechen hören, nicht Untersuchungen finden, was die Natur Gottes, Gott in ihm selbst sei".

Diesbezüglich stellt das Denken von Dieter Henrich zweifellos eher eine Ausnahme dar, hat er doch, wie kaum ein anderer Philosoph der Gegenwart, auch die Möglichkeit und den Anspruch einer „Philosophischen Theologie" – vor allem im Kontext des Deutschen Idealismus – zum Gegenstand seines philosophischen Denkens gemacht. Es war den Herausgebern dieses Bandes deshalb eine besondere Freude, dass Dieter Henrich die Einladung zu einem kleinen Symposium im März 2008 über einschlägige Themen an der Katholisch-Theologischen Fakultät der Universität Wien angenommen hat.

Die überarbeiteten Beiträge zu diesem Symposium und die zum Teil sehr umfangreichen Repliken, in denen Dieter Henrich Verdeutlichungen und Weiterführungen seiner Gedanken unternimmt, werden nunmehr in diesem Band dokumentiert. Ein erstmals auf Deutsch veröffentlichter Text von Dieter Henrich über „Selbstbewusstsein und Gottesgedanke" wird dabei vorangestellt, von dem auch die Diskussionen bei jenem genannten Wiener Symposium ihren Ausgang nahmen. In recht unterschiedlich akzentuierter Anknüpfung daran werden sodann auch wesentliche Entwicklungen und Stationen seines diesbezüglichen Denkweges nachgezeichnet und eingehend diskutiert.

Unser Dank gilt natürlich in erster Linie Dieter Henrich – nicht zuletzt auch für die große Mühe, die er mit seiner so ausführlichen Replik auf die einzelnen Beiträge auf sich genommen hat. Ebenso danken wir den Teilnehmern für die lebendigen Diskussionen bei jenem Wiener Symposium sowie für die nochmalige Überarbeitung der Beiträge.

In ganz anderer Weise gilt unser Dank der Gedächtnisstiftung Peter Kaiser (Vaduz) – Fürstentum Liechtenstein sowie der Universität Wien, die das Symposium in finanzieller Hinsicht ermöglichten.

Mit diesem jetzt vorliegenden Band 40 übernehmen wir die Herausgeberschaft des Wiener Jahrbuches für Philosophie von Hans-Dieter Klein. Ihm danken wir für die langjährige Herausgeberschaft, die er selbst von Erich Heintel, dem Begründer des Wiener Jahrbuches für Philosophie, nach dessen Emeritierung übernommen hat.

Für die künftige Gestaltung des Wiener Jahrbuches für Philosophie ist eine besondere Änderung vorgesehen: Für die einzelnen Jahrgangs-Bände sind jeweils Schwerpunktthemen geplant, daneben soll es weiterhin auch thematisch ungebundene Beiträge geben, der Rezensionsteil soll im Wesentlichen unverändert bleiben.

Die Herausgeber
Rudolf Langthaler und Michael Hofer

Dieter Henrich

Selbstbewusstsein und Gottesgedanke*

1.

Heute Abend soll ein philosophischer Gedanke in einer Folge von Schritten ausgearbeitet und weiter entwickelt werden. Er betrifft zwei Gehalte, die beide für das Nachdenken der Menschen von der größten Bedeutung sind: Das Wissen, das Menschen von sich selbst haben, so dass sie aus ihm heraus ihr Leben führen können, und welche Gedanken sie zu fassen vermögen von dem Grund alles dessen, was sie sind und was ihnen begegnet. Wir gehen von der Frage aus, wie diese beiden Gehalte, das Selbstbewusstsein und der Gedanke von Gott, einander zuzuordnen sind. Wenn man dieser Frage nachdenkt, werden sich für das Selbstbewusstsein und auch für den Gottesgedanken nähere Bestimmungen ergeben. Schließlich soll eine Zuordnung beider zueinander erreicht werden, im Anschluss an die eine Verständigung über das menschliche Leben gewonnen werden kann, welche auch in Menschen eine Resonanz finden könnte, die in der von Aufklärung und Technik geprägten Welt leben. Wir bedürfen wohl einer solchen vertieften Verständigung. Denn der überkommene Gottesgedanke ist in dieser Welt aus vielen Gründen unter Verdacht gestellt, wobei diese Gründe von einer durch den Naturalismus inspirierten Skepsis bis zu den Erfahrungen reichen, die mit einem religiösen Fanatismus gemacht werden mussten, der sich mit moderner Technologie auszurüsten weiß.

Dass Selbstbewusstsein und Gottesgedanke etwas miteinander gemeinsam haben, lässt sich schon daran erkennen, dass mit beiden gleichermaßen eine Perspektive auf größte Allgemeinheit verbunden ist. Alles, was immer gedacht wird, wird von einem Subjekt gedacht. Umgekehrt haben alle Gedanken eines Subjektes in diesem Subjekt einen einigen Bezugspunkt. Der Mensch ist der eine Denker aller seiner Gedanken. Dem entspricht, dass Gott als der eine Grund von ausnahmslos allem gedacht wird, was wirklich ist. Die Begründungsart, im Denken und im Wirklichen, und das Begründete sind in beiden Fällen verschieden. Aber die Ausschließlichkeit von einem in Beziehung auf alles haben beide miteinander gemeinsam.

Doch aus eben diesem Grunde kann man zwischen beiden auch einen Gegensatz erkennen – eine Konkurrenz um den Platz eines allererstens, alle anderen beherrschenden Gedankens. Selbstbewusstsein kann mit Selbstbestimmung assoziiert werden. Darum kann es zum Prinzip des Prometheus, also des Aufstands gegen die Herrschaft der Götter werden. So hat die moderne Philosophie damit überzeugt, dass sie ihre Ethik vom Prinzip der Freiheit aus entwickelte und die Regeln, die den Menschen verpflichten, aus der inneren Verfassung dieser seiner Freiheit begründet hat. Die Gesetzestafel, die Moses seinem Volke brachte, war dagegen ein Gottesgeschenk, das Gottes Willen offenbar machte. Und auch das Naturgesetz, dem zu folgen die stoischen Weisen lehrten, war als göttlich sanktioniert gedacht worden.

Aber der Gedanke von dem einen Gott, der in seinem Kern leicht zu definieren ist, nimmt doch, sobald man ihm weiter nachdenkt, außerordentliche Züge an. Sie unterscheiden ihn grundsätzlich von den alten Göttern, den Unsterblichen, die mit den Menschen umgehen und sich mit ihnen vermischen konnten. Er ist nicht nur unsterblich, sondern unendlich und kann deshalb nicht wie irgendein Endliches gedacht und verstanden werden. Das ist die Voraussetzung dafür, dass in Beziehung auf diesen Gedanken viele andere Gedanken in Bewegung kommen können. Es soll sich zeigen, wie dabei auch das Verhältnis des Gegensatzes und des Ausschlusses zwischen dem aktivischen Selbstbewusstsein und dem Gottesgedanken zur Auflösung kommt.

Diesen Weg hat schon der Evangelist Johannes eingeschlagen. Er sagt lapidar: ‚Niemand hat Gott je gesehen'. Es gibt jedoch eine Weise, seiner versichert zu sein. Denn: ‚wer in der Liebe bleibt, der bleibt in Gott und Gott in ihm'. Dem zufolge ist in einer Beziehung von Menschen zueinander die Wirklichkeit des einen Gottes zu erfahren. Damit ist auch die aktivische Bemühung darum, sich diese Liebe zu bewahren, nämlich in ihr zu ‚bleiben', in das Wirken des einen Gottes einbezogen. Oftmals hat die Kirchenlehre, die aus der griechischen Philosophie inspiriert war und die zugleich über sie hinausdrängte, Gedanken formuliert, die erst sehr viel später in die Form einer philosophischen Theorie überführt werden konnten. Die Worte des Johannes enthalten einen von ihnen.

René Descartes ist der Philosoph gewesen, der am Beginn der Moderne die Aufhebung des Gegensatzverhältnisses zwischen Selbstbewusstsein und Gottesgedanken auch in der Theorie vorbereitet hat. Er hat beiden Gedanken zugleich, und ihnen beiden auch ausschließlich, eine Schlüsselbedeutung für die Begründung alles Wissens zugeschrieben. Damit hat er die nachfolgende Philosophie daraufhin orientiert, in noch anderer Weise, als er selbst es tat, aus der Sonderrolle beider Gedanken philosophischen Gewinn zu ziehen – nämlich nicht nur auf ihnen aufzubauen, sondern diesen Aufbau mit dem Versuch zu verbinden, die höchst eigentümliche innere Verfassung von beiden verständlich werden zu lassen. So können auch wir zu eigenen Gedanken über das Verhältnis beider Prinzipien gelangen, indem wir zunächst an den Gedankengang Descartes erinnern.

Um sich einer Erkenntnis, die gegen alle Skepsis immun ist, zu versichern, nutzt Descartes das Selbstbewusstsein und dann den Gottesgedanken in zwei aufeinander folgenden Stufen. Auf beiden Stufen ist es eine ausgezeichnete Eigenschaft, die beide gemeinsam haben, kraft deren über sie die Sicherung auch von allem anderen Wissen gelingt: Wenn ich an mich selbst und wenn ich an Gott denke, so unterhalte ich jeweils einen bestimmten Gedanken. Jeglicher Zweifel besteht darin, dass ich unsicher bin, ob dem, was ich denke, in der Wirklichkeit etwas entspricht. Im Falle des Selbstbewusstseins kann ein solcher Zweifel aber gar nicht aufkommen, im Falle des Gottesgedankens kann er nicht aufrechterhalten werden, wenn man den Gottesgedanken erst einmal richtig verstanden hat.

Man kann wohl im Falle des Zweifels noch daran zweifeln, ob wohl der eigene Zweifel authentisch und tiefgehend genug ist, um ohne Vorbehalt als Zweifel gelten zu können. Aber auch der, der so zweifelt, weiß doch mit Sicherheit, dass es einen solchen Zustand gibt, den er Zweifel nennen möchte und den er nicht ganz durchschaut. Und ebenso weiß er sicher, dass da einer wirklich existiert, der sich in einem solchen Zustand befindet, und dass er selbst derjenige ist, der den Zustand kennt und der sich auch das Wissen von diesem Zustand selbst zuschreibt.

Diese Weise von Wissen ist nicht nur immun gegen allen Zweifel, sondern auch so alltäglich, dass man ohne weiteres davon ausgehen kann, dass jeder Mensch immer im Besitz eines Wissens von solcher Art ist. Denkt man über dies Wissen nach, dann gerät man vor ihm aber ins Erstaunen. Es scheint, dass sich dies Erstaunen nur entweder durch eine ganz triviale oder durch eine höchst subtile Erklärung der elementaren Tatsache des Selbstbewusstseins auflösen lassen würde. Descartes selbst bemühte sich weder um die eine noch um die andere Art der Erklärung. Sein einziges Ziel war es, die Skepsis niederzukämpfen, und er sah, dass ihr über das Selbstbewusstsein nur wenig Terrain abgerungen war, so dass er also weiter vorankommen musste. Im Selbstbewusstsein ist nur gewiss, dass es einen gibt, der ich selbst bin, solange ich zweifle und über meinen eigenen Zweifel nachdenke. Die Verlässlichkeit der gesamten Wissenschaft ist dagegen erst dann begründet, wenn man von allem Wirklichen einsieht, dass verlässliches Wissen von ihm gewonnen werden kann. Das aber scheint erst dann gelingen zu können, wenn man von der Wirklichkeit eines Grundes alles anderen Wirklichen eine Erkenntnis erreicht, die keinem Zweifel unterliegen kann.

Um das zu erreichen, muss gezeigt werden, dass der Gedanke von Gott durchaus kein *bloßer* Gedanke sein kann, dem gar nichts Wirkliches entspricht, so dass es sogar hieße, einen Widerspruch zu begehen, wenn man den Gottesgedanken als lebensdienliche oder auch als lebensfeindliche Fiktion zu demaskieren versucht. Um einen Beweis zu gewinnen, der so weit führt, hat Descartes einen Gottesbeweis neu formuliert und wieder in Kraft gesetzt, den die Theologen über Jahrhunderte kritisiert und nicht mehr gebraucht hatten. Er geht auf Anselm von Canterbury zurück. Kant hat ihm später den Namen ‚ontologischer Gottesbeweis' gegeben. Diesem Beweis zufolge ergibt sich aus der bloßen Erwägung des Gehaltes des Gedankens von Gott die Gewissheit von Gottes Wirklichkeit.

Dieser Beweis ist seiner Form nach mit keinem anderen zu vergleichen, und auch deshalb ging von ihm immer eine besondere Faszination aus. Er kann in mehreren Versionen geführt werden. Die eine argumentiert dahingehend, dass Gott, in dem doch das Vollkommenste gedacht wird, eine Art von Defekt zugeschrieben werden müsste, wenn ihm die Existenz vorenthalten würde, was darauf hinausliefe, einen Widerspruch zu begehen. Die andere argumentiert, dass es für den Gedanken von Gott charakteristisch ist, dass die Wirklichkeit Gottes gewiss nicht durch einen Zufall oder durch eine von ihm verschiedene Ursache eintreten könnte. Gott muss also als notwendiges Wesen gedacht werden. Was aber als notwendig zu denken ist, dessen Nichtexistenz ist eben deshalb undenkbar.

Man hat diesen Beweisen entgegengehalten, dass so nur eine Existenz in einem Gedanken, nicht die wirkliche Existenz bewiesen werden könne. Diesen Einwand hat der Mathematiker Descartes aber entschieden zurückgewiesen: Wenn Zwei mal Zwei gleich vier ist, dann kann man nicht sagen, dies sei nur in unserem Denken, nicht in Wirklichkeit so. Wenn also im Gedanken von Gott seine Existenz mitgedacht werden muss, dann muss man ihn eben als wirklich existierend denken. Folglich kann man an seiner Existenz gar nicht mehr zweifeln.

Diese Argumentation war so kraftvoll vorgetragen, dass sich die bedeutendsten Denker für lange Zeit von ihr überzeugt fanden. Ihre Kritik konnte darum nicht mehr an der Schlussfolgerung selbst ansetzen. Sie wendete sich statt dessen ihrer Voraussetzung, dem Gottesbegriff selbst zu. So wurde in Beziehung auf die zweite Variante des Beweises, die auch die stärkste ist, die Frage gestellt, ob sich denn der Begriff von einem notwendigen Wesen so deutlich machen lässt, dass es möglich wird, von ihm her irgendeine schlüssige Folgerung zu entwickeln. Sollte der Gedanke von einer notwendigen Existenz, die selbstgenügsam ist und nichts anderes Existierendes voraussetzt, für sich schon in ein Dunkel hineinziehen, dann verlieren auch alle Folgerungen, die von ihm ausgehen, jeglichen Halt.

Der Gedanke von einem selbstgenügsamen Grund alles Wirklichen ist aber auch kein Produkt von Willkür oder einer aus dem Ruder gelaufenen Phantasie. Die rationale Nachfrage nach einer Erklärung, die immer weiter zurücktreibt, produziert aus sich selbst heraus einen letzten Horizont, bei dem die Nachfrage ihre definitive Befriedigung finden würde. Das bedeutet jedoch nicht, dass die Prädikate, welche diesen Gedanken konstituieren, etwas anderes als Grenzbegriffe sind. Als Grenzbegriffe eignen sie sich nicht dazu, Grundlage für den Aufbau von Schlussketten zu sein, die von ihnen ausgehen. Der Gottesgedanke selbst könnte ein solcher Grenzbegriff sein. Und aus dem dunklen Gedanken einer notwendigen Existenz könnte der deutlichste Hinweis darauf hervorgehen, dass er wirklich so verstanden werden muss.

2.

Descartes hatte seine Begründung der Verlässlichkeit des Wissens auf zwei Säulen aufruhen lassen, auf dem Gottesgedanken und auf dem Selbstbewusstsein. Von der Verbindung dieser beiden Prinzipien miteinander geht nun offenbar eine Aussicht auf noch eine andere Art der Begründung aus. Man erkennt das an der Anziehungskraft dieser Kombination, die mit einer negativen Antwort auf die Frage nach der logischen Beweiskraft des ontologischen Gottesbeweises offenbar noch gar nicht in sich zusammenfällt. Sie muss sich wohl daraus erklären, dass dem Menschen der Gedanke von Gott im Zusammenhang mit seiner Beziehung zu sich selbst und seinem eigenen Leben noch anderes bedeutet als ein Beweisprogramm von unvergleichlicher Schlüssigkeit. Dem philosophischen Gehalt, der dieser Überzeugung zugrunde liegt, wollen wir nun nachgehen.

Im Aufbau von Descartes' Beweis hat das Selbstbewusstsein gegenüber dem Gottesgedanken einen Vorrang. Er ergibt sich nicht nur daraus, dass die Vergewisserung aus ihm der aus dem Gottesgedanken vorausgeht. Auch die Evidenz der Vergewisserung von Wirklichkeit, die aus ihm gewonnen wird, ist von anderer Art. Im Gedanken von Gott muss sich ein Prädikat finden, das ich nur zu denken brauche um einzusehen, dass es mir unmöglich ist zu denken, Gott existiere nicht. Wer aber den Ich-Gedanken vollzieht, hat keinen Gehalt im Sinn, den er analysieren müsste, um seiner eigenen Existenz gewiss zu sein. Was der Ausdruck ‚ich' meint, lässt sich gar nicht verstehen, ohne dass er von einem gedacht wird, der mit diesem Gedanken auf sich selbst Bezug nimmt. Was der Gedanke besagt und dass er aktuellen Bezug auf Wirkliches hat, lässt sich durch keine Abstraktionsleistung voneinander separieren. Insofern ist die Wirklichkeit des Bezugs auch nicht in dem Gedanken eingeschlossen, sondern schon vorausgesetzt, indem der Gedanke gefasst wird.

Mit den Mitteln der philosophischen Analyse lässt sich dieser Unterschied leicht ein Stück weit aufklären: Das hinweisende Pronomen ‚ich' gibt nicht einem normalen Gedankengehalt Ausdruck. Es dient nur dazu, auf den zu verweisen, der gerade irgendwelchen Gehalten Ausdruck gibt. Insofern muss man ‚ich' und ‚Gott', sei es als Ausdruck, sei es als Gedanke, nach ganz verschiedenen Mustern verstehen. Über den Unterschied der mit ihnen verbundenen Existenzannahmen braucht man sich deshalb gar nicht zu wundern. Doch auch damit ist die Vorrangstellung der Selbstbeziehung vor dem Gottesgedanken nicht etwa außer Kraft gesetzt. Die Attraktionskraft in der cartesianischen Verbindung des Selbstbewusstseins mit dem Gottesgedanken bleibt gleichfalls unbegriffen und übt gerade so immer noch ihre Wirkung aus.

Um ihr weiter nachzugehen, haben wir im Gang unsrer Überlegungen eine neue Wendung zu vollziehen. Das Selbstbewusstsein und der Gottesgedanke ergänzen sich in der cartesianischen Beweisfolge. Unter einem anderen Gesichtspunkt stehen beide aber auch in einer Konkurrenz zueinander. Sind doch beide Gedanken von etwas Allbefassendem. Für mich gibt es keinen Gedanken, der nicht mein Gedanke wäre. Und denke ich Gott, so denke ich etwas, in dem jegliches ohne Ausnahme seinen Ursprung hat.

Denke ich von mir aus, so ist der Gottesgedanke von mir gedacht und dann möglicherweise auch nur ausgedacht. Denke ich von Gott aus, dann muss auch all mein eigenes Denken als in ihm begründet erscheinen. Das Widerspiel zwischen diesen beiden Gedanken von einem, das alles einbegreift, muss also wohl irgendeine Auflösung finden. Die einfachste von ihnen wäre die Preisgabe eines der beiden Einheitssinne – auf der einen Seite die Auflösung meines eigenen Selbstseins, die einer buddhistischen Grundlehre entspräche, auf der anderen ein Atheismus aus selbstbewusster Freiheit. Die Attraktionskraft der cartesianischen Koordination von Selbstbewusstsein und Gottesgedanke legt es aber nahe, solchen Lösungen nachzugehen, die Gottesbezug und menschliche Selbstbestimmung in eine innere Verbindung miteinander bringen können.

Für Descartes war sein ontologischer Gottesbeweis eine Beweisführung nach dem Muster der Mathematik: Man macht sich deutlich, was in einem Formbegriff zu denken ist, und zieht auf Grund von Schlussregeln Folgerungen aus ihm. Der Gottesgedanke lässt sich in der gleichen Weise deutlich machen – mit der Folge, dass die Existenz Gottes außer Frage steht. Für Descartes hat also der Gottesbeweis mit dem Selbstbewusstsein des Menschen so wenig zu tun wie irgendeine andere beliebige mathematische Demonstration – abgesehen einzig davon, dass er die zweite Säule in der Widerlegung der Skepsis ist. Aber auch dann, wenn man dieser Erklärung des Gottesbeweises zuneigt, vergeht doch das Erstaunen darüber nicht, dass es mir überhaupt möglich ist, über Gottes Existenz rein nur aus der Betrachtung eines Gedankens von Gott heraus zu einer Gewissheit zu kommen.

Auf den staunenswerten Erfolg der Idee von einem Existenzbeweis, der von jedem Bezug auf irgendetwas Existierendes absehen wollte, kann man mit Überlegungen wie diesen reagieren: Muss es sich letztlich nicht von Gott selbst her verstehen, wie seine Existenz im Denken der endlichen Wesen zu erschließen ist? Und ergibt sich nicht daraus etwas über mich selbst, mein Denken und die Beziehung dieses Denkens insgesamt zu Gott, dass sich in diesem meinem Denken eine Gewissheit über Gottes Dasein erschließt, die auch nur aus ihm selbst heraus zu gewinnen ist? Zwischen mir und Gott muss in der Vermittlung meines Denkens eine ganz besondere Beziehung in Kraft sein, wenn es denn überhaupt verständlich soll werden können, wieso ein Beweis der Existenz Gottes wie der des Descartes möglich ist oder auch nur hat konzipiert werden können.

Für Descartes selbst erklärt sich freilich die Kraft seines Gottesbeweises daraus, dass er eine quasimathematische Demonstration ist. Und doch hat sein Beweis etwas gemeinsam mit der Gottesgewissheit, nach der die Mystik strebt. Der Mystiker findet Gott im Grunde seiner Seele. Er findet ihn dort nicht als einen anderen als der, welcher er selbst ist, sondern so, dass seine Seele Gott und dessen Wirken nicht nur zugehörig ist, sondern dass sie in ihnen ganz und gar aufgeht. Man darf nicht meinen, eine solche

Erfahrung ließe sich nur unabhängig von allem Denken machen, also als reine Intuition verstehen. Denn Selbstbewusstsein und was wir meinen, wenn wir Gott sagen, sind nur von denkenden Wesen und in Gedanken zu fassen. Was aber dem Mystiker aufgeht, ist doch auch als Gedanke von noch anderer Art als die Schlussfolgerung in einer Beweisführung – nämlich etwas, das unmittelbar die gesamte Lebensführung des seiner selbst bewussten Menschen berührt und prägt. Aus der Intimität der Zuordnung von Selbstbewusstsein und Gottesgedanke muss man deshalb letztlich auch die Faszination verstehen, die von dem ontologischen Gottesbeweis ausgegangen ist und auch heute immer noch ausgeht.

Damit ist die Zuordnung von Selbstbewusstsein und Gottesgedanke, die zunächst eine Beweisstrategie ergeben hatte, in eine viel weiter ausgreifende Perspektive hineingerückt. Aber sogar der philosophische Kerngedanke, auf dem diese Perspektive aufruht, muss nun allererst noch ausgearbeitet werden. Dass wir dabei noch am Anfang stehen, ergibt sich aus zwei Desideraten. Aus dem, was schon ausgeführt worden ist, lassen sie sich leicht herausheben und verdeutlichen: Zum einen ist der ontologische Gottesbeweis, der einen deutlichen Gedanken von einem notwendigen Wesen voraussetzt, trotz aller Faszination nicht schlusskräftig. Sein Grundkonzept, das sich so vieles verspricht, bedarf also einer Stützung durch eine anders angelegte Gedankenführung. Zum anderen ist der Gottesgedanke zum Selbstbewusstsein bisher nur als eine von zwei Säulen einer Beweisstrategie und als einer von zwei Gedanken zugeordnet worden, die in gewisser Weise alles implizieren. Wie aber verhält sich der Gottesgedanke zum Selbstbewusstsein selbst? Wie verhält sich, als was ‚Gott' gedacht wird, zu der eigenen Verfassung des Selbstbewusstseins, von dem her alle Gedanken und auch der Gottesgedanke als meine Gedanken gedacht werden müssen und können? Bei Descartes kann man keinen Ansatz zu einer Antwort auf solche Fragen finden. Wir müssen uns also einen eigenen Weg hin zu einer Position bahnen, von der aus sich eine Antwort auf sie absehen lässt.

3.

In ihrem Leben, das sie im Bewusstsein von sich selbst und kraft dieses Bewusstseins von sich führen, wissen sich die Menschen in vielerlei Weise als Abhängige. Sie sind ungefragt von anderen Menschen ins Dasein gebracht worden; sie waren über lange Zeit gänzlich hilflos und sie bleiben der Gefährdung und der Hinfälligkeit ihres Körpers sowie dem Glück und der Ungunst vielgestaltiger Verhältnisse ausgesetzt. Wenn sich der Mensch über alle diese Abhängigkeiten erheben kann, so in seinen Gedanken und dann auch in seinem Handeln, sofern sich sein Handeln über Gedanken organisiert.

Es ist sein Selbstbewusstsein, in dem alle diese Gedanken einen einzigen Bezugspunkt haben. Denn sie müssen alle miteinander vereinbar sein, um allesamt als die Gedanken eines und desselben Denkers gedacht werden, um von ihm zugleich *als* seine eigenen Gedanken unterhalten werden zu können. Auch plötzliche Einfälle können deshalb nicht ohne einen Anteil der ordnenden Aktivität zustande kommen, die im Selbstbewusstsein des Menschen verankert ist. Indem der Mensch aus seinem Selbstbewusstsein heraus nicht nur seine wirklichen Gedanken zusammenfügen kann, sondern auch, wenn auch unbestimmt, auf alle ihm möglichen Gedanken voraussieht, lebt er in einer Antizipation eines großen Ganzen, das sich ihm doch niemals zur Gänze wirklich erschließt. Es ist jenes Ganze, das wir Natur oder auch Welt nennen. Aus all dem scheint zu folgen, dass das Selbstbewusstsein der Zentralpunkt ist, der den Menschen nicht in all seiner Abhängigkeit, sondern in seiner Aktivität und dann auch in seiner Freiheit definiert. In jedem Satz, in dem ich zu erkennen gebe, dass ich einer Auffassung bin oder etwas beabsichtige, wird das ‚ich' mit dem besonderen Akzent gebraucht, der ihn als dieses Aktivitätszentrum anzeigt.

Aber nun müssen wir doch auch fragen: Was ist das Selbstbewusstsein selbst – was ist seine innere Verfassung und wie lässt sie sich verstehen? Diese Fragen führen noch weiter über Descartes Horizont hinaus, als es bereits die Frage nach einer strukturellen Beziehung zwischen Selbstbeziehung und Gottesgedanke getan hat. Erst vor gut zweihundert Jahren hat man begonnen, auch solche Fragen zu stellen, obwohl doch das Selbstbewusstsein eine der geläufigsten Tatsachen des menschlichen Lebens ist. Was uns am vertrautesten ist, scheint sich eben auch am meisten von selbst zu verstehen. Noch mehr gilt dies für alles, was darüber hinaus ganz einfach zu sein scheint und worüber wir meinen, von uns aus verfügen zu können.

Oberflächlich betrachtet sind wir es wirklich selbst, die Selbstbewusstsein hervorbringen. Wenn ein Mensch in seine Gedanken versunken ist, so hindert ihn nichts daran, sich dessen bewusst zu werden, dass es seine Gedanken sind, die ihn okkupieren. Er kann, wie man sagt, auf sich als den Denker reflektieren. Doch dieser Ausdruck besagt selbst schon, dass der seiner selbst bewusste Denker so nicht etwa überhaupt erst hervorgebracht wird. Er bringt nur sein latentes Selbstbewusstsein durch die Reflexion auf es in den Focus seiner Aufmerksamkeit, und er muss von sich wissen, wenn er den Akt der Reflexion vollzieht. Dieser Akt kann, wie gesagt, aus der Aktivität des Denkers bewirkt werden. Aber er kann sich nicht durch diese oder durch irgendeine andere Aktivität zu dem Denker werden lassen, dessen Denken vom Selbstbewusstsein her organisiert und das von einem unbeachteten Selbstbewusstsein auch immer begleitet ist.

Wenn in diesem ursprünglichen Selbstbewusstsein also zumindest ein Teil der Quelle der Aktivität des Denkers gelegen ist, wenn es aber nicht sein eigenes Erzeugnis sein kann, dann könnte dies Selbstbewusstsein vielleicht ein ganz einfacher Zustand sein, über den folglich auch nichts weiter zu sagen und herauszufinden wäre. Man braucht aber diese Option nur zu erwähnen, um sogleich einzusehen, dass sie unmöglich zutreffen kann. Denn auch diesem unreflektierten Selbstbewusstsein müssen wir doch immer einige Gedanken zuschreiben, die von erheblicher Komplexion sind. Wer seiner selbst bewusst ist, der unterscheidet sich damit von anderen Subjekten. Er weiß des Weiteren, dass es ganz andere Gedanken gibt als die, welche er gegenwärtig unterhält. Und er weiß, dass er derselbe bleibt, wenn er sich auf irgendwelche andere Gedanken einlässt. Mit dem Selbstbewusstsein sind also Individualität und Identität und zudem das Wissen von beiden verbunden. Dies alles macht eine in sich geschlossene Einheit aus, ist aber gewiss nichts Einfaches.

Alles, was nicht selbst erzeugt ist, und was nicht, so wie Gott, mit Notwendigkeit existiert, muss aus einem Grund hervorgehen, der von ihm verschieden ist und der ihm insofern vorausliegt. Ist das Begründete ein Komplex, so muss ihm ein Grund vorausgehen, der eine für diese Komplexion adäquate Kapazität des Gründens hat. Wir müssen also einen komplexen Grund denken, der dem Selbstbewusstsein vorausgeht. Er muss sich von dem unterscheiden lassen, was durch Selbstbewusstsein allererst ermöglicht wird. Alles, was unser Leben zu einem bewussten Leben macht, dependiert vom Selbstbewusstsein und also auch von dem Grund, aus dem es hervorgeht. Man sieht daraus, dass man im Nachdenken über den Grund unseres Lebens in Gedanken von hoher Komplexion hineingezogen werden muss.

Die größte Schwierigkeit, in die sich dies Nachdenken verwickelt, ergibt sich aber daraus, dass der Grund des Selbstbewusstseins auch der Grund für beides sein muss: dass die Selbstbeziehung als solche überhaupt eintritt und dass sie sich in einem Subjekt *durchhält*. Wir versuchten zwar zu denken, dass sich dies alles durch die Aktivität der Reflexion erklären lässt. Doch die setzt offenbar das Selbstbewusstsein schon voraus. In der Natur kann man viele Selbstbeziehungen beobachten, etwa, wenn ein Strom sich seinen Lauf bahnt. Doch Selbstbewusstsein lässt sich nicht beobachten. Und nirgends in der Natur fällt, wie im Selbstbewusstsein, eine Selbstbeziehung mit dem Wissen von ihr, und zwar notwendig, zusammen.

Ich habe lange über die verwickelten Probleme nachgedacht, in die man auf diesem Wege hineingezogen wird. Dabei bin ich genötigt worden, noch einen Schritt weiter als Fichte zu gehen. Fichte hat als erster eine Philosophie konzipiert, von der man sagen darf, dass sie ganz und gar von dieser einen Problematik beherrscht gewesen ist. Er hat während seines ganzen Lebens versucht, eine Erklärung für die Möglichkeit der Selbstbeziehung im Wissen zu finden. Ich selbst bin aber nach vielen Gedankenexperimenten zu dem Ergebnis gekommen, dass alle solche Versuche vergeblich sind. Unser Denken und unser gesamtes bewusstes Leben vollziehen sich im Selbstbewusstsein. Das kann es uns verständlich machen und annehmbar werden lassen, dass es keine Rekonstruktion des Selbstbewusstseins im und aus dem Denken geben kann. Dennoch müssen wir einen Grund voraussetzen, aus dem die Komplexion im Selbstbewusstsein, und zwar samt seiner Selbstbezogenheit, hervorgeht. Aber wir können diesen Grund nicht als eine Erkenntnisaufgabe für die Forschung identifizieren, weil schon die Form des Selbstbewusstseins selbst ein durch keine Analyse weiter aufzulösendes Faktum ist.

Damit ist eine neue Konstellation von Voraussetzungen etabliert, auf der nunmehr alle Überlegungen zum Verhältnis von Selbstbewusstsein und Gottesgedanke aufzubauen haben. Heute muss es nun noch darum gehen, einen Aufriss dieser Konstellation in wenigen Zügen mitzuteilen.

4.

Von seiner Vernunft, die in seinem Selbstbewusstsein verankert ist, wird das Nachdenken des Menschen in zwei Richtungen gelenkt – auf das Ganze der Wirklichkeit, in der er sich findet, und auf den Grund seines eigenen Lebens. Die Richtungen verhalten sich gegenläufig zueinander: Einerseits greift sein Denken von seinem Zentralpunkt auf alles, was er erfährt und erfahren kann; andererseits wendet es sich sich selbst zu und in das eigene Leben dessen zurück, der dies Leben im Wissen von sich führt. Wenn der Grund seines bewussten Lebens in Frage steht, dann ergibt sich auch in der Art der beiden Nachfragen ein Gegensatz. Denn die Welt als Natur ist Gegenstand der Erkenntnis. Die Verfassung seines Selbstseins entzieht sich aber, nach der eben formulierten These, sogar einer analytischen Erklärung. Umso mehr kann auch deren Grund kein Gegenstand der Erkenntnis sein.

Und doch müssen zuletzt die gegenläufigen Ausgriffe des Denkens zusammengeführt werden. Denn die Erkenntnis der Wirklichkeit und ein Gedanke vom Grund des bewussten Lebens können nicht in offener Konkurrenz einander gegenüberstehen bleiben. Denn beide sind im Selbstbewusstsein verwurzelt. So unterliegen beide dem Prinzip von Einheit, das zusammen mit dem Selbstbewusstsein als erstem Einheitsprinzip des bewussten Lebens in Geltung gesetzt ist.

Betrachten wir zunächst jenes Denken, das sich einer Welt zuwendet, sich also sozusagen, nach außen gewendet vollzieht. Wir können dann sehen, dass sich in ihm die Orientierung auf Einheit hin in drei Weisen auswirkt. Alles, was dem Menschen begegnet, wird im Zusammenhang einer einzigen Welt erfahren. Doch soll auch verstanden werden, wie in dieser Welt Einzelnes mit einzelnem zusammenhängt und wie einzelnes aus anderem einzelnen hervorgeht. Um diese Zusammenhänge zu verstehen, muss sich das Erkennen immer weiter von der Weise entfernen, wie einzelnes zunächst und im Alltag des Lebens erfahren wird. Die Einheit der Welt verwandelt sich so zur Einheit einer physikalischen Theorie, in der das Zusammenspiel verschiedener Gesetze beschrieben wird. Sie regeln das Eintreten von Ereignissen unter Bedingungen, die sich von dem grundsätzlich unterscheiden, was unter Alltagsbedingungen beobachtet werden kann. Zwischen dieser subatomaren Natur und allem, was mit dem Menschen in seinem Selbstbewusstsein erschlossen ist, lässt sich allenfalls ganz indirekt eine Verbindung erreichen – also über viele Vermittlungsgedanken, die durchaus nicht den Status einer wissenschaftlichen Erkenntnis beanspruchen können.

Über die Einheit der Welt geht dann aber noch ein weiterer Einheitsgedanke hinaus. Denn die Welt als solche lässt nicht verstehen, wieso all das wirklich ist, was sich zu ihrer Einheit zusammenfügt. Auch die Gesetze der Physik und deren Naturkonstanten machen in ihrem Einheitszusammenhang doch eine unbegreifbare Vielheit aus. Deshalb wird das Denken über die Welt der Erfahrungen hinausgetrieben. Es konzipiert den Gedanken von einem Zusammenhang, in den alles Wirkliche nicht nur eintritt, sondern ursprünglich zusammengehört. Und es muss für diesen Zusammenhang auch die Verbindlichkeit der Regel aufheben, der zufolge sich alles Wirkliche aus vorausgehendem Wirklichem herleitet. Insofern dieser Zusammenhang nicht zwischen Verschiedenem besteht, kommt er dem Zusammenhang zumindest nahe, der in einem Individuum besteht und der ein Individuum ausmacht. Da er selbst nicht noch weiter bedingt sein kann, ist er der Zusammenhang in einem notwendigen Wesen. Und insofern dies Wesen nicht nur die Bedingung alles Wirklichen, sondern darüber hinaus alles Möglichen ist, muss man ihm eine Unendlichkeit zuschreiben, die eine ganz andere als die Unendlichkeit einer Quantität ist.

Dieser Gedanke von einer Einheit ist der Grenzgedanke von Gott – von Gott allerdings, insofern der Gedanke von ihm im Ausgang von der Welt konzipiert werden kann. Er ist ein philosophischer Gottesgedanke, der aber auch von Religionen, die viele Götter kennen, als deren Einheitsgrund noch vorausgesetzt ist. Offenbar ist er nicht der Gott Abrahams, der mit einem Volk einen Bund eingeht. Wohl aber ist dieser Gottesgedanke die Voraussetzung von Descartes ontologischem Gottesbeweis. Nach Descartes ist nichts weiter nötig, als ihn als bloßen Gedanken deutlich im Sinn zu haben, um vom Dasein dieses Gottes überzeugt zu werden. Aber der Gehalt dieses Gedankens ist eben doch aus einem Denken hervorgegangen, das von der Welt seinen Ausgang nimmt.

Eben deshalb ist er aber auch nicht der vollständige Gottesgedanke der Philosophie. Denn so wie dieser Gott gedacht wird, ist nicht Bezug genommen worden auf den Denker dieses Gedankens, also auch nicht auf das Selbstbewusstsein und die Beziehung auf dessen Grund – also auf eine Beziehung, die, wie wir zuletzt sahen, zur Beziehung auf die Welt gegenläufig ist.

Der Existenzbeweis, den Descartes aus dem bloßen Gedanken von Gott gewinnen wollte, ist freilich fehlerhaft. Obwohl wir nämlich zu dem Grenzgedanken eines notwendigen Wesens geführt werden, haben wir dennoch keinen deutlichen Begriff von ihm, so dass von ihm der Beweis seinen Ausgang nehmen könnte. Was den Gedanken des Beweises aber auszeichnet, nämlich eine intime Beziehung anzunehmen zwischen Gott und dem Denken des Menschen, das könnte auf anderem Wege eine verlässlichere Grundlage gewinnen: Dann nämlich, wenn nunmehr der Gottesgedanke mit dem Gedanken von einem Grund des bewussten Lebens, das der Mensch führt, zu einem einzigen Gedanken integriert würde.

Alle Religionen sprechen von Schutz und Geleit der Menschen durch göttliche Wesen und von der Verehrung, die ihnen geschuldet wird. Die monotheistischen Religionen sprechen darüber hinaus davon, dass Gott den Menschen gewollt und geschaffen hat. Jeder Gedanke von einem Grund des Selbstseins des Menschen muss aber nach einem ganz anderen als allen diesen Mustern gefasst werden. Denn diese Muster sind der alltäglichen Welterfahrung entnommen worden. Wenn man aber die Selbstbeziehung des Selbstbewusstseins nicht aus sich selbst verstehen kann, dann muss der Grund, aus dem sie hervorgeht, nicht nur dann wirksam sein, wenn das Leben in seine Selbstbeziehung eingesetzt ist. Seine Gründungskraft muss weiterhin und überall am Werke sein, wo sich bewusstes Leben als solches vollzieht. Und wenn es sich aus eigener Kraft vollziehen sollte, dann muss dieser Kraft in ihr selbst wiederum noch eine Bedingung und Wirkung vorausgehen, die ihre Selbstbestimmung ermöglicht und fundiert, die aber deshalb auch mit ihr kompatibel sein, ja sogar der Selbstbestimmung bedürftig sein muss. Selbstbestimmung im bewussten Leben ist dann allerdings in ihrem Vollzug nicht ganz und gar unbedingt, sondern in dem Unbedingten fundiert, das sie ermöglicht und konstituiert.

Damit ist noch nichts darüber ausgemacht, wie ein solcher Grund des näheren soll gedacht werden können. Doch haben wir in Beziehung auf die andere Ausrichtung des Denkens, das der Welt gilt, den Gottesgedanken entwickelt. Zugleich haben wir gesehen, dass diesem Gedanken mit seiner außerordentlichen Verfassung eine Weise der Vergewisserung entsprechen müsste, die selbst außerordentlich zu nennen war. Und schließlich haben wir weiter gesehen, dass diese Vergewisserung es verlangt, eine Vermittlung zwischen Gott und Selbstbewusstsein zu denken, die in keiner Weise auf Erfahrungen beruht, die in der Welt gemacht werden können.

Führt man nun den Gottesgedanken mit dem Gedanken von einem Grund zusammen, der alles Selbstbewusstsein durchgängig ermöglicht, dann ist ein Gedanke erreicht, aus dem jene Vermittlung zwischen Gott und Selbstsein, welche die Mystik nur im Blick hatte, eine rationale Fundierung gewinnt. In einem damit gewinnt der Gottesgedanke selbst einen erweiterten Gehalt. In der Unendlichkeit Gottes ist nicht der eine Grund zu sehen, der alles Endliche ermöglicht, der sich aber eben deshalb von allem Endlichen auch unterscheidet. Insofern der Grund den Gang des bewussten Lebens des Menschen nicht nur hervorbringt, sondern durchgängig gründend in ihn eingeht, ist zumindest in diesem Falle das Endliche in das Unendliche einbezogen.

Die Rede von Gott nimmt damit die Bedeutung an, die für die neuere Philosophie unter dem Ausdruck ‚das Absolute' zur Grundlage und zugleich zu einer Grundfrage geworden ist. Aber in Wahrheit hat schon der Evangelist Johannes einen solchen Gedanken, ohne ihn selbst fassen zu können, in Anspruch genommen: Niemand hat den überweltlichen Gott je gesehen. Aber sein Dasein und das, was er an ihm selbst ist, wird aus dem gewiss, als was sich das bewusste Leben des Menschen vollzieht, wenn es eigentliches Leben geworden ist. Johannes nennt, wie auch der junge Hegel, dies Leben ‚Liebe'.

Damit haben wir den Gedanken, der dem ontologischen Gottesbeweis letztlich zugrunde liegt und der die Faszination erklärt, die mit ihm verbunden ist, auf einer ganz anderen Bahn als seinerzeit Descartes wieder erreicht. Doch wir müssen festhalten, dass er damit keineswegs als quasi mathematische Demonstration wieder eingesetzt worden ist. Wir können nicht beweisen, dass Gott das Absolute ist. Folglich lässt sich auch nicht beweisen, dass Gott der innere Grund der Möglichkeit und vor allem des wirklichen Vollzugs alles bewussten Lebens ist. Darum kann die Vergewisserung, die zu dieser Schlussfolgerung wirklich kommt, nur im Vollzug dieses Lebens selbst gewonnen werden – und zwar dadurch, dass dies Leben sich selbst und als Ganzes in eine Selbstverständigung einbringen und sich in ihr wieder finden kann, die eine Aussage wie die zu tragen vermag, dass Gott in dem wirkt, was das eigenste meines Lebens ausmacht – dass auch meine Freiheit nicht, wie die Kirche zumeist sagt, von ihm nur gewollt, sondern dass sie in ihm fundiert ist.

Heute kennen alle Menschen das Gewicht der vielen Gründe, an der Haltbarkeit einer solchen Überzeugung zu zweifeln. Diese Zweifel werden gestützt durch die Behauptung unserer Neurologen, dass sie sogar für ihr Gegenteil den Beweis führen können. An diesem Abend haben wir nicht die Gelegenheit dazu, in die Erörterung des Widerspiels aller Gründe und Gegengründe auch nur einzutreten. Aber ich habe zu zeigen versucht, dass eine Überzeugung, die sich in einer Zusammenführung von Selbstbewusstsein und Gottesgedanke gründet, nicht dessen bezichtigt werden kann, nur Vorurteilen und irrationalen Wunschvorstellungen nachzuhängen. Im Gedanken eines Absoluten, das Welt und Selbstbewusstsein gleichermaßen übergreift und einbegreift, sind vielmehr alle rationalen Konzepte miteinander vereinigt, die an den Grenzen dessen aufkommen, was sich als Gegenstand erkennen und beherrschen lässt. Wer also meint, für sein Leben den Gedanken eines solchen Absoluten aufgeben zu müssen, der muss vieles von dem hinfällig werden lassen, was für sein Denken als solches doch unverzichtbar ist. Insoweit hatte Descartes also doch Recht, als er zeigte, dass die Skepsis gegenüber dem Gottesgedanken ohne eine Skepsis gegenüber der Rationalität als solcher nicht aufrecht zu erhalten ist.

* *Text eines öffentlichen Vortrags im Rahmen einer Gastprofessur der von Ugo Perone geleiteten ‚Scuola di Alta Formazione Filosofica' in Torino, im März 2007, veröffentlicht in italienischer Sprache in: Dieter Henrich ‚Metafisica e Modernità', Torino 2008, S. 151–164. Dieser Text war allen Teilnehmern des Wiener Symposions vorab zugeleitet worden. Die meisten Vortragstexte nehmen auch auf ihn Bezug.*

Ulrich Barth (Halle/Saale)

Subjektivität und Gottesgedanke

Der Gottesgedanke hat bekanntlich ein doppeltes Zuhause: Als konkrete Vorstellung gehört er in das Gebiet der Frömmigkeit, als abstrakter Begriff ist er Gegenstand der Philosophie. Die Theologie speist sich aus beiden. Es gehört zu den auffälligen Besonderheiten der abendländischen Geistesgeschichte, dass das Wissen um die Spannung wie das Bedürfnis nach Vermittlung gleichermaßen zur Artikulation drängten, womit ein Themenspektrum entstand, das nicht nur höchste Konstruktionsanstrengungen hervortrieb, sondern auch zur Kritik an Religion und Metaphysik provozierte. Jene Differenz kann dadurch markiert werden, dass man im einen Falle von „Gott", im andern vom „Absoluten" spricht. Durchhalten lässt sich eine solche Sprachregelung indes kaum, weil die zweieinhalbtausendjährige Tradition der Philosophie, die nicht nur im Christentum, sondern in den Gedankensystemen aller drei monotheistischen Weltreligionen Widerhall fand, selber terminologisch freizügig war und häufig genug den methodischen Graben zugunsten konzeptioneller Synthesen überbrückte. Für die Theologie kam jenes Sprachspiel ohnehin nicht infrage. Hier verteilten sich beide Perspektiven eher im enzyklopädischen Sinne dergestalt, dass im Bereich der Prolegomena oder Fundamentalartikel die metaphysische Fragestellung dominierte, während auf materialdogmatischem Gebiet die in den heiligen Codices tradierten Gottesbilder maßgeblich waren. Wir wollen an diese Aufgabenverteilung anknüpfen und uns im Folgenden ganz auf den ersten, den metaphysischen Aspekt konzentrieren.

Begriffe – im bestimmungslogischen Sinn des Wortes – beziehen ihre Bedeutung weniger aus dem allgemeinen Sprachgebrauch als vielmehr aus den Theoriekontexten, in die sie gedanklich eingebettet sind. Ihre Merkmalsfülle resultiert aus dem Ort innerhalb des jeweiligen Prädikaten- und Aussagengefüges. Dieser semantische Sachverhalt trifft in erhöhtem Maß auf den Gottesbegriff zu. Denn als systematischer Abschluss- oder Fundierungsgedanke ist er an das gebunden, wofür er besagte Funktion erfüllt. Folge davon ist, dass es beinahe ebenso viele Begriffe des Absoluten wie Formen metaphysischer Letztbegründung gibt. Die Pluralität beider ist indes kein Einwand gegen ihre methodische Legitimität. Denn sie resultiert nicht aus dem Letztbegründungsdenken als solchem, sondern aus dessen Zugangsdimension, also der unteren Theorieebene der Metaphysik, wo es zunächst darum geht, welche Phänomene überhaupt zum Gegenstand möglicher Prinzipienforschung gemacht werden. Bereits die griechische Philosophie zeigt, dass innerhalb der Sphäre der Prinzipienforschung ganz unterschiedliche Fragerichtungen möglich waren, die sich zu förmlichen Wissensdisziplinen verdichteten: Kosmologie, Physik, Mathematik, Ontologie, Erkenntnistheorie, Sprachphilosophie, Ideenlehre, Psychologie und anderes mehr. Entsprechend verschieden gestaltete sich deren Aufgipfelung zum Ursprungsdenken, das seinerseits in höchst diverse Gestalten des Gottesbegriffs einmündete: absolute Ursache, absoluter Beweger, absolute Einheit, absolutes Sein, absolute Wahrheit, absoluter Sinn, absolute Idee, absoluter Geist – um nur die wichtigsten zu nennen. Die Pluralität von Letztbegründungsmodellen und Begriffsfassungen des Absoluten ist nicht ein Produkt willkürlich unternommener Absolutheitsoptionen, sondern das methodisch konsequente Resultat der inneren Zweistufigkeit der Metaphysik. Sie kann in moderner Terminologie bezeichnet werden als die Differenz von transzendentalem und spekulativem Denken. Es spricht für die Offenheit, Beweglichkeit und Konstruktivität schon der altkirchlichen und mittelalterlichen Theologie, dass sie keinen der genannten Begriffe verschmähte, wenn es darum ging, metaphysische Explikationsgestalten der biblischen Gottesvorstellung zu gewinnen – geleitet von dem sicheren Instinkt, dass ein Verzicht darauf kategoriale Ungereimtheiten zur Folge hätte, die die Theologie als Wissenschaft diskreditierten. Insbesondere vier Varianten wurden für die kirchliche Lehrbildung bestimmend: Gott als erste Ursache, Gott als höchstes Sein, Gott als unbedingte Wahrheit und Gott als absolute Einheit. Die höchste Bewährungsprobe ihrer Aneignung bestand in der Frage, welches Potential sich zur Ausformulierung der Trinitätslehre darbot.

Mit der Neuzeit bahnte sich ein Paradigmenwechsel an. Für deren Metaphysik – beginnend mit Descartes, Leibniz und Wolff – wurde zunehmend der Begriff des Selbstbewusstseins methodisch maßgebend, dessen interne Begründung umgekehrt zum rationalen Leitfaden der Bestimmung des Gottesgedankens aufrückte. Die Begriffe von Vernunft und Selbstbewusstsein erläutern sich wechselseitig und repräsentieren in diesem Verbund den Entdeckungszusammenhang der Idee des Absoluten. Anfangs noch stark von formal- und realontologischen Fragen überlagert, wird der neue Gesichtspunkt in der zweiten und eigentlichen Phase seiner Ausarbeitung zum zentralen Thema philosophischen Wissens. In eins damit reichert sich der Begriff „Selbstbewusstsein" an zum Prinzip Subjektivität im umfassenden Sinne. Während Kant, der Ausgangspunkt der Entwicklung, bezüglich der theoretischen Fassung des Gottesgedankens sich weitgehend auf kritische Restriktionen der ontologischen Schultradition beschränkte, um ihm stattdessen im Kontext von Moral und Praxis Geltung zu verschaffen, stellten seine spekulativen Nachfolger, Fichte, Schelling und Hegel, das Verhältnis von Subjektivität und Gottesgedanke geradezu ins Zentrum ihres reifen Denkens. Methodisches Motiv für die Steigerung des transzendentalen zum spekulativen Idealismus war die Überzeugung, dass nicht nur die ältere Gestalt von Metaphysik, sondern auch deren kritizistische Korrektur einer Überführung in die Form des Systems bedürfe, um im vollen Sinne als Wissen gelten zu können. Und das bedeutete umgekehrt: Wissenschaft von der Wirklichkeit im Ganzen ist allein auf der Basis letztbegründeter Prinzipien möglich. Als deren Exponenten fungierten Begriffe wie Ichheit, intellektuelle Anschauung, Vernunft, Geist, sofern diese ihrerseits auf den Begriff des Absoluten führen. Religionsphilosophisch und theologisch bedeutsam war vor allem, dass auf diesem Weg Systeme entstanden, die sich in expliziter Wahlverwandtschaft zum Christentum begriffen. Nirgends innerhalb der Moderne hat es wieder philosophische Gesamtentwürfe gegeben, die unter Wahrung der durch die Aufklärung geschaffenen Erkenntnisbedingungen sich in vergleichbarer Intensität und Extensität an den Gehalten der christlichen Religion abgearbeitet hätten. Das verleiht ihnen – neben der konsequenten Ausformung des Prinzips Subjektivität – bis in die Gegenwart klassischen Rang, womit keineswegs gesagt sein soll, dass ihre Theoreme einfach wiederholbar wären.

Den durch die Neuzeit geschaffenen Zusammenhang von Vernunft und Subjektivität zur Leitperspektive des Gottesgedankens zu erheben, mag im heutigen Diskursklima seltsam erscheinen. Allzu laut und zahlreich sind die Stimmen derer, die jenes Paradigma für überholt oder obsolet halten. Ich denke dabei weniger an Voten vonseiten der Evolutionstheorie, Neurowissenschaft oder informationstheoretischen Kognitionsforschung, auch nicht an solche Strömungen innerhalb der Analytischen Philosophie, die ihre neopositivistischen Wurzeln noch nicht oder nicht ganz abgestreift haben. Über die Berechtigung dieser Einwände ließe sich nur sinnvoll streiten, wenn zuvor die allgemeine Methodenfrage geklärt wäre, inwieweit auf der Basis naturalistischer Prämissen überhaupt eine Beschreibung intentionaler Phänomene wie Erleben, Bewusstsein, Selbstbewusstsein oder Geist möglich ist. Mir scheint, dass die Chancen dafür nicht günstig stehen – ohne dass ich das hier näher ausführen könnte.

Es gibt indes noch ganz andere Formen des Einspruchs. Sie zielen auf die konkrete Gestalt jenes Paradigmas selbst. Die Reihe dieser Gegenoptionen ist keineswegs kürzer und kaum weniger prominent. Ich will mich an dieser Stelle auf die Nennung dreier repräsentativer Positionen beschränken. Max Horkheimer und Theodor W. Adorno, die Verfasser der *Dialektik der Aufklärung* und Gründungsväter der Frankfurter Schule, erklärten den Siegeszug der neuzeitlichen Vernunft zum Inbegriff totalitärer Herrschaft, weil sie das Verhältnis des Menschen zu sich und seinesgleichen den instrumentellen Entfremdungsmechanismen von Technik und Ökonomie überantwortet habe. Michel Foucault, in seiner Frühzeit einer der Impulsgeber des französischen Poststrukturalismus, bezeichnete sie als Macht der Verdrängung und Ausgrenzung, weil sie das ihr Komplementäre, das Andere, das Draußen, prinzipiell nicht zulasse, sondern einem Disziplinierungs- und Domestizierungsprozess unterwerfe, ohne es damit freilich loszuwerden. Charles Taylor, einer der renommiertesten Vertreter des angelsächsischen Kommunitarismus, beschrieb sie als Instanz der Weltunterwerfung und Wertdestabilisierung, der es gelungen sei, sogar ihre stärkste Gegenkraft, die Ausdruckswilligkeit des modernen Individuums, sich dienstbar zu machen. Alle drei Modelle haben fraglos zentrale Probleme der Moderne im Visier. Ihr geschichtsphilosophisches Pathos beziehen sie indes daraus, dass die Entstehung der Krise in der Aufklärung gesucht wird, insbesondere in deren Vernunftverständnis. Durch solche Rückprojektion soll die eigene Gegenwartsdiagnose mit der Aura entwicklungslogischer Stringenz ausgestattet werden. Ähnliches ist aus dem Umgang mit dem Säkularisierungsbegriff bekannt. Mit seriöser Aufklärungsforschung hat das alles wenig zu tun. Führt man sich die Vielfalt und Disparatheit der Tendenzen im 17. und 18. Jahrhundert vor Augen, dann erscheinen jene Globaldiagnosen eher als Zerrbilder neuzeitlicher Vernunft. Zur gängigen Parole vom „Ende des neuzeitlichen Subjekts" ist es dann nur noch ein kleiner Schritt.

Alle drei Krisenszenarios sind keineswegs so originell, wie sie sich geben. Vielmehr erweisen sie sich – darauf wurde in der Debatte schon verschiedentlich hingewiesen – nur als unterschiedlich akzentuierte Adaptionen oder Aktualisierungen eines letztlich auf Martin Heidegger zurückgehenden Geschichtsbildes. Seit den 20er-Jahren war Heidegger bemüht, die Philosophie der Neuzeit – im Sinne einer Kontrastfolie zur eigenen Fundamentalontologie – als eine Epoche der Selbstermächtigung der Subjektivität zu stilisieren.[1] Mit der „Kehre" zum seinsgeschichtlichen Denken verstärkten sich die Invektiven. Die abendländische Philosophie insgesamt rückte unter das Verdikt der „Seinsvergessenheit". Deren Genese habe sich in vier Phasen vollzogen: Den Anfang machte die Verschränkung von Sein und Denken durch Parmenides; es folgte Platons Unterordnung des Seins unter die Botmäßigkeit der Ideen; der dritte Schritt bestand in der Erhebung des Selbstbewusstseins zum Maß der Vernunft durch Descartes; das von den mathematischen Naturwissenschaften entbundene Verständnis der Technik verkörpert den Höhepunkt und vorläufigen Abschluss. In der „Rechenhaftigkeit" moderner Rationalität dokumentiere sich der Wille des auf sich selbst gegründeten Subjekts zu grenzenloser Deutungshoheit und Verfügungsgewalt. Doch das auf den ersten Blick eindrücklich geschlossen wirkende Schema hat einen Haken. Wie immer es um die Signatur der Moderne im engeren Sinne bestellt sein mag: die Philosophiegeschichtsschreibung hat Heideggers Generalzuweisung nicht bestätigen können, insbesondere, was den durch die Aufklärung eingeleiteten Aufstieg des Subjekts betrifft. Bereits in den 70er Jahren trat Dieter Henrich – deutlich auf Heidegger und seine Schule anspielend – dem inszenierten Klischee mit der Bemerkung entgegen:

---

[1] Die systematische Innovationskraft von *Sein und Zeit* – gerade auch in subjektivitätstheoretischer Hinsicht – bleibt davon unbenommen; vgl. U. Barth, Cartesianische oder hermeneutische Subjektivität. Heideggers Beitrag zu einer Theorie der Selbstdeutung, in: Ders., *Religion in der Moderne*, Tübingen 2003, 263–283.

"Es ist die Meinung vieler, neuzeitliche Philosophie lehre grundsätzlich die unbeschränkte Macht der Subjektivität. Doch ist diese These kaum irgendwo überzeugend zu belegen."[2]

In einer Vielzahl von Einzelstudien widmete sich Henrich der Genese neuzeitlicher Subjektivität im Zeitraum von Descartes bis Hegel und suchte die durchaus unterschiedlichen Motive jenes Vorgangs in differenzierter Weise nachzuzeichnen. Aus diesen philosophiehistorischen Untersuchungen ist schließlich der eigenständige Entwurf einer Theorie der Subjektivität hervorgegangen, worin auch einige Heideggersche Einsichten ihren Ort gefunden haben, ohne jedoch von dessen Globaldiagnose Gebrauch zu machen. Aus unserer Perspektive ist vor allem bedeutsam, dass Henrich dem Zusammenhang von Subjektivität und Gottesgedanke nachgerade eine Schlüsselfunktion zu deren Verständnis beimisst. Die nachfolgenden Überlegungen werden deshalb so vorgehen, dass ihr übergeordnetes Beweisziel in Form einer detaillierten Auseinandersetzung mit Henrich entfaltet wird, der derzeit wichtigsten philosophischen Position auf diesem Gebiet. Es wäre eine unzulässige Verkürzung, nur seine frühe Fichte-Studie[3] heranzuziehen und als Sprungbrett eigener Optionen zu verwerten, wie es bei einigen gegenwärtigen Theologen der Fall ist.

1.

Im Jahr 1955 veröffentlichte Henrich eine umfangreiche Studie *Über die Einheit der Subjektivität*.[4] Es handelte sich formal betrachtet um eine Rezension, aber um die eines bereits 36 Jahre zuvor erschienenen, nun in unveränderter Fassung nachgedruckten Buchs. Es ging um Heideggers Untersuchung *Kant und das Problem der Metaphysik*[5], die dieser zwei Jahre nach *Sein und Zeit* vorgelegt hatte, um Auskunft über sein Verhältnis zu Kant zu geben und damit indirekt den eigenen Neuansatz zu bekräftigen. Henrichs Rezension ist bis heute zugleich der bedeutendste Beitrag zu dem in deren Titel bezeichneten Sachthema. Auffallend an dieser Besprechung ist, dass sie gar nicht die Grundthese des behandelten Buchs zum Gegenstand hat,

---

[2] D. Henrich, Selbsterhaltung und Geschichtlichkeit, in: H. Ebeling (Hg.), *Subjektivität und Selbsterhaltung. Beiträge zur Diagnose der Moderne*, Frankfurt am Main 1976, 303–313, hier 307.
[3] Vgl. Ders., Fichtes ursprüngliche Einsicht, in: D. Henrich/H. Wagner (Hg.), *Subjektivität und Metaphysik. Festschrift für Wolfgang Cramer*, Frankfurt am Main 1966, 188–232.
[4] Vgl. Ders., Über die Einheit der Subjektivität, in: *Philosophische Rundschau* 3 (1955), 28–69.
[5] M. Heidegger, *Kant und das Problem der Metaphysik*, Frankfurt am Main ²1951 (Bonn 1929).

also die Behauptung, das systematische Zentrum der *Kritik der reinen Vernunft* bilde das Schematismus-Kapitel und die darin exponierte Vermittlungsrolle der transzendentalen Einbildungskraft bezüglich des Verhältnisses von kategorialem Verstand und apriorischer Zeitanschauung. Im Vordergrund steht vielmehr die Frage der Angemessenheit von Heideggers Zugang insgesamt. Seinem auch anderwärts geübten Enthüllungspathos, Texte auf Ungesagtes und Ursprünglicheres hin zu befragen, begegnet Henrich mit dem kühlen Hinweis:

> „Um das Ungesagte als solches sehen zu können, muß man dessen sicher sein, was wirklich gesagt ist."[6]

Konkret geht es um ein Kant-Zitat, auf das sich Heidegger beruft, um die eigene Interpretationsperspektive zu motivieren. Es handelt sich um die berühmte Stelle am Ende der „Einleitung" zur ersten „Kritik". Kant kommt dort auf seine Lehre von der Zweistämmigkeit menschlicher Erkenntnis (Verstand/Sinnlichkeit) zu sprechen und fügt hinzu, dass beide Vermögen „vielleicht aus einer gemeinschaftlichen, aber uns unbekannten Wurzel entspringen" (*Kritik der reinen Vernunft*, A 15/B 29). Heidegger nimmt die Äusserung als Hinweis, dieser unbekannten Wurzel nachzuspüren, die er dann in der angedeuteten Weise freizulegen sucht.

Henrich kann demgegenüber mit guten Gründen dartun, dass es sich bei jenem „vielleicht" keineswegs um eine aussichtsvoll andeutende, sondern eher um eine skeptisch gemeinte Bemerkung handelt. Zu diesem Schluss gelangt man jedenfalls, wenn man sich den schulphilosophischen Hintergrund des infrage stehenden Problems vergegenwärtigt, den Henrich subtil rekonstruiert. Christian Wolff hatte mit seiner Lehre von der Vorstellungskraft (*vis repraesentativa*) in der Tat so etwas wie eine Einheitsbasis von Bewusstsein im Sinn. Sie zeichne sich gegenüber der Vielzahl der darunter befassten bloßen Vermögen dadurch aus, dass sie zugleich den Status einer einigen Substanz besitze. Christian August Crusius, Wolffs Gegenspieler, erblickte in diesem Modell jedoch einen grundsätzlichen Fehler, nämlich die Verwechselung der Kategorien Kraft und Substanz. In der Annahme einer aus unterschiedlichen Wirkungen abstrahierten Generalkraft sei keineswegs der Schluss auf deren Substantialität enthalten. Kant schlug sich in diesem Streit auf die Seite von Crusius: Das letzte Subjekt von Kraftausübung ist immer nur über deren Wirkungen, seine Akzidentien, erkennbar, niemals als Substanz. Jenes „vielleicht" ist somit als die problematische Erwägung einer Möglichkeit zu lesen, die bei Lichte besehen die Grenzen kritischer Vernunft überschreitet. Auch im Hinblick auf das Verhältnis der drei psychologischen Grundvermögen (Erkenntnisvermögen, Begehrungsvermögen, Gefühl der Lust und Unlust) dachte Kant an keine

---

[6] Henrich, Über die Einheit der Subjektivität [wie Anm. 4], 29.

Ableitung aus einem gemeinsamen Ursprung. Er begnügte sich vielmehr mit dem apriorisch-funktionalen Nachweis ihrer „innersubjektive[n] Teleologie"[7]. Henrichs Studie zeigt, dass Heidegger Kant auf einem Weg zu behaften sucht, den dieser längst als ungangbar erkannt hatte. Sein Einspruch hat aber noch eine besondere Pointe. Bekanntlich haben die großen nachkantischen Denker in der Frage der Einheit der Subjektivität ein Schlüsselthema ihrer Systementwürfe erblickt. Wenn Heideggers Kant-Interpretation sich derselben Aufgabe verschreibt, dann wandelt er de facto in den Bahnen des Deutschen Idealismus, als dessen Überwinder er sich allerwärts zu rühmen pflegt. Henrichs Rezension ist nicht nur eine scharfsinnige Kant-Rekonstruktion, sondern verkörpert darüber hinaus – zusammen mit den wenig zuvor erschienenen Ausführungen von Walter Schulz – den Beginn einer problemgeschichtlichen Historisierung Heideggers, auch und gerade seiner breit rezipierten Einschätzung der Verfasstheit neuzeitlicher Subjektivität. Im Hinblick auf Henrichs eigene Theorieanstrengungen, zu denen die Rezension gleichsam den Auftakt bildet, bleibt freilich offen, ob er das Problem der Einheit der Subjektivität nur unter Kantischen Bedingungen oder überhaupt für unlösbar erachtete und wie – ersteren Falls – eine Alternative nicht nur zu Kant, sondern auch zu den nachkantisch-idealistischen Modellen auszusehen hätte.

Dass der Entwurf einer „erneuerte[n] Subjektphilosophie"[8] nicht einfach zu ihnen zurückkehren könne, hat ihn nicht erst die Auseinandersetzung mit den Selbstbewusstseinstheorien der Analytischen Philosophie, sondern bereits das Studium jener Programme selbst gelehrt. Vor allem ist es die dort vollzogene Verschränkung von Subjektivitätstheorie und Systemphilosophie, die ihm als nicht mehr gangbar erscheint. Dass Fichte, Schelling und Hegel diesen Weg einschlugen, hatte zunächst damit zu tun, dass ihnen Kants Verzicht auf eine Ableitung der Kategorien als untragbar erschien. Diese Lücke war nur zu schließen, wenn sich die Philosophie zu einem einheitlichen Prinzipiengefüge erhebt. Karl Leonhard Reinholds Theorie des Vorstellungsvermögens wurde dafür richtungsweisend. Fichtes frühe *Wissenschaftslehre* suchte mit dem Ich-Prinzip darum zugleich das Problem der Kategoriendeduktion zu verbinden. Ihr formaler Einheitsimpetus kam selbst dort zum Tragen, wo die Idee einer Grundsatzphilosophie preisgegeben wurde wie etwa in Hegels Logik oder Geistphilosophie. Henrich hält jenen Weg indes für einen Schritt in die falsche Richtung. Systemphilosophischer Prinzipienmonismus ist für ihn kein erstrebenswertes Theoriedeal, weil dadurch Differenzen im Begründungsmodus, der sich immer nach den jeweils anstehenden Problemen richtet, allzu schnell über-

---

[7] Ebd., 40.
[8] Ders., *Bewußtes Leben. Untersuchungen zum Verhältnis von Subjektivität und Metaphysik*, Stuttgart 1999, 51.

spielt werden.⁹ Transzendentales und spekulatives Denken müssen deutlich unterschieden werden. Mit der Preisgabe des Systemideals entfällt für Henrich zugleich auch das Modell eines absoluten Wissens als dessen epistemischer Form. Zwar steht das Selbstbewusstsein von Subjekten in einem konstitutiven Zusammenhang mit deren Weltbewusstsein, aber das daraus entspringende Wissen besitzt nicht den Charakter einer Konstruktion der Wirklichkeit im Ganzen, noch eignet ihm der Status apriorischer Notwendigkeit. Vielmehr handelt es sich um offene Ausgriffe kontingenter Verständigung und perspektivischer Überschau. Sie dienen nicht dem Aufbau theoretischer Erkenntnis, sondern dem Zweck konkreter Lebensorientierung und Lebensführung. Fichtes Rede vom „Vernunftleben" wird zurückgenommen auf das Modell des „bewussten Lebens". Henrich hat zu Recht erkannt, dass das idealistische Theorieprogramm heute nur noch auf Plausibilität rechnen kann, wenn es – salopp gesagt – in weichgespülter Form auftritt.

Mit der Absage an die Ideen „System" und „absolutes Wissen" sind zugleich auch Restriktionen im Begriff der Subjektivität verbunden. Will man sich einen Überblick über die Umrisse seiner Neufassung verschaffen, ist es ratsam, sich an Henrichs eher populär gehaltenen Schriften zu halten. Ich denke z.B. an den Aufsatzband *Fluchtlinien*[10], den Programmvortrag *Subjektivität als Prinzip*[11], die Berliner Vorlesung *Versuch über Kunst und Leben*[12] oder die Weimarer Vorlesung *Denken und Selbstsein*[13]. Gerade hier tritt die Nuancenverschiebung deutlich zutage. Ich beschränke mich auf die Hervorhebung dreier Momente. Erstens: Subjektivität ist nicht sich selbst durchsichtig im Sinne eines cartesianischen Lichtpunktes oder der fichteschen intellektuellen Anschauung. Sie nimmt ihren Ausgang zwar von der Evidenz eines selbstbezüglichen Wissens. Letzteres ist abgesehen von der ihm zukommenden Identitätsgewissheit aber inhaltlich gänzlich leer. Es fungiert nur als Operator einer primären Distanzgewinnung wie umgekehrt der Perspektivierung, Zentrierung, Selbstzuschreibung und Aneignung sämtlicher möglichen Wissensgehalte. Bewusstes Leben vollzieht sich immer in der Polarität von Subjektivität als Prinzip und Prozess, die ihm als ganzem ein spannungsreiches Gepräge verleiht. Subjektivität ist, zweitens, darum auch nicht selbstexplikativ in dem Sinne, dass im basalen Wissen von sich bereits all seine Anwendungsdimensionen keimhaft ange-

---

9 Vgl. Ders., *Grundlegung aus dem Ich: Untersuchungen zur Vorgeschichte des Idealismus. Tübingen – Jena 1790-1794*, Frankfurt am Main 2004, 1697 f. mit Anm. 291.
10 Vgl. Ders., *Fluchtlinien. Philosophische Essays*, Frankfurt am Main 1982.
11 Vgl. Ders., *Bewußtes Leben* [wie Anm. 8], 49–73.
12 Vgl. Ders., *Versuch über Kunst und Leben. Subjektivität – Weltverstehen – Kunst*, München/Wien 2001.
13 Vgl. Ders., *Denken und Selbstsein. Vorlesungen über Subjektivität*, Frankfurt am Main 2007.

legt und nur noch durch Akte der Reflexion in Bestimmtheit zu überführen wären. Auch hier geht Henrichs Stoßrichtung in erster Linie gegen Fichte. Bewusstes Leben verdankt sich nicht allein der Spontaneität mentalen Für-sich-Seins, sondern ist immer auch „der Vollzug einer faktischen Notwendigkeit". Wir werden „in dieses Leben gezogen und können nicht anders, als es zu einer wie auch immer gearteten Bilanz zu führen". Selbstverständigungsprozesse sind nicht minder kontingent und faktizitär als die Situationen, aus denen sie hervorgehen. Realer Bezugspunkt ist „das Leben, das wir zu führen haben und in dem wir in Situationen geraten, die uns Sinnfragen stellen lassen".[14] Damit ist, drittens, auch bereits der eigentümliche Status derartiger Erkundungen angeklungen. Selbstbeschreibungen, die der Erhellung des eigenen Lebensvollzugs dienen, haben nicht den Charakter von Erkenntnis in strikter Bedeutung. Sie entspringen dem „Gang seiner Selbstverständigung" und bleiben an diesen „Gang der Vergewisserung" auch geltungsmäßig gebunden.[15] Sie sind nicht objektivierbar und darum nur begrenzt vermittelbar oder kommunikativ übertragbar. Sie gelangen niemals zu einem natürlichen Abschluss und besitzen insofern immer die Eigenschaft des mehr oder minder Vorläufigen. Sie sind ebenso wenig definitiv wie das Leben selbst. Die aus solchen Reflexionsprozessen hervorgehenden Einsichten haben eher den Charakter der Sinndeutung als das Gepräge von Wissen.[16]

Derartige Prozesse der Selbstverständigung und Selbstvergewisserung treiben das Subjekt zugleich über sich hinaus. Als Fragebewegungen gehorchen sie zunächst den konkreten Gesichtspunkten alltäglicher Lebensorientierung. Doch sie gewinnen an Dringlichkeit durch Erfahrungen von Ambivalenz und Begrenztheit und lassen die Suche nach „einer letzten Verankerung, einem Begründetsein und darin Gerechtfertigtsein" der eigenen Existenz aufkommen.[17] Sie greifen aus zu Sinndeutungen, in denen das Leben sich sammelt, um Antwort zu finden auf die Fragen: weshalb, woher, wozu? Derartige Sinndeutungen sind facettenreich und können vielfältige Gestalt annehmen. Henrich bezeichnet sie als „letzte Gedanken"[18]. In

---

[14] Ders., Bewußt leben. Interview für eine Veröffentlichung in der *Neuen Zürcher Zeitung*, Typoskript 2001, 1.
[15] Ders., Wissen, Vergewisserung und die Frage „Was ist der Mensch", in: R. Brunner/P. Kelbel (Hg.), *Anthropologie, Ethik und Gesellschaft*, Frankfurt am Main 2000, 19-43, hier 34 f.
[16] Die Begriffe Auslegung, Ausdeutung, Deutung, Sinndeutung begegnen prominent in: Ders., Über Selbstbewusstsein und Selbsterhaltung. Probleme und Nachträge zum Vortrag über „Die Grundstruktur der modernen Philosophie", in: Ebeling (Hg.), *Subjektivität und Selbsterhaltung* [wie Anm. 2], 122–143, sowie in: Ders., *Fluchtlinien* [wie Anm. 10].
[17] Ders., *Subjekt und Kunst. Sechzehn Thesen zu einem Vortrag am Wissenschaftskolleg zu Berlin*, (unveröffentlichtes Typoskript), o.O. 2001, 2.
[18] Vgl. U. Barth, Letzte Gedanken. Dieter Henrichs Umformung der Metaphysik in Lebensdeutung, in: Ders., *Gott als Projekt der Vernunft*, Tübingen 2005, 465–489.

ihnen artikuliert sich das „Bedürfnis nach Ausdeutung des Lebens in unhintergehbaren Zusammenhängen"[19]. Auch der weit verzweigte und konfliktreich verlaufende Gang der eigenen Biographie insgesamt wird darin thematisch. Derartige Fragen zielen darauf ab, dass ein Mensch in reflektierender Rückschau „das Ganze des Lebens aus seinem Grund und aus dem größeren Ganzen seiner Herkunft und Bestimmung versteht"[20]. Indes erweist sich auch noch der tätige Akt des Erinnerns selber als von jener Grundbeziehung umgriffen. Darum bezeichnet Henrich solches „Aufkommen der Übersicht" als den „transzendentalen Moment im Leben"[21], als „transzendentale[n] Augenblick"[22]. Immer ist es der Grund im Bewusstsein – so Henrichs terminus technicus –, der „den Vollzug des Lebens und die ihm unentbehrliche Deutung"[23] miteinander vermittelt. In letzter Zuspitzung geht es dabei um die „Frage nach einem Grund der wissenden Selbstbeziehung"[24].

Damit ist der Ort und die Art bezeichnet, wo und wie Henrich seinerseits das Problem der Einheit der Subjektivität in deren Neubeschreibung aufnimmt. Es betrifft nicht Fragen theoretischer Art, schon gar nicht solche einer Systembegründung. Es geht vielmehr um die Selbstinterpretation des konkreten Daseins, dessen Sinnkohärenz, Stimmigkeit und die Lizenz, „sich als in seiner Wirklichkeit affirmiert [...] verstehen zu dürfen"[25]. In letzten Gedanken gewinnt das bewusste Leben „die ihm unverzichtbare Perspektive seines möglichen Ganz-sein-Könnens"[26]. Menschliche Sinndeutung kulminiert in der Gewissheit der „Einheit des Selbstseins aus einem ihm immanenten Grunde"[27]. Der Begriff des Grundes ist hierbei als Ursprung in strenger Bedeutung zu denken, nämlich als die Idee eines „unverfügbar Gründenden". Zu ihr gelangt ein Mensch durch den bloßen Gedanken, dass das erste „Gewahren seiner", die Entdeckung der eigenen Identität, ein „Ereignis" darstellt, „das er nicht als von ihm selbst erzeugt verstehen kann"[28]. Da solche Ursprungsreflexion an die Perspektive des Selbstverhältnisses gebunden ist, ist jener Grund von Bewusstsein zugleich als Grund im Bewusstsein zu denken. Seiner inne zu werden, wird von Henrich als „Andacht" bezeichnet.

---

[19] Henrich, Über Selbstbewusstsein und Selbsterhaltung [wie Anm. 16], 123.
[20] Ebd., 674.
[21] Ders., *Versuch über Kunst und Leben* [wie Anm. 12], 156.
[22] Ders., Hegel und Hölderlin, in: Ders., *Hegel im Kontext*, Frankfurt am Main 1992, 9–40, hier 34.
[23] Ders., *Der Grund im Bewußtsein. Untersuchungen zu Hölderlins Denken (1794–1795)*, Stuttgart 1992, 674.
[24] Ders., *Bewußtes Leben* [wie Anm. 8], 64.
[25] Ders., *Der Grund im Bewußtsein* [wie Anm. 23], 768.
[26] Ders., *Fluchtlinien* [wie Anm. 10], 20.
[27] Ders., Selbsterhaltung und Geschichtlichkeit [wie Anm. 2], 310.
[28] Ders., Die Grundstruktur der modernen Philosophie, in: Ebeling (Hg.), *Subjektivität und Selbsterhaltung* [wie Anm. 2], 97–121, hier 112, 115.

Henrichs Exposition und Durchführung der gesamten Thematik sind von großer sprachlicher Dichte und beeindrucken inhaltlich durch ihre starke religiöse Valenz. Assoziationen zum biblischen Schöpfungs- bzw. Vorsehungsglauben und zur reformatorischen Rechtfertigungslehre stellen sich fast von selbst ein. Auch die Tradition der Metaphysik des Absoluten von Descartes bis Hegel scheint allerwärts auf. Dennoch stellt Henrich merkwürdiger Weise beide Bezüge in Abrede, jedenfalls der primären Intention nach. Mit jenem unverfügbaren Grund sei vielmehr „der endliche Gott"[29] gemeint, fern aller Absolutheitsspekulationen und theologischen Prämissen. Mit der Erinnerung an ihn übernehme das Denken eine Aufgabe, die von den codifizierten Symbol- und Heilssystemen längst nicht mehr zu leisten sei. Auch die Aufnahme und spekulative Umformung der christlichen Religion durch die Philosophie des Deutschen Idealismus gehe an der Sache vorbei.

Beide Abgrenzungen halte ich für wenig überzeugend. Die suggestive Kraft von Henrichs Formulierungen beruht in erheblichem Maße auf Allusionen zur Sprache der Frömmigkeit, die mir jedoch – um einen ersten kritischen Hinweis zu geben – an der falschen Stelle zum Einsatz zu gelangen scheint. Es ist methodisch – Kant, Fichte, Hegel und Schleiermacher haben diesbezüglich bleibende Maßstäbe gesetzt – wenig sinnvoll, die philosophische Idee des Absoluten und die religiöse Vorstellung von Gott explikationslogisch ineinander laufen zu lassen, nur weil sie möglicherweise eine gemeinsame Extension haben. Beide Sprachspiele gehorchen ganz unterschiedlichen Gesichtspunkten. An dieser Kautele ist auch die Entfaltung des Themas „Grund im Bewusstsein" zu messen.

Für Fichte, Schelling und Hegel war das Verhältnis von Subjektivität und Absolutem vermittelt über die Idee des absoluten Wissens. Henrich ist demgegenüber bestrebt, es als ein solches zu rekonstruieren, das bereits in der alltäglichen Einstellung des Menschen thematisch wird und dessen konkrete Lebensdeutung nachhaltig prägt. Den Ausgangspunkt der Frage eines Subjekts nach seinem Grund bildet für ihn die Tatsache, dass wir nicht erklären können, wann, wie und warum Selbstbewusstsein in uns aufkommt. Wissen von sich entsteht vielmehr durch einen Sprung. Die Genese von Selbstbewusstsein und der Eintritt der Ich-Vorstellung in das frühkindliche Dasein sind zunächst entwicklungspsychologische Daten. Doch dieses kontingente Faktum habe darüber hinaus zugleich einen prinzipiellen Sinn. Im nachgängigen Reflex auf den Beginn unseres Bewusstseinslebens werden wir der Unverfügbarkeit und Unvordenklichkeit seines Eintritts inne. Im Sachverhalt der Entstehung von Ichheit verschränken sich somit ontogenetische und metaphysische Bedeutungskomponenten. Im Begriff des inneren Grundes – oder des Absoluten – steigern wir die Unverfügbarkeit und Unvordenklichkeit des Aufkommens von Selbstbewusstsein zum Gedanken eines letzten Ursprungs von Subjektivität.

---

[29] Ders., *Der Grund im Bewußtsein* [wie Anm. 23], 768.

Es ist genau diese Verschränkung von Prinzip und Faktum in der Verfasstheit und Bedingtheit von Selbstbewusstsein, die Henrich als die zentrale Einsicht Hölderlins hervorhebt und die ihn zu dem philosophiegeschichtlichen Urteil bewog, Hölderlins Ursprungsdenken verkörpere die tiefste Gestalt neuzeitlicher Metaphysik.[30] Hölderlin habe erkannt, dass das apriorische Bedingungsverhältnis zwischen dem Ich und seinem Grund nicht als statisches Gefüge gedacht werden darf, sondern als transzendentale Genese beschrieben werden muss. Hölderlins Verständnis von Selbstbewusstsein war in Opposition zu Fichtes früher Ich-Philosophie entstanden. Hölderlin machte geltend, dass im Selbstbewusstsein eine distinkte Relation von Ich-Subjekt und Ich-Objekt enthalten ist. Der Zusammenschluss beider Seiten, wie er in jedem Akt des Wissens von sich stattfindet, kann nur gedacht werden, wenn ihm ein Ganzes vorausgesetzt wird, das jene Einung ermöglicht und verbürgt. Daneben muss jenes Ganze auch das Auseinandertreten beider Seiten ermöglichen und verbürgen, wie es im Wissen von sich gleichfalls stattfindet. Die für Selbstbewusstsein signifikante Identität und Differenz von wissendem und gewusstem Ich muss als Produkt der Teilung einer vorgängigen Einheit und als Garant der Aufeinanderbezogenheit beider Glieder gedacht werden. Einheit und Differenz kennzeichnen Selbstbewusstsein nicht nur im strukturinvarianten Sinne, sondern ereignen sich in jedem Einzelfall als das Geschehen von Selbstdistanzierung und Selbstübereinstimmung. Jenes ursprünglich Einige existiert für das konkrete Selbstbewusstsein darum allein im Prozess seines realen Gründens: im Auseinandertretenlassen zur Zweiheit und in deren Zusammenfügung zur Einheit. Der Grund im Bewusstsein ist diejenige Instanz, die im kontingenten Vollzug bewussten Lebens die Trennung und Synthese beider Relate des Selbstverhältnisses bewirkt. Die „Situation des Menschen" ist darum folgendermaßen zu beschreiben:

> „Er geht hervor aus einem einigen Grund, auf den er bezogen bleibt in der Gewißheit von den Voraussetzungen seines Daseins und der Idee von der Möglichkeit neuer Einigkeit. Zugleich ist er gebunden in eine Welt, die ebenso wie er dem Gegensatz entstammt."[31]

Grundverhältnis und Weltbezug sind miteinander in Einklang gebracht.

---

[30] Ders., Hegel und Hölderlin [wie Anm. 22]; Ders., *Konstellationen. Probleme und Debatten am Ursprung der idealistischen Philosophie (1789–1795)*, Stuttgart 1991, 47–80 (Hölderlin über Urteil und Sein); Ders., *Der Grund im Bewußtsein* [wie Anm. 23]; Ders., *Versuch über Kunst und Leben* [wie Anm. 12], 153 ff., 220 ff., 250 f., 259 ff. – Ich beziehe mich im Folgenden nicht auf Hölderlin selbst, sondern auf Henrichs Deutung. Ihr heimlicher Konkurrent ist Heideggers Interpretation.

[31] Ders., Hegel und Hölderlin [wie Anm. 22], 22.

Henrichs frühe Wertschätzung für Hölderlin ist im Lauf der Jahre noch erheblich gestiegen und hat sein Bild der idealistischen Epoche insgesamt geprägt. Parallel dazu wurde das kritische Urteil über Fichte immer schärfer.[32] Immerhin konnte er der mittleren Wissenschaftslehre noch eine gewisse Nähe zu Hölderlins Ansatz bescheinigen.[33] Ein Seitenblick auf sie[34] ist nicht zuletzt deswegen aufschlussreich, weil er die Aufmerksamkeit auf die problematischen Seiten von Hölderlins Modell, jedenfalls in seiner Henrichschen Lesart, zu lenken vermag.

Fichte begann mit einem Entwurf, als dessen höchste Einheit das Ich zu stehen kam, aus dessen interner Wechselwirkung die objektbezogenen Tätigkeiten des Bewusstseins, Erkennen und Wollen, hervorgehen und zugleich in ihrer Zusammengehörigkeit gehalten werden. Die Erfahrungen des Atheismusstreits haben ihn dann bewogen, die religionsphilosophischen Elemente seines Ansatzes neu zu überdenken und in die Grundlegung des Systems einzubeziehen, das damit ebenfalls ganz neue Gestalt annahm.[35] In der Wissenschaftslehre von 1801/02 ist das Ich durch den Begriff des absoluten Wissens ersetzt. Als dessen Konstitutionsprinzipien fungieren einerseits die intellektuelle Anschauung, die sich in einem System der Wechselbestimmung sämtlicher Bewusstseinsfunktionen ausagiert und darstellt, andererseits das absolute Sein, das in einem Gefühl der Abhängigkeit zu mentaler Präsenz gelangt. Die Einführung des zweiten Moments erfolgt nicht als dogmatische Setzung, sondern verdankt sich einem freiheitstheoretischen Gesichtspunkt: Wissen als mentaler Vollzug entspringt einem absoluten Akt der Freiheit. Doch zu dieser Bestimmtheit hat sich das Wissen nicht selbst bestimmt. Der Begriff des absoluten Seins steht genau für den Notwendigkeitsaspekt jener Gebundenheit der Freiheit an ihre eigene Strukturgesetzlichkeit. Das Absolute erscheint demzufolge zugleich als Grund und Grenze der Freiheit.[36] Fichte erkannte indes bald, dass er faktisch zwei Absoluta, Freiheit und Sein, eingeführt hatte, was der Idee des Absoluten zutiefst widerspricht. Darum revidiert er jenen Ansatz und nimmt das Projekt einer Letztbegründung des Wissens erneut in Angriff –

---

[32] Den einstweiligen Höhepunkt bildet die Subsumtion der frühen Wissenschaftslehre unter die modische Rubrik „Fundamentalismus" (Ders., Denken und Selbstsein [wie Anm. 13], 56).

[33] Ders., *Der Grund im Bewußtsein* [wie Anm. 23], 738–750.

[34] Eine Gesamtwürdigung von Henrichs Fichte-Verständnis wäre dringend erforderlich, kann an dieser Stelle aber nicht geleistet werden.

[35] Vgl. E. Hirsch, *Fichtes Religionsphilosophie im Rahmen der philosophischen Gesamtentwicklung Fichtes*, Göttingen 1914; Ders., Fichtes Gotteslehre 1794–1802, in: Ders., *Die idealistische Philosophie und das Christentum*, Gütersloh 1926, 140–290.

[36] Vgl. U. Barth, *Die Christologie Emanuel Hirschs. Eine problemgeschichtliche Darstellung ihrer geschichtsmethodologischen, erkenntniskritischen und subjektivitätstheoretischen Grundlagen*, Berlin/New York 1992, 311–354 (Fichtes Grundlegung einer Theorie des Absoluten in der Wissenschaftslehre 1801/02).

dieses Mal ausdrücklich unter dem Leitgesichtspunkt der Frage der Einheit der Subjektivität. Die methodische Maxime lautet: Das gesuchte Prinzip darf sich nicht in der Funktion einer höchsten Einheitsbedingung erschöpfen, sondern muss als in sich einiger Ermöglichungsgrund von Einheit und Disjunktion exponiert werden. Resultat dieser Selbstrevision ist die *Wissenschaftslehre 1804* (2. Vortrag). Als höchstes Prinzipiengefüge fungiert das Sich-Wissen des Wissens als Erscheinung des Absoluten. Idealismus und Realismus sind auf einer höheren Ebene miteinander versöhnt. Lebensweltlicher Repräsentant jener Darstellungsrelation ist das „Phänomen" Gewissheit, die sich ihrerseits jedoch in der mentalen Produktion objektbezogenen apriorischen Wissens auslegt.[37] Dieses Modell wird in leicht modifiziertem Gewand schließlich zum Fundament der reifen Religionsphilosophie[38] und darüber hinaus zum Ableitungsprinzip aller (insbesondere in der Geschichtsphilosophie zum Tragen kommenden) möglichen Weltansichten – wir würden sagen: Deutungsperspektiven oder Sinnhorizonte.[39] Philosophie der Subjektivität ist für den mittleren Fichte die transzendentale Beschreibung der eidetischen Struktur des Wissens nach dessen Fundierung im Absoluten. Die stetige Überführung von faktischer in genetische Evidenz ist die prozedurale Seite des Programms.

Ich denke, es steht außer Frage, dass Fichte in der *Wissenschaftslehre 1804* (2. Vortrag) den Gedanken einer aus der Einheit des Absoluten resultierenden Einheit der Subjektivität sowohl inhaltlich wie methodisch weit detaillierter durchdacht hat, als es Hölderlin auf seinen gerade mal zwei Textseiten von *Urtheil und Seyn,* (1795) anzudeuten vermochte. Das würde vermutlich auch Henrich nicht bestreiten. Doch waren die oben erwähnten Vorbehalte gegen das idealistische Systemdenken für ihn zu groß, als dass er von ihm Aufschluss erhoffen konnte bezüglich der theoretischen Rekonstruktion jenes Grundverhältnisses.

2.

Doch Hölderlins kürzerer Weg hatte auch einen Preis. Davon ist nicht nur seine Gangbarkeit selbst betroffen, sondern auch das argumentative Potential, womit Henrich meint ihn stützen zu können. Ich denke an seine Interpretation des Kantischen Verständnisses von Selbstbewusstsein. Hölderlins

---

[37] Vgl. R. Barth, *Absolute Wahrheit und endliches Wahrheitsbewußtsein. Das Verhältnis von logischem und theologischem Wahrheitsbegriff – Thomas von Aquin, Kant, Fichte und Frege*, Tübingen 2004, 257–356.

[38] Vgl. B. Pecina, *Fichtes Gott. Vom Sinn der Freiheit zur Liebe des Seins*, Tübingen 2007.

[39] Vgl. U. Barth, Von der Ethikotheologie zum System religiöser Deutungswelten. Pantheismusstreit, Atheismusstreit und Fichtes Konsequenzen, in: Ders., *Religion in der Moderne* [wie Anm. 1], 285–311.

Ansatz – wie immer es um seine sachliche Triftigkeit bestellt sein mag – führt zu großen Schwierigkeiten erkenntnistheoretischer Art. Nur die drei wichtigsten seien hier genannt, wobei ich wiederum Henrichs Rekonstruktion zugrunde lege. Erstens: Wird die geltungslogische Fundierungsfunktion jenes Grundes als ontogenetische verstanden, dann hat dies zur Folge, dass apriorisch beanspruchte Sachverhalte empirisch andemonstriert werden oder umgekehrt empirischen Aussagen apriorische Geltung beigelegt wird. Das statuierte Bedingungsgefüge gerät in eine methodische Schwebelage. Nicht von ungefähr schwankt Henrichs Musterbeispiel des Aufkommens von Selbstbewusstsein zwischen faktizitärer und prinzipieller Bedeutung. Zweitens: Werden Notwendigkeitsverhältnisse als genetisch-kontingente Sachverhalte interpretiert, dann führt dies zu einer weitreichenden Umbestimmung der traditionellen Zuordnung der Modalkategorien, wie Hölderlin in *Urtheil und Seyn* selbst einräumt. Notwendige Bedingungen von etwas sind in der Regel Bedingungen seiner Möglichkeit. Von Wirklichkeit ist weder aufseiten des Bedingenden noch aufseiten des Bedingten die Rede. Dieser elementare Sachverhalt soll aber hier außer Kraft gesetzt sein. Der Begriff der Möglichkeit wird „dem Begriff der Wirklichkeit nachgeordnet" und „dem Begriff der Notwendigkeit so entgegengesetzt, dass er aus dessen Anwendungsbereich gänzlich ausgegrenzt ist".[40] Damit entfällt die methodische Basis, den Begriff der Subjektivität und deren Beziehung zum Absoluten in Form einer transzendentalen Strukturbeschreibung, die immer auf notwendige Bedingungen zielt, zu exponieren. Wie dennoch invariante Eigenschaften des Subjekts gedacht werden können – und darum geht es Henrich in erster Linie –, bleibt dunkel. Drittens: Für Hölderlin fungiert jener Grund im Bewusstsein zugleich als dessen Einheitsprinzip wie Seinsprinzip. Stellt man jedoch die gerade genannten methodischen Rahmenbedingungen in Rechnung, dann muss sich das Gewicht zwangsläufig von ersterem auf letzteres verschieben: Das Absolute vermag seine Rolle als Einheitsprinzip einzig in der Weise eines Seinsprinzips zu erfüllen, wobei letzteres – anders als in Fichtes Rede vom absoluten Sein – als realer Seinsgrund zu stehen kommt. Henrich hat sich alle drei Momente des Hölderlinschen Ansatzes zu eigen gemacht. Der inhaltlich wichtigste Aspekt ist der dritte. Wenn das kontingente Aufkommen von Selbstbewusstsein, also das Auseinandertreten und Sich-Zusammenschließen seiner beiden Seiten im realen Lebensvollzug, im Vordergrund der Betrachtung steht, dann rückt dessen unverfügbarer Grund in die primäre Rolle einer kontingenzbegründenden *ratio essendi*. Demgegenüber muss seine Funktion als strukturelles Einheitsprinzip zwangsläufig verblassen. So wird denn auch das entscheidende Merkmal jenes Grundes darin erblickt, „kontinuierlich effektiv" zu sein. Gleichwohl soll ihm im Ganzen die Eigenschaft zukommen, „Grund der Form und der

---

[40] Henrich, *Der Grund im Bewußtsein* [wie Anm. 23], 707–726, hier 709.

Wirklichkeit von Selbstbewusstsein in einem" zu sein.[41] Henrich ist sich über die Aporetik der Problemstellung voll im Klaren. Nichtsdestoweniger schwankt die Beschreibung dieses Grundes – auch abgesehen von seiner Rolle als Einheitsprinzip – beständig zwischen dessen Charakteristik als realem Seinsgrund und begrifflichem Ermöglichungsgrund.

Der Gedanke eines kontinuierlich-effektiven Grundes ist schon für sich allein schwierig. Die darin beanspruchte *causa/-effectus*-Relation erinnert an Spinozas Begriff der immanenten Kausalität. Er wird von Henrich zwar vorwiegend auf die Freiheitsgeschichte humaner Subjekte bezogen, doch schließt deren Weltverhältnis den Umgang mit welthaft Dinglichem ein. Das sich dabei ergebende Problem wurde bereits in der theologischen Schöpfungslehre diskutiert: Das für die „*creatio continua*" bzw. den „*concursus divinus*" beanspruchte Miteinander von *causa prima* und *causae secundae* bricht auseinander, sobald letztere im Sinne des neuzeitlichem Kausalitätsverständnisses als raumzeitliche Antezedenzbedingungen gedacht werden. Dieser Begriff kann nämlich nicht auf das Gründen der *causa prima* übertragen werden. Das besagt, dass beide Kausalitätsformen sich kategorial in ganz verschiedenen Tonarten bewegen – womit das gesamte Modell kollabiert. Man wüsste nur zu gern von Henrich, wie sich das Gründen jenes unverfügbaren Grunds zu mundaner Ereigniskausalität und menschlicher Freiheitskausalität verhält. Nur wenn diese Beziehung auf nachvollziehbare Weise beschrieben werden kann, ist die Rede von einem unverfügbar gründenden Grund mehr als eine „blanke Versicherung", wie Falk Wagner sich auszudrücken pflegte.

Auch diese Schwierigkeit scheint mir ein Argument dafür zu sein, die Funktion eines letzten Grundes auf die Frage der Einheit der Subjektivität zu begrenzen und dieses Verhältnis strikt strukturtheoretisch zu fassen. Fichte und Schleiermacher hatten Recht, wenn sie den Begriff eines göttlichen Realgrunds als Rückkehr in vorkritische Metaphysik verwarfen. Von ihm lässt sich nur sinnvoll Gebrauch machen, wenn man ihn als religiöses Symbol des allgemeinen Gott-Weltverhältnisses nimmt. Als solches ist er in der Tat unentbehrlich. Ontologie als Gesamtrahmen der Rekonstruktion jenes Grundverhältnisses aber ist für die Theologie – jedenfalls die protestantische – deshalb ein fragwürdiges Unternehmen, weil sie das religiöse Bewusstsein unweigerlich in die Sphäre der Verdinglichung zieht, was ihm zutiefst widerspricht. Religiöse Sinngehalte sind nichts Dingliches.

Aus der Einbeziehung der Faktizität und Prozessualität von Subjektivität in die Dimension ihres Grundverhältnisses ergibt sich noch ein weiteres Problem, das den bislang betrachteten Erörterungskontext überschreitet. Wenn jenes ursprünglich Einige die Möglichkeit von Selbstbewusstsein nicht nur formal bedingt, sondern darüber hinaus den Boden bildet,

---

[41] Ders., *Denken und Selbstsein* [wie Anm. 13], 256.

woraus „die vielen Fälle von Bewusstsein hervorgehen"[42], die bewusstes Leben zu einem intersubjektiven Sachverhalt machen, dann tritt es damit zugleich in Beziehung zur kontingenten Sphäre mundaner Einzelheit und ihrer Ordnungsprinzipien. Deshalb ergänzt Henrich das anhand von *Urtheil und Seyn* entwickelte Modell durch einen anderwärts, vor allem im *Hyperion* entfalteten Gedanken Hölderlins. Es ist der Gedanke der All-Einheit. Er soll die kategoriale Differenz von Einzelnem und Ordnung, in der alles Endliche steht, überbrücken, und auch letzteres in eine Einheitsperspektive stellen. Das besagt prinzipientheoretisch nichts Geringeres, als dass an die Stelle jenes rein selbstbewusstseinstheoretisch entwickelten Einheitsgedankens nun eine „trianguläre Beziehung" tritt, bestehend aus den Gliedern „Selbstbewusstsein", „Form und Dynamik des bewussten Lebens" und „All-Einheit".[43] Henrich räumt ein, dass damit der Horizont des Subjektivitätsproblems im engeren Sinne überschritten und der Bereich spekulativen Denkens eröffnet ist.[44]

Hölderlins Theorie des Grundes hätte bei Henrich sicherlich nicht jene durchschlagende Wirkung erzielt, wenn ihr nicht davon unabhängig unternommene Anstrengungen hinsichtlich der Denkbarkeit von Selbstbewusstsein überhaupt entgegengekommen wären. Spätestens Ende der 60er-Jahre – nicht zuletzt ausgelöst durch die große Fichte-Studie – reifte bei Henrich die Einsicht, dass die Frage der theoretischen Erhellung von Selbstbewusstsein sich wohl niemals befriedigend beantworten lasse, unbeschadet seiner phänomenalen Evidenz und funktionalen Leistungskraft. Darum wird es nun Kant nachgerade als Verdienst angerechnet, dass er das Problem der internen Möglichkeit von Selbstbeziehung auf sich beruhen ließ und alle Aufmerksamkeit stattdessen auf deren Konstitutionspotential konzentrierte. Dementsprechend rückt auch für Henrich das Ich-denke in die Rolle eines mentalen Operators, ohne dessen Funktion bewusstes Leben nicht gedacht werden kann. Durch diese Wendung empfängt die Rezeption des Hölderlinschen Ansatzes im Nachhinein ihre systematische Bestätigung: Da die interne Verfasstheit des Ich sich jeder strukturanalytischen Erklärung entzieht, bietet sie auch keinen Anhaltspunkt für die formale Beschreibung seines Bedingtseins durch den vorgängigen Grund. Die theoretische Opakheit des Ich überträgt sich gleichsam auf dessen Beziehung zum Absoluten. Dennoch soll dieser Grund für das kontingente Aufkommen von Selbstbewusstsein zuständig sein, und zwar im oben erläuterten Sinne eines Realgrundes. Also muss auch Selbstbewusstsein konsequent als reales Phänomen gedacht werden. Die Sicherstellung dieser These gelingt Henrich jedoch nur mit Hilfe einer subtilen Umdeutung des kantischen

---

[42] Ders., *Der Grund im Bewußtsein* [wie Anm. 23], 633.
[43] Ebd., 428.
[44] Zu Henrichs Verständnis des spekulativen Denkens vgl. die Ausführungen des in Anm. 18 genannten Aufsatzes.

Ich-denke. Sie liegt vor in den beiden Studien zur Kategoriendeduktion der *Kritik der reinen Vernunft*.[45] Vier Interpretationsschritte erscheinen mir erwähnenswert.

Zunächst macht Henrich deutlich, dass Kants Theorie des Selbstbewusstseins kein philosophisches Regionalproblem behandeln will, etwa im Sinne eines Aufbaumoments einer Theorie der Person oder der personalen Identität, sondern dass der primäre Sinn darin besteht nachzuweisen, dass ihm universale Welterschließungsfunktion zukommt. Für Kant gibt es kein Objektbewusstsein ohne Selbstbewusstsein. Als Vermittlungsglied beider fungieren die Kategorien, die einerseits die Notwendigkeit und damit Objektivität der Verbindung von Vorstellungen ermöglichen, andererseits die Identität des Selbstbewusstseins zur Bedingung ihrer Synthesisfunktion haben. Aber das Umgekehrte gilt ebenso: Kein Selbstbewusstsein ohne Objektbewusstsein. Dies besagt, dass Identitätsbewusstsein den Status eines funktionalen Prinzips besitzt, d.h. als notwendige Bedingung kategorialer Synthesisoperationen zu stehen kommt. Als Textbeleg für das aus beiden Thesen resultierende Bikonditionalverhältnis dient Henrich eine Stelle aus dem Deduktionskapitel der Erstauflage. Kant sagt:

> „[...] das Gemüt könnte sich unmöglich die Identität seiner selbst in der Mannigfaltigkeit seiner Vorstellungen und zwar a priori denken, wenn es nicht die Identität seiner Handlung vor Augen hätte, welche alle Synthesis der Apprehension (die empirisch ist) einer transzendentalen Einheit unterwirft, und ihren Zusammenhang nach Regeln a priori zuerst möglich macht" (*Kritik der reinen Vernunft*, A 108).

Selbstbewusstsein umschließt die Gesamtheit aller „Ich denke"-Fälle in deren Beziehung auf Synthesishandlungen. Die Kategorien verkörpern das System der Bestimmungstätigkeit des Verstandes in allen möglichen Synthesis-Fällen. Selbstbewusstsein beinhaltet demnach nicht nur die Vorstellung seiner selbst als identischer Synthesisinstanz, sondern zugleich das Bewusstsein einer Synthesis nach Regeln. Genau diese hat das Gemüt „vor Augen". In der transzendentalen Apperzeption, die beide Aspekte einschließt, vollzieht sich die „Vergewisserung des Formzusammenhanges von Ich-Bewusstsein und Weltbewusstsein".[46] Henrichs eigene subjektivitätstheoretische Überlegungen fassen die Funktion von Selbstbewusstsein dann aber in einem viel weiteren und vageren Sinn, nämlich als Instanz der Perspektivierung, Zentrierung, Selbstzuschreibung und Aneignung möglicher

---

[45] Vgl. D. Henrich, *Identität und Objektivität. Eine Untersuchung über Kants transzendentale Deduktion*, Heidelberg 1976; Ders., Die Identität des Subjekts in der transzendentalen Deduktion, in: H. Oberer/G. Seel (Hg.), *Kant. Analysen – Probleme – Kritik*, Würzburg 1988, 39–70.

[46] Henrich, Die Identität des Subjekts in der transzendentalen Deduktion [wie Anm. 45], 69.

Verstehensgehalte. Der innere Bezug zum Regel-Begriff ist, wie mir scheint, preisgegeben. Es wird nicht deutlich, wie jenes Wissen von sich, das dem Kantischen Ich-denke angeblich genau entspricht, Sinnzusammenhänge und Integrationswelten errichten können soll, wenn auf Kategorien als hierbei zum Tragen kommende Bestimmungsformen verzichtet wird. Würden sie in Anspruch genommen, dann stellte sich unversehens das idealistische Problem ihrer Ableitung wieder ein, das Henrich jedoch gerade vermeiden will.

Es ist nurmehr konsequent, wenn Henrich sodann behauptet, Kant habe mit dem Begriff des Ich-denke das konkrete lebensweltliche Ich zur Geltung bringen wollen. Diese Annahme scheint mir aber nicht triftig zu sein. Zwar lassen etwa die *Anthropologie-Vorlesungen* erkennen, dass Kant dem Ich auch über das Gebiet der Erkenntnistheorie hinaus große Aufmerksamkeit zollte. Doch die einschlägigen Ausführungen der *Kritik der reinen Vernunft* formulieren wesentlich vorsichtiger, und zwar schon allein aus methodischen Gründen. Der formale Status sowohl der „Transzendentalen Ästhetik" wie der „Transzendentalen Logik" zeichnet sich dadurch aus, dass beide Kapitel strikt elemententheoretisch angelegt sind und darum nur jeweils partielle Abstraktionshinsichten darbieten. Dementsprechend kann Kant dann auch von einem „doppelte[n] Ich" (AA XX, 268) bzw. – vorsichtiger, dafür aber voraussetzungsreicher – von einem „doppelte[n] Bewußtseyn dieses Ich" (AA VII, 396) sprechen, nämlich dem empirischen Ich des inneren Sinns und dem transzendentalen Ich des Verstandes.[47] Das Ich-denke steht allein für letzteres und darf nicht mit dem lebensweltlichen Gesamtphänomen gleichgesetzt werden.

Gegenüber der neukantianischen Lesart des „Ich denke" als rein logischer Funktion behauptet Henrich ferner, dass es sich hierbei um eine unzulässige Unterbestimmung handle. Kant habe immer eine „Tatsache", den „aktualen Fall von ‚Ich denke'- Bewusstsein" vor Augen, wenn er dessen epistemische Funktion zur Geltung bringe. Selbstbewusstsein in Gestalt des Ich-Gedankens sei schon als bloßer Gedanke „eine Wirklichkeit von nur ihm eigentümlicher Art".[48] Auch diese These ist gewagt, denn sie hat Kants eigenen Wortlaut gegen sich. Zudem widerspricht sie der für Kant methodisch charakteristischen Anwendung der Zwei-Stämme-Lehre auf den Zugang zum Ich, derzufolge innere Tatsachen – und um welche Tatsachen sollte es sich sonst handeln – allein über das phänomenale Ich in den Blick treten können. Darüber hinaus ist eine durch den bloßen Ich-Gedanken namhaft gemachte Wirklichkeit von Selbstbewusstsein mit dem Wirklichkeitsbegriff des „Grundsatz"-Kapitels der „Analytik" unvereinbar.

---

[47] Vgl. U. Barth, Objektbewußtsein und Selbstbewußtsein. Kants erkenntnistheoretischer Zugang zum Ich-Gedanken, in: Ders., *Gott als Projekt der Vernunft* [wie Anm. 18], 195–234, hier 227 ff.

[48] Henrich, Die Identität des Subjekts in der transzendentalen Deduktion [wie Anm. 45], 54, 69.

Kant muss eine ganz andere Pointe vor Augen gehabt haben, wenn er etwa in der „Widerlegung des Idealismus" von der Existenz des Ich als unmittelbarer Implikation des Selbstbewusstseins spricht oder im „Paralogismen"-Kapitel den Ausdruck „Ich denke" als empirische Aussage einstuft. Mit jener Charakterisierung als Tatsache scheint Henrich weniger Kant als vielmehr dem frühen Fichte zu folgen, der die Tatsächlichkeit des Ich jedoch allein aus dessen Tathandlung des Sich-Setzens erklärte.

Schließlich ist Henrichs Interpretation von Kants Verständnis der Identität des Selbstbewusstseins heranzuziehen. Die 1976er-Studie setzt ein bei Kants Terminus „Übergang". In den einführenden Vorbemerkungen zum Abschnitt „Übergang im Selbstbewusstsein"[49] lesen wir: Es muss

> „sogleich festgehalten werden, dass es unmöglich ist, dem Subjekt eine Anzahl von Zuständen zuzusprechen, ohne es zugleich auch einem Prozeß unterworfen zu denken. Das Subjekt muß von je einem Zustand zu je einem anderen Zustand übergehen können, und zwar so, dass es in Beziehung auf seine Zustände ebenso wie in Beziehung auf diesen Prozeß des Übergangs sich selbst als dasselbe zu denken vermag."[50]

Identität sei demnach zu verstehen als Identität in wechselnden Zuständen. Henrich fügt hinzu, ein derartiger „Übergang im Bewusstsein von Gedanke zu Gedanke" könne gedacht werden, „ohne dass eigentümliche Eigenschaften der Folge in der Zeit in Anspruch genommen werden müssen".[51] Letztere Behauptung trifft freilich nur dann zu, wenn mit dem Ausdruck „eigentümliche Eigenschaften" diejenigen Näherbestimmungen gemeint sind, von denen die „Analogien der Erfahrung" handeln. Indes setzen schon die Begriffe „Übergang", „Prozess" und „Wechsel" als solche die formale Struktur der Zeit voraus. Mit ihrer Inanspruchnahme als Erläuterungsbegriffe ist der Argumentationsrahmen der „Transzendentalen Logik" offenkundig überschritten. Die 1988er Studie argumentiert darum etwas vorsichtiger, indem sie das „Paralogismen"-Kapitel, insbesondere den dort enthüllten Fehlschluss vom Ich-denke auf die Durchgängigkeit der Person kritisch ins Spiel bringt.[52] Gleichwohl wird an jenem Übergangsmodell festgehalten.[53] Demgegenüber ist darauf hinzuweisen, dass der Terminus „Übergang" (bzw. „übergegangen") nur in der Erstfassung der „Deduktion" begegnet, und zwar lediglich an zwei Stellen (*Kritik der reinen Vernunft*, A 100; A 121). Beide Male geht es um die Bedingungen der Möglichkeit der Synthesis der Einbildungskraft (in der Reproduktion bzw.

---

[49] Ebd., 74–76.
[50] Ebd., 72 f.
[51] Ebd., 73.
[52] Ebd., 55, 58.
[53] Ebd., 62, 63, 65.

Apprehension). Hier macht das Übergangsmodell Sinn, weil in Form letzterer in der Tat die Zeit ins Spiel gebracht ist. Wir befinden uns bereits auf dem Boden der konkreten Kooperation von Verstand und Sinnlichkeit. Mit Bezug auf den ersten Beweisschritt der Zweitauflage der „Deduktion" ist das Übergangsmodell hingegen irreführend. Statt von einer Identität in wechselnden Vorstellungszuständen kann nur von einer Identität in verschiedenen Vorstellungen gesprochen werden. Henrich favorisiert jene Beschreibung offenkundig, um den Anschluss des reinen Selbstbewusstseins an die Prozessualität von Subjektivität als dessen Anwendungsgestalt sicherzustellen.

Insgesamt wird man sagen müssen, dass Henrichs Rekonstruktion des transzendentalen Ich-Gedankens mit bewusstseinstheoretischen und ontologischen Anreicherungen arbeitet, die durch dessen Kantische Fassung nicht gedeckt sind. Man könnte auch von einer schleichenden Reanthropologisierung des Ich-denke sprechen. Im Hintergrund mögen Seitenblicke auf die ethische Subjektivität in Kants praktischer Philosophie stehen. Doch dieser Bezug wird in den beiden Interpretationen zur „Deduktion" der ersten „Kritik" nicht ausdrücklich. Stattdessen wird die Funktion des Ich-denke als solche angereichert. Die strukturelle Zweistämmigkeit im Aufbau von Bewusstsein und Selbstbewusstsein, die Kant zu dessen vergleichsweise spröder Fassung veranlasste, tritt in den Hintergrund. Genau darin – das sollten die vorangegangenen Ausführungen zeigen – scheint mir die tiefere Ursache dafür zu liegen, weshalb in Henrichs Beschreibung des Grundes im Bewusstsein die Frage seiner strukturellen Funktion als Einheitsgrund gemessen an der Funktion als Realgrund dann doch nur eine untergeordnete Rolle spielt. Dieses Ergebnis ist insofern paradox, als Henrichs frühe Heidegger-Rezension sich gerade am Problem der Einheit der Subjektivität entzündete. Tatsächlich kehren die strukturellen Aspekte jenes Problems auch bei Henrich in verhüllter Gestalt wieder.

3.

Gehen wir – im Sinne der bereits erwähnten Unterscheidung zwischen Subjektivität als Prinzip und Subjektivität als Prozess – zu letzterer über. In ersterer Funktion bringt sich das Ich als Instanz der Perspektivierung, Zentrierung, Selbstzuschreibung und Aneignung zur Geltung. Doch darin geht es keineswegs auf. Seine Leistung reicht wesentlich tiefer. Ihm obliegt auch die reflektierende Durchdringung dessen, was es konkret auf sich bezieht. Schon die *Fluchtlinien* haben diese Deutungskraft der Subjektivität eindrücklich beschrieben. Umgekehrt steht das, was zu reflektierter Deutung gelangt, dem Ich nicht als ein schlechterdings Fremdes gegenüber, sondern ist bereits auf vorbewusste Weise präsent, sei es im Modus der Empfindung oder Wahrnehmung, der inneren oder äußeren Erfahrung.

Wir können diese Dimension zusammenfassen im Begriff des Erlebens. Stellt man beide Faktoren gebührend in Rechnung, dann kann gesagt werden: Konkrete Subjektivität realisiert sich immer in der Spannungseinheit von Erleben und Deuten.[54] Mir scheint, dass Henrich Ersterem in struktureller Hinsicht zu geringes Gewicht beimisst, obwohl er darum weiß und im Bereich der Ästhetik implizit davon Gebrauch macht. Doch für Erleben signifikante Phänomene wie subjektive Perzeptionsfelder, Körpergefühle, emotionale Zustände und Affekte werden ausdrücklich nur als „Vorgestalten von Selbstbeziehung" gekennzeichnet, da sie „nicht propositional" verfasst seien.[55] Ähnlich lautet das Urteil über den stoischen Begriff der „Vertrautheit mit sich" (syneidesis), dem Henrich zunächst einiges abzugewinnen vermag, den er als Äquivalent für Subjektivität dann aber doch verwirft, weil das Moment der Bewusstheit fehle:

> „Selbstgefühl kann ich nur haben, wenn ich davon weiß, dass ich mit mir vertraut bin."[56]

Wenn wiederum „Resonanz im bewussten Leben" als das entscheidende Moment der Begegnung mit Kunst erachtet wird, dann möchte man meinen, dass Reflexionssubjektivität und Erlebnissubjektivität hier gleichermaßen in Betracht kämen; doch dem ist nicht so. Möglicherweise schreckte ihn vor der stärkeren Gewichtung der Erlebniskomponente auch der Umstand ab, dass dieser Aspekt in Teilen des Schülerkreises (U. Pothast, M. Frank) geradezu ins Zentrum der Subjektivitätsthematik rückte. Insgesamt also wäre zu sagen: Während die Interpretation des kantischen Ich-denke mit bewusstseinstheoretischen und ontologischen Anreicherungen arbeitet, ist für die Beschreibung von Subjektivität als Prozess umgekehrt die weitgehende Ausblendung oder Unterbestimmung der präreflexiven Komponenten signifikant. Henrich ist bestrebt, die lebensweltliche Gestalt von Subjektivität ganz aus dem ursprünglichen Wissen von sich zu begreifen. Meine Kritik lässt sich auch in der Frage bündeln: Was besagt der Begriff „Leben" im zusammengesetzten Ausdruck „bewusstes Leben"?

Sicherlich ist der These zuzustimmen, dass das im Ich-Gedanken artikulierte Wissen um die eigene Identität den Kern reflektierten Für-sich-Seins und reflektierender Weltdeutung darstellt. Zweifel dagegen sind angebracht, wenn damit der weitergehende Anspruch verbunden wird, das Wesen von Subjektivität von da her vollständig erklären zu können. Durch den Ich-Gedanken und das von ihm freigesetzte reflektierte Für-sich-Sein ist vielmehr nur die eine Seite zur Geltung gebracht. In den Vollbegriff ist

---

[54] Vgl. U. Barth, Gehirn und Geist. Transzendentalphilosophie und Evolutionstheorie, in: Ders., *Religion in der Moderne* [wie Anm. 1], 427–460.
[55] Henrich, *Versuch über Kunst und Leben* [wie Anm. 12], 35.
[56] Ders., Über Selbstbewusstsein und Selbsterhaltung [wie Anm. 16], 127.

ebenso aufzunehmen, was auf jene Weise zu reflektierter Deutung gelangt, nämlich die vorreflexive Seite des subjektiven Weltbezugs – also dasjenige, was von uns als die Dimension des Erlebens bezeichnet wurde. Man wird in der Beschreibung dieser Komponente sogar noch einen Schritt weiter gehen können. Die für den Weltbezug konstitutive präreflexive Sphäre besteht nicht nur aus mentalen Einzeldaten, sondern bildet einen eigenen mentalen Erlebniszusammenhang, der seinerseits nicht das Produkt rationaler Syntheseleistung ist. Man könnte ihn als das präreflexive In-sich-Sein von Subjektivität bezeichnen. Die strukturelle Ganzheit konkreter Subjektivität lässt sich sonach beschreiben als die Einheit von präreflexivem In-sich-Sein und reflektiertem Für-sich-Sein. Die Polarität von Erlebnissubjektivität und Reflexionssubjektivität lässt sich nicht nach einer der beiden Seiten auflösen. Beide erweisen sich nach Verfasstheit und Funktion vielmehr als gleichursprünglich.

Nun birgt die Rede von einem Erlebniszusammenhang unterhalb aller verstandesgewirkten Synthesen allerdings eigene Tücken. Neukantianismus, Phänomenologie und Lebensphilosophie gebrauchten dafür den Begriff „Erlebnisstrom". Er ist – auch abgesehen von seinem lediglich metaphorischen Status – sicher zu einfach. Husserl hatte neben dem Ich und seiner internen Zeitlichkeit noch auf einen ganz anderen Sachverhalt verwiesen. Alle kontingenten Erlebnisse eines Subjekts stehen schon durch ihre bloße Zugehörigkeit zu einem identischen Leib miteinander in Verbindung. Bereits der Leibbezug fügt sie zu einem Ganzen – vor aller Aneignung durch das betreffende Selbstbewusstsein. Mit der gemeinsamen Leibzugehörigkeit von Erlebnissen tritt ein vorreflexives Identitätsmoment in die Dimension des Erlebens, das zwar niemals an die Stelle der reflektierten Selbstidentifizierung mit Hilfe des Ich-Gedankens treten kann, umgekehrt aber auch nicht durch diese ersetzt zu werden vermag.[57] Man wird dieses relativ schlichte Argument nicht vorschnell als Rückfall in naturalistische Psychologie abtun können, jedenfalls dann, wenn man Husserls Phänomenologie des Leibbewusstseins als ganze mit in Rechnung stellt.

Wolfgang Cramer hat demgegenüber ein von vornherein transzendental konzipiertes Modell vorgelegt, weil er die zum Begriff des Erlebnisstroms gegenläufige Annahme eines Datenatomismus für ebenso unangemessen hielt. Im Hintergrund steht nicht die Kantische Zwei-Stämme-Lehre, sondern der Perzeptionsbegriff der Leibnizschen Monadenlehre. Cramer erklärt jenen Zusammenhang aus der Zeitlichkeit des Erlebens, die sich dessen „Produktivität" und „Reflexivität" verdankt.[58] Letztere wird streng

---

[57] Vgl. U. Barth, Selbstbewusstsein und Seele. Kant, Husserl und die moderne Emotionspsychologie, in: Ders., *Gott als Projekt der Vernunft* [wie Anm. 18], 441–461.
[58] W. Cramer, *Die Monade. Das philosophische Problem vom Ursprung*, Stuttgart 1954, 59. – Cramer hat in Nachfolge der Leibnizschen Monadenlehre jene Struktur des Erlebens bis in die unteren Stufen des animalischen Lebens zu-

unterschieden von Reflexion als selbstbezüglicher Bestimmungstätigkeit. Erleben ist als formale Struktur zunächst von unbestimmter Allgemeinheit, geht jedoch kraft Selbstproduktion zu immanenter Besonderung fort. Erleben zeugt Erlebtes und kommt darin generisch zugleich auf sich zurück: Das Bezogene ist – abgesehen vom Vollzugsmodus – von gleicher Art wie das Beziehen selbst. In der einsinnigen Bezugnahme auf Erlebtes individuiert sich Erleben zu kontingenten Erlebnissen. Jene reflexive Produktionsstruktur liegt auch da vor, wo wir Externes in der Form von Sinneseindrücken perzipieren. Denn erlebt wird in solchem Fall nicht ein physiologischer Vorgang, der Reizimpuls des einwirkenden Gegenstands oder die Reizreaktion der Sinnesorgane, sondern die Rezeptivität eignen Perzipierens. Auch die Hinnahme von Sinneseindrücken ist ein Tätigkeitsmodus. Schleiermacher sprach deshalb von „lebendiger" Empfänglichkeit. Descartes und Wolff wiesen darauf hin, dass das Bewusstsein im Fall von Körperreizen es nicht mit diesen selbst, sondern mit deren mentalen Korrelaten zu tun habe. Für Cramer bildet das Erleben jedenfalls den umfassenden Zusammenhang sämtlicher innerer oder äußeren Perzeptionen – vor allen möglichen Syntheseleistungen der Reflexion.

Auf den ersten Blick scheint Cramers Modell dem Kantischen völlig zuwider zu laufen. Doch es gibt auch überraschende Gemeinsamkeiten. Ich denke an den Nachtrag zu den „Allgemeinen Anmerkungen zur transzendentalen Ästhetik" in der Zweitauflage der ersten „Kritik", der dem Verhältnis von äußerem und innerem Sinn gewidmet ist. Kant geht davon aus, dass Vorstellungen der äußeren Sinne allein dadurch auf den Verstand beziehbar sind (via Einbildungskraft), dass sie in den inneren Sinn aufgenommen werden. Sie bilden „den eigentlichen Stoff" bzw. das Material, „womit wir unser Gemüt besetzen". Insofern kommt dem Gemüt bereits auf der Ebene der sinnlichen Anschauung eine „eigene Tätigkeit" zu. Die Anschauung ist formal geradezu dadurch charakterisiert, dass „sie nichts vorstellt, außer sofern etwas im Gemüt gesetzt wird". Es besteht für Kant kein Widerspruch zwischen dem Sachverhalt, dass äußere Vorstellungen durch die Sinne gegeben werden, und dem andern Sachverhalt, dass „wir sie im Gemüte setzen" (*Kritik der reinen Vernunft*, B 67). Cum grano salis wird man sagen können, dass die von Cramer auch für den Empfang von Sinneseindrücken namhaft gemachte Produktivität von Erleben Kants Begriff des tätigen Setzens äußerer Vorstellungen im Gemüt entspricht – ein Theorem,

---

rückverlegt. Dies ist insoweit nachvollziehbar, als bereits die biologische Struktur des Organismus – wie Kant darlegte – interne Wechselwirkung und interne Finalität und damit konkrete Selbstbezüglichkeit aufweist. Jene Rückverlagerung erweist sich jedoch darin als problematisch, dass sie für sich allein die Differenz von naturhaft-vitaler und geistig-mentaler Selbstbezüglichkeit unberücksichtigt lässt. Wir beschränken uns hier ganz auf die mentale Dimension jener Produktivität und Reflexivität des Erlebens.

aus dem nicht erst Fichte, sondern schon der späte Kant mächtig Kapital schlug.[59]

Man wird den Zusammenhang aller Erlebnisse im Erleben allerdings auch nicht subjektivitätstheoretisch überbewerten dürfen. Konrad Cramer hat in einer scharfsinnigen Kritik nachidealistischer Theorien des Erlebens gezeigt, dass seiner Form des Inneseins noch nicht der Charakter von Selbstwahrnehmung oder Selbstgewissheit beigelegt werden darf, da dies zu unlösbaren Aporien führen würde bzw. einer Erschleichung des für Selbstbewusstsein charakteristischen Meinigkeitsbewusstseins gleichkäme.[60] Letzteres ist hier nicht beabsichtigt und – so darf ergänzt werden – lag auch nicht im Interesse der von ihm inkriminierten Autoren. Wenn Erleben im Gesamtaufbau von Subjektivität als Komplementärmoment zu reflektierter Selbsterfassung fungiert, dann kann es sich dabei nur um eine ichlose Gestalt von Intentionalität handeln, deren Aktuosität oder Zuständlichkeit noch unterhalb des eigentlichen Selbstbewusstseins zu subjektiver Präsenz gelangt – weshalb letztere auch nicht mit „Selbst"-Präsenz verwechselt werden darf.

Kant bemängelte an Leibnizens Unterscheidung von Anschauen und Denken, dass dieser darin lediglich eine graduelle Abstufung erblickt habe, während es sich in Wahrheit um einen kategorialen Gegensatz handle. Bezüglich der hier in Ansatz gebrachten Leitdifferenz von Erleben und Deuten treffen beide Verhältnisbestimmungen zu. Auf der einen Seite haben Wahrnehmungs- und Emotionspsychologie gezeigt, dass komplexe Erlebnisformen in vielfältiger Weise von konstruktiven Elementen durchzogen und damit durchaus deutungsimprägniert sind. Umgekehrt werden Deutungsprozesse keineswegs nur spontan oder bewußt getätigt, sondern sind häufig genug von habitualisierten und internalisierten Auffassungsmustern getragen – also dem, was Husserl mit einem etwas unglücklich gewählten Ausdruck als „passive Synthesen" bezeichnete. Insoweit wird man das Verhältnis von Erleben und Deuten als verschieblichen Gegensatz zu betrachten haben. Auf der anderen Seite ändert dies nichts daran, dass im strukturellen Aufbau verstehenden Welt- und Selbstumgangs beide Tätigkeitsmodi je spezifische Funktionen erfüllen.

---

[59] Zu Kants Begriff des „Setzens" von Vorstellungen vgl. H. Vaihinger, *Commentar zu Kants Kritik der reinen Vernunft*, 2 Bde., Stuttgart u. a. 1881/1892, Neudruck New York/London 1976, Bd. 2, 125 ff., 477 ff. Im Opus Postumum hat Kant jenen Gedanken weitergeführt und die Umrisse einer Theorie des Setzens angedeutet; vgl. E. Förster, Kants Selbstsetzungslehre, in: Ders. (Hg.), *Kant's Transcendental Deductions. The Three „Critiques" and the „Opus postumum"*, Stanford 1989, 217–238.

[60] Vgl. K. Cramer, „Erlebnis". Thesen zu Hegels Theorie des Selbstbewußtseins mit Rücksicht auf die Aporien eines Grundbegriffs nachhegelscher Philosophie, in: H.-G. Gadamer (Hg.), *Stuttgarter Hegel-Tage 1970. Vorträge und Kolloquien des Internationalen Hegel-Jubiläumskongresses*, Bonn 1974, 537–603.

In ähnlicher Weise ist die von Friedrich Heinrich Jacobi ins Spiel gebrachte Unterscheidung von Unmittelbarkeit und Vermittlung zu beurteilen. Sie sollte zunächst nur dem Gegensatz von Glaube und Vernunft als formale Stütze dienen, verselbständigte sich jedoch alsbald zu einem generellen Problem. Hegel stellte Jacobis Glaubensunmittelbarkeit wiederum das Ideal in sich geschlossener vollständiger Vermittlung entgegen und verfiel damit in das andere Extrem. Doch er hatte sicherlich Recht, wenn er jedweden theoretischen Anspruch auf Unmittelbarkeit als leere Prätention zurückwies, die die Vermitteltheit der eigenen Setzungen überspielt. Zweifellos wohnt allem Erleben eine Authentizität inne, die sich nicht diskursiven Erwägungen verdankt und insoweit eine Evidenz eigenen Rechts darstellt. Doch dies schließt nicht aus, dass vorgängige Deutungsperspektiven und Reflexionsgesichtspunkte den fraglichen Erlebnishorizont abgesteckt haben und damit alle Einzelerlebnisse vorstrukturieren. Insofern wird man nur von komparativer Unmittelbarkeit sprechen können. Sie trifft auch auf das Gebiet der emotionalen Verarbeitung von Erlebnissen – einschließlich emotionaler Stellungnahmen – zu. „In strengster Bedeutung des Wortes gibt es kein ganz einfaches und unmittelbares Erlebnis. Wir sind niemals völlig passiv", und sei das „Deutungsmoment" nur als „Minimum" beteiligt.[61] Komparative Unmittelbarkeit resultiert aus der Verschieblichkeit der Differenz von Erleben und Deuten.

4.

Bewusstes Leben vollzieht sich in der mentalen Kooperation von Erleben und Deuten und verkörpert damit sowohl das In-sich-Sein wie das Für-sich-Sein konkreter Subjektivität. Jenes Verhältnis gewinnt dadurch an struktureller Komplexität, dass beide Komponenten nicht einfach zusammentreten, sondern in dieser Vereinigung sich zugleich gegenseitig bedingen und bestimmen. Realer Sinn wird keineswegs erst durch explizite Deutung hervorgebracht, sondern baut sich bereits in vorprädikativen Erlebnissen auf. Als solchem fehlt ihm allerdings noch jedwede begriffliche Bestimmtheit. Letztere kommt allein durch den Eintritt der Reflexion zustande, die dem zugrunde liegenden Erlebniszusammenhang in formaler Distanz gegenübertritt und das darin enthaltene Material nach eigenen Gesichtspunkten bearbeitet. Damit ist der Gesamtvorgang indes noch nicht am Ende. Die solchermaßen artikulierten Sinnbezüge wirken vielmehr zurück auf das Erleben, indem sie es in übergeordnete Sinnhorizonte einrücken und dadurch seine Richtung steuern, sowohl als äußerer wie als innerer Erfahrung. Alle Verstehensbemühungen um die Sinngehalte des

---

[61] H. Höffding, *Erlebnis und Deutung*, Stuttgart 1923, 9.

eigenen Welt- und Selbstumgangs vollziehen sich in Form einer mentalen Wechselwirkung von Erleben und Deuten.

Doch selbst das Modell eines Wechselwirkungsverhältnisses zweier Bewusstseinsstufen ist noch zu einfach. Das Deutungsmoment gelangt zwar erst im Vollzug gedanklicher Reflexion zu expliziter Gestalt, tritt darin aber keineswegs instantan auf. Bereits höherstufige Erlebnisprozesse sind von vielfältigen Deutungsleistungen durchzogen. Die wechselseitige Durchdringung von Erleben und Deuten gewinnt dadurch zusätzliche Komplexität, dass es in und zwischen den einzelnen Kooperationsfeldern mannigfache Stufen des Übergangs gibt, die jeweils als Vermittlungs- und Verbindungsglied dienen. Hier ist in Analogie zum biologischen Aufbau natürlicher Lebewesen durchaus der Begriff des Organismus am Platz, und zwar im Sinn einer organischen Struktur des Mentalen. Die vielfältigen Formen wechselseitiger Finalität und Bedingtheit ergeben ein strukturelles Ganzes, das die Ursache seines funktionalen Zusammenhalts in sich trägt. Die Einheit von Erleben und Deuten besitzt formal betrachtet den Charakter einer organischen Einheit – um einen etwas anders akzentuierten, aber systematisch äquivalenten Begriff Fichtes aufzunehmen. Es ist nun genau dieser Status der organischen Einheit von Subjektivität, der auch die metaphysische Frage nach dem Absoluten als deren Ursprung aufwirft. Unter neuzeitlichen Erörterungsbedingungen bildet nicht die Ordnung des Seienden, sondern die Strukturverfasstheit von Subjektivität die Einstiegsebene henologischer Ursprungreflexion. Sie wird in formaler Hinsicht gestützt durch die Logik, die dem Strukturgedanken selbst eignet.

Strukturbegriffe haben bereits als solche den Status von Einheitsbegriffen. Die Identität eines Strukturtyps besteht in der Einheit der Menge der invarianten Relationen, die der durch sie definierten Abstraktionsklasse den Charakter isomorpher Gebilde verleihen. Damit ist freilich noch nichts darüber gesagt, ob die zu jener Relationenmenge versammelten invarianten Eigenschaften ihrerseits in einem inneren Zusammenhang stehen oder bloß additiv miteinander kombiniert sind. Genau ersteres aber ist der Fall, wenn es sich um organische Einheiten handelt. Die Struktur Subjektivität ist somit in doppelter Weise als Einheitsvorkommnis anzusprechen, sowohl der Form als Relationenmenge nach wie hinsichtlich der Art des Zusammenhangs ihrer in einem Wechselbestimmungsverhältnis stehenden Elemente.

Der metaphysische Rückgang auf einen ihr vorausliegenden Einheitsgrund entspringt einem zwiefachen Sachverhalt. Wir haben gesehen, dass die Struktur Subjektivität eine unhintergehbare Bedingung allen sinnhaften Welt- und Selbstumgangs bildet. Darin besteht ihre transzendentale Funktion. In einem metastufigen Sinn erweist sich darüber hinaus auch deren Einheit – die Ermöglichungsbedingung jener Konstitutionsfunktion – als unhintergehbar und insofern als transzendentale Voraussetzung im gerade genannten Sinne. Die für Subjektivität signifikante Einheit qua wechselbestimmter Zweiheit (Erleben und Deuten) lässt sich auf der Ebene ihrer Strukturanalyse selbst aber nicht mehr in ein einliniges Bedingungsgefälle auflösen und von daher begreiflich machen – wie es dem logischen Postulat der Reduktion von Mannigfaltigkeit auf Einheit entspräche. Letzteres ist nur in der Weise möglich, dass jene duplizitäre Einheit auf eine vorausliegende Einheit zurückgeführt wird, die ihrerseits sich zur Zweiheit bestimmt und genau dadurch und insoweit als letzte Einheit fungiert. Dies wiederum erlaubt es, die organische Einheit von Subjektivität als endliche Erscheinung oder Darstellung jener letzten Einheit zu verstehen. Der transzendentale Einheitsgrund von Subjektivität ist zugleich ein transzendenter Einheitsgrund. Die epekeina-Qualität des Absoluten lässt sich nur auf einheitstheoretischem Weg angemessen zur Geltung bringen, der unter neuzeitlichen Bedingungen die inneren Ermöglichungsbedingungen von Subjektivität zum Thema hat.

Die transzendent-transzendentale Einheit des Ursprungs von Subjektivität darf nicht mit Einfachheit im Sinne von Unterschiedslosigkeit verwechselt werden. Aus einem einzigen Prinzip folgt bekanntlich nichts. Jener Ursprung muss vielmehr als Prinzipiengefüge gedacht werden. Auch in seinem Fall bedeutet „Einheit" soviel wie „Einheit von ..." und verweist bereits als solche auf den Aspekt von Differenz und Beziehung. Das von ihr Verbundene und solchermaßen zu ihr in Relation Stehende braucht indes keiner externen Ordnung anzugehören, sondern kann durchaus immanenter Art sein. Unverzichtbar am Begriff der Einfachheit ist jedoch das Moment der Unteilbarkeit. Einheit mit Bezug auf intrinsische Vielfalt stiftet Verbindung in der Weise, dass sie das Disjunkte in unzerstörbarer Ganzheit zusammenhält. Aus beiden Näherbestimmungen folgt, dass absolute Einheit grundsätzlich als Indifferenz von Einheit und Verschiedenheit gedacht werden muss, oder aktual formuliert: als Oszillation von Selbstdifferenzierung und Selbstintegration. Das wiederum besagt hinsichtlich der von ihr erbrachten Fundierungsleistung für Endliches: Absolute Einheit fungiert allein in der Weise als Ursprung von Subjektivität, dass sie zugleich als Ursprung eigener Entzweiung und Synthese auftritt. Die Idee des Absoluten ist die Idee einer sich intrinsisch disjungierenden und ihre Momente in sich zusammenschließenden höchsten Einheit. Religiöses Symbol dieses innerabsoluten Einheitsprozesses ist die Vorstellung eines göttlichen oder ewigen Lebens. Bezüglich des Darstellungs- oder Repräsentationsverhältnisses zwischen der Einheit des Absoluten und der Einheit der Subjektivität ergibt sich von daher eine wesentliche Einschränkung: Während erstere als reine Selbstvermittlung zum Tragen kommt, realisiert sich letztere in organischen Vermittlungsoperationen mentalen In- und Für-sich-Seins.

Doch die gerade unternommene, vorwiegend systematischen Erwägungen folgende Begriffsanreicherung hat eine methodische Kehrseite, die deren argumentativen Wert erheblich herabstuft. Beide angegebenen Formen – „Indifferenz von Einheit und Verschiedenheit" sowie „Oszillation von Selbstdifferenzierung und Selbstintegration" – beschreiben offenkundig komplexe Sachverhalte. Der Form nach handelt es sich auch hier um Strukturbegriffe. Damit wiederholt sich auf metatheoretischer Ebene genau das Problem, um dessentwillen jene Formeln aufgestellt wurden, nämlich die einheitstheoretische Frage der Vermittlung von Einheit und Verschiedenheit in selbstreferentieller Hinsicht. Versuche ihrer nochmaligen Ableitung aus höherstufigen Strukturmodellen würden die methodische Aporie nurmehr perpetuieren. Dem dadurch entstehenden infiniten Regress ist nur so zu entkommen, dass der Gedanke der absoluten Einheit jeglichen Scheins eines letzten Gliedes innerhalb einer kontinuierlichen Prämissenkette entkleidet und als das genommen wird, was er tatsächlich ist, nämlich als Grenzbestimmung oder Grenzbegriff vom Zuschnitt einer reduktiven Extrapolation. Er steht für die Idee eines strukturellen Ganzen, dessen intrinsische Einheit der intrinsischen Vielheit seiner Aufbaumomente vorhergeht und mit ihrer Generierung zugleich deren Zusammengehörigkeit als Teilfunktionen ektypischer Einheitsstiftung generiert. Er bezeichnet die Idee eines Grundes, dessen Einheitssinn durch die strukturelle Diversität seines einenden Gründens nicht tangiert wird. Um eine Extrapolation handelt es sich insofern, als die formalen Mittel strukturtheoretischer Einheitskonstruktion auf eine Einheit übertragen werden, die ihrerseitsals jeglicher Konstruktion vorausliegend gedacht werden muss – letzteres deshalb, weil durch sie sämtliche Funktionen des Geistes, wozu auch die Konstruktion von Strukturmodellen gehört, allererst möglich werden. Der Grenzbegriff- oder Extrapolationscharakter absoluter Einheit entkräftet keineswegs deren Rang eines reduktiven Abschlussgedankens, markiert umgekehrt aber kaum minder deutlich, dass der Darlegung ihrer extensionalen Gültigkeit unüberwindliche Lücken im Beweisgang entgegenstehen. Transzendentale Letztbegründung in Gestalt absoluter Einheitshypothesis vermag die ihr gestellte Aufgabe nur so zu erfüllen, dass dabei zugleich die Schranken ihres argumentativen Potentials zutage treten. Der metaphysische Rückgang von der Einheit der Subjektivität zur Einheit des Absoluten als deren innerem Grund ist logisch nicht erzwingbar. Für die Vergegenwärtigung jenes Prinzips aus der Position seines Prinzipiats hat dies zur Folge, dass das Selbstverständnis des Menschen nach seinem Grundverhältnis zum Absoluten immer nur die Form der Deutung haben kann. Es macht darum einen guten Sinn, jenen Überschritt bewusstseinstheoretisch an die Religion zu delegieren. Denn sie verfügt über ein ausgearbeitetes Repertoire symbolischer Vorstellungen jenes Grundverhältnisses, und sie präsentiert es – jedenfalls unter neuzeitlichen Bedingungen – in ausdrücklichem Wissen darum, dass deren Applikation trotz aller institutionellen Vermittlungen in die Zuständigkeit des aneignenden Individuums fällt, um dessen Welt- und Selbstdeutung es geht.

Dieses Ergebnis erlaubt es, abschließend noch einen vergleichenden Blick auf einige Positionen des metaphysischen Einheitsgedankens zu werfen. Plotins Philosophie des Einen, die wie keine andere mit Platons innerakademischer Prinzipienlehre ernst machte, scheiterte daran, dass der entscheidende Übergang zwischen erster und zweiter Hypostase unbegriffen blieb: Die gegenläufigen Relationsbestimmungen „Überfließen" und „Rückwendung" waren kaum mehr als Bilder. Fichtes Theorie absoluter Einheit als Ermöglichungsgrund von Wissen, die man zu Recht als Erneuerung neuplatonischen Gedankenguts würdigte, war darin defizitär, dass die Ausdifferenzierung des Absoluten ausschließlich dem absoluten Wissen zufiel, das sich als dessen Erscheinung weiß und expliziert. Der mittlere Schelling fasste das Absolute zwar konkret als „absolute Einheit der Einheit des Gegensatzes"[62], blieb indes den Aufweis schuldig, wie diese komplexe Einheit aus der übergeordneten Indifferenz des Absoluten hervorgeht, so dass das gesamte Prinzipiengefüge den Charakter einer axiomatischen Setzung erhält. Schleiermacher wiederum bevorzugte den reduktiven Begründungsweg, vermochte die innere Zusammengehörigkeit von Einheit und Vielheit jedoch nur über die epistemische Korrelation von Gottesidee und Weltidee zu etablieren. Es ist, wie Werner Beierwaltes zu Recht hervorhob, die systematische Stärke der – bei Fichte, Schelling und Schleiermacher ausgeblendeten – altkirchlichen Trinitätslehre, dass sie den Gedanken der Einheit Gottes als Verschränkung von Selbstdifferenzierung und Selbstintegration entfaltete, und zwar auf einer Ebene, die der Gott-Welt-Relation ausdrücklich vorausliegt. Erst damit brachte sie den Monotheismus des Alten Testaments und die Idee des Monotheismus überhaupt zu innerer Konsequenz. Unübersehbar ist allerdings auch, dass sie der darin beschlossenen kategorialen Verhältnisse gedanklich nicht Herr wurde, sondern sie in gegenständliche Vorstellungen anthropomorpher Art kleidete. Hegel hat den spekulativen Wert dieser Lehre erkannt, buchstabierte sie – gemäß seiner begriffslogischen Fassung des Einheitsgedankens als Zielbegriff – aber gleichsam rückwärts, so dass erst im Begriff des Geistes die wahrhafte Fassung des Gottesgedankens erreicht wird. Aus transzendentaler Perspektive wird man jedoch am Voraussetzungscharakter henologischer Prinzipien oder Prinzipiengefüge festhalten müssen. Nur am Rande sei bemerkt, dass ähnliche Einheitsvorstellungen auch in nichttheistischen Religionen begegnen – wie an der Atman-Vorstellung des klassischen Brahmanismus zu ersehen ist.

Die eben erwähnten Nähen zu Lehrbeständen der Theologie ändern nichts daran, dass die Idee des Absoluten als Einheitsgrund der Subjektivität das Resultat eines transzendentalen Letztbegründungsgangs darstellt, der ausschließlich seiner eigenen Theorieperspektive gehorcht. Sie hat mit der Gottesvorstellung gelebter Religion und dem darin enthaltenen Sinnpotential methodisch nichts gemein, wenn sie auch inhaltlich darauf ab-

---

[62] F. W. J. Schelling, Bruno oder über das göttliche und natürliche Princip der Dinge, in: *Schellings Werke*, hg. von M. Schröter, München 1927 ff., Abt. I/4, 213–332, hier 295.

bildbar ist. Genau darin liegt aber zugleich ihr externer Nutzen. Erwiese sich Letztbegründung (innerhalb der gerade bezeichneten Grenzen) generell als unmöglich, dann entbehrten religiöse Vorstellungen jeglicher argumentativen Stützen, die sie vor dem religionskritischen Verdacht bewahren, bloße Chimären kontingenter Sehnsüchte zu sein. Auf der anderen Seite ist daran zu erinnern, dass auch die klassische Trinitätslehre, die dogmatische Gestalt der Verhältnisbestimmung von Einheit und Vielheit im Göttlichen, niemals Gegenstand konkreter Frömmigkeit war, sondern – abgesehen von der Bereitstellung liturgischer Formeln – eher als eine Art höhere Mathematik der Theologie fungierte. Bezüge zur menschlichen Subjektivität ergaben sich für Augustin in erster Linie über triadische Konstellationen des menschlichen Seelenlebens, die er als *„vestigia trinitatis"* las. Die hier vorgetragenen Überlegungen geben vielleicht Anlass, auch die *vestigia unitatis* ernst zu nehmen, wie sie nicht zuletzt in den Ganzheitsmelancholien unserer Tage begegnen.

Dieter Henrich zu Ulrich Barth

Wie ist Subjektivität zu begreifen?

Rudolf Bultmann hat sein Interesse an Heideggers Existentialontologie und seinen partialen Anschluss an sie damit begründet, dass sich die Theologie bei der Auslegung des Evangeliums stets der Mittel bedienen muss, die sich aus der Philosophie ihrer Zeit gewinnen lassen. Denn es gehe darum, dass die Menschen jeweils einer Gegenwart in ihrer Sprache und ihrem Sich-Verstehen vom Wort des Evangeliums erreicht werden. Daraus folgt, dass Theologen dazu fähig sein müssen, sich nicht nur aus der Philosophie ihrer Zeit zu orientieren, sondern sich auch frei in ihr zu bewegen. In unserer Zeit und unserem Lande zeichnet sich aber die durchaus ungewöhnliche Situation ab, dass die Philosophie im ganzen Umfang und Gewicht ihrer Fragen und der Aussichten, die sich mit ihr verbinden, in der Theologie ihre eigentliche Heimstatt haben könnte.

Eine der Voraussetzungen dafür ergibt sich daraus, dass die Angleichung der Philosophie als Semantik an das Muster einer Spezialdisziplin, die in den angelsächsischen Ländern von etwa 1925 bis 1975 in vollem Gange war, in Deutschland inzwischen vielerorts nachgeholt wird, ohne aus eigenen Kräften weitergeführt zu werden. Eine andere geht daraus hervor, dass die Tradition, die von einem Ausschlussverhältnis zwischen dem Wort Gottes und allen Begründungen der menschlichen Vernunft ausgeht, in der protestantischen Theologie nicht mehr eine ubiquitäre Vormacht innehat. Die Theologie kann aber einer zeitgenössischen Philosophie in ihr selbst nur so Bedeutung geben, dass sie an das in ihr anschließt, was die Philosophie auf ein Ganzes von Begründung und von Verständigung über das Menschsein hin orientiert. Je weniger die Philosophie dies selbst explizit und kraftvoll tut und als ihr Hauptgeschäft versteht, umso mehr muss der Theologe zum selbständig Philosophierenden werden. Schleiermacher ist noch immer das bedeutendste Vorbild dafür, dass Theologen über professionelle Mittel verfügen können, die sie dazu berechtigen, auch in philosophischen Debatten eine Stimme zu beanspruchen. Doch Schleiermacher lebte und dachte nicht in einer Zeit philosophischer Askese und Austerität, sondern in einer der philosophisch produktivsten Epochen aller Zeiten. Heute muss es wohl oft so scheinen, als sei eine philosophierende Theologie sogar unentbehrlich dafür geworden, die Philosophie selbst ihres eigentlichen Geschäfts zu versichern und sie in ihm zu inspirieren.

Ulrich Barth ist ein philosophierender Theologe, der die Kompetenz und die Kraft hat, solches zu bewirken. Der Text, auf den ich zu antworten habe, enthält in hoch kondensierter Form eine Diagnose und eine Kritik meiner Unternehmen in der Philosophie und die Skizze seiner eigenen Konzeption. Er kann es mit den besten Rezensionen aufnehmen, die meine Arbeiten erhalten haben, und er übertrifft sie in der Weite seines Ausgriffes sowie in der Vielzahl der Probleme, die er behandelt, und der Perspektiven, die er entwirft. Meine Antwort kann sich daher nicht auf die theologischen Implikationen und Ziele seiner Überlegungen einschränken. Sie muss sich auch auf die philosophischen und philosophiehistorischen Fragen einlassen, deren sachkundige Durcharbeitung Barths Text interessant und gewichtig macht. Die philosophisch-theologische Grundfrage wird dabei, so wie in Barths Text, leitend bleiben.

1.

Sowohl in der kritischen Analyse, der Barth meine Gedanken zur Subjektivität unterwirft, als auch in seiner Bestimmung des Verhältnisses zwischen der Subjektivität und dem Gottesgedanken hat mein Aufsatz *Über die Einheit der Subjektivität* von 1955 bei Barth eine überraschende Hochschätzung erfahren. Noch in der Mitte meiner zwanziger Jahre entwickelte ich in ihm einige Ergebnisse meiner Kantstudien, um mich damit gegenüber Heidegger zu positionieren und zugleich die Aufmerksamkeit auf einen Motor der Entwicklung der Gedanken in *Sein und Zeit* zu lenken, der auch heute noch wenig beachtet wird. Barth beobachtet, dass ich in diesem Text die Einheit der Subjektivität in einem Sinne zum Thema mache, dem ich später nicht mehr nachgegangen bin. Aber es bleibe doch eine unabweisbare Aufgabe, den Einheitssinn eines Selbstverhältnisses zu bestimmen, das sich über zwei Stämme der Erkenntnis entfaltet, von denen keiner auf den anderen reduziert werden kann. Barth bestimmt diese Einheit, welche die Subjektivität des endlichen Subjekts und seiner Erkenntnis konstituiert, eigenständig weiter, um auf dieser Grundlage dann den Gedanken von Gott als Grund der Subjektivität einzuführen.

Diese Strategie empfiehlt sich ihm, weil sie die Bedeutung der Rede vom Grund als Realgrund zurücktreten lässt, und zugleich deshalb, weil sie das bewusste Leben reicher und angemessener aufschließen kann als eine Konzeption, welche die Subjektivität im Anschluss an nur einen der beiden Stämme der Erkenntnis zu fassen versucht – nämlich an jenes Selbstbewusstsein, das nach Kant der höchste Punkt ist, von dem her die Logik und die Funktionen der Gegenstandsbestimmung begründet und legitimiert werden können.

Barths Argumente zielen in den Zentralbereich meiner eigenen Überlegungen zur Einheit der Subjektivität. Es waren jedoch Schwächen der Konzeption jener von Barth so geschätzten Abhandlung, die mich auf die Wege geführt haben, aus denen umzukehren ich mich nun durch Barth aufgefordert sehe. Die Gründe, die dem entgegenstehen, gehören sowohl in den Bereich der Analyse von Subjektivität wie auch in den der Schlussfolgerungen, die von ihr aus über den Bereich der Subjektivität hinausgehen.

‚Subjektivität' im Titel jener frühen Abhandlung ist eigentlich nur Ausdruck einer Verlegenheit. In der Sprache Kants hätte von der Einheit des Erkenntnisvermögens oder der Einheit des ‚Gemüts' (mind) die Rede sein können. Aber die Frage nach der Einheit betrifft auch die Sphäre des Ästhetischen und des Praktischen. Und ‚Gemüt' ist ein Ausdruck, bei dessen Verwendung schon Kant selbst ein leichtes Unbehagen spüren lässt, da er, mehr noch als ‚Seele' oder ‚Vorstellungsvermögen' keinerlei Bezug auf die Selbstbeziehung im bewussten Leben anzeigt. ‚Subjektivität' zehrt dagegen schon als Ausdruck von der idealistischen und auch der phänomenologischen Zugangsart zum menschlichen Geist, während ‚Geist' selbst eine besonders starke Nähe zu johanneischen und hegelianischen Motiven aufkommen lässt. In einem Text, der von Kant her Heidegger kritisierte, schien der modernere Ausdruck ‚Subjektivität' angemessener, weil er leicht sowohl zu Kants ‚ich denke' als auch zu Heideggers ‚Dasein', dem es um sein eigenes Sein geht, in Beziehung gebracht werden kann. Eine sachhaltige Erklärung des Ausdrucks wurde in jener Abhandlung nicht gegeben. Sie müsste aber in jedem Fall an die Weise anknüpfen, in der das menschliche In-der-Welt-Sein notwendig ein Verhältnis zu sich selbst einschließt.

Barth stimmt mit den Nachweisen jener Abhandlung überein, die zeigen, dass Kant nicht darüber hinausgehen wollte, die eine Subjektivität aus dem Zusammenwirken mehrerer Quellen ebenso zu verstehen wie die Einheit der Erkenntnis a priori aus der Verbindung der beiden Formprinzipien Anschauung und Begriff. Barth hält auch die Tendenz der Abhandlung für aussichtsreich, auf eben diese Weise die Einheit der menschlichen Weltbeziehung aus einer Kooperation statt als Entfaltung einer ‚gemeinschaftlichen Wurzel' zu verstehen. Davon bin ich auch selbst nicht abgekommen. Wohl aber hat sich meine Aufmerksamkeit bald von dieser Kooperation auf die innere Verfassung der Selbstbeziehung verlagert. Von dieser Selbstbeziehung her soll sich nun auch der Kern des für den Terminus ‚Subjektivität' spezifischen Sinnes bestimmen.

In jener Abhandlung stand noch nicht in Frage, wie sich denn ein Wissen von sich überhaupt verstehen lassen mag und wie über das bestimmte Gedanken zu fassen sind, was man vor allem wegen jenes Wissens von sich als das ‚Subjekt' bezeichnet. Solche Fragen lagen aber nicht außerhalb ihres Gesichtskreises. Denn die Zweistämmigkeit des Erkenntnisvermögens und die Beziehung des Subjektes auf sich in einem Wissen a priori waren auch Grenzmarken für die Konzeption und für die Begründung der Kantischen Moralphilosophie. Deren Aufbau und deren Aporien bei ihrem Aufschluss über moralische Motivation wollte ich damals rekonstruieren. Dafür war eine Aufmerksamkeit auf den Gedanken des Subjekts, an den sich der Gedanke der moralischen Person anschließt, eine notwendige Voraussetzung.

In diesem Zusammenhang wird es auch unvermeidlich, sich tiefer in die Konzeptionen der nachkantischen Philosophie einzulassen. Wie später Heidegger haben auch sie über die Vielheit der Erkenntniswurzeln hinauskommen wollen, um im Geist eine Einheit aufzuweisen, die der Einheit des einen Gedankens ‚Ich' entsprechen soll und die damit eine Einsicht in das Ganze der Subjektivität als einem in sich einigen Prozess aus einem einzigen Prinzip möglich werden lässt. Indem man dieser breiten Spur nachgeht, stellt sich aber alsbald auch die Frage, wie die Einheit dieses Prinzip selbst gefasst worden ist. Ich kam zur Einsicht, dass nunmehr in Beziehung auf dies Prinzip dieselbe Möglichkeit ins Auge gefasst werden muss, die Kant gegen Wolff in der Frage durchgesetzt hatte, ob eine einige Wurzel aller Vermögen besteht und ob sie auszuweisen ist: Die innere Einheit des Ich-Gedankens ist nicht von jener Einfachheit, die Kants ‚ich denke' hatte auszeichnen sollen, und auch nicht von jener aus sich unmittelbar durchsichtigen Komplexion, mit der Fichte glaubte rechnen zu können, als er in der Unbedingtheit des Ich das Prinzip seiner Philosophie gefunden hatte.

Damit öffnet sich, wo man einmal gemeint hat, sich auf die Spitze einer Nadel gestellt zu haben, eine weite und unübersichtliche Domäne für die Untersuchung. Sie bringt jedes Unternehmen einer Vermessung des Terrains und der Erklärung seiner Formation vor Alternativen, zwischen denen eine Entscheidung schwer fällt. Schon die zahlreichen Versuche meiner ehemaligen Schüler aus drei Generationen, diese Orientierung weiter voranzutreiben, divergieren nicht nur weit voneinander. Sie sind auch überraschend monologisch, also ohne Bezugnahme auf die Versuche der anderen, ausgearbeitet worden. Auch das macht deutlich, wie sehr jedes solche Unternehmen die eigenen Kräfte absorbiert und darüber schwerhörig werden lässt für die Motive, die andere auf den Weg gebracht haben.

Wenn schon der Kantische Gedanke ‚ich denke' nicht punktuell und monolithisch ist, so stellt sich zunächst die Frage, welche Faktoren in ihm zu unterscheiden sind, und des weiteren jene Frage, der Ulrich Barth in seiner Kritik an meiner Kant-Interpretation nachgeht – nämlich die, welche Momente, die das voll artikulierte Selbstbewusstsein eines einzelnen Subjektes ausmachen, in eine Analyse des Kantischen ‚ich denke' gar nicht einbezogen werden dürfen. Zu diesen beiden, insbesondere zur zweiten Frage soll hier zunächst einmal einiges angemerkt werden.

Die These, dass im Bewusstsein ‚ich denke' mehrere Faktoren ineinander eingreifen, steht, wie gesagt, in einer Entsprechung zu dem Ergebnis der Untersuchung von Kants Rede über eine gemeinschaftliche Wurzel von Verstand und Sinnlichkeit und transferiert diese These von dem Ganzen der Erkenntnisvermögen auf einen seiner Stämme, und zwar auf die Grundtatsache, von der her und um die sich dieser Stamm, der auch ‚Verstand' genannt wird, ausbildet. Die Faktoren, welche im Selbstbewusstsein zu unterscheiden sind, können wir nicht von einem Prinzip herleiten, das ihnen vorausliegt. Ihre Vielheit und, dass sie miteinander verflochten sind, macht vielmehr das Selbstbewusstsein aus, hinter das keine Analyse zurückführen kann – auch wenn im ‚ich-Gedanken' als solchem nicht alle Momente thematisch sind, ohne die das Selbstbewusstsein nicht vollzogen sein könnte und deren Verfassung sich von ihm her versteht.

Dass mehrere Vermögen, die nicht aufeinander reduziert werden können, im ‚Gemüt' (mind) zusammenwirken, lässt sich durch eine Art der Analyse aufzeigen, die sich nicht grundsätzlich von der Analyse raum-zeitlicher Komplexe unterscheidet. Diese Analyse kann sich auch darauf stützen, dass die Komponenten, die zusammenwirken, durch Leistungen voneinander zu unterscheiden sind, die jede für sich allein zu erbringen wären. Die Analyse des Kantischen ‚ich denke' bezieht sich auf eine Situation, in der solche normalen Bedingungen für eine Analyse nicht mehr vorausgesetzt werden können.

Zwei Überlegungen können das deutlich machen. Das Bewusstsein ‚ich denke' ist selbst ein Gedankengehalt. Dieser Satz soll noch anderes bedeuten, als dass eine Person sich selbst die Eigenschaft zuschreibt, denken zu können oder gerade jetzt zu denken. In ihm soll das Bewusstsein zum Ausdruck kommen, dass ein Gedanke zusammen mit dem Gedanken, dass ein Subjekt diesen Gedanken unterhält, von eben diesem Subjekt gedacht wird. So macht die Annahme keinen Sinn, dass dies Subjekt unabhängig davon, dass es Gedanken von sich unterhält, als ein solches Subjekt irgendeinen Bestand hat. Daraus folgt, dass im Bewusstsein ‚ich denke' der Gedanke als solcher und das, wovon er etwas in Gedanken fasst, zwar unterschieden werden müssen, aber nicht als zwei voneinander unabhängige Komponenten aufgefasst werden können. Wie das zu verstehen ist, lässt sich schon schwer genug deutlich machen.

Noch intrikater wird die Situation, wenn man sich auf Überlegungen einlässt, welche die im Bewusstsein ‚ich denke' vollzogene Selbstbeziehung als solche betreffen. Dass eine solche Selbstbeziehung auf irgendeine Weise statthat, steht außer Zweifel. Doch muss man auch fragen, wie sie verstanden werden kann, und zwar so, dass damit unmittelbar auch verständlich wird, wie der, der in dieser Selbstbeziehung steht, sie seinerseits ganz unmittelbar als solche zu verstehen vermag. Bei dem Versuch, diese Aufgabe zu lösen, verwickelt man sich in schier nicht enden wollende Schwierigkeiten. Das kann zu dem Versuch führen, die Annahme der Wirklichkeit einer genuinen Selbstbeziehung entbehrlich werden zu lassen. Eines der Mittel dazu kann die These sein, das Bewusstsein *interpretiere* sich selbst nur, indem es den Gedanken einer objektiven Selbstbeziehung, die sich beobachten lässt und die deshalb für die Analyse keine Schwierigkeiten macht, auf sich selbst anwendet. Man kann aber zeigen, dass alle solche Strategien in Absurditäten führen oder in die versteckte Voraussetzung einer Selbstbeziehung im Denken, die unerklärt bleibt – somit in einen Zirkel. Um ein einfaches, aber zwingendes Argument noch einmal zu wiederholen: Den Gedanken von einer Selbstbeziehung, die in vielen objektiven Sachverhalten wirklich gegeben ist, kann ein Subjekt *auf sich selbst* nur unter der Voraussetzung anwenden, dass es bereits von sich selbst weiß und also in jener Selbstbeziehung steht, die als bloßer Schein erklärt werden sollte und die somit der Erklärung weiterhin bedürftig bleibt.

Komplex in sich muss diese Selbstbeziehung jedenfalls sein. Denn man muss die Beziehung als solche von dem unterscheiden können, was in dieser Beziehung steht. Aber diese Momente können ebenso wenig als selbständige Komponenten gelten wie der Gedanke und die Wirklichkeit des ich-Denkers in der ersten dieser beiden Überlegungen. Im Versuch zu einer Analyse des Kantischen ‚ich denke' trifft man also nicht nur auf einen nicht mehr reduzierbaren Komplex, sondern zugleich auf eine Grenze der Möglichkeit zu dessen Analyse nach dem Standardmodell analytischer Verfahren. Man kann daraus nicht nur folgern, einen grundlegenden Sachverhalt erreicht zu haben. Es ergeben sich auch Folgerungen in Beziehung auf jeden Gedanken über dessen Ursprung. Diese Situation muss man also im Blick behalten, wenn man im Zusammenhang mit einem auf Kantischer Grundlage angesetzten Selbstbewusstsein erwägt, wie von einem ‚Grund' in solchem ‚Bewusstsein' gesprochen werden soll.

In diesem Zusammenhang sei auf einige weitere Facetten dieser singulären Problemlage aufmerksam gemacht: Da die Selbstziehung im Wissen nur als ganzes auftritt, ohne dass eine Erklärung für sie aus irgendeinem Moment dessen gewonnen werden kann, was diese Selbstbeziehung ausmacht, kann dem Subjekt, das in dieser Selbstbeziehung konstituiert ist, noch manches andere zugeschrieben werden, was mit diesem seinem Für-sich-Sein in einem Zusammenhang steht, der für uns so wenig als notwendig einsichtig ist wie die Verfassung des Für-sich-Seins selber. Das ist ja auch die Voraussetzung dafür, dass in der Folge wird gesagt werden können, das Subjekt des Handelns sei dasselbe wie das der Gedanken, deren Form (wieder nach Kant) in der Einheit seines Für-sich-Seins begründet sind.

Hat man dies einmal zugestanden, dann könnte es allerdings auch scheinen, ein Einwand gegen die Annahme eines Grundes, der nicht in dem Subjekt selbst gelegen ist, sei nunmehr nahe gelegt: Wenn das Subjekt mehr sein kann als das, was in seinem Für-sich-Sein erschlossen ist, dann könnte in diesem entzogenen Überschuss doch auch der Grund seines eigenen Für-sich-Seins gelegen sein. Lässt sich das denken, dann wäre der Rückgang auf einen Grund womöglich auf den Bereich beschränkt, der ehedem die Domäne der rationalen Psychologie ausmachte und den Kant als das Ding an sich, welches wir selbst sind, zu thematisieren vermag. Der Übergang zum Gedanken eines Absoluten hätte damit seine Begründungskraft verloren. Diesem Einwand ist jedoch entgegenzuhalten, dass alles, was dem Subjekt über das hinaus zugeschrieben werden kann, was über sein Für-sich-Sein und über das hinausgeht, was sich von diesem her verstehen lässt, immer doch so gedacht werden muss, dass von ihm dieses Für-sich-Sein nicht abgetrennt werden kann. Es versteht sich zwar nicht aus diesem Für-sich-Sein, ist aber auch nicht ohne es zu verstehen. Insofern gibt es keinen Grund dafür, im Subjekt eine Kraft in Ansatz zu bringen, die aus sich das Für-sich-Sein selbst auf unerklärliche Weise hervorgehen lässt. Wodurch immer der Gedanke vom Subjekt eine Erweiterung erfährt – der Gedanke von einem Grund des Selbstseins als solchem kann nicht selbst auch zu ihm gehören.

2.

Nun habe ich selbst diesseits des Übergang zu einem Grund des Selbstseins und auch ohne Bezug auf unableitbare Eigenschaften des Subjektes wie etwa die, unter einem sittlichen Gesetz zu stehen, somit nur über eine fortgesetzte Analyse des Kantischen Prinzips ‚ich denke' ein Konzept von Subjektivität entwickelt, das noch andere Züge aufweist als diejenigen, die Kant selbst ausgearbeitet hat. Ich bin in der Analyse von Implikationen des ‚ich denke' nicht nur zu den Funktionen der Objektbestimmung, also den Kantischen Kategorien gelangt, sondern zu weiteren Zügen des Ich-Bewusstseins als eines solchen. Ich habe gleichfalls erklärt, warum diese Erweiterung nicht nur gerechtfertigt, sondern auch unentbehrlich ist für einen Erfolg von Kants eigenem Programm, aus dem Ich-denke-Bewusstsein Grundbegriffe einer jeden möglichen Erfahrungswelt herzuleiten. Diese Erweiterung hat Ulrich Barth eingehend kritisiert. Seine Kritik ist mit der scharfsichtigen Beobachtung verbunden, dass mein Versuch, Subjektivität insgesamt vom Für-sich-Sein im Denken her zu verstehen, eine solche Erweiterung voraussetzt. Wenn sie also misslingt, dann gewinnt der Versuch an Überzeugungskraft, den Barth selbst unternommen hat, nämlich die Subjektivität aus der Verflechtung zweier ‚Stämme' von kognitiven Aktivitäten des ‚Gemüts' zu verstehen, die er ‚Deuten' und ‚Erleben' nennt, und auch den Rückgang zu ihrem Grund von daher zu rechtfertigen. Ich muss also nun auf die Begründungen eingehen, die dazu nötigen, die es aber auch erlauben, die Kantischen Ableitungen über den Bereich hinauszuführen, auf den sie Barth eingeschränkt wissen möchte.

Die Funktion des ‚ich' als grammatische erste Person singularis lässt sich ganz allgemein charakterisieren, und zwar so, dass nicht noch besondere Weisen des ‚ich'-Gebrauchs gegeneinander zu differenzieren sind. Die Allgemeinheit der Funktion ergibt sich aber gerade daraus, dass jedes Individuum, das zu sprechen vermag, im Gebrauch von ‚ich' auf sich als die Person verweist, die den Ausdruck ‚ich' verwendet. Die strikte Allgemeinheit der Funktion als Indikator steht also mit ihrem Gebrauch in Beziehung auf jeweils ein einzelnes Sprachsubjekt in einem durchsichtigen Zusammenhang. Aus ihm lassen sich keine tiefen Probleme herleiten, die dann vielleicht nur über spekulative Begriffsbildungen zu lösen sind. Dass eine Person von sich selbst weiß, ist aber nicht die Folge ihres regelgerechten Gebrauchs von ‚ich'. Dieser Gebrauch hat, so er überlegt erfolgt und nicht eine automatische Reaktion ist, vielmehr umgekehrt dies Wissen zur Voraussetzung. Auf die Frage, worin solches Wissen besteht, lässt sich dann keine ebenso schnelle und luzide Antwort mehr geben.

Von der Möglichkeit her, jeden Gedanken mit dem Bewusstsein zu begleiten, dass er von mir gedacht ist, will Kant formale Bedingungen jeder möglichen Erfahrungswelt verständlich machen. In dem ‚ich denke' muss also ein Wissen zum Ausdruck kommen, das selbst nicht aus Erfahrung zu erwerben ist. In formaler Entsprechung zu der Analyse des Indikators ‚ich' wird man auch in einem Ich-Gebrauch, in dem sich ein Wissen von sich artikuliert, das nicht empirischen Ursprungs ist, zwei Momente aufzuweisen haben, nämlich die strikte Allgemeinheit des Ich-Gedankens und die Einzelheit eines Subjektes, das sich vermittels dieses Gedanken bestimmter eigener Gedanken bewusst ist. Über das erste Moment kann man sich vergleichsweise leicht verständigen. Es ist auch das Moment, an das Kant seine Begründungen anschließt. Mit dem zweiten Moment kommen die eigentlichen Schwierigkeiten auf. Kant hat es nicht nachhaltig untersucht. Aber man kann zeigen, dass seine eigene Begründung defekt bleiben muss, wenn er sich in ihr nicht ausdrücklich auch auf dieses Moment stützt.

Ich habe nachgewiesen, warum Kant keine Aufklärung über die Möglichkeit von Selbstbewusstsein hat geben wollen. Er hat aber auch die Analyse dieses apriorischen Wissens von sich selbst nur rudimentär ausgeführt. Dem Programm einer Deduktion gemäß fand er sich nur dazu verpflichtet, im Selbstbewusstsein diejenigen Momente aufzuweisen, an die sich eine Rechtfertigung des Gebrauchs von Kategorien anschließen kann. Doch auch in der Ausführung dieses Programms blieb seine Untersuchung des ‚ich denke' knapp und pauschal und damit, wie er selbst fand, auf eine indirekte Bestätigung durch ihre Anwendung angewiesen. Das hat zur Folge, dass dem Kantischen Wortlaut für sich allein keine durchsichtige und überzeugende Analyse des ‚ich denke'-Gedankens abgewonnen werden kann, die den Intentionen entspricht, die Kant in der Tat und nachweislich mit der Einführung dieses Gedankens verfolgt hat.

Das ist der Grund dafür, dass eine argumentanalytische Interpretation notwendig ist. Unter ‚argumentanalytisch' verstehe ich eine Interpretation, die aus Kants eigenen Prämissen einen Begründungsgang entwickelt, deren Schrittfolge nicht aus Kants Text, wohl aber aus den Potentialen seiner eigenen Gedanken zu gewinnen ist.

Das Moment der Allgemeinheit im ‚ich denke'-Gedanken lässt sich in zwei Aspekte differenzieren. Dieser Gedanke ist in Beziehung auf schlechthin alle Gedanken möglich, welche Gedanken irgendeines einzelnen Denkers sind. Von dieser Universalität seines Anwendungsbereiches kann man seine Formkonstanz über alle Anwendungsbereiche hinweg unterscheiden. Der Gedanke ‚ich denke' ist undifferenzierbar derselbe in allen Gedanken eines jeden Einzelnen und er ist ebenso undifferenzierbar in der offenen

Menge möglicher Einzelner, die dazu imstande sind, von sich selbst einen Gedanken zu haben. Es ist nun die Allgemeinheit im ersten Sinn, an die Kant seine Deduktion anschließen lässt. Man kann auch sagen, dass wegen der Undifferenzierbarkeit des Gehaltes des ‚ich denke' und kraft dieser Allgemeinheit dem ‚ich', das als eines in allen seinen Gedanken gedacht wird, Identität in einem strikten Sinne zukommt. Aber alle diese Ausführungen setzen schon voraus, dass das undifferenzierbar allgemeine ‚ich' jeweils ein einzelnes Subjekt bezeichnet. So ist also zu fragen, wie dieser Bezug auf Einzelnes sich verstehen lässt.

In Beziehung auf diese Frage öffnet sich eine Grundalternative, in der man eine Entscheidung zu treffen hat: Entweder bezieht sich das ‚ich' auch in diesem Zusammenhang auf die konkrete Person, in deren Sprache der Indikator ‚ich' seine Funktion hat. Oder man versteht sich dazu, dass im ‚ich denke' ein Bezug auf ein anderes Einzelnes als die Person gelegen ist. Gewiss muss auch im zweiten Fall dies Subjekt, das nicht bedeutungsgleich mit der konkreten Person ist, im Zusammenhang mit dieser Person stehen, und dieser Zusammenhang muss analysiert und begründet werden können. Aber auch im ersten Fall ergibt sich eine schwierige Begründungsaufgabe. Denn der Möglichkeit des Gedanken ‚ich denke' eignet Notwendigkeit, er ist unabhängig von Erfahrungen. Also kann er nicht einfachhin mit dem Indikatorengebrauch einer bestimmten Person identisch sein. Man muss vielmehr seine Abhängigkeit von dem Gebrauch des Indikators und also von dem Verstehen seiner selbst als Person über Zwischenschritte erklären können.

Diese zweite Strategie hat Peter Strawson zuerst und mit viel Scharfsinn und zunehmendem Aufwand verfolgt und damit zu Recht großen Eindruck gemacht. Ich selbst habe in der Opposition zu ihm, die für mich eine große Herausforderung war, die Strategie entwickelt, dem ‚ich' des ‚ich denke' einen Bezug auf ein Subjekt in Gedanken zuzuordnen. Des Weiteren muss dessen Zusammenhang mit der Person, von der man sagen kann, dass sie in einem gewissen Sinne dies Subjekt sei, dann in seiner Besonderheit ausgewiesen werden. Strawson wollte zeigen, dass sich an seine Strategie eine schwache Form einer Kant nahen Deduktion anschließen lässt. Ich selbst denke dagegen, dass eine argumentanalytische Deduktion, die an Kants eigenen Intentionen festhält, wirklich nur mit der zweiten Strategie Erfolg haben kann.

Hier kann den Argumentationen nicht im einzelnen nachgegangen werden, die in diesem hochkomplexen Problemfeld Klarheit schaffen sollen. Ulrich Barth sieht ganz richtig, dass mit meiner Rekonstruktion der Kantischen transzendentalen Deduktion der Weg in die von ihm kritisierte Richtung einer „Reanthropologisierung" von Kants ‚ich denke' einsetzt, der dann zu der Konzeption eines bewussten Lebens führt. Wenn er darauf besteht, das Kantische ‚ich denke' müsse auf eine strikt „funktionale" Erklärung eingeschränkt gehalten werden, kann er an Argumente anschließen, die er zuerst in seiner Habilitationsschrift über Emanuel Hirsch vorgetregen hat. Ich muss also doch die Linie der Argumentation wenigstens andeuten, der zu folgen ich für notwendig halte:

Zwar rekurriert Kant, wenn er den Status und die Geltung der Kategorien als Begriffe a priori sichert, auf die unbedingte Allgemeinheit der Möglichkeit des ‚ich denke'. Aber dieser Rekurs führt über die Einsicht, dass diese Möglichkeit auch die Möglichkeit einer Synthesis voraussetzt und einschließt. Will man diese Synthesis verstehen und insbesondere verstehen, wieso sie sich nur im Blick auf Einheitsfunktionen, welche die Kategorien sind, vollziehen kann, dann muss man nicht nur auf eine Form eines Subjektes, sondern auf ein Subjekt Bezug nehmen, das nicht nur auf alle Synthesisakte voraussieht, sondern das auch wirklich alle solche Akte in eben dieser Voraussicht vollzieht. Man muss zwar die Einheitshinsichten dieser Synthesis als reine Formcharaktere des ‚ich denke' auffassen, die damit, nebenbei bemerkt, sicher auch nicht selbst aus Leistungen der Synthesis hervorgehen. In Geltung und notwendige Funktionen des Denkens sind sie aber nur, insofern sie im Vollzug einer Synthesis „vor Augen stehen", welche Aktus eines einzelnen Subjektes sind, dessen synthetische Aktivität unter den Formgedanken im ‚ich denke' steht.

Damit ergibt sich die Aufgabe zu zeigen, wie man im Ausgang von dem in sich durch nichts Differenzierbaren ‚ich denke' die Rede von der Einzelheit eines Subjektes begründen lässt, das nicht simpliciter mit der raumzeitlichen Konkretion einer verkörperten Person identisch ist. Eben dies auszuführen habe ich an mehreren Stellen versucht. In hinreichender Differenzierung habe ich diese Argumentation aber nur bis zu dem Punkt durchgeführt, an dem der Grundriss einer transzendentalen Deduktion als erreicht gelten kann. In einer auf die Bedingungen der Erkenntnis beschränkten Untersuchung ist damit jedoch auch schon der Kern des Gedankens von einem einzelnen und aktiven endlichen Subjekt erreicht. Dieser Gedanke kann vorausgesetzt werden, wenn im Ausgang vom Selbstbewusstsein die Dynamik des bewussten Lebens verständlich gemacht werden soll. Wirklich erschlossen werden kann sie nur über viele weitere vermittelnde Schritte. Einige von ihnen lassen sich in einen transzendentalen Begründungsgang einfügen – so die Leiblichkeit und die Intersubjektivität des Subjektes. Zu dem, was ich als bewusstes Leben verstehe, gelangt man aber nur, wenn dieser Gang auch mit anderen Ausgangspunkten zusammengeführt werden kann. Es liegt auf der Hand, dass die Kantische Begründung einer allgemeinen Willensform und der Freiheit eines Handlungssubjektes, das offenbar ein je einzelnes sein muss, in einer willkommenen Korrespondenz steht zu der Allgemeinheit der kategorialen Form und der Einzelheit des Subjekts im Vollzug der Synthesis.

Ein gravierendes Defizit weist die Begründung meiner Gedanken über das bewusste Leben allerdings dort auf, wo ich davon ausgehe, dass die Sorge um sich in der besonderen Gestalt der Frage nach seinem Ursprung und seiner Bewandtnis für die Verfassung dieses Lebens konstitutiv ist.

Dass damit eine Grundtatsache dieses Lebens hervorgehoben wird, wird kaum bestritten werden. Aber auch deshalb, weil der Anschluss an diese Frage für theologische Begründungen von zentraler Bedeutung ist, kann man als Philosoph nicht darauf verzichten, sich über den Ursprung dieser besorgten Frage eine gründlichere Rechenschaft zu geben. Er kann gewiss nicht unmittelbar in das Kantische ‚ich denke' gesetzt werden, obwohl das epistemische Selbstbewusstsein immer eine Voraussetzung für die Möglichkeit dieser Frage ist. Hält man sich an den Wortlaut des Kantischen Werks, so hätte sie ihren Ort allein in der Postulatenlehre der praktischen Philosophie oder, allgemeiner gesagt, im ‚Weltbegriff' der Philosophie. Will man sie in diesem Zusammenhang halten und zugleich ihrem Lebensgewicht Rechnung tragen, dann muss man aber diese Lehre stärker im Zentrum der Philosophie verankern und mit der Grundform eines bewussten Lebens verbinden, das geführt werden muss und das insofern Vernunftleben genannt werden kann.

Dass diese Verbindung ermöglicht werde, verbindet also die Dynamisierung des ‚Ich denke'-Bewusstseins, die allein schon aus theoretischen Gründen notwendig ist, mit einem wichtigen Motiv, das die Philosophie insgesamt in den Blick bringt. So ist sie unentbehrlich, um Heideggers Grund dafür nicht zu ignorieren, das Dasein als Sorge zu verstehen und den theoretischen Gegenstandsbezug des Subjektes für abkünftig zu erklären, zugleich aber daran festzuhalten, dass die eigentliche Sorge einen anderen Ursprung als den in Heideggers besorgendem In-der-Welt-Sein hat.

3.

In Barths eigener Konzeption, deren Grundriss in seinem Text entwickelt ist, entspricht dem Einwand gegen eine zu weitgehende Konkretisierung des Kantischen Subjekts ein weiterer Einwand: dass ich nämlich alle die Dimensionen der Subjektivität ganz ignoriere, welche nicht im direkten Zusammenhang mit einem Kantischen ‚ich denke' verstanden werden können, das der Erkenntnisfähigkeit und das explizit artikuliertem Selbstbewusstsein zugrunde liegt. Dieser Einwand ist grundlegend und von Barth so reich instrumentiert, dass es mir nicht möglich ist, auf ihn umfassend einzugehen, ohne sehr weit auszugreifen. Ich sehe auch, dass für ihn nicht nur viele Gründe sprechen, sondern auch zahlreiche Autoritäten und Theorievorschläge aus der Literatur des zwanzigsten Jahrhunderts aufgerufen werden können. So muss ich mich auf einige klärende Bemerkungen beschränken.

Dass man Strukturen des bewussten Lebens von dem Kantischen Gedanken her erschließen kann, nach dem ein Bewusstsein ‚ich denke' in Beziehung auf alles möglich ist, wovon wir überhaupt einen Gedanken haben können, heißt nicht, dass das Bewusstsein von mir allein in jener Form der auf es konzentrierten Aufmerksamkeit möglich ist, der am Beginn der

Kantischen Deduktion vorausgesetzt werden muss. Das Wissen von mir ist auch dort wirklich und operativ, wo immer im Vollzug einer Synthesis eine Gewissheit von den Einheitshinsichten im Spiel ist, denen alle Gedanken über Objekte genügen müssen – wo also überhaupt ein Wissen von Objekten als Objekten artikuliert ist. Dies Verhältnis wird von Kant unter dem Terminus ‚synthetische Deutlichkeit' analysiert. Das Wissen davon, dass ‚Ich' als Subjekt einen Aktus der Synthesis vollziehe, kommt innerhalb des Vollzuges von Spontaneität auf, während der explizite Gedanke ‚ich denke', von dem die Deduktion ausgeht, in der Tat den Vollzug einer Reflexion voraussetzt, obwohl das Selbstbewusstsein nicht durch Reflexion entsteht. Daraus folgt, dass es sehr wohl möglich ist, viele Facetten des bewussten Lebens, die ohne Reflexion vollzogen werden, demselben ‚ich'-Bewusstsein zuzuordnen, aufgrund dessen die Kantische Deduktion in Gang kommen kann. In diesem Punkt kann man sogar eine Gemeinsamkeit zwischen meiner Verständigung über Selbstbewusstsein und der semantischen Analyse des ‚ich' als selbstreferentiellem Indikator sehen. Für Kant war übrigens die Bedeutung des Ausdrucks ‚Reflexion' gar nicht, wie für uns, an einen Akt gebunden, der bewusst einzuleiten ist. Diesen Umstand muss man bei der Analyse von Kants Äußerungen zum ‚ich denke' immer mit berücksichtigen.

Will man nun nicht Fichtes erster Wissenschaftslehre folgen, die das Gewebe des Geistes aus einem Faden geknüpft sein ließ, dann muss allerdings daran festgehalten werden, dass in der Subjektivität des Menschen Formen und Weisen von Bewusstsein statthaben, die nicht einer solchen Art von Spontaneität zugerechnet werden können. Ein Beispiel mag die Gestaltformation in der Wahrnehmung sein. Man kann sie nicht als Leistung einer Spontaneität verstehen, die sich in Akten der Synthesis vollzieht. Aber es ist doch ebenso deutlich, dass sich die Gestaltformation wiederum nicht als eine präreflexive Weise von Für-sich-Sein auffassen lässt. Damit stellt sich das Problem, inwieweit und ob überhaupt Vollzüge, die nicht Modifikationen des bewussten Lebens sind, so wie ich es gefasst habe, als Weisen des Für-sich-Seins verstanden werden dürfen oder müssen, die zu dem expliziten ‚ich'-Gedanken komplementär und vorgängig sind. Das Beispiel der Gestaltwahrnehmung wird schon klarmachen, dass jedenfalls nicht alles im ‚Gemüt', was nicht Modifikation der spontanen Ich-Dynamik ist, als eine weitere und unterschiedliche Weise von Für-sich-Sein aufgefasst werden kann. Verhält es sich so, dann kann man nicht mit Ulrich Barth den gesamten anderen Stamm unserer Vermögen durch eine andere Weise des Für-sich-seins (er spricht hier von ‚Insichsein') charakterisieren.

Das schließt aber auch nicht aus, dass in dieser Sphäre Vollzüge stattfinden, die am besten als Weisen des Für-sich-Seins beschrieben werden. Ulrich Pothast hat sich um die Begründung einer solchen Sprache bemüht. In meinen Texten ist eine Zurückhaltung gegenüber diesem Sprachgebrauch zu bemerken. Vielleicht spielen dabei Nachwirkungen meiner früheren Versuche mit, in denen ich während der siebziger Jahren Subjektivität überhaupt ohne strikte Selbstbeziehung zu beschreiben unternahm. Davor hatte ich schon in vielen Seminaren alle verfügbaren Theorien der Subjektivität durchgearbeitet – mit dem Ergebnis, dass in die Erklärung einer präreflexiven Selbstbeziehung immer wieder Modelle eingeschleust werden, die von dem expliziten Selbstbewusstsein abgelesen worden sind. Gleichwohl hält man dies Selbstbewusstsein dann seinerseits meist für kein grundlegendes, sondern für ein abgeleitetes Phänomen, dessen Struktur als solche zudem keine eigenen Probleme aufwirft. Die Analysen dieses weit ausgebreiteten Theorietyps geben Anlass zu besonderer Vorsicht, wo immer ein Selbstverhältnis durch den Gebrauch der Prädikates ‚präreflexiv' gegenüber den eigentlichen ‚ich'-Gedanken abgegrenzt werden soll. Auch dieser ich-Gedanke kann, wie gesagt, gefasst werden, ohne Thema einer Reflexion zu sein oder im Focus einer Aufmerksamkeit zu stehen.

Die Vorsicht befreit nicht von der Aufgabe, die Wirklichkeit des ‚Mentalen' so aufzufassen, dass sich nicht insgeheim eine andere Vormeinung in die eigene Begriffsbildung einschleicht – nämlich die Annahme einer Datenmenge, deren Konfigurationen, ähnlich den Elementarteilchen der Physik, gewissen Kovariationsregeln folgen. Wolfgang Cramer hat die Aporetik aufgewiesen, in welche diese Tendenz führt, und deshalb als allgemeinen Terminus für Mentalität, im Anschluss an Leibniz, die Rede vom ‚Erleben' gebraucht, deren sich nun auch Ulrich Barth bedient. Für Cramer ist wirklich jegliches Erleben ein ‚Für-sich-Sein', sogar ein durch das Subjekt, welches dieses ‚sich' definiert, Getätigt-Sein und insofern Produkt einer Spontaneität. Doch dieses Für-sich ergibt sich bei Cramer als theoretische Folgerung aus den Aporien, in die man gerät, wenn man mentale Tatsachen aus einem Gegebenen, auf das sich ein Subjekt ‚bezieht', erklären will. Es handelt sich also, wie auch bei Leibniz, um einen theoretisch begründeten Lehrsatz, und nicht, wie auch bei Kant, um den Nachvollzug einer Bewusstseinweise, der in Begriffen ausgelegt wird.

Man müsste nun in eine lange Debatte über die Frage eintreten, ob man aus der Aporie der Rede von mentalen Daten die Folgerung ziehen kann, dass alles Mentale getätigtes Produkt ist, und insbesondere darüber, ob mit dem Produziertsein aller bewussten Gehalte ein Selbstverhältnis im Bewusstsein eintritt, wie immer es dann als ‚präreflexiv' zu charakterisieren ist. Auf diese und viele andere Fragen hat sich ein Versuch zur Klärung von Mentalität und von Bewusstsein in der Tat einzulassen. Unter bewusstem Leben verstehe ich jedoch die Dynamik, die aus dem expliziten Wissen von sich hervorgeht. Meine Untersuchungen sind auf dies Leben konzentriert. So sind sie also kein Substitut für eine Aufklärung über Kognition, über Bewusstsein und über Mentalität insgesamt. Es sollte klar sein, dass alles, was wir hier diskutieren, weder Wissen noch Bewusstsein noch auch die Beziehung zwischen beiden hinreichend bestimmen kann geschweige denn als deren Analyse oder gar deren Erklärung zu gelten hat.

Dennoch darf wohl außer Frage stehen, dass alle Phänomene und Prozesse, die nicht Vollzüge innerhalb des bewussten Lebens in meinem Sinne sind, auf irgend eine Weise in dieses Leben integriert und als in es integrierbar verstanden werden müssen. Die Zentralität des bewussten Lebens für alles Bewusstsein, das menschlich ist, erweist sich auch darin, dass ‚ich'-Gedanken in Beziehung auf alles müssen gefasst werden können, was ins Bewusstsein eintritt, was aber nicht der wissenden Selbstbeziehung entsprungen ist. All dies muss vom bewussten Leben in irgendeiner Weise adaptiert werden können. ‚Aufmerksamkeit' könnte ein Name für den weiten Bereich einer solcher Aktivitäten sein. Sie findet in mehreren Vollzugsweisen statt. Von einer Gestaltwahrnehmung kann man sich deutlich machen, dass sie sich instantan aufbaut, und man kann auch die Ordnung der Komponenten der Gestalt sukzessive nachzeichnen. Das alles setzt nicht voraus, dass in dem, was auf solche Weise in ‚ich'-Gedanken erschlossen wird, in sich selbst bereits ein Selbstverhältnis einschließt. Würde man dies annehmen, dann müsste man entweder allem ‚in mir', worauf sich die Aufmerksamkeit konzentrieren kann, ein je eigenes Selbstverhältnis zuschreiben, oder man müsste ein einziges ‚präreflexives' Selbstverhältnis unterstellen, das alle mentalen Vollzüge, deren ich mir bewusst werden kann, bereits durchzieht und zusammenschließt. Ulrich Barth kann an dieser Stelle – in Übereinstimmung mit wirkungsmächtigen Positionen der Phänomenologie – die Tatsachen der Zeitlichkeit oder der Leibbeziehung präreflexiver Erfahrungen geltend machen. Deren integrative Bedeutung ist so wenig zu bestreiten wie sie hier im Zusammenhang mit dem bewussten Leben erörtert werden kann. Mir muss es genügen, zunächst einmal plausibel gemacht zu haben, warum die Zuordnung von zwei allbefassenden Selbstverhältnissen verschiedenen Typs den Versuch, die Einheit der Subjektivität zu verstehen, unter eine problematische Voraussetzung bringt. Sie leuchtet umso weniger ein, je genauer man sich auf die Verfassung der Bereiche von Sachverhalten einlässt, die unter dem Titel ‚präreflexiv' zusammengefasst werden.

Wo Barth von der Erörterung des Kantischen Ansatzes beim ‚ich denke' zu seinem eigenen Konzept von der Einheit der Subjektivität übergeht, bemerke ich zudem eine Verschiebung in seiner Beschreibung der Problemlage. Diese Einheit lässt er nunmehr aus einer Verschränkung von präreflexivem und reflektiertem Selbstverhältnis hervorgehen, dem er das Verhältnis von Erleben und Deuten zuordnet. Es besteht jedoch inzwischen weitgehende Einigkeit darüber, dass man Selbstbewusstsein nicht als Ergebnis eines Aktes des Subjektes verstehen kann, das seine Aufmerksamkeit auf sich selbst wendet. Barth liegt es gewiss fern, dem entgegenzutreten. In seiner Kantdeutung wird dem ‚ich denke' dessen Zuordnung zur Spontaneität auch nicht bestritten. Dass er den Status des ‚ich'-Gedankens als Strukturprinzip betont und ihn dem präreflexiven Erleben entgegensetzt, wirkt sich aber dann doch dahingehend aus, dass ihm bei der Ausformulierung seiner eigenen Position in Beziehung auf die Einheit der Subjektivität dieser Bezug auf eine im Subjekt der ‚ich'-Gedanken fundierte Dynamik verloren geht. Dass diese Veränderung nicht sogleich deutlich hervortritt, erklärt sich daraus, dass Barth dem reflektierten Selbstsein dann doch eine umfassende Aktivität zuordnet, nämlich die, in den Bereich seines Komplements, nämlich den des präreflexiven Selbstseins, Leistungen der Deutung einzubringen. Doch das Subjekt erscheint so zunächst in der Stellung einer Distanz zur unmittelbaren Wirklichkeit des Selbstseins, wobei die Distanz der Eigenschaft des Reflektiertseins entspricht, um dann aus dieser Stellung heraus jene Unmittelbarkeit (Hegel würde sagen sein ‚Anderes') deutend zu durchdringen. Daraus ergibt sich aber ein Bild von der Aktivität des Subjekts, das sich grundlegend von dem unterscheidet, in dem ich die Dynamik des bewussten Lebens gegründet sehe. Diese Dynamik ist zum wesentlichen Teil eine solche innerhalb des Für-sich-Seins, welches Barth nun als das reflektierte beschreibt.

Die Unklarheit, welche so zwischen der Kantischen Problemlage und Barths eigenem Sprachduktus aufkommt, mag vielleicht eine Folge der Nötigung zur komprimierten Mitteilung eines komplexen Gedankenganges sein. Ich denke aber, dass sie doch auch noch vor einem ganz anderen Hintergrund gesehen werden kann. In jenem von Barth geschätzten frühen Aufsatz habe ich die Kantische Einsicht, dass unsere Erkenntnisvermögen nicht aus einer einigen Wurzel zu begreifen sind, mit der Folgerung einer ‚innersubjektiven Teleologie' verbunden. Zwar könnten diese Vermögen, ohne dass wir das wissen können, aus einer einigen Wurzel hervorwachsen, so dass verständlich würde, wieso sie mit einander interagieren. Da wir aber nicht ausschließen können, dass es sich so eben nicht verhält, muss die andere Möglichkeit zur Erklärung ihrer Harmonie für immer offen bleiben. Diese Harmonie ließe sich dann als das zufällige Produkt einer natürlichen Evolution verstehen, ohne das freilich keine Erkenntnis von der Verfassung unseres endlichen Erkenntnisvermögens hätte zustande kommen können. Als Alternative dazu bliebe nur die Erklärung, dass die Verfassung unseres Erkenntnisvermögens einer zweckmäßigen Planung und Einrichtung durch einen Schöpferingenieur zu verdanken ist.

Diese Art einer teleologischen Erklärung unserer Rationalität schien mir immer nicht eigentlich als befriedigend; und aus Kants Kritik von Crusius konnte man entnehmen, dass er selbst den Weg zu ihr lieber versperrt hätte. Dies war einer der Gründe dafür, dass ich das Problem der Einheit der Subjektivität im Gange der Fichte-Interpretation von der Einheit der Vermögen des Gemüts auf die Einheit der Funktionen übertrug, die Selbstbewusstsein als solches intern konstituieren. Auch für die Harmonie der Vermögen suchte ich nach einer anderen Erklärung. In einer Nussschale vorgestellt läuft sie auf das hegelnahe Argument hinaus, dass die Verfassung unserer Erkenntnis die Bedingung dafür ist, dass im Endlichen als solchem ein Gedanke von einem Absoluten überhaupt entwickelt werden kann. Damit wird an die Stelle einer teleologischen Begründung zu einer Begründung aus Begriffsverhältnissen oder aus in der Verfassung von Erkenntnis notwendigen Relationen zumindest ein Ansatz gemacht.

Barth hat nun gewiss nicht eine Restituierung und Verstärkung der innersubjektiven Teleologie im Sinn. Das ergibt sich schon daraus, dass er den größten Wert darauf legt, die Einheit der Subjektivität ‚strukturtheoretisch' zu begreifen und dass er mir entgegenhält, diesem Postulat nicht zu entsprechen. Sucht man nun nach dem Hintergrund, von dem her sich Barths Sprachwechsel und sein Programm erklären, die alles Mentale umfassende Einheit der Subjektivität aus der Verflechtung zweier Weisen und Stämme von Selbstsein zu begreifen, dann muss man auf die Vorgaben zurückkommen, die für Barths eigenes Programm durch Fichtes spätere Wissenschaftslehren gesetzt sind. In seiner Habilitationsschrift hat er Emanuel Hirschs Fichterezeption nachgezeichnet und deren Bedeutung für Hirschs eigene Systematik aufgewiesen. Erst vor kurzem ist er in seiner Edition von Hirschs Fichtestudien neuerlich auf dies Thema eingegangen. Neben Kants Theorem von den zwei Stämmen, das in Barths Text sichtbar eine prominente Rolle spielt, ist Fichte und seine theologische Rezeption durch Hirsch eine zumindest ebenso gewichtige Bezugsinstanz für seine Kritik an mir, wenn sie auch zumeist nur in deren Hintergrund wirksam wird.

4.

Damit ergibt sich für unser Gespräch eine Problemlage, in der es nützlich sein wird, einige Motivationslinien voneinander abzuheben und aufeinander zu beziehen, die Barth und mich gemeinsam bestimmen, aus denen aber dennoch Barths Kritik an mir hervorgeht. Fichte hatte in den späteren Wissenschaftslehren das Wissen von sich, das sich für ihn zunächst im Gedanken ‚ich' artikulierte, nicht mehr an der Grundevidenz des Selbstbewusstseins, sondern an der Evidenz orientiert, dass dem Wissen als solchem und im allgemeinen, insofern ihm ‚Gewissheit' eignet, bereits ein solches Selbstverhältnis innewohnt. Die Wissenschaftslehre hat nun die Verfassung des Wissens aufzuklären, das sich als Gewissheit und in der ihr eigenen Selbstbeziehung vollzieht. Solches Wissen vollendet sich dann im Wissen von einer tätigen Ordnung, in der sich das Absolute als ein Geschehen manifestiert. In dem Gang der genetischen Auslegung solchen Wissens, die formal Fichtes frühere Analyse des Gedankens ‚ich' durchaus entspricht, wird man dann auch verstehen können, wie sich der Selbstbezug von endlichem und vereinzeltem Selbstbewusstsein konstituiert und wie er in der Entfaltung des notwendigerweise vorindividuellen Wissen fungiert. Um die Evidenz des reinen Hervorgangs göttlichen Lebens im endlichen Leben vollständig Platz greifen zu lassen, muss die Konzentration endlicher Selbstgewissheit in sich selbst freilich eliminiert, also ‚vernichtet' werden.

Ichheit und Gewissheit haben gleichermaßen eine polygonale Verfassung. In ihr sind jeweils miteinander verschränkte, aber nicht gegeneinander isolierbare Momente voneinander abzuheben. Schon 1966 habe ich die Formbestimmungen der späteren Wissenschaftslehre im Gange einer Klärung der Verfassung von Selbstbewusstsein eingesetzt. Dabei wurde allerdings Selbstbewusstsein von den Motiven gelöst, die Fichte zur Annahme eines absoluten Ichs führten, und insofern in den Kantischen Rahmen zurückgesetzt. Auch damals ging ich davon aus, dass Selbstbewusstsein sich zwar in einer selbst nicht individualisierbaren Form des Für-sich-Seins realisiert, dass diese Form aber nichtsdestoweniger die Form der Selbstbeziehung in endlichem Wissen ist. Die Gewissheit, die in ihr gelegen ist, lässt sich nicht aus der Beziehung auf einen Gedanken des Absoluten in der Weise auslegen, dass sie zu einem dynamischen Attribut des Absoluten wird, so dass dies Absolute selbst, wenn auch als Grenze alles Verstehens, in der Gestalt dieser Gewissheit eingesehen werden kann.

Dennoch bin ich auch damals Fichte in der Annahme eines Absoluten gefolgt, welches der Ichheit im Wissen von sich vorausliegt, ohne mich dabei freilich an die Details von Fichtes Entwicklungen zu halten. Aus meinen Harvard-Vorlesungen von 1973, die erst dreißig Jahre später publiziert wurden, lässt sich entnehmen, wie ich Fichtes spekulative Lehre vom Absoluten einige Jahre später dargestellt habe. Fichtes Lehre vom Wissen als Manifestation göttlichen Lebens wird dabei unter Umgehung der Nachfolgetheoreme zu Fichtes früherer Inanspruchnahme einer intellektuellen Anschauung ausgelegt. Das hat zur Folge, dass Fichtes Absoluttheorie als ein Verstehen erscheint, das sich in der Entwicklung von Gedanken, nicht im ‚Intelligieren' von genetischen Zusammenhängen artikuliert. Daraus ergibt sich eine gewisse Nähe zu Hegels Denkart, die Fichte selbst zurückgewiesen hätte. Er hätte gefunden, dass sie nicht der Gewissheit im Wissen gerecht wird, deren sich jeder Mensch bewusst werden kann und an der sich die Philosophie zu orientieren hat. Ich selbst bin allerdings immer, sogar in meiner Fichteinterpretation, der Tendenz gefolgt, auch das Wissen vom Absoluten als endliches Wissen zu verstehen.

Ulrich Barth folgt Fichte auf Pfaden, die von den meinen in diesem Punkt wohl nicht weit entfernt verlaufen, die im Übrigen aber ganz anders ausgelegt sind. Er bezieht die polygonale Struktur, die Fichte in der Analyse von Wissen und Gewissheit ausgearbeitet hat, samt dem von Fichte konzipierten Gedanken eines Absoluten auf das Ganze des Geistes. Zugleich setzt er diese Struktur in die Kantische Annahme der Vielzahl interagierender Vermögen ein und beschreibt das Ergebnis in der ihm eigenen Weise als die Interpenetration von Deuten und Erleben. So ergibt sich eine Kontroverse zwischen uns aufgrund einer unterschiedlichen Aufnahme und Weiterbildung derselben Ausgangsgedanken, und zwar zwischen einem Gedanken vom Absoluten als vorausgesetzt in einem Selbstbewusstsein, das zwar grundlegend für alles Wissen ist, das aber nicht alles Mentale in sich absorbiert, und einem Gedanken von eben diesem Absoluten, der im Ausgang vom Ganzen der mentalen Vermögen und von der durch deren polygonale Ganzheit definierten Subjektivität gewonnen werden soll. Eine sehr große Nähe im Ausgang führt somit doch zu einer Differenz, die durchaus nicht nur die Oberfläche betrifft.

Nun ist es aber unmöglich, im Rahmen dieses Bandes in eine professionelle Debatte über Fichtes spätere Wissenschaftslehre einzutreten – wie interessant sie auch immer ausfallen könnte. Das ist deshalb ausgeschlossen, weil dann nicht einmal nur die von Fichte entwickelte hochkomplexe Struktur zu beachten wäre. Wir würden zudem sogleich in Probleme hineingezogen, die auch für die analytische Philosophie der letzten Jahrzehnte von zentralem Interesse sind, nämlich in eine Aufklärung von Wissen in seiner Beziehung auf Wahrheit, um dann beides in Beziehung zu jenem Wissen von sich zu bringen, das Subjekten eignet. Dem Wissen auch der endlichen Subjektivität wird man einen eigentümlichen Wissenssinn und einen besonderen Wahrheitsbezug zusprechen müssen. Er ist in der analytischen Diskussion, so bei Roderik Chisholm, mit der Wahrheit von Sätzen indiziert, die mit der Klausel ‚es scheint mir, dass…' anheben.

In einer Fichte-Diskussion würde ich weiter die These zu vertreten suchen, dass Fichte die Gewissheit im Wissen philosophisch überlastet, und zwar auch deshalb, weil seine Analyse von Gewissheit den bereits überlasteten Duktus seiner vorausgehenden Analyse der Ich-Form in seinen neuen Entwurf hinübernimmt. Letztlich stellt sich mir die Durchführung von Fichtes Absoluttheorie des Wissens als weit weniger vorbildgebend dar als seine Entdeckung der Grundfragen in Beziehung auf Subjektivität und seine Energie, die Dimension, in der eine Antwort zu geben wäre, immer tiefer und komplexer zu erschließen. Auch an der Verbindung zwischen dem Gedanken des Absoluten und der Neubestimmung der sittlichen Ordnung, zu der Fichte im Zusammenhang des Atheismusstreites und der Intervention von Jacobi gelangte, sollte sich ohne seine Wissenstheorie festhalten lassen. In dieser Theorie wird, wie gesagt, das alte Theorem der intellektuellen Anschauung neu gefasst, in einer dialektischen Entwicklung ausdifferenziert und damit zugleich noch viel ausgedehnter in Anspruch genommen. Der Verzicht auf dies einzige Theorem hat deshalb Folgen, die sogleich sehr weit von Fichte wegführen müssen.

Wie es sich mit all dem aber nun auch immer verhalten mag – die Übertragung von Fichtes gesamter Begründungsart in einen Zusammenhang, der weder auf das Wissen von sich noch auf Wissen überhaupt, insofern ihm Gewissheit innewohnt, konzentriert ist, kann durch Fichte selbst schwerlich irgend eine Stützung erfahren. Wird Fichtes Selbstkonstruktion des Wissens durch die Dyas von Erleben und Deuten ersetzt, dann muss sich die so entstehende Theorie Ulrich Barths nur aus eigener und ganz anders zu führender Begründung behaupten. Das gilt insbesondere für die Begründung eines Strukturzusammenhanges zwischen so verstandener

Subjektivität und einer Konzeption von einem Absoluten. Auf sie geht Barth diesmal nur in perspektivischen Bemerkungen ein. Deshalb muss sich diese unsere Diskussion auch in einem Vorfeld des eigentlichen Themas dieses Bandes entfalten.

5.

Ehe ich zu dem Verhältnis von Subjektivität und Absoluttheorie zurückkehre, welches der eigentliche Zielpunkt auch unseres Gesprächs bleiben muss, steht nach so viel Rücksicht auf Fichte noch eine Bemerkung zu meinen Arbeiten über Hölderlin an. Aus dem Umfang dieser Arbeiten sollte man nicht ohne weiteres den Grad der philosophischen Bedeutung ableiten, die ich Hölderlin zuschreibe. Ihr Umfang erklärt sich zu einem guten Teil aus der Forschungslage. Fichtes Wissenschaftslehren waren, wenn auch in unzulänglichen Ausgaben, seit langem verfügbar und auch diskutiert. Hölderlins Denken in der für seine Ausbildung wichtigsten Zeit war aber noch gänzlich unbekannt. Zwar steht der Schlüsseltext *Urtheil und Seyn* auf einem einzigen Blatt. Nachdem er aufgetaucht war, ergab sich aber die Aufgabe, die Originalität seiner Thesen zu sichern und seine Hintergründe auszuleuchten. Jetzt erst wurde es auch möglich, Hölderlins führende Stellung in dem Kreis der Homburger Philosophen zu erklären, von denen sehr viel mehr Dokumente als jenes eine Blatt überkommen sind. Ebenso wurde es jetzt erst möglich, den Berichten über Dispute zwischen Schelling und Hölderlin Gehalte zuzuordnen und deutlich werden zu lassen, was Hegel als Philosoph seinem Freund verdankte. Man muss nur einen Blick in Emanuel Hirschs vierten Band seiner noch immer maßgeblichen *Geschichte der neueren evangelischen Theologie* werfen, um zu sehen, dass zu der Zeit, in der Hirsch diesen Band erarbeitete, das Verständnis des späten Fichte ungleich tiefer gehen konnte als das von Hölderlin. Barths Vermutung, dass meine eigene Zustimmung zu Hölderlin über die Jahre immer weiter gewachsen sei, ist wohl auch als optische Täuschung zu erklären, die sich aus der Bedeutung Hölderlins für meine Bemühung ergibt, die Diskussionslagen in Tübingen, in Jena und in Homburg über Forschungsgänge möglichst umfassend aufzuklären.

Doch hat Hölderlin für mich wirklich auch eine philosophische Bedeutung gewonnen – unangesehen der gegenüber Fichte ungleich geringeren spekulativen Kraft und Ausdauer seines Philosophierens. Vorab sollte gesagt sein, dass Hölderlin der einzige Dichter gewesen ist – und zwar, so weit ich weiß, aller Sprachen – dessen Gedichte über seine eigene Theorie der literarischen Werkform einen Anschluss an philosophische Gedanken haben, die gleichfalls ganz seine eigenen sind. Die Größe seines dichterischen Werkes lässt sich nicht begreifen, wenn man diese Wurzel außer Acht lässt.

Philosophisch bedeutsam für mich ist es aber gewesen, dass Hölderlin in seinem Nachdenken über Subjektivität die Endlichkeit des Selbstbewusstseins betont und dass er zugleich immer daran festhielt, dass dies Selbstbewusstsein das Für-mich-Sein eines je einzelnen endlichen Subjektes ist. In *Urtheil und Seyn* mag das zweite nicht klar genug zum Ausdruck kommen. Doch diese Klarheit entsteht, wenn Hölderlin aus der gegen Fichte gewendeten These von der Endlichkeit der Form des Selbstbewusstseins die Skizze seiner Lehre über den Lebensweg und seiner Dichtungstheorie entfaltet. Gewiss müssen auch in ihnen Formen aufgewiesen werden, die für jedes Leben und für die Gattungen der Dichtung durchaus dieselben sind. Dass von Formen und somit Allgemeinem die Rede ist, bedeutet aber anderes als in Fichtes Analysen. Für Fichte ist die Form des Ich zugleich die Ur-Wirklichkeit, aus der sich die einzelnen Fälle von Selbstbewusstsein herleiten lassen. In das Bewusstsein von ihr sollen sie sich auch verwandeln, wenn sie ihre sittliche Bestimmung verstehen und realisieren. Hölderlin begreift dagegen die Einheit des All-Einen als einen Grund und ein Geschehen, in dem das endliche Subjekt als solches Aufschluss über sich und in ihm seinen Frieden findet.

Damit öffnet sich eine Perspektive nunmehr auch auf Hegels Denken. Wohl ist auch Hegels Logik auf einer Art von intellektueller Anschauung gegründet. Denn die Entwicklung der reinen Formbestimmungen soll sich in einem Denken vollziehen, das dem logischen Prozess nur folgt und ihn erläutert, aber nirgends in ihn eingreift oder seine Gehalte produziert. Hegel gelten diese Formen als dynamisierte platonische Ideen, und ihre Gesamtheit ist die eines reinen, alles gründenden Nous, dessen Wesen es ist, sich von sich aus zu erschließen. Da es sich aber um Formen, nicht, wie bei Fichte, um Prozesse epistemischer Selbstorganisation handelt, ist ihr Status, wie wir aus der Geschichte aller Platonismen wissen, immer noch vielfältig bestimmbar und diskutabel. Sich über die Weise zu verständigen, in der Endliches im Absoluten einbegriffen ist, muss dann nicht notwendigerweise auch heißen, sich in eine cognitio intuitiva des Höchsten zu versetzen. Es ist abzusehen, dass damit ein Spielraum gewonnen wird für die Erklärung von Gottesbegriff und Glaubensgewissheit. In einem damit ergibt sich die Möglichkeit, Gedanken vom Absoluten aus dem Anspruch auf absolute Gewissheit zu lösen. Eine Folge davon ist, dass das Philosophieren auch von dem Systemprogramm im Stile Fichtes entlastet werden kann. Und so wird auch die Möglichkeit einer Verbindung zwischen Grundlegungsfragen und der Analyse der menschlichen Existenz bewahrt, die eigentlich schon für Kants Denken charakteristisch gewesen ist. Sie aufzunehmen und zu vertiefen ist eines der Ziele des philosophierenden Dichters Hölderlin gewesen. Darin fand er sich im Einklang mit Schiller und Niethammer, seinen beiden Mentoren. Und in diesem Sinne habe ich selbst noch in den Interpretationen von Fichte und Hegel ein Motiv geltend zu machen versucht, das für Hölderlins Denken leitend gewesen ist.

6.

An diese Erläuterungen zu Hölderlin möchte ich nun noch eine Bemerkung zum Gebrauch der Rede von einem Grund im Bewusstsein anschließen. Ulrich Barth hält mir mit Recht vor, dass dort, wo ich darlege, warum sich das Selbstbewusstsein nicht aus sich selbst und ebenso wenig aus der Interaktion zwischen Personen verstehen lässt, die Frage, was es denn verständlich mache, ziemlich umstandslos mit der Frage nach seinem Realgrund identifiziert ist. Da nach Kant aus dem Wissen von sich die Möglichkeit von Objekterkenntnis verständlich werden soll, Selbstbewusstsein also als Wissensweise verstanden werden muss, sei aber zu folgern, dass Selbstbewusstsein, so denn überhaupt nach seinen Voraussetzungen gefragt werden kann, aus einem epistemischen Prinzip, das noch tiefer liegt, oder, wie Barth sagt, aus einem ‚begrifflichen Ermöglichungsgrund' oder ‚strukturtheoretisch' verständlich gemacht werden muss.

Nun ist es zwar wahr, dass der Ursprung des Wissens von sich in seiner intentionalen Verfassung nicht ohne Umschweife in irgendeinen Realgrund gesetzt werden kann, gleich ob er aufweisbar oder ein entzogenes und nur vorausgesetztes ‚Ding an sich' ist. Aber die Programmformeln, die Barth verwendet und die jede Allusion an einen Realgrund ausschließen sollen, geben uns auch keine Aussicht auf eine adäquate Verständigungsart. Barth möchte so wenig wie ich den Grund im Bewusstsein logifizieren und, der neukantischen Strategie entsprechend, ihn in einem Prinzip, in der Satzform oder im Wahrheitssinn finden. Wo aber setzt ein aussichtsreicher Zwischenweg ein? Ich habe aus lange vergessenen Quellen gezeigt, dass Kants Begriff von einer ‚Deduktion' das Programm einer Rechtfertigung aus einer besonderen Art von Tatsachen einschließt, welche die exzeptionelle Eigenschaft haben, rechtsgründend zu sein. Man könnte diesen Kantischen Befund zu Wittgensteins Begründung von grundlegenden Annahmen aus Lebensformen in eine aufschlussreiche Beziehung bringen. Offenbar kann man an den Grenzen derjenigen Begründungen, die sich in Schritten ausführen lässt, nicht mehr auf eine kristallinische Unterscheidung zwischen Faktischem und Normativem insistieren.

Wenn also, sei es der Ich-Gedanke, sei es (mit Barth) die Interpenetration der menschlichen Vermögen, als letzte Vergewisserungsbasis gelten soll, so wird in der Bedingung ihrer Möglichkeit immer auch ein Moment enthalten sein, in dem das Erkennen, das bewusste oder das deutende Leben in seiner Wirklichkeit gedacht wird. Dann aber geht in jeden Grund, der ihm vorausgesetzt werden muss, immer auch ein Moment ein, das als Realgrund aufzufassen ist. Dabei muss man im Sinn behalten, dass auch nach Kant ‚Grund', als reine Kategorie genommen, nicht mit Kausalität in empirischer Abwendung bedeutungsgleich ist. Sonst wäre der metaphysische Gottesgedanke, in dem Kant Gott als Grund von Wissen und Wollen denkt, widersinnig geworden. Ein solcher Sinn von Realgrund scheint mir auch für Barths Absicht unverzichtbar zu sein, der polygonalen Struktur des menschlichen Geistes ein Absolutes als Grund zuzuordnen, dessen innere Vielgliedrigkeit und innere Dynamik eine andere ist als die bloß faktische der Wechselglieder Deuten und Erleben.

Barth könnte dennoch weiterhin einwenden, dass sein Ansatz jedenfalls die strukturelle Explikation des Grundes als notwendig nach sich zieht, während meine Rede vom Grund ins bloß Faktische, als solches aber zudem Unausdenkbare verweist. Im Anschluss an Hölderlin kann ich daraufhin nur geltend machen, dass das Selbstbewusstsein, das aus sich selbst nicht zu verstehen ist, der Kern des bewussten Lebens eines einzelnen endlichen Subjektes ist. Insofern sich die Frage nach seinem Ursprung auf dieses Subjekt richtet, kann die Reihe weiterer Nachfragen, die sie auslöst, zunächst einmal nur von einer Ursprungsfrage im Alltagssinn ihren Ausgang nehmen. Aber der Gehalt dieser Frage akkumuliert und spezifiziert sich dann immer weiter, wenn beharrlich darauf Rücksicht genommen wird, was das ist, dessen Ursprung in Frage steht. Dass keine Ursache in demselben Alltagsverständnis, innerhalb dessen die Frage anhebt, als zureichende Antwort gelten kann, ergibt sich daraus, dass der Einheitssinn im Für-sich-Sein nicht in Elemente aufgelöst werden kann. Dass die eigentümliche Intentionalität dieses Für-sich-Seins in einem solchen ihren Grund haben muss, das gleichermaßen nicht explizierbar sein wird, ergibt sich dann ebenfalls sogleich. Wenn aber einmal klar ist, dass zu dem vorausgesetzten Realgrund durchaus nicht über eine Erforschung der Herkunft Schritt um Schritt zu gelangen ist, dann wird die Erklärung der Beziehung von Grund und Gegründetem von dem Gedanken des Grundes selbst auszugehen haben. Ich habe zu zeigen versucht, dass ein solcher Gedanke nur in einem Gegenzug zu den grundlegenden Weltgedanken artikuliert werden kann, zu denen auch die Kategorie der Kausalität gehört. In eben diesem Gegenzug konstituiert sich das Denken, das deshalb spekulativ genannt wird. Wie in ihm die Vielheit der Einzelnen samt deren Für-sich-Sein aus einem Einheitsgrund zu verstehen ist, dafür lässt noch am ehesten Hegels Logik eine Vorgabe gewinnen.

7.

Mit dieser Bemerkung ist hier wiederum nicht mehr erreicht als einen Umriss erkennen zu lassen, in dem sich eine weitere Debatte im Anschluss an einen wichtigen Einwand entfalten könnte. Ulrich Barths Kritik hat für mich aber nicht hier, sondern in zwei anderen seiner Einwände ein noch größeres Gewicht. Sie scheinen mir zudem in einer engeren Verbindung miteinander zu stehen, als die es ist, die Barth selbst im Auge gehabt zu haben scheint. Barth will den Überstieg zu einem Gottesgedanken nicht beim Wissen von sich, sondern bei der Verschränkung von reflexivem und präreflexiven Vollzügen und damit bei der polygonalen Einheit der Subjektivität einsetzen lassen. Und er verlangt weiter, dass alle Allusionen an Erfahrungen des bewussten Lebens, insbesondere an die Sprache der Frömmigkeit, dort zu unterbleiben haben, wo Grundlegungsfragen der Philosophie entfaltet werden.

Um deutlicher zu machen, warum ich den Gedanken von Gott als dem Grund alles bewussten Lebens gerade mit dem Selbstbewusstsein zusammengeschlossen wissen will, muss ich zunächst auf das verweisen, was schon zuvor über das Subjekt gesagt worden ist, das in diesem Wissen von sich selbst steht. ‚Reflexiv' ist es nur insofern, als alles das, als was es sich vollzieht, im Wissen von ihm selbst vollzogen wird oder auch aus dem Wissen von sich heraus in seinen Vollzug kommt. Es kann zudem reflektieren, sein Für-sich-Sein also in den Fokus seiner Aufmerksamkeit bringen. Das ist eine Voraussetzung für einige, aber nicht für alle die Aktivitäten, die aus dem Wissen von sich in Vollzug gesetzt werden. Darüber, dass dies sein Für-sich-Sein niemals das Ergebnis eines Aktes der Reflexion ist, können wir wohl Einigkeit konstatieren. Aber man darf in diesem Für-sich-Sein auch keine Gegeninstanz zu allen spontanen Vollzügen sehen. Vielmehr ist Spontaneität dadurch von allen Formen von Automatismus unterschieden, dass sie den Tätigkeiten eignet, zu deren Vollzugsform ihr Für-sich-Sein charakteristisch ist. Dies ist nicht nur die Voraussetzung dafür, dass Selbstbewusstsein als der Ankerpunkt für den Wahrheitsbezug und für alles Erkennen verstanden werden kann. Es ist auch die Voraussetzung dafür, dass die undifferenzierbare Form des Für-sich-Seins als die Grundeigenschaft von einzelnen Subjekten eine konstitutive Bedeutung dafür haben kann, dass sich diese Subjekte unter eben dieser Form zur Konkretion eines bewussten Lebens ausdifferenzieren können. Denn nur so kann der Gedanke eines Subjektes, das durch sein Für-sich-Sein charakterisiert wird, mit einer epistemischen Meinungsgeschichte, mit einem bestimmten Weg in Raum und Zeit, mit einer personalen Existenz sowie mit den Formcharakteren einer sittlicher Lebensführung in Verbindung gebracht werden. Nur so also lässt sich der Gedanke des Subjektes, das von sich weiß, bis zur ausgebildeten Gestalt von Subjektivität weiter entwickeln.

Geht man davon aus, dann wird auf noch andere Weise einsichtig, warum nicht darauf verzichtet werden kann, die Frage nach dem Grund bewussten Lebens den Anschluss an die Selbstbeziehung der Subjekte halten zu lassen. Zunächst einmal leitet darauf bereits die Problemlage der theoretischen Aufklärung. Die wissende Selbstbeziehung erweist sich als resistent gegen jeden Versuch zu einem weiteren Aufschluss und gegen die Isolierung der Faktoren, die offenbar in ihr eingeschlossen sind, gegeneinander. Das zwingt nicht nur zu einer Frage, die auf irgend eine Weise hinter diesen Komplex zurückführt, sondern zu einer solchen, die in dem Bereich, dem sie sich zuwendet, immer mit Verhältnissen rechnet, welche von allen vertrauten Bedingungen des Verstehens abweichen.

Doch dem Grund, auf den diese Nachfrage geht, wird nicht allein aus theoretischem Interesse nachgedacht. In seinem Für-sich-Sein, das eine Lebensführung notwendig werden lässt, steht der ganze Prozess der Subjektivität immer im Wissen von sich und dann auch vor sich selbst in Frage. Wenn sich das Subjekt in diesem Prozess selbst einen Grund voraussetzen muss, so kann dies nicht dieser oder jener sein, der das eine und andere, was ihm unabdingbar zugehört, eintreten lässt. Von diesem Grund her muss es sich vielmehr als ganzes verstehen. Dann aber muss sich das Subjekt gerade im Zentrum seiner Subjektivität als von ihm her begründet wissen können. Sich so begründet zu wissen hat zur Folge, dass der Gedanke des Grundes letztendlich in alle Phasen des Prozesses bewussten Lebens aufgenommen werden und wirksam in ihn eingehen kann. Er muss, kantisch gesprochen, das Selbstverhältnis in der Spontaneität seiner Vollzüge ‚begleiten' können, in denen es sich als Subjekt verwirklicht. So muss der Grund als gründend zu allererst für jenes Selbstsein gedacht werden, in dem sich alles zusammenschließt, was ihm zugehört. Das aber bedeutet, dass er nicht als Grund von Sphären, und sei es von allen, zu denken ist, in Beziehung zu denen sich das Subjekt verwirklicht, zu denen es sich aber doch ebenso in eine Distanz versetzen kann. Auch dadurch ist der Gedanke von einem Grund des bewussten Lebens unterschieden von dem Gedanken einer Stimmigkeit zwischen Vermögen, die teleologisch zu interpretieren ist, wobei die Möglichkeit fortbesteht, ihr einen Grund vorauszusetzen, der das je eigene Leben nach Zwecken eingerichtet hat. Eben dies ist der Unterschied im Ansatz und in der Motivation zwischen der ‚innersubjektiven Teleologie', von der die von Barth geschätzte Abhandlung von 1955 sprach, und den Versuchen, der wissenden Selbstbeziehung als solcher einen ‚Grund im Bewusstsein' zuzuordnen. Zu dem Gedanken von einem solchen Grund kommt der Mensch nicht nur von daher, dass er sich als schlechthin abhängig versteht, sondern so, dass er sich in dem, als was er sich jederzeit versteht, also im Zentrum seines Selbstseins als ermöglicht und getragen weiß.

Daraus mag schließlich auch deutlich werden, wieso die Rede vom Grund im Bewusstsein mit einer anderen als einer nur relationalen Bestimmung des Verhältnisses von Absolutem und Endlichen im Zusammenhang steht. Die Einheit des Selbstseins lässt sich nicht so wie die Stimmigkeit zwischen Kategorien und Anschauungsformen als wesentliche Beziehung zweier Selbständiger verstehen. Es besteht eine Korrespondenz zwischen der Erkenntnis, dass damit Grenzen der Normalform von Erklärung erreicht sind, und der spekulativen Begriffsform, die in Gebrauch ist, wenn es darauf ankommt, das Absolute nicht als Ursache des Endlichen, sondern, um mit Fichte und Hegel in einem zu sprechen, das Absolute als im Endlichen verwirklicht und manifestiert zu denken. Warum dieser Gedanke gefasst wurde und wie er sich näher bestimmen lässt, wird im Zusammenhang mit anderen Beiträgen zu diesem Band nachgegangen. Hier mag es genügen, zwischen diesem Gedanken und dem Gedanken vom Grund gerade im Selbstsein den methodischen Zusammenhang aufgewiesen zu haben.

8.

Zum Schluss habe ich auf Ulrich Barths Bedenken gegen das einzugehen, was er vor allem in meinen exoterischen Texten beobachtet hat – dass nämlich in ihnen die Grenzziehung zwischen philosophischer Untersuchung und der Sprache der Frömmigkeit nicht strikt durchgehalten sei. Dies von einem Theologen vorgehalten zu bekommen, kann einen Philosophen schon überraschen. Aber es liegt mir fern, dieser Kritik zu unterstellen, ihr Motiv sei die Wahrung eines Exklusivrechtes für das eigene Fach.

Sein Vorwurf hat einen weiten Resonanzraum in der Geschichte der Dispute zwischen christlicher Theologie und Philosophie. Er erstreckt sich von Paulus' Abwehr der platonisierenden ‚Weisheit der Welt' bis zu Heideggers Mahnung, die Theologie habe sich ganz als theologia crucis aus dem Geschehen des Glaubens zu verstehen und sich aller pseudophilosophischen Reden über Religion zu enthalten. Dem eigentlichen Denken, als Entsprechen, als Andenken und als Danken ist dann freilich mit Hölderlin vorbehalten, was sich wie eine eigene Frömmigkeit ausnehmen muss.

Barths Vorwurf schließt allerdings nicht an diese Traditionslinie an. Mir scheint, dass sich in ihr eine Nähe zu Schleiermachers Methodik auswirkt. Schleiermacher wollte die Philosophie von der Tatsache des Wissens, die christliche Theologie aber aus der Verfassung der Frömmigkeit entwickeln und beide allenfalls in ihrem Abschluss zusammenführen. Mit diesem methodischen Ansatz hat Schleiermacher dem ursprünglichen Interesse seiner ‚Reden über die Religion', nämlich der Religion einen eigenständigen Ursprung zu sichern, im Aufbau seiner späteren Dogmatik weiterhin Rechnung getragen. Allerdings muss, dass von der Frömmigkeit der Ausgang zu nehmen sei, noch immer von einer Sprache unterschieden werden, die selbst von frommer Erfahrung durchstimmt ist. Dies letztere könnte Barth vielleicht für einige Phasen der theologischen Diskursform reserviert wissen zu wollen.

In der Linienführung meiner eigenen Gedanken nehme ich nun an, dass ‚Sprache der Frömmigkeit' in einem weiten Sinne verstanden werden darf und dass dieser Ausdruck dann für eine Sprache steht, in der sich die Erfahrung ausspricht, dass das eigene Leben in eine Ordnung einbegriffen ist, aus welcher ihm Orientierung und Rechtfertigung zuwachsen. Barth geht im Anschluss an Fichte und mit Emanuel Hirsch davon aus (und ich stimme dem zu), dass Frömmigkeit kein fixer Gefühlszustand oder eine konstante Einstellung ist, sondern eine Weise intensiver Bewegtheit des bewussten Lebens. Wenn aber Barth dann geltend macht, dass das Vorbild der Denker der klassischen deutschen Philosophie dagegen steht, dies ‚Sprachspiel' mit dem der philosophischen Begründung zu vermischen, so habe ich dem mit Nachdruck zu widersprechen. Freilich ist es nicht zulässig, die Unfähigkeit, Begründungsfragen klar zu entwickeln und zu beantworten, mit erbaulichen Sentenzen zu camouflieren. Aber aus dieser Binsenwahrheit folgt doch nicht, es sei zu verlangen, Folgerungen, die aus einem Begründungsgang für die Lebensführung hervorgehen, bei der Entfaltung einer Begründung und insbesondere bei der Explikation der Folgen der Begründung gänzlich aus dem Spiel zu lassen. Die Konzeptionen Kants, Fichtes und Hegels sind in untrennbarer Einheit Grundlegung des philosophischen Wissens und Aufschluss über das Fundament bewusster Lebensführung. Auch im Blick auf diese Einheit hat Kant dem Ausdruck ‚Idee' sein verlorenes Gewicht zurückgegeben und sich dabei auf Platon berufen. Der Disziplinname ‚Idealismus' gewinnt von daher seinen eigentlichen Sinn, obwohl das Denken, das einer solchen Einheit nachgeht, nicht auf Konzeptionen beschränkt ist, die so bezeichnet werden können. Es ist vielmehr charakteristisch für das, was Philosophie in ihrem Zentrum ausmacht. Man kann diese Einheit mit Kant auch als die Einheit von Schulbegriff und Weltbegriff der Philosophie fassen. Erbaulichkeit an die Stelle von Begründungskraft zu setzen ist wirklich einer der übelsten Fälle von Missbrauch der Philosophie. Ihr aber die Sprache zu entziehen, mit der sie nach getaner Arbeit oder im Vorblick auf deren Ziel Eingang in das gelebte Leben finden kann, ist eine neue Weise, sie in die Rolle der stummen Magd zurückzudrängen.

Wo aber die philosophische Grundlegung als Theorie der Subjektivität konzipiert ist, da gewinnt dieser Zusammenhang noch mehr Evidenz und Gewicht. Eine Analyse der Subjektivität ist gewiss keine subjektive oder eine subjektiv getönte Mitteilung. Also ist sie auch um im Idiom der analytischen Philosophie zu sprechen, nicht in der Erste-Person-Perspektive vorzutragen. Aber über Subjektivität lässt sich doch nur sprechen, wenn aus der Perspektive der Ersten Person heraus über sie gesprochen wird. Zudem wird diese Perspektive aufgrund der Distanz, welche sie in ihr selbst freisetzen kann, nicht nur vergegenwärtigt, sondern auch extrapoliert. Darum ist dabei so zu sprechen, dass, wer in dieser Perspektive, nämlich in seinem eigenen bewussten Leben steht, sich in dem wieder erkennt, was ihm mitgeteilt wird. Die distanzierte Sprache der Theorie kann und muss sogar – unter Meidung schierer Erbaulichkeit – dabei zu einer Sprache übergehen, die über ihre Gestimmtheit in den Vollzug des bewussten Lebens zurückleitet und in ihm Widerhall finden kann.

Philosophisches Lebensverstehen lässt sich also nicht von den Aufgaben des philosophischen Denkens abscheiden. Wenn denn das menschliche Verstehen in seinem letzten Grunde überall ein und dasselbe ist, dann können in diesem Verstehen auch Töne aufkommen, die manche einer religiösen Verständigungsart vorbehalten lassen möchten. Auch dafür ist Platon das erste und das noch immer bedeutendste Vorbild. Wenn ich Ulrich Barth als Theologen richtig verstehe, dann denke ich, dass er – anders als die eine oder andere Variante der Wort-Gottes-Theologie – keinen Vorbehalt dagegen haben müsste, dass sich die philosophische Verständigungsart wieder einmal in einem Feld zu bewegen weiß, das für die christliche Theologie als das Vorfeld des christlichen Lebensverstehens gelten muss – wie immer Philosophen anderen Weisen des Selbstseins nachdenken mögen. Was Barth selbst für diesmal über die Beziehung von Erleben und Deuten gesagt hat, mutet mich zwar an wie eine Bestandsaufnahme in einem gewollt objektivierenden Stil. Die Debatte mit mir, die ganz auf philosophischem Terrain geführt ist, mag ihm das besonders nahe gelegt haben. Ich wünsche mir aber, ohne Minderung der theoretischen Kraft, gerade bei ihm eine reichere Instrumentierung, wenn er über jene Beziehung einmal ganz von sich her sprechen wird.

Konrad Cramer (Göttingen)

Bemerkungen zu einer These Dieter Henrichs in seinem Gottesbeweisbuch von 1960[1]

In Teil I seiner groß angelegten Monographie *Der ontologische Gottesbeweis. Sein Problem und seine Geschichte in der Neuzeit*[2] hat Dieter Henrich eine die Ontotheologie der neuzeitlichen Epoche der Metaphysik betreffende These im Einzelnen auszuarbeiten und zu begründen unternommen. Sie lautet: Diejenige philosophische Theologie, die auf einem „ontologischen" Beweis, d.h. auf einem Beweis *a priori* der Existenz Gottes aus seinem bloßen Begriff aufbaut, unterscheidet sich seit Descartes' Erneuerung des ontologischen Gottesbeweises von ihrer mittelalterlichen, der anselmianischen Tradition dadurch, dass sie dieser, deren Ausgangsbegriff der des ens perfectissimum ist, einen zweiten ontologischen Beweis zur Seite stellt. Dieser will die Existenz Gottes nicht im Rückgang auf den Begriff des Inbegriffs aller Vollkommenheiten, sondern im Rückgang auf den Begriff des Absolutnotwendigen, des ens necessarium, erschließen.

Die Umstellung des ontologischen Beweisverfahrens vom Begriff des ens perfectissimum auf den des ens necessarium scheint nun zwei evidente Vorteile zu haben. Im Begriff des ens necessarium wird etwas gedacht, mit Bezug auf das der Gedanke seiner Nichtexistenz zu einem Widerspruch zu eben diesem Begriff führt: Ens necessarium ist genau dasjenige, was schlechterdings notwendigerweise existiert. So lautet die Nominaldefinition des Begriffs „ens necessarium".[3] Die bloße Analyse dieses Begriffs scheint daher die Einsicht in die Existenz von Etwas zu verbürgen, das diesem Begriff korrespondiert, und zwar genau deshalb, weil die bloße Erwägung der Möglichkeit der Nichtexistenz eines solchen Etwas mit dem Begriff, den wir von ihm haben, inkompatibel ist. Dann aber erfüllt der Beweis der Existenz des schlechterdings und nicht nur unter einer vorausgehenden externen Bedingung notwendigen Wesens die an *jeden* ontologischen Beweis zu stellende Forderung, aus dem bloßen Begriff von Etwas, das heißt unter Ausschluss aller anderen epistemischen Bedingungen, auf das Dasein von

---

[1] Die hier vorgelegten Bemerkungen fassen einige Aspekte einer größeren Abhandlung zusammen, die soeben im Erscheinen begriffen ist. Siehe dazu näher K. Cramer, Ens necessarium, in: J. Chotas/J. Karásek/J. Stolzenberg (Hg.), *Metaphysik und Kritik*, Würzburg 2009.
[2] D. Henrich, *Der ontologische Gottesbeweis. Sein Problem und seine Geschichte in der Neuzeit*, Tübingen 1960 (²1967).
[3] Vgl. etwa Chr. Wolff, *Philosophia Prima sive Ontologia*, § 309: „Ens necessarium est, cuius existentia absolute necessaria"; A.G. Baumgarten, *Metaphysica*, § 109: „Ens, cuius existentia est absolute necessaria, est ens necessarium."

Etwas zu schließen, das diesem Begriff korrespondiert. Der sogenannte „logische Einwand" gegen dieses Verfahren, der lautet, dass sich aus dem *Begriff* des ens necessarium nur auf die Notwendigkeit des *Gedankens* der Existenz eines ens necessarium, nicht aber auf die *Existenz* eines ens necessarium außerhalb aller Gedanken von ihm schließen lasse, ist hier ebenso sinnlos wie der entsprechende Einwand gegen die Triftigkeit des ontologischen Beweises der Existenz des ens perfectissimum aus dem bloßen Begriff des ens perfectissimum. Wenn nämlich gilt, dass ich die Existenz einer Sache nur um den Preis eines Widerspruchs zu dem Begriff von dieser Sache verneinen kann, dann ist dies der stärkstmögliche Existenzbeweis, der überhaupt geführt werden kann[4], vorausgesetzt, dass dieser Begriff selber widerspruchsfrei gebildet oder, in der Sprache der Leibniz-Wolffschen Schule, der Begriff von etwas Möglichem ist.

Der ontologische Beweis der Existenz des ens necessarium aus dessen bloßem Begriff ist aber darüber hinaus zwei Einwänden nicht ausgesetzt, mit denen sich der Beweis aus dem Begriff des ens perfectissimum herumschlagen muss und deren zweitem er wirklich erliegt. Der Beweis aus dem Begriff des Inbegriffs aller Vollkommenheiten muss nämlich erstens sicherstellen, dass der Inbegriff aller Vollkommenheiten widerspruchsfrei im Begriff von *einem* Wesen vereinigt gedacht werden kann. Von dieser Aufgabe sieht sich der ontologische Beweis aus dem Begriff des ens necessarium befreit, und zwar deswegen, weil Begriffe von bestimmten Vollkommenheiten (perfectiones) oder positiven Qualitäten (realitates) und näher der Begriff der Vollkommenheit oder Qualität als solcher in seinen Ausgangsbegriff gar keinen Eingang finden. Eben deswegen kann sich der Beweis von der Frage, ob der Begriff des ens perfectissimum sinnvoll gebildet werden kann oder nicht, gar nicht betroffen sehen. Der ontologische Beweis aus dem Begriff des ens perfectissimum kommt zweitens nicht ohne die Voraussetzung aus, dass der Ausdruck „Existenz" selber eine der im Inbegriff aller Vollkommenheiten zu denkenden Vollkommenheiten – eine perfectio – bzw. eine positive Qualität – eine realitas – bezeichnet, d.h. dass „Dasein" als ein deskriptives oder, wie Kant im Anschluss an die Tradition sagen wird, „reales" Prädikat aufgefasst werden kann.[5] Denn nur unter dieser Bedingung ist es widerspruchsvoll, den Begriff des Inbegriffs aller Vollkommenheiten so zu bilden, dass er den Begriff der Existenz nicht als Teilbegriff enthält. Daher bringt der Nachweis, dass es die Semantik des Prädikats „Existenz" nicht zulässt, dieses Prädikat als ein deskriptives anzusehen, als ein solches also, das in die Definition eines Begriffs Eingang finden kann, den ontologischen Beweis aus dem Begriff des ens perfectissimum wirklich zu Fall. Genau diese Überlegung war schon die, mit der Pierre Gassendi den von

---

[4] Siehe hierzu Henrichs Kritik am „Logischen Einwand" bereits in der Einleitung zu seinem Buch: *Der ontologische Gottesbeweis* [wie Anm. 2], 6 ff.
[5] Vgl. I. Kant, *Kritik der reinen Vernunft*, A 589 / B 627.

Descartes erneuerten Gottesbeweis der Fünften Meditation aus dem Begriff des ens perfectissimum aus den Angeln zu heben vermochte.[6]

Es ist nun nach Henrichs These gerade dieser Einwand gewesen, der Descartes dazu motiviert hat, den ontologischen Beweis vom Begriff des ens perfectissimum auf den Begriff des ens necessarium umzustellen. Der Einwand nämlich, Dasein sei *kein* reales Prädikat, lässt sich gegen den ontologischen Beweis der Existenz des Absolutnotwendigen aus seinem Begriff nicht platzieren. Denn der Begriff, von dem dieser ontologische Beweis seinen Ausgang nimmt, ist ersichtlicherweise so definiert, dass er von der unhaltbaren These, Existenz sei ein deskriptives Prädikat, gar keinen Gebrauch macht. Dies ist deshalb nicht der Fall, weil in die Definition des Begriffs des ens necessarium überhaupt keine deskriptiven Prädikate Eingang finden. Was immer über die Semantik des Existenzoperators ausgemacht werden kann: der Begriff des ens necessarium ist von Entscheidungen darüber nicht abhängig. Das ens necessarium – so wird gesagt – existiert notwendigerweise, denn das ist die Definition seines Begriffs. Diese Definition bleibt also auch dann unbeschädigt, wenn dargetan wird, dass es sinnlos ist, Existenz als Teilbegriff eines deskriptiven Begriffs aufzufassen.[7] Darin liegt der zweite Vorteil der Umstellung des ontologischen Beweises vom Begriff des ens perfectissimum auf den Begriff des ens necessarium. Immer dann – so hat es Henrich formuliert –, wenn dem ontologischen Beweis aus dem Begriff von Gott als dem vollkommensten Wesen vorgehalten wurde, dass er sich seine eben deshalb nur scheinbare Überzeugungskraft dadurch erkauft, dass er den Existenzoperator zu einem deskriptiven Begriff erhebt, konnte die nachcartesische Ontotheologie zunächst auf den Beweis der Existenz des Absolutnotwendigen aus seinem bloßen Begriff ausweichen. Denn der Begriff des ens necessarium enthält überhaupt keine Deskriptoren. Er kann daher durch den Nachweis, Existenz sei kein deskriptives Prädikat, nicht tangiert werden.

Nun hat aber der Beweis der Existenz des Absolutnotwendigen aus seinem bloßen Begriff, so wie er bisher steht, zwei Nachteile, die zu seinen Vorteilen in einem komplementären Verhältnis stehen. Und es ist der zweite dieser Nachteile, der diesen Beweis einem eigenen Sinnlosigkeitsverdacht ausliefert.

Erstens ist der Beweis aus dem Begriff des ens necessarium noch kein Gottesbeweis. Denn er muss es gänzlich offen lassen, welcher Beschreibung dasjenige genügt, dessen notwendige Existenz er bewiesen zu haben meint. Das folgt zwingend daraus, dass der Begriff, von dem aus der Beweis

---

[6] P. Gassendi: Quintae objectiones in R. Cartesii Meditationes, in: R. Descartes, *Oeuvres,* hg. von Ch. Adam/P. Tannery, Bd. VII, 256 ff., bes. 318 ff. Gassendi hat seine Einwände gegen den ontologischen Gottesbeweis der 5. Meditation in seiner *Disquisitio Metaphysica* von 1647 in überlegener Prägnanz ausgearbeitet. Auch hierzu näher: Henrich, *Der ontologische Gottesbeweis* [wie Anm. 2], 77 ff.

[7] Ebd., 134.

geführt wird, keinerlei deskriptive Prädikate enthält. So kann er nicht lehren, ob Gott oder die Natur oder die Materie oder gar der, der diesen Beweis führt, absolutnotwendigerweise existieren, ja nicht einmal, ob es nur ein oder nicht vielmehr mehrere absolutnotwendig Existierende gibt. Es müssen daher zusätzlich Argumente mobilisierbar sein, die den Nachweis erlauben, dass es nur *ein* ens necessarium gibt und dieses überdies mit *Gott* zu identifizieren ist. Diese Identifikation kann jedoch nicht auf dem Wege der Analyse des Begriffs des ens necessarium erfolgen, denn dieser ist, so wie er steht, nicht weiter analysierbar.

Zweitens aber weiß man im buchstäblichen Sinne des Wortes auf keine Weise, was für eine Entität es ist, deren notwendiges Dasein man nun bewiesen zu haben meint. Die Aussage, dass die bloße Analyse des Begriffs des ens necessarium die Einsicht in die Existenz von Etwas vermittelt, das diesem Begriff korrespondiert, erweist sich als bloßer Schein. Vom Absolutnotwendigen wird kraft der Definition seines Begriffs ausgesagt, dass es schlechterdings notwendigerweise existiert. Solange aber nur dies von ihm ausgesagt werden kann, ist nicht angebbar, um was es sich dabei eigentlich handelt. Solange der ontologische Beweis aus dem Begriff des ens necessarium nicht die Existenz von *etwas* (in Wolffs deutscher Terminologie: eines „Dinges"), d.h. von etwas *Bestimmtem* beweist, ist er noch gar kein Existenzbeweis. Es muss daher von dem ens necessarium mehr ausgesagt werden können als nur dies, dass es absolutnotwendigerweise existiert, um behaupten zu können, dass es Etwas ist, d.h. einer bestimmten *Beschreibung* genügt. Ein solches Mehr aber enthält die Definition des Begriffs des ens necessarium, so wie sie steht, nicht. Freilich ist dies auch nicht verwunderlich. Denn bei genauerem Hinblick ergibt sich, dass der Begriff des ens necessarium, der hier im Spiel ist, dadurch gebildet wird, dass der Modalausdruck der Notwendigkeit auf den Existenzoperator bezogen wird und diese Beziehung selber als ein eigener Begriff in Anspruch genommen wird. Dann aber versteht es sich von selbst, dass dieser Begriff nicht als ein solcher in Anspruch genommen werden kann, der deskriptive Kraft besitzt. Dieser Begriff ist *per se* kein solcher, der den Sachgehalt, die realitas oder perfectio von etwas angibt. Eben deshalb ist grundsätzlich nicht zu sehen, die notwendige Existenz von „was" vermittels seiner bewiesen werden sollte oder auch nur könnte. Solange dies nicht zu sehen ist, beweist der behauptete „ontologische" Übergang vom Begriff des ens necessarium auf die notwendige Existenz dessen, das diesem Begriff korrespondiert, gar nichts. Die Ontotheologie muss dem Begriff des ens necessarium daher eine Interpretation verleihen können, aus der hervorgeht, dass sie im Rekurs auf diesen Begriff die notwendige Existenz von etwas Bestimmten zu beweisen imstande ist.

Diese für die Umstellung des ontologischen Gottesbeweises vom Begriff des ens perfectissimum auf den des ens necessarium zu erfüllende notwendige Bedingung ist nun ersichtlicherweise noch nicht erfüllt, wenn man von einem von der Namenserklärung des ens necessarium unterschiedenen *deskriptiven* Begriff ausgeht und im Rekurs auf diesen die *notwendige* Existenz von etwas abzuleiten unternimmt, das diesem Begriff entspricht.

Genau dies aber ist das Verfahren Descartes' gewesen, als er in seiner Erwiderung auf den von Caterus im Anschluss an Thomas von Aquin vorgebrachten „logischen" Einwand gegen den ontologischen Beweis der Fünften Meditation – dem der Existenz Gottes aus dem Begriff des ens perfectissimum – daranging, die „Klarheit und Deutlichkeit" dieses Begriffs unter Beweis zu stellen.[8] Der Zweifel daran, dass die Idee des ens perfectissimum eine „wahre Idee" (idea vera) ist, eine Idee also, die nicht von unserem Verstande willkürlich gebildet ist, sondern im Reiche unserer Begriffe eine „wahre und unveränderliche Natur" (vera et immutabilis natura) bezeichnet, ist ein gewichtiger Zweifel. So muss er zum Verstummen gebracht werden. Nun ist im Begriff des ens perfectissimum die *einzelne* Vollkommenheit der *höchsten Macht* (*immensa potestas)* enthalten. Die nähere Betrachtung der Vollkommenheit der höchsten Macht alleine ergibt jedoch – so versucht Descartes darzutun –, dass das, was aufgrund seiner unbeschränkten Macht existieren *kann*, nicht nur *wirklich*, sondern aus eigener Kraft und daher *notwendigerweise* existiert. Man sieht also ein, dass das notwendige Dasein in der Idee des Höchstmächtigen enthalten ist, und zwar nicht durch eine Erdichtung unseres Verstandes, sondern weil das Dasein zur wahren und unveränderlichen Natur eines Wesens gehört, dessen deskriptive Bestimmung die der höchsten Macht ist. Weil also das Höchstmächtige (ens summe potens) kraft seines deskriptiven Wesens existiert, existiert es notwendigerweise. Und weil ein solches Wesen, dessen notwendige Existenz auf diese Weise gesichert ist, etwas Wirkliches ist, kann man auch nicht daran zweifeln, dass die Idee eines ens perfectissimum die Idee von einer wahren und unveränderlichen Natur ist. Denn ein höchstmächtiges existierendes Wesen wird sich aufgrund seiner unwiderstehlichen Macht alle positiven Qualitäten geben, die im Begriff des ens perfectissimum als miteinander vereinigt gedacht werden. So ist das Höchstmächtige dasjenige notwendigerweise Existierende, aus dem hervorgeht, dass der Begriff des ens perfectissimum dem Wahrheitskriterium der „Klarheit und Deutlichkeit" und näher auch dem Kriterium dafür, eine

---

[8] R. Descartes, Meditationes de prima philosophia. Primae responsiones, in: Ders., *Oeuvres* [wie Anm. 6], 115 ff. – Ich gehe hier nicht auf den Interesse verdienenden Umstand ein, dass Descartes' Auseinandersetzung mit Caterus durch ein produktives Missverständnis der Stoßkraft des von Caterus vorgebrachten Einwandes des Heiligen Thomas gegen den ontologischen Beweis des Heiligen Anselm geleitet wurde. Hierzu und zum folgenden vgl. näher K. Cramer, Descartes antwortet Caterus. Gedanken zu Descartes' Neubegründung des ontologischen Gottesbeweises, in: A. Kemmerling/H. P. Schütt (Hg.), *Descartes nachgedacht*, Frankfurt am Main 1996, 123–169.

wahre und unveränderliche Natur zu bezeichnen, genügt, und zwar weil dieser Begriff in jenem Existierenden einen Referenten besitzt.[9]

Gewiss muss Descartes' Umstellung des ontologischen Beweises vom Begriff des ens perfectissimum auf den des ens omnipotens als der Versuch angesehen werden, den ontologischen Beweis von der Last zu befreien, vor dem Eintritt in seinen Argumentationsgang den Nachweis erbringen zu müssen, dass der Begriff des ens perfectissimum ein widerspruchsfrei gebildeter Begriff ist und dass der Begriff der Existenz ein solcher ist, der in die Definition jenes Begriffs Eingang finden kann. Insofern soll die cartesische Umstellung gerade diejenigen Vorteile aufweisen, die der Beweis aus dem Begriff des ens necessarium gegenüber dem aus dem Begriff des ens perfectissimum aufzuweisen scheint. Es kann jedoch – und darauf allein kommt es mir an – nicht behauptet werden, dass die von Descartes vollzogene Umstellung eine Umstellung des ontologischen Arguments vom Begriff des ens perfectissimum auf den Begriff des ens necessarium ist. Genau das aber ist von Henrich behauptet worden.[10] Die von Descartes wirklich vollzogene Umstellung macht den „cartesianischen" Beweis nicht zu einem Beweis „aus" dem Begriff des ens necessarium. Ein ontologischer Beweis „aus" diesem Begriff muss von diesem Begriff im Wortsinne seinen „Ausgang" nehmen. Ein ontologischer Beweis, der den traditionellen Ausgangsbegriff des ens perfectissimum auf den Begriff des ens omnipotens umstellt, tut dies nicht. Er legt vielmehr einen bestimmten deskriptiven Begriff – den des Höchstmächtigen – zu Grunde und erschließt aus ihm – nach Descartes' freilich hoffnungslos verfehlter Überzeugung – die Existenz der Sache, die diesem deskriptiven Begriff korrespondiert. Zwar erschließt dieses Verfahren nach Descartes' Überzeugung nicht nur die Existenz, sondern auch die notwendige Existenz des Höchstmächtigen, mithin die Wirklichkeit von etwas, von dem gilt, dass seine Wirklichkeit absolut notwendig ist, das daher kraft seiner Erschließung ein in einem rein ontologischen Argument erschlossenes ens necessarium ist. Denn sein Dasein ist aus dem bloßen Begriff der omnipotestas erschlossen. Doch ist das Erschlossene nicht das, von dem aus seine Erschließung erfolgt. Descartes' Verfahren erschließt zwar nach seiner Überzeugung auch die notwendige Existenz Gottes. Denn dass das Prädikat der Allmacht, von dem es seinen Ausgang nimmt, nur Gott zukommen kann, davon waren auch die überzeugt, die Zweifel an der Vereinbarkeit aller positiven Bestimmungen im Begriff von Einem anmeldeten. Es erschließt a fortiori auch die notwendige Existenz von etwas Bestimmtem. Das unterscheidet es vorteilhaft von jedem Beweisversuch, der von der bloßen Namenserklärung des ens necessarium ausgeht, da kein solcher

---

[9] Descartes, Meditationes [wie Anm. 8], 119.
[10] Besonders prägnant in Henrich, *Der ontologische Gottesbeweis* [wie Anm. 2], 16 u. 132.

Versuch auch nur dieses zu leisten vermag. Descartes' Umstellung des ontologischen Beweisverfahrens auf den deskriptiven Begriff der Allmacht erschließt aber seiner eigenen Ansicht nach nichts „aus" dem Begriff des ens necessarium, sondern weist nach, dass dieser Begriff so, wie seine Namenserklärung lautet, einen Referenten besitzt, nämlich in dem Allmächtigen. Denn nur im Begriff des Höchstmächtigen wird etwas gedacht, dessen Existenz von nichts anderem Widerstand entgegengesetzt werden kann, das also aus eigener Kraft existieren kann und daher – nach dem allerdings verfehlten Argument – wirklich existiert. Aber mit eben dieser Überlegung wird eine allgemeine *Interpretation* des Begriffs „ens necessarium" selber gegeben, welche über seine Namenserklärung hinausgeht. Wenn nämlich gilt, dass das Höchstmächtige deshalb schlechterdings notwendigerweise existiert, weil das Dasein zu seinem Wesen gehört, lässt sich die Aussage, dass das Höchstmächtige schlechterdings notwendigerweise existiert, als der – wenngleich möglicherweise einzige – Anwendungsfall einer Regel verstehen, die folgendermaßen lautet: Etwas Bestimmtes existiert genau dann nicht nur unter einer externen Bedingung, das heißt *hypothetisch* notwendig, sondern genau dann *absolut* notwendig, wenn sein Dasein aus seinem Wesen, das heißt, wenn seine Existenz aus der essentiellen Definition, mithin aus der in seinem bloßen Begriff angegebenen Deskription dieses Wesens – seiner essentia – folgt.

Aus diesen Gedanken folgt etwas Erhebliches. Denn mit ihm wäre die nicht-tautologische Bedeutung des Begriffs des ens necessarium von vornherein an die Verstehbarkeit des logischen Übergangs von einem deskriptiven Begriff zur Existenz von etwas, das diesem Begriff korrespondiert, geknüpft, mithin an den „ontologisch" zu führenden Nachweis, dass etwas Bestimmtes kraft seines Begriffs existiert. Wenn dies so ist, wird es nicht nur wenig wahrscheinlich, sondern nachgerade chancenlos, dass die Ersetzung der Erklärung des Namens „ens necessarium" durch die soeben formulierte Realdefinition den durch sie definierten Begriff des ens necessarium dazu tauglich werden lässt, als Ausgangsbegriff eines eigenständigen ontologischen Beweisverfahrens zu dienen. Nicht ein zweiter, dem Beweis aus dem Begriff des ens perfectissimum koordinierbarer oder wegen seiner schwächeren Voraussetzungen vorzuziehender ontologischer Beweis aus dem Begriff des ens necessarium wäre dann das Signum, durch welches sich die Ontotheologie der vorkantischen Neuzeit von ihrer mittelalterlichen Verfassung unterschiede. Jene wäre von dieser vielmehr durch die Einsicht unterschieden: Wer den Übergang vom Wesen zum Dasein der Sache grundsätzlich leugnet, hat kein Recht, den Begriff des ens necessarium in irgendwelchen epistemischen Kontexten zu gebrauchen. Denn dieser Begriff hat in jenem Übergang seine einzige Interpretation.

Nun hat sich Henrich darauf berufen, dass zumindest Leibniz als erster zwei in die Ontotheologie gehörende Argumente förmlich unterschieden habe, nämlich einmal das Argument aus dem Begriff des ens perfectissimum, zum anderen aber das aus dem Begriff des ens necessarium.[11] Wie aus Leibniz' Briefwechsel mit Eckhardt und Manuskripten seiner frühen Hannoveraner Zeit hervorgeht, hat sich jedoch auch Leibniz schon früh die Auffassung zu eigen gemacht, dass die bloße Namenserklärung des Ausdrucks „ens necessarium", nach der ein ens necessarium solches sei, was derart existiert, dass es nicht nicht existieren kann, noch ganz ungeeignet ist, die mit diesem Ausdruck zu bezeichnende Sache selbst zu explizieren. Und so macht sich Leibniz auf, die auch später von Kant eingeforderte Bedingung anzugeben, die es unmöglich macht, das Nichtsein eines Dinges als denkbar anzusehen. Diese Bedingung lässt sich nach Leibniz so angeben, dass die Ontotheologie ein Maß an Überzeugungskraft gewinnt, dem sich auch ihre Gegner nur um den Preis der Aufgabe einer Überzeugung entziehen können, die sie nicht preisgeben können, wenn sie überhaupt an dem Konzept einer Wissenschaft von Gott, sofern er ohne Glauben erkannt werden kann, festhalten wollen.

Auch für Leibniz lauten die beiden entscheidenden Einwände gegen den ontologischen Beweis aus dem Begriff des ens perfectissimum, dass nicht ohne weiteres ersichtlich ist, wie sich der Inbegriff aller Vollkommenheiten im Begriff von *einem* Wesen widerspruchsfrei denken lässt und wie, wenn dieser Einwand ausräumbar ist, das *Dasein* als eine der im Begriff des Vollkommensten zu denkenden Vollkommenheiten angesehen werden kann.[12] Daher wäre ein Argument, welches von den Vollkommenheiten Gottes gänzlich absieht – ommissa perfectione[13] –, dem Beweis aus dem Begriff des ens perfectissimum ohne Zweifel vorzuziehen. An vielen Stellen seines Oeuvre hat sich Leibniz auf den Weg gemacht, eine solche dem Zweck der Sache angemessenere und stringentere Argumentation – argumentatio adhuc propior strictiorque[14] – zu entwickeln. In seinem Kommentar zu § 14 der Prinzipienschrift des Descartes ist Leibniz' Überlegung hierzu die folgende: Es ist ein logisch wahrer Satz, dass das ens necessarium, nämlich dasjenige, aus dessen Wesen sein Dasein ist, d.h. das ens a se, existiert. Nun

---

[11] Ebd., 45.
[12] Vgl. hierzu und zu dem Folgenden näher K. Cramer, Leibniz als Interpret des Einwandes des Thomas von Aquin gegen den ontologischen Gottesbeweis, in: I. Marchlewitz/A. Heinekamp (Hg.), *Leibniz' Auseinandersetzung mit Vorgängern und Zeitgenossen*, Stuttgart 1990, 72–99; sowie: Ders., Zu Leibniz' Emendation des ontologischen Beweises (Plenarvortrag auf dem internationalen Leibniz-Kongress Hannover 1994), in: *Leibniz und Europa. VI. Internationaler Leibniz-Kongress*, Vorträge II. Teil, Hannover 1994, 1–20.
[13] G. W. Leibniz, Animadversiones in partem generalem Principiorum Cartesianorum, in: Ders., *Die Philosophischen Schriften*, hg. v. C. I. Gebhardt, Reprint Hildesheim 1971, Bd. IV, 359.
[14] Ebd.

ist Gott ein solches ens. Das ergibt sich aus der Definition des Begriffs von Gott. Also existiert Gott.[15]

Mit diesem Argument scheint der ontologische Gottesbeweis wirklich auf den Begriff des ens necessarium umgestellt zu werden und Henrichs Grundthese an dem Beispiel der Emendation der Ontotheologie durch Leibniz verifiziert zu sein. Sehen wir jedoch näher zu.

Es ist leicht zu sehen, dass sich Leibnizens Behauptung, die Maior des von ihm vorgeführten Syllogismus leuchte aufgrund der bloßen Bedeutung der in ihr verwendeten Termini ein (ut ex terminis patet), ganz einer bestimmten Interpretation des Begriffs des ens necessarium verdankt. Diese Interpretation lautet: Ens necessarium ist genau dasjenige, aus dessen Wesen sein Dasein ist (de cuius Essentia est existentia). *Wenn* also etwas so beschaffen ist, dass seine Existenz aus seinem Wesen folgt, dann existiert es unbedingt notwendigerweise. Das ist selber ein analytisch wahrer Satz. Wenn nämlich das Wesen von etwas derart beschaffen ist, dann steht die Annahme, etwas von diesem Wesen könnte auch nicht sein, im Widerspruch zu der Beschaffenheit eben dieses Wesens. Es ist jedoch ebenso leicht zu sehen, dass es diese Interpretation des Begriffs des ens necessarium noch gar nicht gestattet, auf das Dasein von etwas zu schließen, das eine Instanz für diese Interpretation ist. Der vorgetragene Syllogismus ist, so wie er steht, weder ein Beweis der Existenz Gottes noch ein Beweis für die Existenz des ens a se, und zwar genau deshalb nicht, weil er noch gar kein Beweis für die Existenz von Etwas ist, das dem Begriff des ens necessarium in der von Leibniz gelieferten Interpretation dieses Begriffs korrespondiert. Genau darauf macht Leibniz in einem zweiten Schritt aufmerksam: Das Argument ist nur dann triftig, wenn schon zugestanden wird, dass der Begriff des ens necessarium *in der Interpretation,* welche die oben vorgestellte Maior von ihm gibt, *möglich* ist, und das heißt für Leibniz und seine Schule: keinen Widerspruch enthält. Solange jedoch seine innere Widerspruchsfreiheit nicht unter Beweis gestellt ist, kann die Existenz Gottes mit dem vorgetragenen Argument durchaus nicht bewiesen werden. Die innere Widerspruchsfreiheit des Begriffs des ens necessarium unter Beweis zu stellen, bedeutet aber aufgrund der Interpretation, welche die Maior des oben angeführten Syllogismus von ihm gibt, nichts anderes, als die Möglichkeit einer *essentia* unter Beweis zu stellen, aus der die *existentia* der Sache selbst folgt.[16]

---

[15] „Ens necessarium existit (seu Ens de cuius Essentia est existentia, sive Ens a se existit), ut ex terminis patet. Iam Deus est ens tale (ex Dei definitione). Ergo Deus existit." (Ebd.)

[16] „Haec argumenta procedunt, si modo concedatur ... Ens necessarium esse possibile, nec implicare contra dictionem, vel quod idem est, possibilem esse essentiam ex qua sequitur existentia. Set quamdiu possibilitas ista non est demonstrata, utique nec Dei existentiam tali argumento perfecte demonstratam esse putandum est." (Ebd.)

Es ist daher nicht überraschend, dass man in Leibnizens Texten zur Emendation der Ontotheologie einen wirklich für sich selber einstehenden Beweis der Existenz Gottes aus seiner Aseität nicht zu finden vermag. Denn die vorgestellte Umstellung der Argumentation vom Begriff des ens perfectissimum auf den des ens necessarium tut die Widerspruchsfreiheit des Begriffs von einem Wesen, aus dem das Dasein folgt, mithin die Widerspruchsfreiheit des Begriffs, auf den die Argumentation umgestellt wird, noch nicht dar. Genauer betrachtet, macht sich diese Umstellung auch gar nicht anheischig, die Widerspruchsfreiheit ihres Ausgangsbegriffs, des Begriffs des ens necessarium, unter Beweis zu stellen. Sie ist daher erklärtermaßen kein Beweis der Existenz Gottes aus dem Begriff des ens necessarium, ganz abgesehen davon, dass dieser Beweis nur unter der weiteren Voraussetzung zustande kommen kann, dass die Definition des Begriffs von Gott widerspruchsfrei auf seine Aseität führt.

Versucht man nun, um das Argument zu einem gültigen Beweis der Existenz des ens necessarium zu komplettieren, die Möglichkeit eines Wesens, aus dem das Dasein der Sache selbst folgt, unter Beweis zu stellen, so ist klar, dass dies nicht im Rekurs auf den Begriff des ens necessarium *als solchen* geschehen kann. Schlechterdings notwendigerweise existiert das und nur das, aus dessen Wesen sein Dasein folgt. Das in dieser Interpretation *erwähnte* Wesen kann natürlich nicht dadurch *identifiziert* werden, dass man sagt, es *sei* dasjenige, aus dem das Dasein der Sache von diesem Wesen folgt. Es kann vielmehr nur dadurch identifiziert werden, dass man einen deskriptiven Begriff von einer *essentia* entwickelt, aus dessen logischem Inhalt das Dasein der Sache selbst folgt. Da der Begriff des ens necessarium ein solcher deskriptiver Begriff nicht ist, erweist er sich als ein Begriff zweiter Stufe, dessen Definition auf einen Begriff erster Stufe verweist, dessen Identifikation als widerspruchsfreier deskriptiver Begriff die Widerspruchsfreiheit des Begriffs zweiter Stufe allererst garantieren kann. Der einzige deskriptive Begriff, der als der eines Wesens identifizierbar ist, aus dem das Dasein der Sache folgt, ist aber der Begriff des ens perfectissimum unter der Voraussetzung, dass das Dasein Teilbegriff dieses Wesensbegriffs ist. Daraus folgt jedoch, dass der ontologische Gottesbeweis aus dem Begriff des ens perfectissimum gar nicht auf den Begriff des ens necessarium umgestellt werden kann. Denn nun erweist sich die Einsicht in die Möglichkeit des ens necessarium – und mit ihr die in die Möglichkeit des ens a se – als abhängig von dem Übergang vom Begriff des vollkommensten Wesens zu seinem Dasein – und natürlich von der logischen Möglichkeit dieses Übergangs.

Welche Funktion hat dann aber diejenige Argumentation, welche auf den Begriff des ens necessarium gerade „ommissa perfectione" rekurriert? Diese Frage muss ich nun beantworten; und zwar darf das diesmal mit Henrich geschehen. Diese Argumentation führt auf logisch völlig korrekte Weise zu Leibnizens berühmtem Konditional: Wenn das ens necessarium möglich ist, dann ist es wirklich. Wenn nun Gott ens a se ist und zwischen den Begriffen „ens necessarium" und „ens a se" eine Identitätsbeziehung besteht, dann gilt kraft dieser Argumentation auch: Wenn Gott möglich ist, dann ist er wirklich. Nun haben aber die Termini „ens necessarium" und „ens a se" die gemeinsame Interpretation „ens de cuius essentia est existentia". Daraus folgt Leibniz etwas Entscheidendes: Diejenigen, welche behaupten, dass sich aus bloßen Begriffen oder Definitionen niemals auf die wirkliche Existenz der in diesen Begriffen oder Definitionen begriffenen Sachen schließen lasse, leugnen die *Möglichkeit* des ens a se. Hieraus aber folgt, dass die Gegner des ontologischen Beweises kein Recht haben, die Begriffe „ens necessarium" oder „ens a se" in irgendwelchen theoretischen Kontexten zu verwenden. Tatsächlich verwenden aber die Gegner des ontologischen Gottesbeweises diese Begriffe immer dann, wenn sie einen anderen Gottesbeweis als gültig ansehen, nämlich den kosmologischen. Dieser nicht ontologisch, sondern im Rekurs auf die Existenz der Welt *a posteriori* geführte Gottesbeweis aber würde schon in seinem ersten Schritt, nämlich dem des Übergangs vom Kontingenten zum Absolutnotwendigen, scheitern, wenn das Absolutnotwendige *unmöglich* wäre. Unmöglich wäre das Absolutnotwendige aber dann, wenn sein Begriff einen Widerspruch einschlösse. Dies wäre genau dann der Fall, wenn es aus rein logischen Gründen unmöglich wäre, eine essentia zu identifizieren, aus der die existentia der Sache von dieser essentia folgt, d.h.: wenn die Idee, aus einem Begriff auf die Sache von diesem Begriff zu schließen, in sich widersprüchlich wäre und eben daher ein Übergang vom Wesen von etwas zum Dasein von etwas von diesem Wesen aus rein logischen Gründen unmöglich wäre, d.h. wenn ein ontologischer Beweis für die Existenz des Absolutnotwendigen nicht geführt werden könnte.

Der Ausschluss dieser Widersprüchlichkeit kann nach Leibnizens Analyse nicht im Rekurs auf den Begriff des Absolutnotwendigen *als solchen* geführt werden, sondern nur aus dem Begriff einer essentia, aus deren Analyse das Dasein der Sache von dieser essentia mit logischer Notwendigkeit folgt. Der Begriff von dieser essentia ist auch für Leibniz nicht der Begriff „ens necessarium", sondern der Begriff „ens perfectissimum". Wer aber den Gottesbeweis a priori aus diesem Begriff verschmäht, der hat auch kein Recht, einen Gottesbeweis a posteriori in Vorschlag zu bringen. Denn er kann nicht angeben, wovon er eigentlich redet, wenn er von einem ens a se als dem letzten Grund alles Kontingenten redet.

Leibniz hat mit dieser Überlegung nicht einen zweiten ontologischen Gottesbeweis etabliert, sondern die rationale Theologie darauf aufmerksam gemacht, dass die Gültigkeit des kosmologischen Gottesbeweises von der Gültigkeit des ersten ontologischen Beweises abhängig ist. Zwar hat er diesen Zusammenhang so niemals formuliert. Er ergibt sich aber zwingend aus dem Argumentationspotential seiner Überlegungen. Es ergibt sich aber noch ein weiteres: Wird nachgewiesen, dass der ontologische Beweis aus dem Begriff des ens perfectissimum scheitert, hat dies zur Folge, dass man mit dem Begriff des ens necessarium keinen angebbaren Sinn verbinden kann. Deswegen können Leibnizens Versuche, den Beweis für die Existenz des Vollkommensten ontologisch zu führen, auch als ebenso viele Versuche angesehen werden, den Grundbegriff der Kosmotheologie, den des ens necessarium, zu rechtfertigen.

Es wird bei dieser Sachlage, die für Leibnizens Stellungnahme zum ontologischen Beweisverfahren charakteristisch ist, kaum überraschen, dass sich Christian Wolff auch darin als Schüler seines Meisters erweist, dass sich bei ihm ein ontologischer Beweis der Existenz eines ens necessarium aus seinem bloßen Begriff ebenfalls nicht findet. Der einzige systematische Selbständigkeit beanspruchende Versuch eines Beweises der Existenz des Absolutnotwendigen, der sich im ganzen System von Wolffs Metaphysik als ein solcher identifizieren lässt, ist – entgegen der Auffassung von Henrich im Wolff-Kapitel seines Buches – erklärtermaßen kein Beweis „a priori", sondern ein Beweis „a posteriori".[17]

In Analysen, die nach fast einem halben Jahrhundert nichts von ihrer Brillanz und Überzeugungskraft verloren haben, hat Henrich im Kant-Kapitel seines Buches, um dessentwillen die ihm vorangehenden geschrieben sind, nachgewiesen, dass Kant bei seiner Beweisführung für die Unfähigkeit der spekulativen Vernunft, auf das Dasein eines höchsten Wesens zu schließen, in der internen Verfassung der rationalen Theologie seiner Zeit – und das hieß für ihn der Leibniz-Wolffschen Schule – alle Elemente vorgefunden hat, die es ihm ermöglichten und zugleich zwingend machten, diesen Teil der Metaphysica Specialis aus dem Kanon der philosophischen Wissenschaften zu verabschieden. Auf diesem Hintergrund hat Henrich einer erstaunten Leserschaft vorzustellen vermocht, dass Kants berühmte Widerlegung des ontologischen Gottesbeweises auf der Grundlage der Einsicht, dass „Dasein kein reales Prädikat" ist, nur ein, wenngleich ein essentielles, Argument in einem umgreifenderen Zusammenhang ist, welcher der Analyse des Begriffs des Absolutnotwendigen gilt. Henrich hat in diesem Zusammenhang dargetan, dass Kants These von der nicht-deskriptiven Funktion des Prädikats der Existenz gar kein origineller Gedanke Kants, sondern seit Gassendis Kritik am Gottesbeweis der Fünften Meditation Gemeingut der Gegner der Ontotheologie gewesen ist. Das aus dieser Einsicht gezogene Argument, dem der ontologische Beweis aus dem Begriff des ens perfectissimum wirklich erliegt, erweist seine kritische Durchschlagskraft jedoch allererst dadurch, dass es zum Argument gegen *alle* rationale Theologie wird. Nur das, so hat Henrich ausgeführt, ist die Kant eigentümliche Leistung auf dem Felde der Kritik der Ontotheologie. Denn der ontologische Beweis aus diesem Begriff ist jener Schluss, der verständlich machen will und muss, wieso der Gedanke des ens perfectissimum –

---

[17] Siehe hierzu näher Cramer, Ens necessarium [wie Anm. 1], Abschnitt I und IX.

und er allein – dazu taugt, den Begriff des Absolutnotwendigen zu bestimmen. Misslingt dieser Schluss, lässt sich mit dem Begriff des ens necessarium kein angebbarer Sinn mehr verbinden. Er wird als Begriff unverständlich und auf seine nichts besagende Nominaldefinition zurückgeschraubt. Denn eben dann wird unverständlich, was es heißen könnte, etwas sei schlechterdings notwendigerweise da. Weil der ontologische Beweis aus dem Begriff des ens perfectissimum misslingen muss, kann die Metaphysik – so Kant – keine Bedingung angeben, die es notwendig macht, das Nichtsein eines Dinges als schlechterdings undenklich anzusehen. Kann eine solche Bedingung nicht angegeben werden, muss man sich dazu entschließen, die Frage, ob wir uns durch den Begriff des Absolutnotwendigen „überall etwas denken oder nicht", negativ zu beantworten. Da jedoch der kosmologische Gottesbeweis von der Verständlichkeit des Begriffs des ens necessarium ausgeht, diese aber aus eigener Kraft nicht sichern kann, scheitert mit dem ontologischen auch der kosmologische Beweis und damit alle rationale Theologie. Das ist der von Henrich überzeugend rekonstruierte Zusammenhang, in dem Kants These, dass der kosmologische Beweis die Gültigkeit des ontologischen voraussetzt, ihren systematischen Ort hat. Und es ist dieser Zusammenhang, der dazu zwingt, den Begriff der absoluten Notwendigkeit im Dasein zu einer bloßen Idee herab– oder auch heraufzustufen, dessen objektive Realität nicht unter Beweis gestellt werden kann – zu einem Begriff also, der sich auf keinen möglichen ihm korrespondierenden Gegenstand unserer theoretischen Erkenntnis beziehen kann.

Dass der interne Zustand der rationalen Theologie der Leibniz-Wolffschen Schule Kant alle Mittel an die Hand gegeben hat, seinen Angriff auf alle Gotteserkenntnis aus reiner Vernunft erfolgreich durchzuführen, hat Henrich in einer ebenso zutreffenden wie einprägsamen Formulierung zusammengefasst: Kant brauchte die *Metaphysica* des Wolff-Schülers Alexander Baumgarten nur von hinten zu lesen, um zu sehen, wie der Begriff der absoluten Notwendigkeit im Dasein, der an ihrem Anfang steht – das ens necessarium ist das, dessen Nichtexistenz in sich unmöglich ist, d.h. nur widerspruchsvoll gedacht werden kann –, vom Gelingen des Übergangs vom Begriff des ens perfectissimum, der an ihrem Ende steht, zum Dasein des ens perfectissimum abhängig wird.[18]

---

[18] Ebenso wie Wolff ist allerdings auch Baumgarten von Henrich zu einem späten Zeugen für seine Grundthese aufgerufen worden. Auf dem Hintergrund seiner Interpretation von § 34 des Ersten Teils von Wolffs Natürlicher Theologie hat Henrich dem § 854 von Baumgartens *Metaphysica* sozusagen dessen Wiederholung und damit einen ontologischen Schluss aus dem Begriff der bloßen Möglichkeit einer notwendigen Substanz auf deren Wirklichkeit zugewiesen (Henrich, *Der ontologische Gottesbeweis* [wie Anm. 2], 66). Abgesehen davon, dass der Beweis des § 854 von Baumgarten selber in § 856 ausdrücklich als ein Beweis a posteriori bezeichnet und so von dem in § 811 geführten Beweis a priori der

Um diesen systematisch entscheidenden Punkt zu machen, musste Henrich aber gar nicht nachweisen, dass die Lehrbücher der Metaphysik der Leibniz-Wolffschen Schule einen eigenen zweiten ontologischen Beweis aus dem Begriff des ens necessarium enthalten. Es hätte ihm genügen können, das Schrittgesetz der Ontotheologie dieser Metaphysik dahingehend zu bestimmen, dass sich diese am Ende nicht der Einsicht verschließen konnte, dass der Sinn des *Begriffs* „ens necessarium" von der Gültigkeit des ontologischen *Arguments* aus dem Begriff „ens perfectissimum" abhängt. Diese Einsicht steht jedoch nicht unter der Voraussetzung, dass die Metaphysik der Neuzeit einen zweiten ontologischen *Beweis* aus dem Begriff des ens necessarium entwickelt hat, dessen Abhängigkeit von dem ersten ontologischen Beweis aus dem Begriff des ens perfectissimum sie einzusehen lernen musste. Der von Henrich versuchte Nachweis, dass eben dies der Fall ist, kann nicht erbracht werden, weil diese Metaphysik zumindest in denjenigen Gestalten, die Kant vor Augen standen, einen solchen zweiten ontologischen Beweis gar nicht gekannt hat. Es ist gerade nicht der Fall, dass Kant „in jedem Lehrbuch, das er aufschlug, den Beweis aus dem Begriff ‚ens necessarium' finden konnte"[19].

So musste Henrich seine Rekonstruktion von Kants Kritik aller natürlichen Theologie auch durch eine Schwierigkeit belasten, die gar nicht besteht. Henrich musste sich nämlich die Frage vorlegen, warum Kant in seiner Kritik am ontologischen Beweis an keiner Stelle auf dasjenige ontologische Argument eingeht, dessen Entdeckung nach Henrichs Grundthese die neuzeitliche Ontotheologie von ihrer mittelalterlichen Verfassung unterscheidet: das Argument aus dem Begriff des ens necessarium.[20] Henrichs Erklärung dieses negativen Sachverhalts ist denn auch eher wenig überzeugend ausgefallen.[21] Er bedarf aber dann keiner Erklärung, wenn es so ist, dass Kant einen solchen zweiten ontologischen Beweis in den Lehrbüchern der Schule von Leibniz und Wolff nicht anzutreffen vermochte, weil es in ihnen einen solchen Beweis – so wenig wie bei Leibniz und Descartes – gar nicht gibt. Damit würde freilich die von Henrich ausgearbeitete und bis heute nicht übertroffene Rekonstruktion von Kants Kritik aller natürlichen Theologie keineswegs in Frage gestellt. In Frage gestellt wäre nur, dass die historischen Voraussetzungen dieser Kritik diejenigen gewesen sind, die Henrich nachzuweisen bestrebt gewesen ist. Kants Kritik

---

Existenz Gottes unterschieden wird, wären in einem größeren Zusammenhang die Akten über die Position Baumgartens wie auch die über Johannes Berings kritische Schrift von 1780 *Prüfung der Beweise für das Dasein Gottes aus den Begriffen eines höchstvollkommenen und notwendigen Wesens* (Ebd., 115ff.) und Mendelssohns freilich erst 1785 erschienene *Morgenstunden* (Ebd. 71 ff.) neu zu eröffnen.

[19] Henrich, *Der ontologische Gottesbeweis* [wie Anm. 2], 169.
[20] Ebd., 170.
[21] Ebd., 172.

hat in dem Nachweis ihr Zentrum, dass reine Vernunft keine Bedingungen angeben kann, die es notwendig oder auch nur möglich machen, das Nichtsein eines Dinges als schlechterdings unmöglich anzusehen. Und sie zieht daraus die Folgerung, dass der metaphysische Grundbegriff des ens necessarium ein unverständlicher Begriff ist – unverständlich nämlich, sofern er einen unserer theoretischen Erkenntnis offen stehenden Gegenstand bezeichnen soll. Dieser Schluss Kants beruht jedoch nicht auf der Einsicht, dass ein zweiter ontologischer Beweis aus dem Begriff des ens necessarium nur dann gültig ist, wenn der erste ontologische Beweis aus dem Begriff des ens perfectissimum gültig ist. Denn einen solchen zweiten ontologischen Beweis gibt es in denjenigen Theorieformen, die Kant bei seiner Kritik aller Theologie aus Gründen der spekulativen Vernunft vor Augen standen, nicht.

Dieter Henrich zu Konrad Cramer

Der ontologische Gottesbeweis, Beweisgrund und Faszination

Konrad Cramers Text nimmt mich mit auf eine Zeitreise: über ein halbes Jahrhundert zurück, als er, damals Heidelberger Student, dem Privatdozenten half, die Korrektur des Buches zu lesen, das mir auch zum Substitut für die Habilitationsschrift dienen sollte. Die hatte ich nicht in den Druck gegeben, weil mir deutlich war, mit dem, was ich in ihr über Selbstbewusstsein zu sagen vermochte, dem Problem, das ich aufgenommen hatte, noch nicht genügen zu können. Der detaillierte Entwurf zu einer Studie über den ontologischen Gottesbeweis war mir ganz plötzlich in den Sinn gekommen, und ich habe ihn schnell ausführen können. Dass in der Tiefe zwischen beiden Themen ein Zusammenhang gesehen werden kann, stand mir vorerst nur dunkel und vage vor Augen.

Ich muss mich nun davor hüten, zu weit in die Gedanken von damals zurückgezogen zu werden oder gar die ganze Problematik des ontologischen Beweises selbst nach so langer Zeit noch einmal in Angriff zu nehmen. Die Untersuchung sollte einen historischen Zusammenhang ans Licht bringen, in dem ein Problem weiter entwickelt worden war, das gut eingrenzbar ist, das aber für die Philosophie alles andere als eines unter sehr vielen ist. Was den Plan schnell aufkommen ließ, war die Einsicht in die subtile Komposition und also die eigentliche Leistung von Kants Kritik der rationalen Theologie – von welchem Format die Probleme waren, die er dabei bewegen und neu ordnen musste, aber dann auch, welches die Mittel sind, die aufgeboten werden müssen, wenn man Kants Diagnose dennoch, so wie Hegel es tat, entgegentreten will.

Konrad Cramer weiß das alles und hat es in seinem Text aus freundschaftlicher Verbundenheit fast über Gebühr gewürdigt. So macht er es mir leicht, mich auf die Korrektur zu konzentrieren, die er in meine Analyse der Vorgeschichte der Kantischen Kritik in der Rationaltheologie der Neuzeit einbringt, ohne den Gesamtzusammenhang der Argumentation damit in Frage stellen zu wollen. Soll mich die Zeitreise nicht allzu sehr aus der Gegenwart entführen, so muss ich ihm zu antworten versuchen, ohne das eigene Buch von damals und seine Materialien noch einmal durchzustudieren.

1.

Dazu will ich mit zwei Eingeständnissen anheben: (1) Wenn ich zwei ontologische Beweise unterschied, die ‚aus' dem Gedanken der omnitudo realitatis oder aus dem des ens necessarium geführt werden, so ergibt sich diese Bezeichnung retrospektiv aus der Kantischen Diagnose. Es war Kant, der den Ursprung dieser Gedanken in grundsätzlich voneinander zu unterscheidenden Ideen der Vernunft gesetzt und ihnen jeweils andere Argumentationszüge zugeordnet hat. In einer solchen Fundierung, die noch diesseits des Gottesgedankens selbst entfaltet werden kann, sind sie nirgends in die frühere Geschichte der Rationaltheologie eingegangen. (2) Damit hängt zusammen, dass bei der Unterscheidung zweier Beweise dort, wo ich davon sprach, ‚woraus' der Beweis geführt werde, mein Sprachgebrauch offenbar nicht präzise genug gewesen ist.

Der eigentliche Beweisgrund ergibt sich in beiden Beweisgängen daraus, dass der Gedanke von der Existenz dessen, was in einem Gedanken, hier dem Gottesgedanken gedacht wird, nicht von dessen Gehalt getrennt werden kann. Und die Schlüssigkeit dieses Beweisgrundes wird durch das Argument von Descartes gesichert, mit dem er den ontologischen Beweis zu neuer Wirkung gebracht hatte: Ist der Gedanke von der Existenz eines Gehaltes von dem Gedanken dieses Gehaltes unabtrennbar, dann muss man seine Existenz aufgrund dessen allein für gewiss halten – wie sehr diese Situation auch der normalen Erwartung und gewohnten Voraussetzung entgegengeht, die gegenüber jedem Gedankengehalt den Vorbehalt zulässt, seine Wirklichkeit müsse dann immer noch auf eine andere Weise gesichert werden.

Das gilt grundsätzlich für den Beweis, der im Gedanken der omnitudo realitatis einsetzt, ebenso wie für jeden Beweis, der seinen Beweisgrund in dem modalisierten Gedanken von einer notwendigen Existenz hat. Wo immer von dem die Rede ist, das auf die eine oder andere Weise zu charakterisieren ist, da ist der Gehalt von dessen Wirklichkeit nicht abzuscheiden.

Wenn aber nun in dem Zusammenhang mit Existenz die Notwendigkeit ins Spiel kommt, so gibt es allerdings Anlass zur Vorsicht und zu mehreren Unterscheidungen. Man kann, was hier Notwendigkeit heißt, selbst aus dem Zusammenhang zwischen einem Gedankeninhalt und der Existenz erklären, die ein wesentlicher Teil dieses Inhaltes ist. Notwendige Existenz hat dann Jegliches, von dessen Gehalt dies, dass er wirklich besteht, unabscheidbar ist. Hier handelt es sich offenbar um eine andere Notwendigkeit als die einer logischen Schlussfolgerung. Die Schlussfolgerung, dass etwas nur als wirklich gedacht werden kann, ist vielmehr als solche deshalb notwendig, weil gezeigt werden konnte, dass Existenz von einem Gehalt unabtrennbar ist. Die Art, wie dies gezeigt werden kann, bedarf selbst einer anderen Aufklärung als der durch die Schlusslogik. Es ist das Relationsgefüge von Ideen, das eine solche Aufklärung deutlich macht, dessentwegen die so gefolgerte Existenz zu einer notwendigen wird: Eine Existenz, ohne welche die Sache nicht dieselbe wäre. Ob die Notwendigkeit dieses Daseins als solche aus dem Inbegriffensein der Existenz im Wesen einer Sache geradezu erklärt werden kann, ist damit aber noch nicht ausgemacht. Die Notwendigkeit, welche dem Ursprung der Welt im kosmologischen Argument zugesprochen wird, ergibt sich jedenfalls aus der Steigerung des Prinzips der Erklärung aus Realgründen zum Gedanken von einem Realgrund, der von sich aus (a se), also ohne einen weiteren vorausgehenden Grund begründen kann. Wie diese exorbitante Eigenschaft in jenem ersten Grund selbst begründet ist, bleibt dabei durchaus noch dunkel. Allerdings kann sie selbst keine zufällige Eigenschaft sein und muss insofern mit dem Wesen dessen, was als erster Realgrund wirksam ist, auf irgendeine Weise verbunden sein. Doch bedeutet das nicht, dass die Notwendigkeit der Existenz aus dem Wesen der Sache nicht nur abgeleitet, sondern auch erklärt werden kann. Sie könnte auch die Implikation einer Eigenschaft sein, die als solche der Sache wesentlich zuzusprechen ist – eben etwa die, Realgrund a se sein zu müssen.

Erst Kants Analyse der Verflechtung von Ontotheologie und Kosmotheologie hatte das Resultat, dass der Zusammenhang zwischen dem Gottesbegriff der omnitudo realitatis und der (angeblichen) Unwegdenkbarkeit der Existenz dieses Gottes überhaupt die einzige Weise ist, wie der Rede von einem notwendigen Dasein, deren sich die spekulative Metaphysik nun einmal bedienen muss, eine deutliche Interpretation finden kann. Unter dieser Voraussetzung ist dann freilich im Wesen Gottes unmittelbar die Eigenschaft gelegen, notwendig zu existieren. Aber das Ergebnis dieser Analyse darf nicht als Voraussetzung für jeglichen Gebrauch der Rede von notwendigen Wesen oder notwendiger Existenz gelten, die in Begründungsgängen der rationalen Metaphysik eine Rolle gespielt haben. Man kann davon ausgehen, dass in klassischen Gottesbeweisen die Unterscheidung von Existenz und notwendiger Existenz und die Rede davon, das Gott, wenn er ist, nicht nur existiert, sondern notwendig existiert, als auf andere Weise oder als aus sich selbst heraus einleuchtend in Anspruch genommen werden konnte.

Wie Cramer nehme auch ich an, dass dies für Descartes gilt, wenn er aus der göttlichen Allmacht herleitet, dass der Grund von Gottes Dasein in ihm selbst gelegen ist und dass er sich auch jede andere Vollkommenheit selbst geben kann. Gott kommt dann nicht nur Dasein wie irgendeine seiner Vollkommenheiten zu. Es kommt ihm auch nicht nur deshalb notwendig zu, weil Gott gar nicht als nichtexistent gedacht werden kann. Er hat deshalb notwendiges Dasein, weil ein Grund dafür benannt werden kann, dass sein Dasein sich nicht nur zufällig oder zu irgendeiner Zeit, sondern dass es sich ursprünglich ergibt – ein Grund, aus dem sich also sein Dasein genetisch begreifen lässt.

Die Erklärung der Notwendigkeit von Gottes Dasein aus seiner Allmacht ist eine für Descartes charakteristische Operation. Dass man aber Gott nicht nur Dasein, sondern notwendiges Dasein zuschreiben muss, ist ein Gedanke, der in der Rationaltheologie mehr als nur nahe liegt – und dies unabhängig davon, ob man die Kantische Erklärung für diesen Gedanken von Notwendigkeit auch nur von ferne in Erwägung gezogen hat. Man kommt der Kantischen Analyse auch nicht dadurch auf irgendwie gewichtige Weise näher, dass man die Notwendigkeit des Daseins als das Eingeschlossensein des Daseins in das Wesen einer Sache definiert. Denn es ist eben möglich, den Gedanken vom Wesen Gottes mit dem Gedanken von notwendigem Dasein auf ganz andere Weise als über den Gedanken zu verbinden, dass notwendiges Dasein ein Element in der Allvollkommenheit Gottes sein muss.

Ich habe von einem Beweis aus dem Gedanken des ‚ens necessarium' überall dort gesprochen, wo, wie bei Descartes, davon ausgegangen wird, dass der Gottesgedanke auf irgendeine Weise Gottes notwendiges Dasein impliziert, Gott also als ens necessarium verstanden und der Beweis aus diesem Gedanken heraus geführt wird. Es hat mir gewiss ferngelegen, zwischen den Gedanken des notwendigen Wesens in der Weise eine Parallele zu dem Gedanken des allvollkommenen Wesens zu konstruieren, dass vom notwendigen Wesen, so wie vom allvollkommenen Wesen, eine Schlussfolgerung *anheben* könnte, der ein Gottesbeweis ist. Cramer betont zurecht, dass in dem bloßen Gedanken von einem notwendigen Dasein noch völlig offen ist, was es denn ist, dem ein solches Dasein zugeschrieben werden soll. Aus diesem Gedanken folgt zunächst einmal so wenig die Wirklichkeit von irgendetwas, wie aus dem Gedanken der Existenz die Wirklichkeit von einem bestimmten Etwas gefolgert werden kann. Der Beweisgrund mag das notwendige Dasein sein. Zu einem Beweis a priori der Wirklichkeit von etwas wird der Beweisgang aber nur durch die Verbindung des notwendigen Daseins mit einem Etwas, das ohne ein solches Dasein nicht gedacht werden kann – wie immer diese Verbindung vorgestellt und einleuchtend gemacht sein mag.

Indem ich damit eine gewisse Übereinstimmung mit Cramer konstatiere, scheint mir aber doch zugleich eine einschränkende Verdeutlichung ratsam: Es mag möglich sein, aus der Analyse der Bedingungen der Zuschreibung von Existenz etwas darüber auszumachen, wem in welcher Weise Existenz zugeschrieben wird. Darüber hat es ausgedehnte Kontroversen in der Semantik gegeben, die – anders als es für eine Weile schien – zu keinem Konsens im Sinne von Frege geführt haben. Um über das, dem notwendige Existenz zugeschrieben werden kann, etwas auszumachen, muss man sich aber nicht auf den Gesichtspunkt der semantischen Analyse stellen. Die Rationaltheologie hat Analysen, die vom zunächst isolierten Gedanken eines ens necessarium ausgehen, selbst extensiv ausgeführt. Dafür ist Christian Wolff das beste Beispiel. Er hat zwar keinen Beweis a priori aus dem Gedanken des ens necessarium aufgestellt, sondern die Existenz eines ens necessarium für aus dem Dasein der Welt erwiesen angesehen. Es ist aber denkbar, dass der noch leere Gedanke dieses ens necessarium, dessen Wirklichkeit bereits für gesichert gilt, Zug um Zug in analytischen Schritten mit Prädikaten angereichert wird, bis schließlich mit den Ganzen dieser Prädikate der Gottesgedanke als erreicht und erfüllt gelten kann. Hier ist nicht der Ort, dieser Schlussfolge im ersten Band der Theologia naturalis nachzugehen. Wolff hielt sie für eine logische Analyse des Gedankens des ens necessarium. Wenn sich in ihr manche Schritte auch als illegitim erweisen, so ist sie doch als ganze nicht haltlos. Darum kann sie dann nebenbei auch als ein Fundus für Gedanken dienen, die in einem Beweis a priori hätten gebraucht werden können, dessen Beweisgrund das notwendige Dasein ist.

Kant hat der Grundanlage dieses Gedankenganges ‚eine gewisse Wichtigkeit' nicht absprechen wollen (B 616/17). Er kann zwar nicht schlüssig eine exklusive Verbindung zwischen dem Eingangsgedanken von irgend etwas Absolutnotwendigen und der schrankenlosen Einheit des höchsten Wesens unter Beweis stellen. Absolut notwendig könnte auch anderes als das ens summum sein. Aber der Schritt von dem einen zu dem anderen entspricht einem ‚natürlichen Gang des gemeinen Verstandes' (B 618), und zwar deshalb, weil die ihm unverzichtbare (kosmologische) Idee eines notwendigen Wesens auf eine Konkretisierung im Gedanken von Gott hindrängt. Diesseits aller rationaltheologischen Spekulation liegt darin auch ein Hinweis auf die Verflechtung des Gedankens des notwendigen Wesens, der dem Anschein nach ganz selbständig zu gewinnen ist, mit dem Gottesgedanken als dem höchsten und allvollkommenen Wesen. In der scheinbaren Selbstverständlichkeit des Übergangs vom Notwendigen zum Allvollkommenen wirkt sich nach Kant aber das praktische Interesse der Vernunft an der Verbindung des Idee des Notwendigen mit dem Gottesgedanken aus.

Im Übrigen ist es zwar unstrittig zwischen uns, dass aus dem bloßen Gedanken von Existenz und von notwendiger Existenz nicht die Existenz oder die notwendige Existenz eines bestimmten ens gefolgert werden kann. Doch kann man sich zur Annahme der Existenz oder gar der notwendigen Existenz eines ens genötigt wissen, ohne irgend etwas Näheres über die Beschaffenheit dieses ens sagen zu können. In solchen Fällen weiß man allerdings von dem ens, dessen Existenz man annimmt, doch etwas – nämlich dass es in einer Beziehung zu dem steht, was uns zur Annahme seiner Existenz veranlasst hat. In einem Beweis a priori, der vom bloßen Gedanken des ens necessarium ausgeht, würde diese Bedingung wegfallen, so dass es sich in diesem Fall wirklich um einen gänzlich leeren Gedanken handeln müsste. Doch es ist, wie gesagt, möglich zu meinen, die Eigenschaft ens necessarium zu sein, lasse sich entwickeln und in einen bestimmteren Gedanken einbinden, um dann den Existenzbeweis für das derart Gedachte über das notwendige Dasein als Beweisgrund zu führen, das nunmehr eine Implikation im Ganzen dieses Gedanken ist.

2.

Cramer will nun aber auch zeigen, dass es einen Beweis, der Gottes Dasein a priori aus dem Gedanken des notwendigen Wesens herleitet, in der Rationaltheologie des 17. und des 18. Jahrhunderts gar nicht gegeben hat. Wir können uns nun insoweit einig sein, als es einen solchen Beweis nicht hat geben können, wenn er als Beweisgang vom ens necessarium ohne alle weitere Bestimmung und Einbindung seinen Ausgang hätte nehmen müssen. Die Möglichkeit zu einem Beweis, der einen Gottesgedanken entfaltet und dabei zu dem Beweisgrund ens necessarium gelangt, ist damit aber, wie gezeigt, für die Rationaltheologie durchaus offen. So ist zu fragen, ob er nicht doch wirklich vorgetragen wurde und ob er auch ausdrücklich von dem anselmischen Beweistyp unterschieden wurde, dessen Eingangsgedanke Gott als Inbegriff aller Vollkommenheiten gewesen ist.

Das Letztere setzt ein hohes methodisches Bewusstsein voraus. Denn es ist wahrscheinlich, dass im Gesamtzusammenhang eines Beweises für Gottes Dasein auch auf Gottes Allvollkommenheit in der einen oder anderen Weise eingegangen wird. Von der Genese der Gottesgedanken her ist ein grundlegender Unterschied zwischen beiden ohnedies erst durch Kant deutlich geworden. Kants Analyse und Kritik der Rationaltheologie folgt im übrigen, wie wir wissen, nicht wirklich den Vorgaben in deren Hauptwerken. Sie erarbeitet vielmehr ein Instrumentarium für die Untersuchung der Genese von deren Begriffen und Argumenten, die allererst dazu instand setzen soll, in der wirklichen Literatur alle Verwicklungen von Begründungssträngen zu durchleuchten, die ihre Autoren selbst gar nicht haben durchschauen können.

Unter Voraussetzung dieses Befundes habe ich, woran auch Cramer erinnert, schon damals in Leibniz den einzigen Autor gesehen, der selbst bereits zwei Beweise a priori jener beiden Typen ausdrücklich voneinander unterschieden hat. Daran möchte ich festhalten, und ich denke, dass sich jedenfalls die wichtigsten Gründe für die Möglichkeit einer solchen Unterscheidung schon von dem her abzeichnen, was in dem Vorausgehenden zur Sprache gekommen ist. Doch mag ein kurzer Blick in Leibniz' Texte hier noch einmal einen Platz finden.

Cramer beschränkt sich in seinem Vortrag für diesmal auf die Analyse eines Belegtextes für seine These, dass Leibniz nicht zwei ontologische Gottesbeweise voneinander unterschieden habe, nämlich auf Leibniz Bemerkungen zu Descartes Prinzipienschrift. Hier sagt Leibniz, dass man die Beweisführung für Gottes Dasein ‚proprior strictiorque' anlegen können, wenn vom ens necessarium (seu Ens de cuius Essentia est Existentia sive Ens a se), welches Gott seiner Definition nach ist, ausgegangen wäre. Er fügt hinzu, dass man dabei die Bezugnahme auf die perfectio und die magnitudo Gottes beiseite lassen könne (Gerhard 4, S. 359). Auch Cramer findet, dass solche Formulierungen einen zweiten, und besseren Beweis a priori zumindest anzuzeigen scheinen.

In dem späteren Text von 1701, der bei Erdmann den Titel ‚De la Démonstration Cartesienne de l'existence de Dieu du R.P. Lami' trägt (Gerhard 4, S 405/6, Erdmann 177/8), den ich wohl schon damals bevorzugt habe, sagt Leibniz noch ausdrücklicher, dass sich eine ‚démonstration encore plus simple' aufbauen lasse, in der von Vollkommenheiten keine Rede sein muss. In einem noch späteren Schreiben an Bierling fasst Leibniz diesen seinen Beweis so zusammen: „Das Seiende, aus dessen Wesen die Existenz folgt, existiert, wenn es möglich ist (oder wenn es ein Wesen hat) [ein identisches oder unbeweisbares Axiom]. Gott ist ein Seiendes, aus dessen Wesen die Existenz folgt [eine Definition]. Also existiert Gott, wenn er möglich ist." Leibniz charakterisiert die Argumentation als vollständigen Beweis, indem er sie mit ‚Q.E.D.' abschließt (Gerhard VII, S. 490).

Jeder solche Beweis hat allerdings zwei Voraussetzungen, die Cramer auch namhaft macht: Man muss die Möglichkeit eines ens necessarium erweisen, nach Leibniz also eines Wesens, dessen Dasein aus seinem Wesen folgt. Und man muss zeigen, dass der Gottesgedanke, welcher der Gedanke von einem solchen Wesen ist, keinen inneren Widerspruch enthält und Gott in diesem Leibnizischen Sinn etwas Mögliches ist. Der Anselmische Beweis unterliegt hinsichtlich der Definition Gottes einem Zweifel, nämlich daran, ob alle Vollkommenheiten in einem Wesen vereinbar sind. Deshalb ist es ratsam, einen Beweis zu suchen, der solchen Zweifeln nicht ausgesetzt ist. Aber auch dann, wenn solche Zweifel unbegründet wären, müsste in Beziehung auf ihn ebenso wie in Beziehung auf den anderen, den einfacheren Beweis die Frage nach der Möglichkeit eines notwendigen Wesens gestellt werden.

Cramers Schlüsselargument gegen die Möglichkeit von Leibniz' Unterscheidung zweier Beweise findet sich auf Seite 91, unten: Da der Gedanke eines ens necessarium nur in dem Begriff eines Wesens besteht, welches das Dasein dieses Wesens impliziert, muss, soll sich ein Gottesbeweis ergeben, gezeigt werden, auf welche Weise Gottes Wesen sein Dasein einschließt. Mit diesem Erweis wird im Übrigen auch der Gedanke von einem ens necessarium überhaupt erst aus dem möglichen Verdacht einer willkürlichen Begriffsbildung befreit. Eben dieser Erweis der Implikation von Existenz im Wesen einer Sache lässt sich aber (so Cramer in Leibniz' Namen) einzig in der Art von Anselm führen, die eben zu zeigen beansprucht, dass mit der Wesensbestimmung Gottes auch seine Existenz gesetzt ist.

Diese letzte These Cramers ist nun aber, so weit ich sehen kann, durch keinen Text von Leibniz gestützt. Ich halte sie vielmehr für eine unfreiwillige Importation einer Kantischen Einsicht in Leibnizens Gedankenkosmos. Leibniz' Zurückhaltung gegenüber dem Gottesbeweis aus der Fülle aller Vollkommenheiten macht es auch ganz unwahrscheinlich, dass er meinen könnte, man müsse sich auf eben diese Argumentation dort verlassen, wo der Nachweis der Möglichkeit Gottes zu führen ist.

Man kann sogar in dem Text der *Monadologie* (Ziffer 45) eine Skizze dessen sehen, wie ein Möglichkeitsbeweis Gottes *als* eines notwendig Seienden, und zwar a priori, geführt werden kann. Obwohl er dem anselmischen ähnlich klingt und wirklich Assoziationen an den Beweis aus dem All der Vollkommenheit nahe legt, ist er doch ganz anders verfasst: Der Möglichkeit Gottes kann nichts entgegenstehen, da er, *insofern* er notwendiges Wesen ist, keine Schranken hat, keine Negation enthält und folglich auch keinen Widerspruch. Indem damit seine Möglichkeit außer Zweifel gesetzt ist, ist unmittelbar auch sein Dasein bewiesen.

Sollen alle diese Leibnizischen Reflexionen weitergeführt werden, so würde es nötig, auf Leibniz' Gedanken vom Wesen einer Sache und aller Sachen sowie auf deren Verhältnis zu ihrem Dasein des näheren einzugehen. Das sollte hier schon deshalb nicht geschehen, weil es nur einen mittelbaren Einfluss auf unseren Kontroverspunkt haben würde. Auch würde eine solche Untersuchung ziemlich verwickelt werden und zudem leicht über Leibniz hinaus und in die neueste Geschichte des ontologischen Gottesbeweises hineinziehen.

3.

Dass seit dem Erscheinen des Buches von 1960 eine solche neue Geschichte begonnen hat, ist einer der Gründe dafür, in die Grundanlage der Argumentation des Buches aus Anlass einer neuen Auflage nicht noch einmal einzugreifen. Dies läge, was seine Ausführungen zu Leibniz betrifft, besonders nahe. Die Literatur zu Leibniz ist seither um vieles bereichert worden, und zwar auch deshalb, weil der ontologische Gottesbeweis, den er sich selbst zuschrieb, den er gegen den von Descartes stellte und in dem die Möglichkeit und die Notwendigkeit Gottes als Schlüsselthemen fungieren, zum Ausgangspunkt der Versuche mehrerer amerikanischer Philosophen geworden ist, den ontologischen Gottesbeweis auf neue Weise zu führen und stringent zu machen. Eine Problemgeschichte des ontologischen Beweises seit Descartes müsste heute also eine Periode einschließen, die bei Erscheinen des Buches von 1960 noch nicht begonnen hatte und deren Analyse eine Fachkompetenz in der Modallogik voraussetzt. Diese Periode unterscheidet sich allerdings von dem Themenbereich dieses Buches dadurch, dass zwischen dem Problem des ontologischen Beweises und den Grundlegungsfragen eines systematischen Philosophie insgesamt nicht mehr derselbe unmittelbare Wechselbezug fortbesteht.

Alle gewichtigen Versuche zu einer Neubegründung des ontologischen Beweises sind Versuche im Rahmen der Modallogik gewesen, als deren Begründer wiederum Leibniz gelten kann. Der erste in ihrer Reihe war der von Charles Hartshorne. Doch erst in den sechziger Jahren des vergangenen Jahrhunderts kam es, in der Opposition gegen W.V.O. Quine, zu einer Welle des Interesses an den Modalitäten und ihrer Logik. Von ihr angestoßen haben Alvin Plantinga und Robert M. Adams, beide Philosophen mit einer starken Bindung an ihre protestantische Konfessionen, solche Beweise entwickelt. Adams hat mir 1969 in Ann Arbor ein erstes Bild von dem Potential dieser Debatte gegeben. Neben anderen bedeutenden Modaltheoretikern wie David Lewis ist zu ihnen in den achtziger Jahren, durchaus überraschend, der berühmte Beweistheoretiker Kurt Gödel mit einem eigenen modaltheoretischen Beweis hinzugetreten. Die lebhafte Debatte, die aus all dem folgte, hat inzwischen zu umfangreichen Werken angeregt, in denen manchmal das modallogische Interesse den rationaltheologischen Zusammenhang weitgehend dominiert (z.B. J.H. Sobel, Logic and Theism, Cambridge U.P. 2004).

Man kann davon ausgehen, dass die Problematik der neuen Beweise nicht in der Schlüssigkeit der Folgerungen gelegen ist, deren Korrektheit man bei solchen Autoren unterstellen kann. Einwände richten sich vielmehr, abgesehen von solchen gegen die Axiome einer Modallogik, auf das, was in den Prämissen der Schlüsse in Anspruch genommen werden muss – vor allem auf den bestimmten Sinn der Rede von Notwendigkeit und auf die Möglichkeit und die Konsistenz von Gottesgedanken. Insofern sind die Resultate der Entwicklung der neuzeitlichen Ontotheologie von Resultaten innerhalb deren modallogischer Erneuerung gar nicht so weit abgelegen.

Was Leibniz und was die Probleme anlangt, denen hier noch einmal nachgegangen wurde, sei auch das Leibnizbuch des genannten Robert M. Adams erwähnt, das 1994 bei Oxford U.P. erschienen ist. Aus ihm lässt sich auch die These stützen, Leibniz unterscheide zwei Beweise die zeigen, dass Gottes Wesen von seinem Dasein nicht abtrennbar ist (S. 137).

4.

Alvin Plantinga hat sich einmal die Frage gestellt, wie es sich erklärt, dass der ontologische Gottesbeweis immer wieder das Nachdenken der bedeutendsten Philosophen auf sich gezogen und okkupiert hat. Er nennt dafür zwei Gründe: Zum einen: der Beweis vollzieht sich in nur wenigen Schritten. Dennoch ist es äußerst schwer, Rechenschaft darüber zu geben, was in ihm eigentlich vor sich geht und worin der Fehler gelegen ist, den der Verdacht in ihm vermutet, den der Beweis stets auf sich zog und dem er schon allein aufgrund seiner singulären Form immer unterliegen wird. Zum anderen: Mit keinem Beweis von dieser Kürze ist ein Ergebnis von solcher Tragweite verbunden. Der eine Grund fordert als theoretische Rätsel- und Fixierfrage die Denkkraft heraus, der andere verheißt eine Verständigung über einen letzten Weltgrund- und Lebenshalt. Ich selbst denke, dass in der Faszination, die von dem Beweis ausgeht, ein dritter Grund wirkt, der mit den Wurzeln des Philosophierens noch tiefer verbunden ist (vgl. dazu den Text von Dietrich Korsch und die Bemerkungen zu ihm).

Solange man auf den Gehalt der Gedanken konzentriert ist, die in der Conclusio des ontologischen Beweises miteinander zusammengeschlossen sind, vergewissert der Beweis über eine Eigenschaft, die einzig im Wesen Gottes gelegen sein kann und die nur ihm zuzusprechen ist: dass nämlich Gottes Wirklichkeit durch nichts als ihn selbst gesetzt und gegründet ist, woraus sich erklärt, wieso sie für über jedem Zweifel überhoben gelten kann.

Der Philosoph kann aber auch auf die Tatsache. dass ein solcher Beweis überhaupt geführt werden kann, reflektieren, woraus sich ein zu dem Beweisverlauf komplementärer Gedankengang ergeben wird. Er führt nicht vom Gottesgedanken zu einer singulären Gewissheit von Wirklichem. Der Beweis lässt vielmehr auch etwas über das Denken erkennen, für das er in Geltung ist. Zumindest in einem seiner Gedanken ist das Denkvermögen des Menschen nicht unter die Differenz gestellt, die sonst überall zwischen den Gedanken als solchen und der möglichen Überzeugung herrscht, in diesen Gedanken sei Wirkliches gefasst, sie seien also – in welcher Weise und welchem Maße immer – dem gemäss, was wirklich der Fall ist. Wir könnten uns, wenn dieser Gottesbeweis schlüssig ist, durch ihn im Besitz eines Unterpfandes dafür wissen, dass das endliche Denken schon rein für sich in Wirkliches inbegriffen ist – nicht nur so, dass es selbst von Wirklichem bedingt und ermöglicht sein muss, sondern vielmehr so, dass von einer Grundentsprechung ausgegangen werden kann, in der seine eigene Wirklichkeit samt der Wirklichkeit jedes Lebens, das in Gedanken geführt werden muss, mit dem Wirklichen steht, dem es zugehört. Geht man diesem Gedanken weiter nach, so kann der Beweis auch als Erweis der Zugehörigkeit dessen, der den Beweis führt, zu dem verstanden werden, dessen Wirklichkeit in dem Beweis vergegenwärtigt wird. Der ontologische Beweis ist also nicht nur insofern ein Singulum, als sein Beweisgrund auf einem einzigartigen Verhältnis von Gedanke und Wirklichkeit beruht. Er kann auch als der Kern einer Vergewisserung gelten, welche den Denkenden betrifft, der den Beweis führt und der sich in seine Bedeutung vertieft.

Betrachtet man den Beweis in dieser Perspektive, dann wird deutlich, warum in der Philosophie, die Kant nachfolgte, nicht etwa nur die Schlussfigur des Beweise neu gefasst und in dieser Fassung verteidigt worden ist. Vielmehr konnte die Philosophie Hegels insgesamt als der Vollzug eines ontologischen Gottesbeweises verstanden werden. Es wäre nun möglich, auch der vorausgehenden Geschichte des Beweises in dieser Perspektive nachzugehen und dabei zu dieser Geschichte noch ein anderes Verhältnis zu begründen als jenes, das Karl Barth in seiner Interpretation des anselmischen Beweises jeglicher seiner philosophischen Deutungen entgegengesetzt hatte.

Doch es ist nicht nur Hegel, von dem her sich für diese Perspektive eine maßgebende Vorgabe ergeben könnte. Versucht man vom endlichen Denken her Aufschluss über die Bedeutung zu gewinnen, die der Beweisform des ontologischen Beweises beigemessen werden kann, dann findet man sich bald auf die Rätselverfassung des Selbstbewusstseins verwiesen. Man kann nicht sagen, dass wirklich zu sein als Implikation dem Gehalt des Gedankens zuzuschreiben ist, den ich von mir selbst unterhalte und in dem mein Wissen von mir fundiert ist. Wohl aber kann ich von mir nur so wissen, dass ich immer schon weiß, damit Wissen von einem Wirklichen zu haben. Und da jenes ‚von sich', das für solches Wissen konstitutiv ist, nur in Gedanken zu fassen ist, muss es sich um eine Wirklichkeit handeln, die nicht abgetrennt von Gedanken bestehen kann.

Dieses Wissen zu verstehen, und in einem damit den ersten Grund alles Wirklichen verstanden zu haben, ist nun der rote Faden in Fichtes Grundlegungsprogramm. Unter den Voraussetzungen, die hier charakterisiert worden sind, kann man Fichte so verstehen, dass er das Problem der Vergewisserung im Gedanken eines ersten Grundes mit der Frage zusammengebunden hat, wie eine solche Vergewisserung in einem Denken geschehen kann, das von sich weiß und das sich zunächst immer von jenem Grund unterscheidet. Die Möglichkeit, ein Denken, das in jenem Grund einsetzt, mit einer Verständigung zusammenzuführen, welche der Dynamik der Subjektivität nachgeht, ist auch in den Gesprächen dieses Bandes immer wieder als Grundproblem einer Philosophie gesehen worden, um die wir uns gemeinsam bemühen. Es ist dies auch das Problem, das die Faszination erklärt, die vom ontologischen Gottesbeweis ausgeht. Sieht man es so, dann ist auch Fichtes Philosophie als ganze eine Restitution des ontologischen Beweises in dem ganzen Unfang seiner Problematik und Begründungsart.

Schon die zweite Auflage des Buches von 1960 habe ich auch deshalb unverändert gelassen, weil ich mich nicht dazu imstande sah, diese neue Perspektive im selben Buch in einer Weise aufzunehmen, die sich als ebenso beständig wie die historischen Untersuchungen zur Rationaltheologie erweisen könnte. Es wird nicht schwer fallen, in dieser Perspektive auch noch den philosophischen Impuls zu identifizieren, der dem Gedankengang des öffentlichen Vortrages über *Selbstbewusstsein und Gottesgedanke* zugrunde liegt, der in den Beiträgen dieses Bandes aufgenommen und weitergeführt worden ist.

5.

In Konrad Cramers Beitrag sind nun noch immer einige Fragen zur Geschichte der Rationaltheologie offen geblieben. Ich sollte mich jetzt nicht näher auf sie einlassen und in einigen knappen Bemerkungen zum Schluss kommen. Wenn ich seinerzeit gesagt haben sollte, dass Wolff in seiner natürlichen Theologie einen ontologischen Gottesbeweis aus dem Gedanken des notwendigen Wesens vortragen oder auf ihn zumindest hinweisen will, so bedarf das der Korrektur. Wolff führt nur den kosmologischen Beweis aus der Existenz des Zufälligen und den ontologischen aus dem Begriff des vollkommensten Wesens. Das schließt aber nicht aus, dass in seiner Entwicklung des Gedankens vom notwendigen Wesen Materialien enthalten sind, die dazu hinreichen, zu einem solchen Beweis ausgearbeitet zu werden (in den §§ 31–34 des ersten Teils der *Theologis naturalis*). Wolff fand es notwendig, sich in der ‚demonstrativischen Art des Vortrags' auf jeweils einen einzigen Beweisgrund zu beschränken, und hat, nach Prüfung anderer ‚Beweisthümer', den Beweis aus der Zufälligkeit der Welt vorgezogen (so sagt er im ‚Anderen Theil' seiner *Vernünftigen Gedanken von Gott, der Welt und der Seele des Menschen*, 1740 (4. Auflage) § 343).

Es könnte von einem gewissen Interesse sein, in allen Texten der Rationaltheologie den Bezugnahmen auf die Beweisprogramme anderer und den Ansätzen zu möglichen Beweisführungen nachzugehen. Ein Beweis, in dem der Schluss auf das Dasein Gottes über den Gedanken seiner notwendigen Existenz geführt wird, musste sich zwar nicht schon für Wolff, wohl aber schließlich überall dort empfehlen, wo weiterer Widerstand gegen den Einwand Gassendis und anderer Kritiker, Existenz könne gar nicht als reales Prädikat verstanden werden, aussichtslos geworden war. Das gilt für Kants selbständige Schrift über den einzig möglichen Beweisgrund, aber auch für Mendelssohns Versuche, die Ontotheologie gegen ihre vielen Gegner zu retten. Wenn man unterstellt, dass der Gedanke notwendiger Existenz überhaupt einen verständlichen Gehalt hat, dann lässt sich in der Tat auch heute noch darüber diskutieren, ob diesem Gedanken, anders als dem von Existenz schlechthin, nicht doch der Status eines realen Prädikates zugestanden werden sollte.

Das schließt freilich wiederum nicht aus, dass dieser Beweis, im Unterschied zu dem aus dem All der Realitäten, in der Architektur der Vernunft, deren Aufdeckung und Nachkonstruktion sich Kant als Hauptverdienst zuschreiben konnte, keinen eigenständigen Ursprung hat. Auch deshalb konnte Kant in ihm einen der Ausfluchtversuche der Metaphysik aus Aporien und Verwirrungen sehen, in die sie so lange immer wieder hineingezogen werden musste, wie sie die Natur der Ideen nicht verstand, auf die sie doch gegründet ist.

Dagegen hatte diese Beweisform für die Begründer der neueren Rationaltheologie vielleicht den Vorzug, den Gottesbeweis nicht auf den Begriff Gottes als der Versammlung aller Vollkommenheit begründen zu müssen. Sie konnten als nicht nur mit Motiven aus der neuplatonischen Tradition, sondern auch mit dem Gotteslob der Kirche allzu eng verbunden scheinen. Descartes und Leibniz akzeptierten diesen Gottesbegriff zwar durchaus. Aber ein Beweis aus dem Gedanken eines notwendigen Daseins oder aus dem Durch-sich-selbst-Bestehen des ersten Grundes fügte sich doch besser in das Gesamtprofil eines Denkens, das zugleich die Begründung der modernen Physik und Mathematik zu seinem Ziel hatte.

Dietrich Korsch (Marburg)

Dieter Henrichs ontologischer Gottesgedanke, seine Kontexte und Konsequenzen

1.

Mit Dieter Henrich zu denken wird nie langweilig. Das hat nicht nur damit zu tun, dass die stets festgehaltene Herkunft des Denkens aus dem Leben als bewusstem Leben für Beweglichkeit sorgt. Es sind auch immer wieder neue Wendungen in der Explikation eines in seinem Grundbestand – nämlich in der Überzeugung, im Ausgang vom Selbstbewusstsein zu philosophieren – hoch systematischen Denkens, die herausfordern, zum Kommentar und zum selbständigen Weiterdenken. So hat Henrich die mit seinem Werk vertrauten Leser doch in gewisser Weise überrascht, als er in einem Vortrag aus dem Jahr 2007 eine neue Variante des ontologischen Gottesgedankens entfaltete; ein Gedanke, der, ohne ausgeführt zu werden, auch in seinem letzten Buch *Denken und Selbstsein* unverkennbar im Hintergrund steht.[1] Überraschend wird diese – wie mir scheint: neue – Wendung in Henrichs Denken denen sein, die sich an seinen starken Gedanken von der All-Einheit erinnern, dem jeder Anflug eines auch nur ansatzweise personalistisch vorzustellenden Gegenübers ausgetrieben worden war[2], oder die sich von der bei aller Verbundenheit miteinander doch kategorial gemeinten Differenz von „kommunalem" und „kontemplativem" Dank beeindruckt fühlten.[3] Denen freilich, die solche einheitstheoretischen Konsequenzen schon immer kritisch betrachteten, wird nun Henrichs neuer Schritt im Denken den Horizont wieder weiten, den sie dann doch zu rasch verstellt fanden.[4] Ob es die ausführliche Debatte mit Ernst Tugendhat über Egozentrizität und Mystik gewesen ist, die Henrich zu dieser – wie ich finde: konsequenten – Fortsetzung seines Denkens genötigt hat?[5] Das will mir jedenfalls möglich scheinen.

---

[1] D. Henrich, *Denken und Selbstsein. Vorlesungen über Subjektivität*, Frankfurt am Main 2007.
[2] Exemplarisch: Ders., Dunkelheit und Vergewisserung, in: Ders., *All-Einheit. Wege eines Gedankens in Ost und West*, Stuttgart 1985, 33–52.
[3] Ders., Gedanken zur Dankbarkeit, in: Ders., *Bewußtes Leben. Untersuchungen zum Verhältnis von Subjektivität und Metaphysik*, Stuttgart 1999, 152–193, hier 190–193.
[4] J. Dierken, „Bewußtes Leben" und Freiheit, in: D. Korsch/J. Dierken (Hg.), *Subjektivität im Kontext. Erkundungen im Gespräch mit Dieter Henrich*, Tübingen 2004, 109–125, hier 120–125.
[5] D. Henrich, Mystik ohne Subjektivität?, in: *Deutsche Zeitschrift für Philosophie* 54 (2006), 169–188.

2.

Wen der ontologische Gottesgedanke einmal gepackt hat, den lässt er nicht wieder los. Das zeigt sich nun auch in Dieter Henrichs Denken. Ich erinnere mich noch gut an meine erste Henrich-Lektüre: *Der ontologische Gottesbeweis* von 1960, das Buch, das an einem Ausschnitt der neuzeitlichen Philosophiegeschichte die systematische Grundthese entfaltete, dass sich in diesem Argument der Kern der modernen Philosophie vorstellig macht. Es zeigte uns schon damals etwas von der Faszination dieses Gedankens. Insofern kommt mir der Rekurs auf jenes erste große Buch und sein Thema, nun sehr viel weniger im Medium der Geschichte vorgetragen, völlig schlüssig vor.

Doch sei Henrichs neues Argument zunächst einmal knapp umrissen. Seine Argumentation nimmt ihren Ausgang bei einem kritischen Kommentar zu Descartes, bei dem er zwischen dem überzeugenden Impuls, Selbstbewusstsein und Gottesgedanke möglichst dicht miteinander zu verknüpfen, und einer unzureichenden Ausführung unterscheidet. Dabei ist der Mangel der Ausführung dem Umstand geschuldet, dass Descartes die für die Selbstgewissheit des Sich-Denkens unerlässliche Gewissheit Gottes mit Mitteln eines quasi mathematischen Beweisverfahrens hatte sichern wollen. Dieser Einspruch gegen Descartes ist nun von hohem Rang, denn er entdeckt einen gewissermaßen kosmologischen Rest in dessen Fassung des ontologischen Arguments. Der besteht darin, dass die Gottesgewissheit gewonnen werden soll im Blick auf das – unbedingt nötige – Weltverhältnis des Selbstbewusstseins, so wenig diese Gewissheit, wie im kosmologischen Beweisgang, selbst die Welt als Gegenüber voraussetzt. Damit wird aber auch klar, dass Kants Kritik, so sehr sie ihrerseits schief formuliert sein mag, einen richtigen Sachverhalt trifft, nämlich eine sozusagen sekundäre Abzweckung des ontologischen Beweises.[6]

---

[6] Um Kants Argumentation noch einmal kurz zu erinnern (*Kritik der reinen Vernunft*, B 612–670): Als erstes gilt der sog. empiristische Einwand gegen das ontologische Argument, dass nämlich Existenz kein Prädikat sei. Damit ist der Gedanke Gottes als ens perfectissimum widerlegt. Von dieser Kritik ausgenommen ist der Gedanke des ens necessarium, der sich aus dem Denken selbst ergibt und der keine Prätention auf eine Positionalität gegenüber dem Denken erhebt. Allerdings, so meint Kant, lässt sich ein Begriff vom ens necessarium doch nur bilden, indem auf das ens perfectissimum zurückgegriffen wird – dieser Begriff ist aber schon diskreditiert. Mit der letzten Wendung der Argumentation aber hat Kant auch selbst den Gedanken des ens necessarium wieder – sekundär – an die Erklärungsabsicht der gegenständlichen Welt zurückgebunden. Das gilt, in einem nunmehr noch stärker vermittelten Verhältnis, auch noch für Kants eigenen Gottesgedanken. Denn auch der ist darum nötig, damit die autonome Moralität im Blick auf ihren Erfolg in Bezug auf die Welt als grundsätzlich nicht vergeblich dargetan werden kann. Damit aber zieht auch in den sog. „moralischen" Gottesgedanken Kants eine subtil vermittelte Weltabhängigkeit hinein. Es kommt alles darauf an, in einem neuen ontologischen Gottesgedanken, wie ihn Henrich ansetzt, auch diese letzte Spur von Weltver-

Im Unterschied zu dieser – bei Descartes formulierten, durch Kant kritisierten – Variante des ontologischen Gedankens bringt Henrich eine neue Figur ins Spiel: Es muss sich der Gottesgedanke allein durch den gründenden Rückbezug auf die Subjektivität des Selbstbewusstseins ergeben. Damit das geschehen kann, ist einmal – und das ist ja ein bekannter Grundgedanke Henrichs – die Unvollendbarkeit des Selbstbewusstseins aus sich selbst zu begreifen.[7] Es ist nun, im zweiten Schritt, eben das Bewusstsein dieses Sich-Nicht-Gemacht-Habens, das das Selbstbewusstsein unausweichlich in die Frage nach seinem Grund bringt. Denn um es selbst als nicht aus sich selbst seiend zu begreifen, muss eben der Grund, durch den es ist, was es ist, mitgedacht werden. Dabei ist es klar, dass dieser Grund unter zwei Bestimmungen zu denken aufgegeben ist: Einmal kann auf ihn nicht nach dem Muster begründenden Denkens nur zurückgeschlossen werden wie auf eine kausale Ursache (was eine Veränderung seiner Begriffsform zur Folge hat); sodann muss der Grund so gedacht werden, dass er gerade das bewusste Eigensein des Selbstbewusstseins ihm erklärlich macht. Erst in einem dritten Schritt, dann aber auch unausweichlich, ist der Bezug dieses Grundes des Selbstbewusstseins auf die Welt zu denken, innerhalb derer ja jedes Selbstbewusstsein sich vollzieht (dieser Gedanke wird – wie mir scheint: mit hoher Stringenz – in *Denken und Selbstsein* ausformuliert).

Für diesen ganzen Gedankengang ist nun hervorzuheben, dass er stets in der Verbindung mit einem sich über sich selbst verständigenden bewussten Leben gehalten werden muss. Gibt es dieses Interesse an sich selbst nicht oder verliert der Gedankengang diesen Konnex, dann ist auch seine Verbindlichkeit dahin. Das heißt aber: Er muss selbst eine für das Leben aufklärende Funktion einnehmen; diese Aufklärungsfunktion ist, so wenig der Gedanke selbst funktionalistischem Interesse entsprungen ist, doch die Probe auf seine Haltbarkeit. Zugleich kann aus dem Versprechen der Aufklärung über sich selbst auch die Motivation gestärkt werden, sich diesem Gedanken zuzuwenden.

Diesen Gedanken Dieter Henrichs möchte ich nun zuerst mit wenigen Strichen in die Problemgeschichte des ontologischen Gottesbeweises einzeichnen; im Blick auf diese entfaltet er nämlich selbst eine klärende Wirkung. Mir jedenfalls hat er geholfen, manches schärfer zu sehen.

---

mitteltheit hinter sich zu lassen – freilich ohne den Weltbezug des aus dem Selbstbewusstsein hervorgehenden Gottesgedankens aufzuheben.

[7] Auch dieser Gedanke kommt übrigens bei Descartes schon zur Sprache, wenn er gerade vom Zweifel, dem Ort der Gewissheitsereignung des Denkens, als Indiz der eigenen Unvollkommenheit spricht: R. Descartes, *Meditationes de prima philosophia* III, 30.

3.

Der erste Blick fällt auf Anselm von Canterbury. Unabhängig voneinander, aber in gemeinsamer Sinnrichtung haben Joachim Ringleben und ich darauf hingewiesen, dass die berühmt-berüchtigte anselmische Formel *aliquid quo maius cogitari nequit* in einem Doppelsinn auszulegen ist.[8] Das Wort *maius* kann sich adjektivisch auf *aliquid* oder aber adverbial auf *cogitari* beziehen. Der Unterschied ist nicht an Anselm herangetragen, sondern geht, recht besehen, aus seinem Text selbst hervor. Denn in *Proslogion* II ist es darum zu tun, dass etwas nur Gedachtes „weniger" ist als etwas Gedachtes, das zugleich existiert. Es liegt auf der Hand, dass der Modus dieses „mehr" oder „weniger" noch unbestimmt bleibt; in der Regel wurde diese Unbestimmtheit durch die Anzahl der möglichen Prädikate ausgelegt; insofern läuft dieses Argument auf das *ens perfectissimum* hinaus. Doch damit ist Anselms Pointe noch gar nicht erreicht. Sie wird erst in *Proslogion* III vollendet. Denn nun geht es nicht mehr um „etwas", das „mehr" oder „weniger" ist, sondern um die Weise des Denkens. Dasjenige, dessen Nicht-Existenz gedacht werden kann, ist danach „weniger" als dasjenige, dessen Nicht-Existenz nicht gedacht werden kann, also notwendigerweise gedacht werden muss. Ersichtlicherweise geht es bei dieser Fortbestimmung des Arguments gar nicht um „etwas", sondern um die Kompetenz des Denkens. Es ist das Denken selbst, das sich in dem Gedanken der Unmöglichkeit der Nicht-Existenz des von ihm Gedachten vollendet. Darum ist die Suche nach „irgendeinem" Korrelat dieses Gedankens sinnlos – seine Wahrheit wohnt im Denken selbst als sachhaltigem Denken. Damit ist aber auch klar, dass all das, was nun über diesen Grenzgedanken des Denkens selbst, anhand dessen es sich seiner Seinskompetenz versichert, zu sagen wäre, unter spezifischen Bedingungen steht, die unmöglich empirische, auch nicht logisch-zwangsförmige Gedanken sind. Anselm selbst hat – das wird in der Regel bei der Interpretation des *Proslogion* übersehen[9] – in dem nachfolgenden, ja weitaus längeren Text dieses Buches Strukturen beschrieben, in denen dieser Gedanke zu denken wäre. Dass allen Formationen dieses Gedankens ein Charakter des „Zukommens" eignet, legt sich für Anselm, nahezu selbstverständlich, in einem (offenbarungs-)theologischen Kontext

---

[8] D. Korsch, Intellectus fidei. Ontologischer Gottesbeweis und theologische Methode in Karl Barths Anselmbuch, in: D. Korsch/H. Ruddies (Hg.), *Wahrheit und Versöhnung. Theologische und philosophische Beiträge zur Gotteslehre*, Gütersloh 1989, 125–146; J. Ringleben, *Erfahrung Gottes im Denken. Zu einer neuen Lesart des Anselmschen Argumentes Proslogion 2–4*, Göttingen 2000.

[9] D. Korsch, Meditationes de prima theologia. Gottes Sein und Wesen nach dem „Proslogion" des Anselm von Canterbury, in: T. Mohrs/A. Roser/D. Salehi (Hg.), *Wiederkehr des Idealismus? Festschrift für Wilhelm Lütterfelds zum 60. Geburtstag*, Frankfurt am Main 2003, 237–258.

aus.[10] Davon muss philosophisch festgehalten werden, was auch Dieter Henrich unterstreicht, dass es bei dieser Art von Gedanken um eine, wie er sagt, „revisionäre" Begriffsform handelt. Kurzum: Ich würde nicht zögern, Henrichs Vorschlag der spezifischen Rückführung des ontologischen Gottesbeweises auf das Selbstbewusstsein bereits auf den Anfang der „ontologischen" Argumentation zurückzuführen und an die zweite Beweisvariante Anselms anzuschließen. Ja man könnte sagen, dass Henrichs Präzisierungsvorschlag eben für eine solche belehrte Anselm-Lektüre eine systematische Perspektive eröffnet.

Ähnliches lässt sich nun auch, zum Teil gegen Henrichs in dem Vortrag naturgemäß knappe Referenz, zu Descartes sagen. Auch bei Descartes finden wir ja zwei Varianten des ontologischen Gottesbeweises, in *Meditationes de prima philosophia* III und *Meditationes de prima philosophia* V. Den ersten dieser Beweisgänge hat man sich angewöhnt den „ideentheoretischen" zu nennen. Er lässt sich m.E. schärfer fassen, wenn man das entscheidende Gelenk, um den der Gedankengang sich dreht, genauer betrachtet. Das zweifelnde Denken ist seiner selbst gewiss, weil es sich in dem Doppelakt von Setzen und Negieren bewegt, der den Zweifel ausmacht. Nun steht zur Debatte, ob dieses Zweifeln, in dem das Bewusstsein seiner selbst innewird, ein singuläres Setzen enthält – oder ob die anderen Vorstellungen, die sich ja auch im Denken finden, ihrerseits Anspruch auf Sachhaltigkeit erheben können. Das können sie genau und nur dann, wenn es eine Idee gibt, in der ihr Gesetztsein so unbezweifelbar ist wie das subjektive Setzen selbst. Das aber ist der Gedanke, der die Gesamtheit des Gesetzten umgreift, nämlich Gott, von dem her dann sogar mein eigenes im Zweifel bewährtes Setzen herkommt. Es liegt auf der Hand, dass dieser Gottesgedanke nun so an die Selbstgewissheit aus dem Zweifel anschließt, dass er primär als Rechtfertigung der Welthaltigkeit des Denkens zu stehen kommt – und einbegriffen in diese dann auch die Selbstgewissheit rechtfertigt. Insofern fällt dieser Gedankengang zu Recht unter Henrichs Verdikt mangelnder Differenzierung von Selbst- und Weltbezug des ontologischen Arguments.

Anders dagegen steht es mit dem zweiten Typus, der in *Meditationes de prima philosophia* V vorgetragen wird. Denn da handelt es sich nicht um den Zugang zur Welt, sondern um die Kompetenz des Denkens aus sich selbst. Gottes Sein ist ein notwendiger Gedanke, und Henrich hat im Gottesbeweis-Buch zu Recht unterstrichen, dass „notwenige Existenz" nicht einfach ein Fall von (empiristisch zu verstehender) „Existenz überhaupt" darstellt. Jetzt lässt sich auch besser verstehen, warum. Denn die hier apostrophierte Notwendigkeit resultiert aus der Fähigkeit des Denkens zur Selbstbeziehung (die ihrerseits schon implizite Voraussetzung des Spiels von Setzen und Negieren in der Zweifelsfigur ist). Descartes' Beispiel von der Beziehung von Berg und Tal oder von der Winkelsumme im Dreieck

---

[10] Karl Barth ist ihm darin – völlig zu recht! – gefolgt.

weisen deutlich auf eben diesen Sachverhalt hin. Allerdings, und das unterbleibt bei Descartes dann durchaus, ist die Fortführung dieses besonderen Gedankens noch nicht ausgearbeitet, weil das sekundär kosmologische Interesse doch aus dem Gesamtduktus wieder durchschlägt (das zeigt sich übrigens schon an der Überschrift von Meditatio V: „Über das Wesen der materiellen Dinge und nochmals über das Dasein Gottes"). Insofern ist es dem durchaus wissenschaftstheoretisch akzentuierten Gedankengang (möglicherweise auch der Zeitlage!) geschuldet, dass die hier schon aufblitzende Eigenart dieser Figur des ontologischen Gottesbeweises auch in der nachfolgenden Problemgeschichte unterbelichtet blieb.

4.

Soviel zu den Kontexten und warum ich Henrichs Unterscheidung für weitreichend halte, auch im Rückblick auf die genannten Figurationen. Interessanter sind natürlich die Konsequenzen, zumal es sich bei dem mir bis jetzt bekannten Stand der Ausarbeitung des Henrichschen Gedankens mehr noch um eine Skizze handelt. Es stellen sich zwei Fragen, die Henrich selbst auch schon ausgezeichnet und anfänglich erörtert hat. Die erste Frage ist die nach dem Verhältnis zwischen der Freiheit des Selbstbewusstseins und seinem Grund; dieses Verhältnis muss so beschaffen sein, dass der Hervorgang der Freiheit aus dem Grund gedacht werden kann. Die andere Frage ist die nach der Beziehung dieses in der Freiheit gründenden Selbstbewusstseins zur Welt; ihr folgend ist dann auch das Verhältnis des Grundes des Selbstbewusstseins zur Welt mitzudenken.

Nun legt es sich zunächst nahe, die auf Henrichs Spuren weitergehende Argumentation von der Hegels abzugrenzen. Denn bei Hegel finden wir auf klassische Weise eine Verschränkung der beiden Perspektiven vor, der Freiheits- und der Welt-Perspektive, um einmal abgekürzt zu reden. Hegels Vermittlungs-Gedanke, der stets durch den Gegensatz hindurch läuft, vollzieht im Grundsatz seit der *Phänomenologie des Geistes* dieselbe Bewegung, nämlich den Gegensatz, in dem sich alles, was ist, befangen findet, auf seine in ihm selbst schon in Anspruch genommenen Voraussetzungen zu befragen, bei denen eine neue Stufe des Gegensatzes auftaucht – und so fort. Der entscheidende Übergang ist dann der vom Selbstbewusstsein zum Geist (oder vom endlichen zum absoluten Geist). Denn mit ihm wird das ganze Verfahren des Sachverhaltes inne, dass es stets schon von einer Grundbewegung Gebrauch macht, deren Inbegriff eben der absolute Geist ist. Sodass man sagen könnte: Die über die Weltbegegnung aufgebaute Bewegung kommt auf ihren prinzipiellen Sinn gerade und erst dann, wenn die Unabhängigkeit des Geistes aufgegangen ist (die ihren Bezug zum anderen natürlich einschließt und bei sich trägt).

Dieter Henrichs ontologischer Gottesgedanke, seine Kontexte und Konsequenzen

Wie eigenartig dann doch auch hier eine Verfugung von Subjektivitätstheorie und Theorie des Absoluten gestaltet ist (und wie durchaus deutungsbedürftig die Grundsachverhalte dieser beeindruckenden Theorie sind), mag ein kleines Aperçu aus der Religionsphilosophie zeigen. Es bleibt nämlich eigentümlich unentschieden, welche Erscheinungsform von erscheinender Differenz für Gott die ursprüngliche ist, die „Welt" oder der „Sohn". In der Religionsphilosophie kann es den Anschein haben, als sei die versöhnende Gestalt des Sohnes am Ende nur die Konsequenz und der Austrag der Differenz, die in der Gott-Welt-Differenz grundgelegt ist. Das kann hier nicht diskutiert werden – festgehalten werden muss aber, dass sich Henrichs Gedankengang von dem Hegelschen Vorbild wird unterscheiden müssen. Die Frage ist nur: Wie?

Halten wir noch einmal fest: Die Hauptaufgabe muss darin bestehen, den Grund des Selbstbewusstseins als Grund der Freiheit zu denken – und von diesem Verhältnis das Weltverhältnis des Selbstbewusstseins genau zu unterscheiden. Das bedingt die Notwendigkeit eines distinkten Unterschiedes zu Hegel. Nun besteht die große Leistung der Philosophie Hegels darin, für das Hervorgehen von Freiheit aus dem Absoluten den Gedanken der überwundenen bzw. aufgehobenen Differenz als maßgeblich anzusehen; ein Gedanke, der sich im Medium der Vorstellung als Versöhnung ausspricht. Diese gedankliche Strategie hat den Vorzug, den gewissermaßen alltäglichen Gegensatz von Endlichem und Absolutem, von Mensch und Gott, nicht nur als Ausgangspunkt zu nehmen, sondern seine Aufhebung zum Geschehen selbst zu rechnen. Das gelingt, indem das Gegenüber nach personalistischen Kategorien im Modell der Anerkennung vorgestellt wird; eine Anerkennung, die nicht schon einfach da ist, sondern die sich im und als Prozess von Abstoßung und Überwindung der Feindschaft erst konstituiert.

Damit steht sie, was ihre Konkretion angeht, in einem deutlichen Unterschied etwa zur Philosophie des späten Fichte, in der der Umgang mit den Differenzen ein eher reduktiver ist. Fichtes Schema der Fünffachheit versammelt ja die verschieden möglichen Differenzbeschreibungen gerade so um die Idee des Lichtes als Metapher des Absoluten, dass der Durchblick auf das immer schon uns erhellende Licht möglich wird, ja tatsächlich geschieht – dass dann aber auch die erscheinenden Differenzen als solche nicht mehr kritisiert werden können, so dass sich ein innerster Idealismus der Spekulation mit einem harten Positivismus der Empirie verbindet.

In dieser Alternative gedacht, wird sich Henrichs ontologischer Gottesgedanke eher auf den Hegelschen Spuren weiterbewegen müssen. Gegenüber Hegel wäre dann aber darauf zu bestehen, dass die gedanklich-symbolische Bearbeitung des Freiheitsthemas spezifisch in einem Medium der Deutung sich bewegen muss, das nicht – auch nicht sekundär – für Zwecke der Weltdeutung, des Weltumgangs und der Weltbeherrschung verwendet werden kann. Das bedingt – darin dann die Einsicht in die Einzelnheit des Selbstseins grundbegrifflich aufnehmend – die Unterscheidung einer solchen Sphäre der Selbstvergewisserung der Freiheit von allen möglichen Betätigungsformen der Freiheit in der und gegenüber der Welt. Oder, anders gesagt: Die Selbstvergewisserung der Freiheit benötigt ein eigenes kulturelles Feld. Von dem wird gesagt werden müssen, dass es sich auch nicht erst durch Abgrenzung zur Welt des Handelns konstituieren darf, sozusagen sekundär funktionalistisch. Vielmehr wird ihm der Anspruch des Ursprünglichen anhaften müssen. Diese Überlegung könnte darauf hinweisen, dass die Religion als Kulturphänomen, das sich – aufgrund seines Grundes allein – aus sich selbst versteht, durchaus als ein solcher Ort aufzufassen wäre. Und dass der Unterschied zur Philosophie, was die Bedeutung für das Selbstbewusstsein der Freiheit angeht, sich nicht in einer vermeintlichen Alternative von vorstellungsmäßiger Abhängigkeit oder begrifflicher Autonomie entscheiden lässt. Das gilt gerade dann, wenn auch für die Philosophie in diesen Fragen der Selbstaufklärung ein steter Rückbezug auf das unmittelbare Interesse des Selbstseins an sich vorauszusetzen ist – und wenn sich die philosophischen Antworten nach einer eigenen (wohl auch noch auszuarbeitenden) Logik des („revisionären") Begriffs bewegen. Selbstaufklärung des Selbstbewusstseins in Philosophie und Religion, und zwar vermittels eines anerkennungstheoretischen Modells von Versöhnung als akuter Differenzaufhebung: das wäre also mein erster Vorschlag zur konkretisierenden Fortsetzung des Henrichschen ontologischen Gottesgedankens.

Der andere Vorschlag bezieht sich auf die Koordination mit dem Weltverhältnis. In *Denken und Selbstsein* hat sich Henrich darum bemüht, eine Zuordnung zwischen der Ursprungsdimension der Freiheit und der Positioniertheit des Selbstbewusstseins in der Welt durch Rekurs auf sein früheres Konzept der „All-Einheit" vorzunehmen. Das scheint mir noch nicht völlig befriedigend gelungen zu sein – und zwar nicht nur im Blick auf die Besonderung der spezifischen Freiheits-Reflexion, sondern auch im Blick auf den All-Einheits-Gedanken. Ich wähle, um meinen leicht abweichenden Weg zu skizzieren, den Ausgang noch einmal bei der – auch kulturell zu besondernden – Dimension der Freiheits-Begründung.

Mein Plädoyer war darauf hinausgelaufen, dieses Grund-Verhältnis des Selbstbewusstseins anerkennungstheoretisch zu gestalten. Dafür sprechen mindestens zwei Gründe. Der erste ist die Einsicht in die Notwendigkeit einer Überschreitung bloß unmittelbaren Innewerdens der eigenen Freiheit. Wenn sie aber, durch Vorstellungen und Gedanken, hindurchgeführt werden muss (gerade um ihrer Unbedingtheit gewahr zu werden), dann kommt das Moment eines aufzuhebenden Unterschiedes ins Spiel – und dafür legt sich das Anerkennungsmodell nahe, weil es den Prozess der Auseinandersetzung mit sich führt. Der zweite Grund besteht in der Notwendigkeit subjektiver Deutungsbereitschaft. Die Freiheitsdeutung kann so wenig erzwungen werden wie der Vollzug der Freiheit selbst.

Folgt man diesen Überlegungen, dann tut sich aber eine neue Frage auf. Denn ist der Prozess der Deutung der Freiheit ein unerlässliches Moment in der Wirklichkeit der Freiheit, so kann doch deren Aufbau nicht erst und allein durch das deutende Tätigsein erfolgen. Denn dann hätten wir die absurde Forderung, durch eine Tat der Freiheit die Voraussetzung der Freiheit zu schaffen. Wenn das nun der tatsächlichen Wirklichkeit der Freiheit widerspricht, dann muss ihr voraus ein Grund angenommen werden, der sich schon als verschwiegen tragfähig verstehen lässt, so sehr seine tatsächliche Tragfähigkeit erst in der Deutung der Freiheit zu Bewusstsein kommt. Anders gesagt: Der in der Freiheits-Deutung zu Bewusstsein kommende Grund der Freiheit trägt noch ein anderes Gesicht, nämlich schon für diesen Prozess des Sich-Ergreifens und Sich-Deutens den Boden bereitzustellen. Was noch nicht als Freiheit bewusst ist, bewegt sich schon in einem Medium, das der Freiheit günstig ist. Wenn aber der Grund der Freiheit noch nicht als solcher bewusst ist und gedeutet wurde, dann ist seine Präsenz von dem eigenleiblichen Gegebensein in der Welt noch gar nicht hinreichend unterschieden. Allerdings gibt es einen Indikator dieses Verhältnisses: Das Gefühl als leiblich induziertes Bewusstsein (konzentriert im Gefühl des Schmerzes einerseits, der Freude andererseits) in der Gestalt unmittelbaren Selbstbewusstseins (Schleiermacher). Aus diesem Gefühl heraus (also aus einer schon unmittelbar vorliegenden Verknüpftheit von Bewusstsein und Leib in der Welt) wird präzisiert bzw. kommt zum Bewusstsein, was es gründend schon immer am Werk war.

Diese Figur lässt sich in Termini der religiösen Vorstellung noch schlichter (freilich auch missverständlicher und darum nur im soeben angegebenen Sinn auszulegen!) so formulieren: In der Versöhnung gelangt die Realität der Freiheit als ursprüngliche Gottesbeziehung zur Durchführung. Keineswegs aber ist die Versöhnung erst die Realisierung der Gottesbeziehung überhaupt – als käme sie erst in der Geschichte zustande bzw. als hätte es sie irgendwann einmal nicht gegeben. Dieses – für uns – Zuvorkommen Gottes spricht sich in dem Gedanken der Schöpfung aus, demzufolge wir als bewusste Wesen von leiblicher Verfassung in der Welt da sind. Die Wahrheit der Schöpfung aber kommt erst in der Versöhnung zu Bewusstsein; und das schließt aus, dass es sich bei der Versöhnung nur um eine Bearbeitung von Folgeproblemen der Schöpfung handelt. Versöhnung ist also nicht „Einweisung in ursprüngliche Schöpfungsverhältnisse" (dagegen spricht die Unterscheidung von Selbstbewusstsein der Freiheit und Weltverhältnis bewussten Lebens), sondern Schöpfung ist ein Terminus der noch bestimmungsbedürftigen Gegebenheit des eigenen Lebens, das seine vollständige Bestimmung in der akuten und aktuellen Gottesbeziehung realisiert. Dass diese Figur der Beziehung von Schöpfung und Versöhnung auch Implikationen für gegenwärtige theologische Debatten besitzt, sei nur angemerkt.

Entscheidend für unseren Zusammenhang ist aber, was sich philosophisch daraus ergibt. Nämlich Folgendes: Ich würde davon ausgehen, dass unserem Selbstbewusstsein der Freiheit eine Dimension eingeschrieben ist, die es uns erlaubt, als Wesen in der Welt auf uns zurückzukommen und diesen Selbstbezug als die ursprüngliche und endgültige Bestimmung unserer selbst zu verstehen. Damit würde die phänomenale Beschreibung unserer selbst als Weltwesen festgehalten, aber als noch keineswegs hinreichend bestimmt ausgezeichnet. Aus dieser Welt-Positioniertheit heraus erwächst kein hinreichend belastbares Freiheitsbewusstsein. Aber dieser Gedanke könnte eben doch erklären, warum dem impliziten Aufruf zur Selbstbestimmung der Freiheit nicht immer Folge geleistet wird (ohne diejenigen zu diskreditieren, die sich diesem Deutungsvollzug versperren). Er könnte auch deutlich machen, dass die Positioniertheit in der Welt, so sehr sie nur vom Selbstbewusstsein aus zu begreifen ist, doch opake Stellen aufweist, die sich einer völligen Aufklärung widersetzen. Und er könnte unterstreichen, dass die Leiblichkeit unseres Weltverhältnisses der Spielraum unserer Freiheit ist, der uns schon immer gegeben ist. Ob und inwiefern es dann noch den Gedanken der „All-Einheit" oder des Universums braucht (bzw. ob und inwiefern dieser mit einem pointiert subjektivitätstheoretisch zu denkenden Gottesbegriff koexistiert), ist eine andere Frage, die nun nicht mehr bedacht sein kann.

Dieter Henrich zu Dietrich Korsch

Die Genesis von Grundgedanken

Dietrich Korschs Text bringt trotz seiner Kürze meine Versuche und Korschs eigenen Grundriss einer philosophischen Theologie umfassend in den Blick. Was ich entwickelt habe, verbindet er mit diesem Grundriss so, dass er Schwachstellen und Defizite bei mir identifizieren kann. Zu deren Wegarbeitung gibt er Anregungen – im Bewusstsein dessen, dass wir derselben Sache und Aufgabe zugewendet sind. Sie sind von Bemerkungen zu den historischen Kontexten von zentralen Argumentationen begleitet, an denen wir uns gleichermaßen orientiert haben. Seine besondere Aufmerksamkeit findet dabei mein Turiner Vortragstext. Er ist für ihn auch deshalb von Interesse, weil in ihm der Gedanke von All-Einheit keine erschließende Bedeutung mehr zu haben scheint. Korsch möchte diesen Gedanken aus dem, was uns verbindet, nämlich der Engführung von Selbstbeziehung und Gottesverhältnis, ausgeschieden wissen.

Würde ich alle Fäden, die in seine Bemerkungen und Anregungen eingewoben sind, gründlich aufnehmen, so würde dies eine viel zu lange Replik ergeben. So muss ich es also, so wie er selbst, bei Skizzen von Argumentationen bewenden lassen. Doch sollen im Zusammenhang mit ihnen einige neue Perspektiven an die Erörterungen zu anderen Texten dieses Bandes angeschlossen werden.

1.

Nach meinem Buch über den ontologischen Gottesbeweis, das vor bald fünfzig Jahren erschien, habe ich die Literatur zu diesem meinen Thema nur noch beiläufig verfolgt, zumeist nur die philosophische und die in englischer Sprache. So sind mir die Publikationen entgangen, welche sich an Anselm von Canterburys Text und an dessen Interpretation durch Karl Barth angeschlossen haben. Darum bin ich von Korschs Hinweisen auf seine und auf Joachim Ringlebens Interpretationen überrascht worden. Dass nach Anselm der Gedanke von Gott nicht nur als der Gedanke eines größten Gehalts, der sich überhaupt denken lässt, sondern zugleich als der ‚größte' uns mögliche Gedanke und ‚Größe' dabei dann in einem veränderten Sinn verstanden werden muss, erschien mir sogleich als einleuchtend und als wichtig im Zusammenhang mit der Motivation, die auch schon im Hintergrund meines Buches von 1960 wirksam gewesen war und die in dem Turiner Vortrag zur Sprache kam. Nur weil sein Status als Gedanke zu allen anderen Gedanken inkommensurabel ist, kann über die Undenkbarkeit von Gottes Nichtexistenz ein Aufschluss gewonnen werden, der dann auch für alle anderen Gedanken von grundlegender Bedeutung ist. Diese Auslegung Anselms eröffnet zudem einen schlüssigen Ausweg aus der Zwangslage, sein Argument entweder in dem Sinne lesen zu müssen, gegen den Gaunilos Einwurf wirksam wird, oder es auch in seinem Begründungsverlauf von einem vorgängigen Glauben, der sich selbst zu verstehen sucht, abhängig machen zu müssen. Doch in welcher Weise reicht das Denken im Gedanken von Gott über sich selbst hinaus – und zwar so, dass es zugleich zu einem Begriff von sich als Denken und in der Folge von Denken überhaupt gelangt?

Die Probleme, die mit der Begründungsart von Descartes aufgeworfen werden, lassen sich gleichfalls auf diese Frage beziehen. Wie kann Descartes der Idee von Gott eine Sonderstellung derart zusprechen, dass sie dem ‚hyperbolischen', dem unnatürlichen, aber doch notwendigen Zweifel entkommt, den die Hypothese eines höchst mächtigen, aber bösen Geistes nach sich zieht? Diese Begründungsleistung des Gottesgedankens setzt voraus, dass die Idee Gottes in ihrer Klarheit und Deutlichkeit allen anderen Ideen überlegen ist, und zwar so sehr, dass sie der Evidenz im Cogito des Wissens von sich insoweit als gleichrangig gelten kann, als die Gewissheit von Gottes Dasein für den, der den Gedanken Gottes gründlich erwogen hat, vom Gedanken an die Möglichkeit, in seinem Denken unter dem Einfluss eines mächtigen Betrüger-Geistes zu stehen, nicht erschüttert zu werden vermag. Die Descartes-Interpreten sind noch immer uneinig darüber, ob Descartes dies wirklich so sieht und ob er dafür dann auch einen hinreichenden Rechtsgrund aufzubieten vermag. Einige sind der Meinung, die Bezugnahme auf den Gottesgedanken könne nur ein Zwischenstadium in dem Prozess der Begründung dafür ausmachen, dass allen klar und deutlich gefassten Gedanken gleichermaßen eine unanfechtbare Wahrheit zugesprochen werden muss. Verhielte es sich so, dann müsste die Kraft der Wahrheitsregel schließlich doch für sich allein die hyperbolische Skepsis niederkämpfen und so letztlich auch den Gottesbeweis allererst schlüssig werden lassen. Dieser Disput darüber, wie Descartes einen Zirkel im Begründungsgang vermeiden kann, begann bereits mit den Einwürfen zu den Meditationen und den Erwiderungen Descartes auf sie. Bereits aus ihnen lässt sich entnehmen, dass Descartes kein formal schlüssiges Argument besitzt, mit dem er seinen Skeptiker weiter als nur aus dem punktuellen Residuum des Cogito vertreiben kann. Aber wir können doch daran festhalten, dass Descartes die Gottesgewissheit in einer Weise an die Selbstgewissheit anschloss, die es unumgänglich macht, auch zwischen der Vergewisserungsart im Cogito und dem Wissen von Gottes Wirklichkeit eine so nahe Beziehung und Verwandtschaft zu sehen, dass beide in dieser Verwandtschaft gegenüber allen anderen Weisen des Wissens als privilegiert erscheinen.

Wie aber ist nun – um auf Anselm und seine neueren Interpreten zurückzukommen – die besondere ‚Größe' des Gedankens von Gott zu verstehen, so dass sich über ihn der Realitätsbezug und zugleich die Selbstbeziehung alles Denkens auf einleuchtende Weise ergeben? Ringleben, den ich nun gelesen habe, argumentiert bei der Antwort auf diese Frage mit Bezugnahme auf den Wahrheitsbezug des Denkens. Er soll dahin führen, es als notwendig einzusehen, dass das Denken in dem von ihm Gedachten grundsätzlich über die Klammer hinausreicht, die alles Gedachte unter den Vorbehalt stellt, es sei nur als das von einem Denker Gedachte zu verstehen und könne so allenfalls als wahr gerade und nur für ihn gelten. Im Gedanken von Gott ist dann diese grundsätzliche Transzendenz alles Denkens, sein Herausgreifen über sich selbst, exemplarisch bezeugt. Daran schließt sich sogleich und notwendig der nunmehr eigentlich theologische Gedanke an, in dem das Denken sich selbst versteht als gegründet in Gottes Wirklichkeit, welche der Grund und Garant der Möglichkeit von Wahrheit in Beziehung auf alles Seiende ist. Das wiederum schließt auch ein, dass der Bezug auf Wahrheit als konstitutiv für Gottes Wesen zu denken ist. Korschs Text, der dem von Ringleben vorausging, ist nicht auf diese Begründungsart festgelegt. Aber man kann doch Ansätze zu einigen ihrer Schritte auch bei ihm finden.

In der Tat werden so die Selbstbeziehung im Denken und der Gedanke von Gottes Dasein in einer Weise zusammengeführt, die dazu hilft, nicht nur Anselms Denkweise, sondern auch eine in Descartes wirksame Intention zu explizieren Mein Vortrag über *Selbstbewusstsein und Gottesgedanke* hatte gleichfalls zum Ziel, eine innere Verbindung dieser beiden Gedanken aufzuweisen, die ganz verschieden verfasst sind und die zunächst sogar in einem direkten Gegensatz zueinander zu stehen scheinen. Eine solche Begründungsart hat für Korsch zugleich den Vorzug, einer Vermittlung über die Welt und einer Verbindung mit dem Einheitsprinzip in der Gestalt von All-Einheit ganz unbedürftig zu sein.

Ich sollte nun darlegen, was mich davon abhält, mich diesem Vorschlag geradewegs anzuschließen. Dabei werde ich von dem Verhältnis des Gottesgedankens zur Wahrheitsfähigkeit des Denkens ausgehen und mich ein wenig eingehender auf die Möglichkeit und die Grenzen einer wahrheitstheoretischen Fundierung der Theologie einlassen. Daraus wird sich schließlich auch ergeben, was mich dazu veranlasst, das ontologische Prinzip der All-Einheit in den gesamten Gang der Begründungen einbezogen zu halten.

Descartes hat Gott als Quelle der ewigen Wahrheiten und als Garant der für uns erkennbaren Wahrheiten verstanden. Die Tradition, für die Augustinus die wichtigste Vermittlungsgestalt ist, hat Gott, insofern der Logos ‚bei ihm' ist, darüber hinaus als den Ort angesehen, an dem die eine, alles einbegreifende Wahrheit ihre erste und eigentliche Wirklichkeit hat. Denn – so argumentiert Augustinus – die platonisch verstandenen Ideen sind nichts ohne ein Subjekt, das von ihnen weiß. Unwandelbare und ewige Formen müssen aber in einem unwandelbaren Subjekt allbegreifenden Verstehens ihre erste Wirklichkeit haben. Diese Begründung, die Platons Lehre von den reinen, unwandelbaren Formen als Gedankeninhalten durch die Einführung eines ewigen Subjektes vervollständigen will, lässt sich durch einen anderen Begründungsgang ersetzen, der Aristoteles näher und der dann auch einer modernen Fassung zugänglich ist. Er hat Wahrheit ohne die platonische Prämisse zum Ausgangspunkt und verbindet sie mit der Subjektivität auf andere Weise, und zwar in etwa so: Der Bezug auf Wahrheit ist für alles Denken zentral, und zwar auch deshalb, weil die Bedeutung von Ausdrücken in Beziehung auf die Wahrheitsbedingungen von Sätzen zu erklären ist. Wahrheit selbst lässt sich nicht als Konvention oder aus der faktischen oder tendenziellen Übereinstimmung von Urteilenden verstehen. Sie enthält ein realistisches Bedeutungselement, demzufolge sehr vieles wahr sein kann, was von keinem Denker je in Erwägung gezogen wird. Das Subjekt als der Denker ist nun auf eben solche Wahrheit bezogen. Zudem muss es sich, und zwar insofern es auf Wahrheit bezogen ist, als aus einem Grund ermöglicht verstehen. Dieser Grund muss als adäquat zu seinem Wissen von sich, das im übrigen selbst in irgend einem Sinne notwendig wahr ist, ebenso wie zu seinem Wahrheitsbezug insgesamt betrachtet werden. So liegt es also nahe, in diesem Grund auch den Realitätsgehalt von jeglicher Wahrheit gegründet zu sehen. Das kann nicht nur meinen, dass sich alles das, was in wahren Aussagen als wirklich aufgefasst ist, in seiner Wirklichkeit von diesem Grund her versteht. Vielmehr muss in ihm auch und vor allem der Bezug von Wirklichem auf die Wahrheit über das Wirkliche gegründet sein. Dieser Bezug ist in sich einig und er umgreift alles überhaupt mögliche Wahre. Da sich nicht verstehen lässt, wie er die Wirkung von etwas anderem zu sein vermöchte, kann man weiter folgern, dass der einige Grund der Beziehung alles Seienden auf Wahrheit mit dem Wesen eines einzigen grundlosen Grundes von jeglichem identisch sei. Dieser Grund und Ort aller möglichen Wahrheit ist also, was wir als den einigen und geistigen Gott denken. Im Bezug auf ihn lässt sich die evidente Aussage, dass alles Seiende in wahren Aussagen zu verstehen ist, in der alten Formel zusammenfassen, dass die Reden von Seiendem und von Wahrem äquivalent und wechselseitig aufeinander zurückzuführen sind.

Mit wenigen Zügen hat sich so der Umriss einer wahrheitstheoretischen Begründung der Beziehung auf Gott ergeben. Jeder dieser Züge müsste näher betrachtet werden – auch auf Sprünge in der Argumentation hin. Ich meine auch gar nicht, dass diese Begründungsskizze Korschs Intentionen gerecht werden kann. Das wird umso weniger der Fall sein, als wir in der Gestalt der Wissenschaftslehren Fichtes aus den Jahren nach 1800 ein weit subtileres Unternehmen kennen, das die invariante Verfassung der Gewissheit in allem Wissen und den Gedanken vom Absoluten in eine Beziehung zueinander bringt, die dann dem Resultat, auf das diese Skizze zielt, sehr nahekommt. Es genügt aber, von der Begründungsfolge dieser Skizze auszugehen, um deutlich werden zu lassen, was die Vorteile eines solchen

Modells sind und was dennoch dagegen spricht, sich diesem Modell als Vorlage anzuvertrauen.

Aristoteles galt es für das höchste Glück, im Vollzug reinen Erkennens zu leben. Was den Menschen zu solcher Erkenntnis befähigt, ist das einzige Unsterbliche in ihm. In der theologischen Nachfolgegestalt wird dies Glück zur Seligkeit in der Teilnahme an Gottes allgründendem Wahrheitsbezug. In die Anschauung dieses Gottes sollen wir einst versetzt werden, oder wir können uns sogar als dessen Teil oder in ihm als unserem Grund kraft einer mystischen Erleuchtung jetzt schon erfahren. Solche Versprechen lösen ein starkes Echo in der Tiefe des Menschenlebens und ihrer Sehnsucht nach Fülle und Verewigung des Lebens aus. Für den, der von Gottes Wirklichkeit ausgeht, wird es ohnedies außer Frage stehen, dass der Grund, aus dem sein bewusstes Leben hervorgeht, auf Gott in einer ganz anderen Weise bezogen ist als über dem Umweg irgend eines Mediums oder einer Wirkungskette. Im Gedanken der Identität des Wahrheitsbezugs im Menschen mit der Wahrheit, die Gott selber ist, wird eine Beziehung zwischen Mensch und Gott gedacht, die gänzlich unmittelbar ist. Um sie zu begründen, könnte es sich insofern auch als unnötig erweisen, den Weg über den Gedanken von einem Grund im Bewusstsein zu nehmen.

Doch alle diese Vorzüge schwinden, wenn man sich darüber klar geworden ist, dass jede solche Konzeption voraussetzt, die Einzelheit der Subjekte des Wahrheitsbezugs könne in irgend einer Weise aufgehoben werden. Auch Fichte gelangte zu der späteren Fassung seiner Wissenschaftslehre über seinen frühen Ausgang von einer Analyse des Gedankens ‚ich', der alle Subjekte im Vollzug dieses Gedankens zu ein und demselben absoluten Subjekt werden lässt. Nun ist es zwar dem vereinzelten Subjekt möglich, und ihm wesentlich, nicht nur zu dem Gedanken ‚Ich', sondern auch über seine Egozentrizität hinaus zu gelangen, und dies vermittels eben dieser seiner Fähigkeit, sich als sich selbst zu denken. Dieser Überstieg ist eine Voraussetzung sowohl für den Wahrheitsbezug wie für die Einsicht in einen Bewandtniszusammenhang des bewussten Lebens. Aber auch in diesen Einsichten bleibt doch der Selbstbezug, und zwar als konstitutiv, erhalten, der als solcher der eines Einzelnen ist.

Dass es sich so verhält, kann auch mit Bezug auf Wahrheit selbst einleuchtend gemacht werden. Denn die Verfassung des Wahrheitsbezuges ist komplexer, als die Konzeptionen es zulassen, welche den menschlichen mit dem göttlichen Wahrheitsbezug letztlich geradezu identifizieren. Das ist auch der Grund dafür, dass zwischen Theorien der Wahrheit dauerhaft Streit herrschen kann und wirklich herrscht. Wahrheit meint nicht nur, dass alle Sachverhalte in wahren Sätzen zum Ausdruck kommen können. Sie schließt auch ein epistemisches Moment ein, dass nämlich Wirkliches zur Erscheinung für Subjekte wird, und weiterhin ein auf Diskursnormen bezogenes Moment, demzufolge Wahrheit auf die beste mögliche Begründung für Sätze bezogen ist. Über diese beiden Momente ist Wahrheit aber offenkundig an endliche Subjektivität rückgebunden, so dass sie sich nur über erhebliche Umwege und Subtraktionen in einen Gottesbegriff transformieren lassen. Die Frage, wie die drei Momente einander zuzuordnen sind, wie sie dabei gewichtet werden müssen und von woher sich ihr Zusammenhang erschließt, lässt die Theorie der Wahrheit, wie gesagt, zu einem von Kontroversen besetzten Gebiet werden. Man kann dafür optieren, von der Pluralität der Momente einfach nur auszugehen – so wie auch die Selbstbeziehung im Wissen nicht auf einfachere Elemente, aus denen sie sich aufbaut, zurückgeführt werden kann. Die Momente, die in dem, was Wahrheit ausmacht, zusammengefügt sind, unterscheiden sich allerdings von der in sich komplexen Subjektivität dadurch, dass sich nur im Falle der Subjektivität jeder Versuch, die Fügung in einer Analyse zu hintergehen, unmittelbar in Zirkel und Paradoxien verstrickt.

Wenn an der Einzelheit des Subjektes in jedem angemessenen Gedanken von Subjektivität festzuhalten ist, lässt sich kein Begründungsweg absehen, der von der Verfassung des Subjektes in dieser seiner Einzelheit zu einer Einsicht in das Wesen eines Absoluten führt, und zwar weder über die Selbigkeit des Wahrheitsbezugs im Endlichen und im Absoluten noch auch über eine unabweisbare Interpretation des Grundes der Subjektivität, der als solcher kein Inhalt eines unmittelbaren oder eines objektivierenden Wissens werden kann. Daraus lässt sich die Vermutung herleiten, dass die Begründung für den Gottesgedanken und sein Verhältnis zur Subjektivität nicht auf diesem direkten Wege, sondern in einer Vermittlung über den Weltbezug der Subjektivität in die Selbstverständigung des Subjektes Eingang findet. So kann es sich unangesehen dessen verhalten, dass sich das Subjekt, indem es sich seines Grundes innewird, dann auch in einer Einheit mit dem erfährt, was sein bewusstes Leben gründet. Diese Gründung ist doch von der Genese der Gedanken, in denen diese Einheit zum Bewusstsein kommt, und mehr noch von einem philosophischen Begründungsgang zu unterscheiden.

Die Gründung selbst lässt sich in ihrem Vollzug nicht so vergegenwärtigen, wie sich das Wissen vom Insein des endlichen Vernunftlebens im Absoluten nach jener Erklärung aus der nicht aufspaltbaren Einheit des Wahrheitsbezugs vollziehen soll. Dies Wissen ist an eine Repräsentation der Beziehung des Gründens in Gedanken angewiesen, die in Begriffen artikuliert sind und die eine eigenständige Genese haben. Sie sind deshalb von einem Wissen rein nur im Vollzug zu unterscheiden, das nach Fichtes Wortgebrauch ein ‚Intelligieren' ist.

Ist man bis dahin gelangt, dann können die Gründe zur Geltung kommen, die dafür sprechen, das Bewusstsein des endlichen Subjekts von seinem Bezogensein auf ein Absolutes nicht allein aus dem Selbstbewusstsein und seiner Dependenz von einem Grund herzuleiten. Um dieses Bewusstsein sich klar artikulieren zu lassen, müssen in ihm Gedanken gefasst werden, die nur in einer Vermittlung über die Weltbeziehung der Subjekte haben zur Ausbildung kommen können. Das gilt gleichermaßen für den Gedanken von Gott und den Gedanken von einem Absoluten, in dem Absolutes und Einzelnes nach dem formalen Prinzip von All-Einheit zusammengedacht sind. Sie können kein klares Profil gewinnen, wenn man davon ausgehen will, dass sie gefasst werden, ohne dass die Weltbeziehung des Subjektes dabei ins Spiel kommt. In meinen frühen Arbeiten zu Fichte habe ich das nicht deutlich genug gesehen und erklärt. In späteren Arbeiten ist diese Ansicht dann wirksam geworden. Daran hatte die genauere Rezeption Hegels und eine Umdeutung seiner Logik den wohl wichtigsten Anteil – eine Rekonstruktion, durch die allerdings eben diese Logik wiederum auch in die Nähe von Fichtes spekulativer Theologie geführt wird.

2.

In Anbetracht dessen, dass es sich hier um ein Problem erster Größenordnung handelt, wäre es zu wünschen, es selbst und alle Lösungsmöglichkeiten ausgiebig zu explizieren und zu erwägen. Ich denke, dass nur eine ziemlich komplexe Lösung wirklich überzeugen kann. In dem Turiner Vortrag mag wohl der Anschein entstehen, der Ursprung der Rede von Gott und einem Absoluten sei etwa ganz und gar in die Weltbeziehung der Subjekte gesetzt worden. Das mag sich durch den Anschluss des Vortrags an Descartes' Denken erklären, entspricht aber nicht dem Beziehungsgefüge, das auch der Vortrag auf seine Weise in den Blick zu bringen versucht. Auch schon in der Beziehung des Wissens von sich auf einen Grund muss eine Basis dafür gegeben sein, dass dieser Grund sei es mit dem Gedanken von Gott sei es mit dem Bewusstsein, einem Absoluten zugehörig zu sein, in eine Beziehung gebracht wird. Denn die Subjekte wissen diesseits ihrer Weltbeziehung nicht nur von einem ihnen unverfügbaren Grund, sondern auch davon, dass sie endliche und also einzelne Subjekte sind. Damit ist der Gedanke von ihrem Grund offen dafür, dass sich der Gedanke von einem nicht selbst auch wiederum Endlichen an ihn anschließt, und weiter dafür, dass sie sich als Endliche von dem, was sie gründet, im Vollzug des ihnen eigenen Lebens nicht nur als bewirkt, sondern als getragen erfahren. Diese Erfahrung wird denkend vollzogen. Das Denken, das sich in ihr vollzieht, gewinnt allerdings für sich allein nicht den Gehalt von voll ausgebildeten und erwogenen Gedanken. Aber es kann in Gedanken von Gott und von einem Absoluten einen Anhalt und eine Erfüllung finden.

Gedanken vom Absoluten können nicht allein daraus entwickelt werden, dass das bewusste Leben von einem Grund weiß, der allem vorausliegt, was es selbst bewirken kann. Auch die Erfahrung, dass zwischen dem, was es gründet, und ihm selbst eine andere Verbindung als die von Abhängigkeit und eine größere Nähe als die einer bloßen Verwandtschaft herrscht, reicht nicht dazu hin, den Gedanken eines Absoluten und von dessen Einheit mit den Einzelnen zu fassen und hinreichende Bestimmtheit in ihn zu bringen. Diese Gedanken müssen einen Ursprung im Denken als solchem haben. Hegel nahm an, dass dies Denken in reinen Formen fundiert ist, die sich aus sich selbst heraus in einen Prozess der Fortbestimmung versetzen, der zu einem Abschluss im vollständig artikulierten Begriff des Absoluten führt. Kann man ihm darin nicht folgen, dann muss man darauf zurückkommen, dass sich die Genese aller Gedanken von einem Höchsten von den Gedanken von dem Endlichem her versteht, kraft deren die Subjekte im Ganzen ihrer Welt bestimmte Einzelne voneinander unterscheiden.

Dies schließt nicht aus, dass aus der zweifachen Beziehung des Subjektes auf seinen Grund und auf das Ganze seiner Welt eine Dynamik und auch eine Architektur seines Denkens hervorgehen, in denen die Gedanken von Grund und Welt durchgängig aufeinander bezogen und so miteinander verbunden sind, dass sie sich wechselseitig stützen. So wie die Beziehung auf den Grund im Bewusstsein eine Stabilität in dem Einheitsgedanken eines Absoluten zur Folge haben kann, so wird die Aufgabe, den Grund im Bewusstsein angemessener zu denken, umgekehrt die theoretischen Motive stärken, die es ohnehin nahe legen, eine Alternative zur Ontologie der natürlichen Weltform auszubilden. Dass die Begriffsform der All-Einheit aus einem revidierenden Gegenzug zur Verfassung der natürlichen Welt hervorgeht, muss deshalb auch nicht heißen, dass diese Welt die ausschließliche oder auch nur die vorzügliche Dimension der Anwendung dieser Begriffsform zu sein hat. Ihr Gebrauch kann die größte Evidenz auch dann gewinnen, wenn er den Grund im Bewusstsein, die Daseinsweise von Subjekten in der Welt und die Arten ihres Mitseins betrifft.

Es gibt noch ein weiteres Argument, der einsehen lässt, warum der Versuch, unmittelbar vom Bewusstsein des Grundes in der eigenen Endlichkeit zu einem Wissen vom Absoluten überzugehen, nicht gelingt und warum er sogar in eine unerwünschte und beengende Bahn hineinzieht. Würde nämlich der Gedanke an den Grund im Bewusstsein zu der einsichtigen Folgerung nötigen, dass dieser Grund an den Gottesgedanken gebunden ist, dann würde der Gedanke vom Grund, der selbst nur eine notwendige Voraussetzung ist, zum Ausgangspunkt einer theoriefähigen Erkenntnis werden, welche das Verhältnis zwischen Gott und Subjektivität betrifft. Aber der entzogene Grund könnte doch auch eine Verfassung haben, die, würde man sie erkennen können, ein Dementi aller Tendenzen zur Selbstdeutung des bewussten Lebens nach sich zöge. Der Gedanke vom Grund schließt eine naturalistische Deutung solcher Art nicht aus und kann folglich auch nicht einem Gott zugewandten Leben eine Grundlage in einer letztlich ganz unabweisbaren Erkenntnis verschaffen. Jede Selbstvergewisserung dieses Lebens muss dem unverstellten Blick in die Möglichkeit von Selbstaufhebung und Selbstverlust abgewonnen werden. Sie kann sich nicht

Die Genesis von Grundgedanken

irgend einer Schlussfolgerung verdanken, wenn sie auch schwer zu gewinnen und festzuhalten wäre, so dass man immer noch erklären könnte, warum es Menschen möglich bleibt, eine solche Erkenntnis zu verfehlen oder ihr beharrlich auszuweichen.

All das sind Voraussetzungen dafür, die Beziehung zwischen philosophischen Einsichten und den Erfahrungen des bewussten Lebens einander angemessen zuzuordnen. Der Lebensgang führt den Menschen immer wieder in Perspektiven auf eine Selbstinterpretation, die im Gegensatz zueinander stehen. Jede dieser Perspektiven hat eine Tendenz dazu, sich in der Gestalt einer philosophischen Lebenslehre zu befestigen. Aber keine könnte für sich allein dahin kommen. Es muss also möglich sein, über die Ansätze dieser Perspektiven in einer philosophischen Grundlehre Rechenschaft zu geben. Diese Grundlehre kann zwar selbst nicht ein Produkt der Dynamik des bewussten Lebens sein; sie muss nur ihrerseits diese Dynamik durchsichtig machen. Eine Entscheidung zwischen diesen Alternativen kann sie nicht erzwingen. Sie kann eine Entscheidung nur begünstigen – und zwar dann, wenn aus ihr hervorgeht, dass eine Entscheidung, der zunächst vieles entgegenzustehen scheint, konsistent vollzogen werden kann und dass, wohin sie das Leben führt, im Ganzen des Grundrisses, in dem alle Perspektiven einander zugeordnet wurden, einen hohen Grad von Kohärenz und Integrationskraft besitzt. Was auf diese Weise begünstigt wird, muss aber als Schlussfolgerung im Selbstverhältnis des bewussten Lebens selber vollzogen werden und allen seinen Erfahrungen standhalten. Sie geht darum nicht hervor aus theoretischer Durchsicht allein, sondern nur als Summe aus dem eigenen Lebensgang und somit als Bestimmung des eigenen Wesens, in der sich dies Leben zu versammeln vermag. Dies geschieht jedoch selbst in Gedanken, wenngleich in solchen, die in einer Weise, die der Aufklärung bedarf, in Gestimmtheiten eingebettet sind, die Emotionen auslösen und aus denen sich Verhaltensarten herausbilden. Und das alles geschieht wiederum durchgängig in einem mit dem Vollzug derjenigen Gedanken, in denen das Leben auf einen Grund und auf das Ganze seiner Welt hin orientiert ist. Diese Verhältnisse machen den Wechselbezug von Rationalität und bewusst vollzogenem Leben aus – man mag sagen: einer vielgliedrigen Einheit von theoretischer und praktischer Vernunft, in der doch keine der beiden einer Reduktion auf die andere unterworfen werden kann.

Dies sind auch die Voraussetzungen meiner Versuche in der Theorie der Kunst gewesen. Hätte man im bewussten Leben nicht einen Prozess zu sehen, in dem dies Leben gegenläufigen Perspektiven ausgesetzt ist, aus dem heraus es aber auch zu der ihm gemäßen Selbstverständigung gelangen muss, dann ließen sich große Kunst und moderne Philosophie nicht über die für sie charakteristischen Zentralgedanken in ein Verhältnis zueinander bringen – und zwar so, dass keine der anderen nachgeordnet werden kann und jeder eine nur ihr eigene Aufgabe im ganzen der Selbstverständigung des Menschen zugeordnet ist.

Für den Theologen, aber auch für jeden Menschen, der zu einer Lebensdeutung in Beziehung auf den Grund und das Ganze gefunden hat, wird eine weitere Überlegung Bedeutung haben: Zu Gott oder zum Absoluten der Philosophen muss man in einem Aufstieg gelangen. Ist er vollzogen, muss man aber sein Ziel, das Letzte also, wohin der Aufstieg geführt hat, nunmehr als Grund und Ausgang von allem begriffen werden. Das schließt ein, dass es notwendig wird, die gesamte Dimension, in der die Einsätze zu den Bewegungen im Aufstieg gelegen sind, nicht einfach nur als Fakten stehen zu lassen, so als ob sie das zufällige Glück der Möglichkeit zum Aufstieg mit sich gebracht haben. Vielmehr muss, nunmehr vom Abschluss her, die Sphäre des Ausgangs als eine vom dem, was zuvor Endresultat des Aufstiegs war, notwendig gesetzte Bedingung, nicht als nur zufällig verfügbare Grundlage des Aufstiegs verstanden werden. Das, wohin man im Aufstieg gelangte, muss nun selbst als das gedacht werden, aus dem auch der Weg zu ihm Halt und Form gewonnen hat.

Diese Umwendung zieht viele gewichtige Folgerungen nach sich: Denn nun wird es möglich, die endliche Subjektivität zugleich als ein konstitutives Moment auch im Absoluten selbst zu denken. So wird man die Formen, die im Ausgang von dieser Subjektivität zum Absoluten überleiteten, als dessen eigenes Implikat verstehen und damit auch den Gang des Lebens zur Vergewisserung als Gang innerhalb seiner. Aber auch dann, wenn der Aufstieg in Gott als dem unendlich Anderen zu allem Endlichen seinen Abschluss fände, muss das Denken, das im Ausgang vom Endlichen zu Gott gelangt, einen solchen Umwendungspunkt markieren und entfalten. Denn das ist die Voraussetzung dafür, dass ihm nicht die Diagnose gestellt werden muss, auf eine Variante des Konstruktivismus hinauszulaufen. Ihm zufolge könnte der Gedanke von Gott nichts anderes sein als eine Projektion, ein Ideal, ein Horizont von Sinn oder was immer dergleichen. Auf die Begründungskraft einer Konzeption gerade an dieser Stelle zu achten, wird für jeden Theologen von besonderem Interesse sein.

Der Verdacht, jeder Gedanke, dessen Bezug nicht über Wahrnehmungen und Experimente zu sichern ist, könne doch gar nichts anderes sein als ein konstruktiver Entwurf, lässt sich immer leicht mobilisieren. Verstärken lässt er sich noch, wenn man sich deutlich macht, dass alle Gedanken von einem Absoluten und insbesondere die, die von ihm selbst ausgehen wollen, einzig in einer Begriffsform gefasst und entwickelt werden können. In keiner Intuition, sondern nur mit seinen begrifflichen Ressourcen kann das endliche Subjekt den Aufstieg zu einem Ersten und Ganzen vollziehen. Daran ändert auch die Umwendung in der Begründungsordnung nichts, die nach vollendetem Aufstieg zu erfolgen hat. Denn auch sie ist eben eine Umwendung in demselben Denken, kein Übergang in ein anderes Medium des Verstehens. Auch aus diesen Grunde fand Hegel die Annahme unumgehbar, dass das Absolute an ihm selbst sein Dasein einzig in Begriffsform habe. Die endliche Subjektivität aber sei, samt der Tiefenverfassung ihrer

Gedanken, in der gleichen Weise in diese Form eingelassen wie dies nach Fichte und Meister Eckart für das Einbegriffensein des endlichen Urteilens in das göttliche Wahrheitsgeschehen gilt. Was gegen Eckarts Lehre spricht, ist schon dargelegt worden, und an die Einwendungen gegen die Hegelische Weise, Wahrheit mit Begriffsform und diese mit dem Absoluten selbst zu identifizieren, muss hier nur noch erinnert werden. Hält man sich aber auf der Seite dieser Einreden, so bleibt man damit dabei, dass das Absolute, und auch Gott, uns nicht nach einer nur ihnen eigenen Wirklichkeit erschlossen sein können.

So muss also schließlich doch immer gesagt werden, dass es *nur* Gedanken sind, über die der Mensch zu ihnen gelangt. Diese einschränkende Kraft dieses ‚nur' wird freilich durch die Implikation begrenzt, dass diese Gedanken einem Höchsten und Ersten eben doch angemessen sind. Ein reales Verhältnis zwischen dem Absoluten und dem Endlichen kann sich dennoch nicht *allein* in solchen Gedanken vollziehen. Die Vergewisserung der Wirklichkeit Gottes muss auf anderen Gründen ruhen. Auf der anderen Seite kann sich das, was dies Verhältnis zu einem realen macht, auch nicht separat von solchen Gedanken vollziehen. Diese Überlegung macht deutlich, warum die Beziehung zum Absoluten als fundiert im endlichen Selbstbewusstsein verstanden werden muss. Denn dies Selbstbewusstsein ist seinerseits ein Vollzug in Gedanken und durch Gedanken modifizierbar. Gedanken vom Grund und vom Ganzen greifen in es ein und können in ihm eine Verwandlung seiner Vollzugsart bewirken – einer Vollzugsart, die von seiner Selbstbeschreibung dependiert und diese umgekehrt bewahrheitet. Darum ist die Evidenz und Bewahrheitung, die Gedanken vom Absoluten zuwächst, immer von Prozessen der Wandlung und Bewährung im Selbstbewusstsein abhängig. Diesen Zusammenhang deutlich werden zu lassen und zu explizieren, ist eine der Aufgaben einer Theorie der Subjektivität, die für die Theologie Bedeutung haben. Zu ihr gibt es bisher nur wenige, tastend erschlossene Ansätze – obwohl sich die großen Konzeptionen der nachkantischen Philosophie allesamt in ihrem Gravitationsbereich entfaltet haben.

So sind etwa Erinnerung des Lebens (man mag sagen: Andacht) und Dankbarkeit nicht Akte, die sich als nachgeordnete Folgerung aus einer Gottesbeziehung verstehen lassen, die zuvor separatim in Begriffsform gefasst und als reine Erkenntnis gewonnen worden ist. Sie sind begleitende Akte und zugleich Evidenzen dieser Erkenntnis selber. Noch offenkundiger gilt dies für das Bewusstsein des Eingeschlossenseins des Endlichen in einem Absoluten. Dies Bewusstsein geht aus einer Selbstdistanzierung hervor, in der sich die natürliche Selbstzentrierung auflöst, zugleich aber der eigene Vollzug des bewussten Lebens, der nicht abgebrochen werden kann, erfahren wird als über seinen Grund einbezogen in ein Geschehen, in dem alles Wirkliche einbegriffen und getragen ist. Jede Gotteslehre wird zu explizieren versuchen, ob und wie diese Erfahrung mit dem Gottesgedanken zusammenzuführen ist.

3.

Die Überlegungen sind damit wieder bei Dietrich Korschs Bedenken dagegen angekommen, dass die Tradition des Denkens, das den Grundgedanken von All-Einheit aufnahm, in meinen Versuchen einen gewichtigen Platz hat. Ich kann die Vorbehalte verstehen, welche dieser Ausdruck auf sich zieht, der doch in so vielen makeshift-Philosophien und Religionen eine prominente Rolle spielt. Für mich ist diese All-Einheit zu allererst eine Programmformel für den Gewinn einer alternativen Begriffsform; und in der Tradition, die sich in vielerlei Weise unter diese Formel gestellt hat, ist der Inbegriff aller bedeutenden Versuche zu deren Realisierung zu sehen. Hegel hat sie zu der bisher am weitesten entwickelten Begriffsform für das Denken eines Absoluten werden lassen. Sein Beispiel zeigt auch, dass dieser Grundgedanke zwar den Chorismos, also die letztgültige Trennung zwischen Absolutem und Endlichem aufhebt, dass er aber, was leicht geschehen kann, nicht mit einer Apotheose des Endlichen assoziiert werden sollte. Er erlaubt vielmehr eine Entwicklung und Differenzierung, die es möglich macht, die Eigenständigkeit von endlichem Einzelnem zu umgreifen, und hat dies auch den Neuplatonikern bereits nahegelegt.

Insbesondere ist All-Einheit dann, wie eben gesagt, die Programmformel für eine Verständigung über die Verschränkung von Gedanken des Ganzen mit einem Selbstbild und einer Verwandlung des bewussten Lebens unter diesem Selbstbild. Vor allem aber kann sie in sich die besondere Weise der Begründung integrieren, über die das Bewusstsein in ihm selbst durch seinen Grund bestimmt wird. Dem allen gegenüber sollte der Frage, ob unter dem Prinzip All-Einheit etwa auch eine Philosophie der Natur entworfen werden kann, nur ein Gewicht zweiter Ordnung zugemessen werden. Ich meine auch nicht, dass es notwendig ist, dies Prinzip in Geltung zu setzen, damit es möglich wird, das Universum in einer Weise denken zu können, durch die es, so wie für Schleiermacher, zum Bezugsbereich einer religiösen Einstellung und Erfahrung wird. Es ist auch möglich, unter diesem Prinzip allein die sozialen Verhältnisse zu beschreiben, innerhalb deren bewusstes Leben aufkommen und zu sich selbst kommen kann. In der Genese des Gottesgedanken kann zwar der Weg über die Beziehung der Subjekte auf ihre Welt nicht umgangen werden. Aber dennoch kann sich das Bewusstsein von der Wirklichkeit, insbesondere aber von der Gegenwart Gottes als des Absoluten im Endlichen einzig im Selbstbewusstsein und in der Selbstdeutung der Subjekte konkretisieren. Bleibt es dabei, so zeigt sich wieder, daß die Nähe des Prinzips All-Einheit zu Hegel durch eine andere Nähe zu Fichtes Orientierung an der Subjektivität modifiziert und auch eingeschränkt ist.

Korsch geht in seinen Bemerkungen vom Anfang des Turiner Vortragstextes über die Konkurrenz zwischen Freiheitsbewusstsein und Gottesgedanken aus und schließt zwei Fragen daran an. In deren Erläuterung ist zugleich eine Korsch eigene Konzeption vom Grund der Freiheit und der Verankerung von deren Selbstdeutung im Weltverhältnis des Menschen mit skizziert – in der Gestalt eines Vorschlags, die von mir vorgetragenen Gedanken weiter in Richtung auf kulturelle und kreatürliche Voraussetzung der Selbstaneignung der Freiheit zu entfalten. Korsch placiert seine Konzeption in einer Nähe zu Hegel, versteht seine Vorschläge aber zugleich als Erweiterungen von uns gemeinsamen Grundlegungsgedanken, die sich auch von Hegels Konzeption abheben. Die Unterscheidung von Hegel wird dadurch gewonnen, dass die beiden Voraussetzungen für eine Entfaltung des Freiheitsbewusstseins, die Korsch beachtet sehen möchte, nicht in Hegels Stil zu einer einzigen Weltdeutung zusammengebunden werden. So soll sich die Genese des Freiheitsbewusstseins über eine Folge der Entwicklungen von Differenzen und deren Aufhebung vollziehen, wofür der Grundriss in Hegels Analyse von Anerkennungsverhältnissen zu finden sei. Die Bereitschaft zur Selbstdeutung der Freiheit soll dagegen in einer Vorgeschichte des Selbstseins aufkommen, über die dem Subjekt eine Positionierung in der Welt zuwächst, welche allem expliziten Selbstbezug vorausgeht.

Im Rahmen dieser Bemerkungen ist es offenbar unmöglich, auf einen so weit ausgreifenden Entwurf ausführlicher einzugehen. Ich beschränke mich also auch meinerseits auf wenige Bemerkungen, die wiederum skizzenhaft bleiben.

Bereits um die Umstände zu erklären, unter denen Selbstbewusstsein aufkommt und sich stabilisiert, und um das abzuwägen, was man als endogene und was als soziale Genese anzusehen ist, muss man sich auch auf den Boden der Kulturtheorie begeben. Das ist noch mehr der Fall, wenn die Genese des Freiheitsbewusstseins in Frage steht. ‚Freiheit' ist nämlich ein Wort, dass seinen Bezug in noch viel komplexeren Zusammenhängen als Selbstbewusstsein hat. Es hat darum viele Bedeutungen, die immer unterschieden bleiben müssen. Hält man sich aber in einer Nähe zu Hegel, dann sollte Freiheit nicht zentral über Anerkennung verstanden werden. Frei ist man nach Hegel dann, wenn man sich in einer Wirklichkeit findet, die ihrer Form nach dem vernünftigen Willen korrespondiert. Der Wille der Subjekte ist frei, insofern er sich auf diese seine Wirklichkeit hin orientiert, sie als seinen Zweck denkt und ihn tätig erhält oder hervorbringt, Für die Genese des Bewusstseins einer solcher Freiheit sind eigenständiges Wirken und vor allem Lebensverhältnisse mindestens ebenso bedeutsam wie der Prozess der Anerkennung der Selbständigkeit des Selbstbewusstsein der handelnden Subjekte. Damit wird eine Antwort auf Korschs erste Frage noch schwieriger als seine Skizze ohnedies erwarten lässt.

Was seine zweite Frage angeht, so habe ich zuvor schon bemerkt, dass ich wohl meine, der Gedanke von einer All-Einheit sei als solche im Ausgang von der Welt entwickelt. Wird dieser Gedanke dann aber in die Theorie der Freiheit eingebracht, und zwar in dieser von der Welt her gewonnen Begriffsform, aber nicht notwendig auch als im Gehalt vermittelt über die

Welt oder gar vermittels der Begriffsform immer in die Welt integriert. In der Begriffsform wird das Einzelne, welches Subjekt ist, in der Freiheit seiner Selbstbestimmung als Verwirklichung des Absoluten angesehen – dies aber ganz unabhängig von der Frage, in welcher Weise die Welt als Ganze etwa gemäß dem Prinzip All-Einheit erschlossen werden kann.

Die Verständigung *über* Freiheit im Rahmen dieser Begriffsform ist zugleich die Explikation einer *Selbst*verständigung der Freiheit. Ich erkenne die Aufgabe einer Antwort auf die zweite Frage Korschs als ein gewichtiges Problem an – die Frage danach nämlich, welches überhaupt die Voraussetzungen für die Fähigkeit des bewussten Lebens zur Selbstdeutung sind, die in seiner Genese und in deren Kontexten erfüllt sein müssen, und welche Impulse zu einer solchen Selbstdeutung aus anderen Quellen als denen des Selbstbewusstseins der Freiheit hervorgehen. Hier muss ich es offen lassen, wie Voraussetzungen solcher Art zu dem Grund im Bewusstsein ins Verhältnis zu setzen sind, von dem die Subjekte als solche wissen, ohne ihn damit schon bestimmt zu haben. Ich sehe diesen Zusammenhang zunächst einmal als einen endogenen an – somit als einen solchen, der sich spontan mit dem Aufkommen eines ausgereiften Selbstbewusstseins ausbildet. Das schließt aber gar nicht aus, dass dessen Entfaltung durch naturhafte und kulturelle Bedingungen begünstigt werden kann oder auch begünstigt werden muss. Ob und wie der Gottesgedanke, von dem her sich Selbstbewusstsein über sich verständigen kann, auf ein und derselben Ebene zu eben diesen Bedingungen ins Verhältnis gesetzt werden sollte, möchte ich als theologische Perspektive auf sich beruhen lassen, als die sie Korsch selbst auch eingeführt hat. Ich verstehe Korsch aber so, dass von ‚Schöpfung' in diesem Zusammenhang als eine Deutung dessen die Rede sein sollte, was sich für sich selbst ausweisen lässt, – also als eine Zugangsweise zu einer Verständigung über die Erfahrung von Geschöpflichkeit und nicht als Bestärkung eines theologischen Symbols, das für sich selbst schon in Geltung ist, durch einen besonderen Anwendungsfall.

Jörg Dierken (Hamburg)

Selbstbezug und Alterität
Subjektivität zwischen Individualität und Intersubjektivität und der Gottesgedanke – im Gespräch mit Dieter Henrich

1. Zum Einheitssinn von Selbstbewusstsein

Kein Gedanke ist ohne das Subjekt dieses Gedankens. Was auch immer gedacht wird, wird von einem Bewusstsein gedacht. Dies gilt ebenso für flüchtige Imaginationen wie für subtile Argumentationsgebäude. Mentale Gehalte – gleich, ob es sich um emotive Stimmungen, um voluntative Ziele oder um kognitive Wissensbestände handelt – werden von einer subjektiven Instanz vollzogen. Sie ist ein Bewusstsein, das einerseits nicht außer dem Vollzug seiner Gedanken besteht, andererseits mit dem Denken seiner Gehalte sich irgendwie auch auf sich selbst bezieht. Anderenfalls gäbe es nur zusammenhanglose Gedankensplitter in ungeordneten Speichermedien. Der reflexive Bezug auf sich ermöglicht mithin die Identität des Bewusstseins angesichts verschiedener Gedanken – und sei es auch nur im Sinn der Selbigkeit von deren Bezugspunkt. Er ist aber selbst kein Gedanke. Vielmehr geht er mit den Vollzügen des Bewusstseins als eines und desselben einher. Dessen Selbigkeit kann nicht fremdgewirkt sein. Sie entstammt vielmehr irgendwie spontaner Selbsttätigkeit. Die Spontaneität mentaler Vollzüge und der Selbstbezug des Bewussten korrespondieren mithin beim Denken bestimmter Gedanken als Gedanken eines Bewusstseins. Dies ist in der Regel unthematisch der Fall und hängt nicht von einer bewussten Einsicht in Spontaneität oder Reflexivität des Denkens ab. Ebendies lässt sich zur Einsicht bringen, wenn der Versuch einer Verneinung dieser Funktionen gemacht wird: Auch in diesem Fall sind sie bereits beansprucht. Nach Descartes' unbezweifelbarer Einsicht kann das Bewusstsein noch in zweifelnder Verneinung seiner Gedanken nicht auch den Vollzug seiner mentalen Tätigkeit verneinen. Tatsächlich rekurriert es in seiner Spontaneität immer auch auf sich *als* es selbst, denn nur *für es* gibt es Gedanken, die auch als unterschiedene in der Einheit einer Ordnung stehen. Die Spontaneität des Bewusstseins und sein Selbstbezug verweisen angesichts der Ordnung verschiedener Gedanken aufeinander.

Aus diesem Wechselverhältnis erhellt der Einheitssinn von Subjektivität. Dies hat Dieter Henrich jüngst eindrücklich herausgestellt.[1] Danach

---

[1] D. Henrich, *Selbstbewusstsein und Gottesgedanke* (s.o., 9 ff); Ders., *Denken und Selbstsein. Vorlesungen über Subjektivität*, Frankfurt am Main 2007. – Die fol-

haben alle Gedanken, insofern sie stets Gedanken eines Subjekts sind, „in diesem Subjekt einen einigen Bezugspunkt".[2] Solche Einigkeit ist in jeder möglichen Gedankenvielfalt bereits beansprucht, könnten die Gedanken doch anderenfalls nicht Gedanken eines Subjekts und mithin *seine* Gedanken sein. Aus seiner Einigkeit und Einheit erhellt zugleich, dass mit dem Selbstbewusstsein „eine Perspektive auf größte Allgemeinheit" verbunden ist.[3] Die Allgemeinheitsperspektive entspricht der Unbeschränktheit des Einheitssinns von Selbstbewusstsein. Gleichwohl erfährt er in zwei signifikanten Hinsichten Brechungen. Zum einen kann der Einheitssinn nicht hinter die Spontaneität des Selbstvollzugs des Bewusstseins zurückgreifen und dessen Herkunft gedanklich einbeziehen. Denn jeder Gedanke, der auf Aufbauelemente des Selbstbewusstseins geht, hat dieses bereits beansprucht. Selbstbewusstsein erweist sich im Blick auf sein Aufkommen als partiell *opak*, so transparent es im gedanklichen Wissen von sich auch sein mag. Zum anderen erfährt der Einheitssinn von Selbstbewusstsein eine Brechung, weil die hierin geordneten Gedanken auf einen Gesamtzusammenhang ausgreifen, der trotz der Spontaneität des Selbstbewusstseins nicht von ihm selbst erzeugt ist. Damit kann es ihn nicht beherrschen. Die *Welt* als Inbegriff dieses Zusammenhangs ist *kein Produkt des Selbst* – weder in dem Sinne, dass es in isolierter Autarkie die Fülle seiner Gehalte ersonnen hätte, noch in dem Sinne, dass es als solches die Wirklichkeit seiner Gedankengehalte garantieren könnte. Alle Gedanken könnten leere Konstruktionen sein – ausgenommen die Gedanken, die seinen Selbstvollzug beinhalten. Doch dieser ist ob seiner unableitbaren Spontaneität gerade der Ergründbarkeit entzogen. Die Brechungen des Einheitssinns von Selbstbewusstsein können als Indikatoren von dessen *Endlichkeit* gelten. Sie steht gegenläufig zu der Tendenz des Einheitssinns, *alles* zu umfassen.

Angesichts der Endlichkeitsbrechungen des Einheitssinns von Selbstbewusstsein drängt sich der Gedanke eines weiteren, unendlichen Einheitssinns auf. Hierfür steht der Gedanke von Gott. Einen Unbedingtheitscha-

---

genden Überlegungen, die nicht mehr als eine grobe Skizze bieten können, konzentrieren sich auf diese neuen Arbeiten von Henrich. Sie suchen das Gespräch mit einem Denken, das sich in minutiösen philosophiegeschichtlichen Forschungen zur Klassischen Deutschen Philosophie herausgebildet hat, aber ebenso gegenwärtige systematische Verständigung anstrebt. Letztere steht im Folgenden im Fokus. Es wäre höchst reizvoll, die systematischen Überlegungen in ein Verhältnis zu dem philosophiehistorisch rekonstruierten Entwicklungsgang des idealistischen Denkens zu setzen, wie er etwa in dem Text: Ders., Grund und Gang spekulativen Denkens, in: Ders., *Bewußtes Leben*, Stuttgart 1999, 85–138, insbesondere aber in den weit ausblickenden Passagen des Werkes: Ders., *Grundlegung aus dem Ich: Untersuchungen zur Vorgeschichte des Idealismus. Tübingen – Jena 1790–794*, 2 Bde., Frankfurt am Main 2004, dargelegt ist.

[2] Ders., *Selbstbewusstsein und Gottesgedanke, s.o.*, 9.
[3] Ebd.

rakter mit dem Selbstbewusstsein ob seiner Unableitbarkeit von anderem teilend, beinhaltet der Gottesgedanke indes die Wirklichkeit von *allem*. Schon darum umgreift er immer auch das Selbstbewusstsein. Allerdings verträgt sich dessen Subjektstellung nicht damit, nur ein unselbständiger Teil eines Ganzen zu sein. Für das Selbstbewusstsein kommt dem Gottesgedanken deshalb ein anderer Sinn zu als der, es in eine Gesamtreihe einzuordnen. Nach Henrich steht der Gottesgedanke ebenso dafür, als *Grund* des Selbstbewusstseins und seines Wissens zu fungieren. Damit nimmt Henrich die Einsicht des gesamten „Deutschen Idealismus" auf, dass Gott nicht im Jenseits des Selbstbewusstseins gedacht werden kann. *Für* das Bewusstsein von sich kann er nur dessen *innerer* Grund sein: Ein Grund des Bewusstseins *im* Bewusstsein. Damit ist ein Verständnis des Grundes im Sinne von äußerer Kausalität ausgeschlossen. Das – fundierende – Gründen des Grundes geht einher mit dem spontanen Selbstvollzug des Bewusstseins, das mit seiner Opakheit zugleich ein Wissen von sich besitzt, welches ebenso mit Gründen auf die Wirklichkeit insgesamt ausgreift. Der Gottesgedanke, der sich gleichsam über eine auf das Bewusstsein gewendete kosmotheologische Logik aufdrängt, hat daher eine Pointe, auf die schon Spekulationen der alten Ontotheologie gingen: Mit seinem unbegrenzten Einheitssinn fungiert er als Schlüssel zu der Wirklichkeit von allem im Wissen, das immer Wissen eines Selbstbewusstseins ist. Wirklichkeit und Wissen sind in Gott miteinander verfugt, insofern dieser Gedanke sich dem Bewusstsein notwendig nicht als nichtseiend sowie in seinem Gehalt nicht als leer erweist. Und doch ist dieser Schlüssel zur Wirklichkeit im Wissen nur im Vollzug des Selbstbewusstseins und von diesem aus zu finden – und sei es als ein *Grenzgedanke* für den Einheitssinn des Selbstbewusstseins angesichts seiner Endlichkeit. Ein reines Jenseits unseres Selbstbewusstseins ist jedenfalls für uns nicht erschwinglich.

So sehr sich ein Zusammenhang zwischen dem Einheitssinn des Selbstbewusstseins und dem des Gottesgedankens in einer um Grundeinsichten des nachkantischen Idealismus erweiterten cartesianischen Linie aufdrängt, so wenig ist hiermit bereits das Verhältnis von Selbstbewusstsein und Gottesgedanke distinkt bestimmt. Dies betrifft insbesondere deren mögliche Zuordnung, aber auch die Frage, wie sich die gedanklichen Beschreibungen und die praktischen Vollzüge des sich über den Gottesgedanken vergewissernden subjektiven Lebens zueinander verhalten.

Gott und Selbst können angesichts ihres Einheitssinns in einem Verhältnis tendenzieller Konkurrenz verstanden werden – mit der Folge, dass entweder das Selbst gegenüber dem Ganzen Gottes aufzulösen oder Gott um des entgrenzten Selbst willen zu negieren wäre. Beide können auch in einem Verhältnis der Koordination oder Subsumtion gesehen werden – mit der Folge, dass mit ihrer Gegenläufigkeit die Differenz von Endlichem und Unendlichem verschwimmt. In beiden Figuren wird die Selbsthaftigkeit des Bewusstseins zugunsten seiner Einordnung in ein Ganzes überdeckt –

was den Umstand überlagert, dass der Grund als Grund *von* allem zugleich Grund des Bewusstseins *in* ebendiesem ist. Diese Figuren erreichen daher nicht, was nach Henrich für ein Verständnis von Gott unhintergehbar ist, soll es das Grundverhältnis von Selbstbewusstsein nicht unterlaufen: Dass in ihm das Eigenste des Lebens und mithin die eigene *Freiheit* fundiert ist.[4] Mit dem Eigensten kommt freilich immer auch dessen *Anderes* in den Blick. Dies gilt insbesondere, wenn Freiheit im Vollsinn als Selbstbestimmung, mithin als Bestimmung eines Selbst, das als bestimmtes nicht ohne Andere und Anderes ist, verstanden werden muss.

Henrich plädiert angesichts dieses Dilemmas für eine Figur rationaler Mystik, nach der einerseits das Bewusstsein ganz in Gott aufgeht und sich in ihm findet, aber andererseits Gott ebenso in den Vollzug des bewussten, sich über sich angesichts der Welt verständigenden Lebens eingeht.[5] Nach dieser Figur gibt es keine gedankliche Explikation Gottes, die nicht zugleich Selbstverständigung des bewussten Lebens in seinem Vollzug wäre. Die Pointe dieser Figur liegt darin, den Lebensvollzug selbst als Verständigung über sich vermöge des Gottesgedankens als Grund im Bewusstsein zu fassen. Damit ist ausgeschlossen, die Explikation des Gehalts des Gottesgedankens vom Vollzug des subjektiven Lebens auch nur momentan abzukoppeln. Mit diesem ist zugleich sein Verhältnis zu Anderem im Horizont.

Dies wirft indes die Frage auf, wie angesichts des allumfassenden Einheitssinns des Gottesgedankens die Endlichkeit des Bewusstseins und seine je eigene, individuelle Freiheit in der Gott beanspruchenden Selbstverständigung gegründet und gewahrt werden können. Bedarf es dazu nicht einer Gedankenfigur, die ebenso Gott im Endlichen und seiner Freiheit zu verstehen erlaubt, wie umgekehrt eines Gottesgedankens, der kraft seiner eigenen Verfassung für das Endliche und seine Freiheit aufgeschlossen ist, ohne mit ihm gänzlich zusammenzufallen? Weiter, kann Gott vornehmlich im Zeichen von All-Einheit gefasst werden, wenn er als innerer Grund des Bewusstseins in den Selbst- und Weltverhältnissen gerade auf die Eigenheit der Freiheit als Selbstbestimmung geht? Schließlich, wenn diese sich als eigene immer in Verhältnissen zu Anderem realisiert, bedarf es dann nicht auch eines Ortes für Alterität in Gott, sofern er als All-Einheit eben auch Grund der Freiheit ist?

---

[4] Vgl. ebd., 21.
[5] Vgl. ebd., 14, 20.

2. Selbstverständigung endlichen Freiheitslebens zwischen Individualität und Intersubjektivität

Henrich hat in unterschiedlichen Zusammenhängen auf die Verschiedenheit des Grundes und des Begründeten hingewiesen.[6] Was mit Notwendigkeit existiert und noch Möglichkeiten einschließt, differiert von dem immer auch Kontingenten subjektiver Existenz. Solche Kontingenz betrifft zunächst Verhältnisse zu äußerem Anderen in ihrer ganzen Vielfältigkeit. Ohne solche Kontingenz gäbe es keine Freiheit, nur Determination. Doch auch im Innenverhältnis ist der Selbstbezug von Subjektivität fragil und ihrer Handlungsmacht entzogen – so unhintergehbar und selbstverständlich er, sobald aufgekommen, auch ist. Selbstvertrautheit kann schwinden, wie an Phänomenen psychischer Desintegration bis hin zu Persönlichkeitsspaltung oder Selbstverlust sichtbar wird. Schon die Ausprägung jeder individuellen Biographie zeigt eine Variabilität von Einfärbungen der elementaren Selbstverständlichkeiten des Selbstverhältnisses, je nach Rollen und Lebensbeziehungen mit unterschiedlichen Anderen. Brüche im Lebenslauf können dazu führen, dass Teile der biographisch ausgeprägten Identität schroff abgestoßen werden oder unbemerkt entgleiten. Henrich kann von „Antinomien" und „Ambivalenzen" in der Selbstverständigung des Lebens sprechen.[7] Wenn sie als solche gewahr werden, sind freilich Elemente des Selbstverhältnisses im Lebensvollzug schon beansprucht. Eben hierin kann sich das Subjekt nur finden: schon es selbst ist für es immer nur gegeben, so sehr der Selbstbezug spontan ist und nur im Vollzug des eigenen Lebens als solchen möglich. Das Selbstbewusstsein ist sich immer auch partiell entzogen. Der individuierte subjektive Geist, um mit Hegel zu sprechen, enthält stets interne Differenzen. Als Indikatoren jeweiliger Endlichkeit sind sie im Selbst zugleich Platzhalter für Alterität. Das Selbst ist gerade in seinem Selbstbezug nicht in sich verschlossen. Vielmehr steht es in dynamischen Vollzügen innerer Selbstüberschreitung. Der *Alterität* im Selbst entspricht darin umgekehrt, dass es *als es selbst* manifest werden kann, wenn es gegenüber anderen agiert. Kooperation und Abgrenzung, zielgerichtetes Wollen zwischen Einbeziehung und Ausschluss anderer, aber insbesondere das Phänomen der Negation von Zumutungen und Erwartungen zeigen als indirekte Spiegel, wie Selbstbezug und Alterität im subjektiven Lebensvollzug einander balancieren und anreichern. Dies lässt sich exemplarisch am Wechselzusammenhang von Individualität und Intersubjektivität verdeutlichen.

Schon ein Für-sich-Sein des Menschen, der „Gedanken von sich" hat, hat Gedanken von dem, „was anderes oder ein anderer als er selbst ist".[8]

---

[6] Vgl. nur ebd., 17.
[7] Vgl. Henrich, *Denken und Selbstsein* [wie Anm. 1], 56, 361.
[8] Ebd., 37.

Ohne solch unterscheidenden Bezug auf Anderes oder Andere lässt sich das Selbstverhältnis kaum fassen, geschweige denn in lebensgeschichtlichen Konstellationen festhalten. Das Selbstverhältnis bildet nur über den Umweg solcher Alteritätsbezüge seine eigene Identität aus. Als Selbst ist es nicht ebenso Dieses wie Jenes, mag beider Struktur auch gleich sein. Doch das Selbst ist kein allgemeiner Tatbestand, es ist immer als Dieses – und mithin nicht Jenes – individuiert. Sofern sein Eigenvollzug für es basal ist und dieser eben nur der dem Selbst als Diesem eigene sein kann, kann es kein bloßer Fall von etwas Allgemeinem sein, dessen Eigentümlichkeit allein von raum-zeitlichen Koordinaten markiert wäre. Vielmehr tritt es als solches *von innen* hervor, und kann sich auch nur von hier aus verstehen. Allerdings kann es seine individuelle Identität nur bilden, wenn als Kehrseite zum Selbstbezug der *unterscheidende Bezug auf Andere und Anderes* ebenso manifest wird. Er ist für die Bestimmtheit des Selbst als Dieses unverzichtbar, so wenig auch der Selbstvollzug durch einen differenzvermittelten Alteritätsbezug konstituiert sein kann. Dann wäre widersinnigerweise gerade der Selbstvollzug fremdgewirkt. Der Widersinn einer solchen Annahme erhellt schon aus der Selbsterhaltung als elementarem Merkmal des Lebendigen. Selbsterhaltung kann zwar als Widerstand gegen äußere zerstörende Einwirkung manifest werden, aber eben solcher Widerstand wird von innen heraus hervorgetrieben. Auch bewusstes Leben hat in der naturalen Basis und deren Struktur elementare, nicht hintergehbare Bedingungen der Ausbildung individueller Identität. Sie ist nicht ohne Leiblichkeit. Diese ist unübertragbar, singulär und individuell, wie das stets eigene Erleben von Leiblichkeit zeigt – am massivsten wohl im Fall des Schmerzes. Insofern das Selbstverhältnis in seinem Vollzug jedoch auch *Gedanken* vom Selbstverhältnis aufkommen lässt, ist mit der Unterscheidung von Anderem dessen Alterität in die innengeleitete Positionierung des sich verständigenden Selbst hinein genommen. Der Selbstvollzug ist durch Alterität als ein solcher – eben als Dieser – bestimmt. Und eben hierum weiß das Selbst mit der Ausbildung seiner individuellen Identität, die immer nur von innen heraus in lebensgeschichtlichen Kontinuitäten und Distanzierungen möglich wird. Sie ist die Basis für Selbstbestimmung. Zu ihr ist ein vereinzeltes Exemplar nicht fähig.

Individuelle Identität ist nicht einfach gegeben, sie *bildet* sich vielmehr in biographischen Dynamiken. Hierfür sind intersubjektive Verhältnisse im weiten Spektrum von intimen personalen Konstellationen bis hin zu umfassenden sozialen und kulturellen Ordnungen maßgeblich. Mit dem Gedanken von sich in der Differenz zu Anderem und Anderen ist als Korrelat der Gedanke von allen Einzelnen verbunden. Deren Inbegriff ist der Gedanke einer Welt, hier mit einem Fokus nicht auf Dinge, sondern individuierte Subjekte und deren Ordnungsverhältnisse. Die vom Selbstverhältnis her erschlossene Welt lässt sich mit Henrich als ein „Ganze[s] von Anderem" beschreiben.⁹ Kraft der Alterität im Selbst kann sich das Individuum zugleich als einbegriffen in diese Welt und ihre Ordnung, innerhalb derer die Individuen verschieden sind, verstehen.¹⁰ Soziale Ordnungen kommen zustande und realisieren sich über vielfältige Interaktionen von verschiedenen Subjekten. Insofern gilt, dass keine Ordnung des Intersubjektiven ohne Vollzüge von Subjekten besteht. Sie ist in ihnen fundiert. Gegenläufig zu dieser Asymmetrie von Subjektivität und Intersubjektivität ist für die Subjekte aber eine andere Asymmetrie, die sie immer schon beanspruchen: Alles, was sie in der Bildung individueller Identität lernen, lernen sie von Anderen in intersubjektiven Kommunikationsverhältnissen. Aneignen müssen sie alles Gelernte freilich *sich selbst*. Diese dialektische Gegenläufigkeit der Bildung hat ein Äquivalent im Handeln. Sosehr es von Individuen ausgeht, hat es, wenn es andere einzubeziehen oder auf sie einzuwirken sucht, verstetigte, mithin relativ erwartungsstabile Ordnungsverhältnisse im Intersubjektiven in Anspruch genommen. Gerade indem es *sich* solcher Verhältnisse in ihrer Vorgegebenheit bedient, realisiert es die Ordnungsverhältnisse, ohne sie simpel zu erzeugen. Dies betrifft nicht nur überschaubare Sozialgebilde oder politische Großformationen, sondern auch diffizile kulturelle Formen des Mitseins wie Sprache und Handlungsmuster.

Individuelle Subjektivität kann nicht von vorausgesetzten Intersubjektivitätsverhältnissen abgeleitet werden, so sehr sie nur durch Interaktion mit anderen sich in ihrer eigenen Identität zu bilden und diese nach außen hin durch Handeln darzustellen vermag.¹¹ Diese – cum grano salis – negative Dialektik lässt sich exemplarisch an Henrichs Überlegungen zur Ausbildung eines moralischen Charakters in Wechselwirkung mit Kommunikationsvollzügen gegenüber anderen verdeutlichen. Moral bedeutet wesentlich, eine anderen – und tendenziell allen – gegenüber erkennbare und verlässliche Identität im Handeln auszubilden, auf die hin das Subjekt angesprochen werden kann: der „fest gewordene gute Wille".¹² Dies gelingt nur aus einer Selbsttätigkeit heraus, die sich einem Determiniertsein durch partikulare, augenblickhafte Neigungen ebenso entzieht wie Festlegungen durch kontingente Erwartungen anderer. Solche Selbsttätigkeit geht mit *Distanzierungen* einher, die bis zum schroffen „Nein" reichen können. Dieses „Nein" lässt sich ebenso als Platzhalter von Freiheit wie als Nukleus von Regelbildung verstehen – etwa dann, wenn sich in einem „Nein" gegenüber Zumutungen von anderen eigene Spontaneität artikuliert, die nicht von anderen stammen kann, aber sich selbst dementierte, wenn dieses „Nein" *eodem actu* von einem weiteren verneint würde. Insofern steht die

---

⁹ Ebd., 99.
¹⁰ Vgl. ebd., 212 ff.
¹¹ Vgl. ebd., 161.
¹² Ebd., 102.

Differenzsetzung von Freiheit im „Nein" zugleich für den Aufgang von regelhafter Kontinuität. Gleiches gilt für das „Nein" zu sich selbst, sofern andere auf einen Bruch in der Kontinuität des willentlichen Handelns aufmerksam machen. Verurteilung und Schuldzuschreibung, internalisiert im Gewissensurteil über sich, lassen im Selbstverhältnis eine Distanz aufkommen, die es aus kontingenten Anlässen auf die eigene moralische Identität und das daraus fließende Handeln befragen lässt. Natürlich geschieht die durch mehrfache Negationshinsichten vermittelte Ausbildung eines moralischen Charakters nicht in abstrakten Räumen, die von der in biographische Prozesse verwickelten Leibhaftigkeit der Person unter anderen Personen abgelöst sind. Vielmehr sind die Wahl von Handlungsmöglichkeiten und Abwahl anderer, die Kritik von Erwartungen und die Korrektur eigenen Verhaltens in lebensgeschichtlichen Verläufen in unterschiedliche soziale Ordnungen eingebettet. Ebenhierin wird die Freiheit des Subjekts manifest – im Grenzfall gar als gegen sich gewendete Freiheit. Doch auch Reue und Buße sind im Selbstverhältnis gehalten, sosehr die Anderen und deren Urteil gerade in die damit verbundene Vereinzelung hineinreichen.

Wie Henrich betont, kann das Selbst ob seiner *Singularität* alle sozialen Ordnungen immer auch übersteigen. Es ist als Einzelnes unter Vielen, steht aber als dieses Einzige jeder Ordnung von Einzelnem und Vielem auch gegenüber. Die im Selbstverhältnis gesetzte Singularität befähigt dazu, alle Ordnungen zu transzendieren. Individuelle Freiheit, die für sich singulär ist, vermag als Negationspotenz von Sittlichkeitsordnungen zu fungieren, wie dies Hegel an destruktiven Seiten von Moralität dargetan hat. Sie kann sich aber auch als deren permanente Kritik und Korrektur betätigen, um diese in der Dynamik ständigen Transzendierens zu optimieren. Auch in diesem Fall bleibt ein Transzendenzvorbehalt des singulären Selbst und seiner Freiheitsdynamik gegenüber der sozialen Ordnung bestehen. Damit dieser Transzendenzvorbehalt in eine fruchtbare Dialektik der Grenzüberschreitung und Entgrenzung eingehen kann, muss sich das Bewusstsein der Singularität des Selbst mit einem eigenen, nicht von außen aufgenötigten Wissen um eigene Begrenztheit verbinden. Dies ist keine Freiheitslimitation, sondern gelingendenfalls eine Integration von Singularität in sozial vermittelte Eigenidentität. Die Entfaltung einer Dynamik aus solcher Freiheit wird durch eine Dialektik von Singularität und Grenze ermöglicht. Das Wissen hierum umfasst im individuellen Selbst Identität und Alterität.

Sosehr das Selbst in seiner Singularität alle Ordnungen auch übersteigen kann, so wenig ist es an ihm selbst von eherner Notwendigkeit. Es ist vielmehr selbst kontingent. Ihm kommt, weit mehr noch als dem ganzen menschlichen Geschlecht oder dem Leben überhaupt, eine Randstellung im Naturkosmos zu; überdies steht nicht einmal das Aufkommen seines Selbstverhältnisses in seiner Macht. Es ist in die Bedingungen und den Vollzug seiner Spontaneität eingesetzt und findet sich darin vor. Es ist in seinem Für sich *nicht* nur von sich. Es erlebt sich in Zuständen seines kontingenten Für-sich-Seins und kann sich dementsprechend von *anderwärts* her deuten. Dabei mag der Negationssinn in jenem „nicht von sich" oder die Alterität in diesem „von anderwärts her" in naturalistischer Betrachtung der Kontingenz des Selbst gleichen: Es hätte auch nicht oder anders sein können. Solche Kontingenz wahrt gegenüber einem geschlossenen Naturalismus im Zeichen notwendiger Naturkausalität die Freiheit des Subjektiven. Sie ist nicht Natur, aber als Freiheit niemals ohne Natur oder ihr einfach entgegengestellt. Ebenso wenig geht sie in den Kulturen sozialer Ordnungs- und Interaktionsverhältnisse auf, so sehr sie ohne Kultur leer wird. Schon darum ist die im kontingenten Selbstverhältnis und den Kontingenzen der Natur- und Kulturwelten gehaltene subjektive Freiheit keine bloße Uneingeschränktheit. Endliche Freiheit vollzieht sich vielmehr in der Dialektik ihrer Grenzen als Bedingungen ihrer Bestimmtheit. Und diese gibt es nur durch das je singuläre Selbstverhältnis von Einzelnen unter Vielen.

Für dieses Selbstverhältnis und mithin die in ihm fundierte Freiheit taugt kein geschlossener Naturalismus als Maßstab oder Grund. Vielmehr drängt sich im Gegenzug hierzu der Gedanke eines Grundes und Maßes auf, gegenüber dem sich die Freiheit als individuelle und endliche erschließt. Dieser Gedanke kommt in präzisem Sinn spekulativ, im Gegenzug zu naturalistischen Deutungen und in Umkehrung seines endlichen Ausgangspunktes, auf.[13] Dieser Gedanke ist die Idee eines Absoluten. Ihre Logik steht hinter verschiedenen Symbolisierungen in religiösen Gottesvorstellungen. Sie ist ein Gedanke, in dem sich der Vollzug endlicher Freiheit vergewissert. Um das Freiheitsverhältnis zu erschließen, muss diese von der Freiheit und ihren lebensmäßigen Antinomien aus gewonnene Idee selbst für Freiheit aufgeschlossen sein. Ihre Pointe liegt darin, mit der Freiheit die je eigene Endlichkeit zu vergewissern.[14] Dazu muss nicht nur „Freiheit" in dem „Gedanken von einem Ganzen"[15] verortet, sondern auch mit der Singularität und Individualität von Endlichkeit deren Anderes eingestellt werden. Neben Ganzheit und Einheit muss diese Idee mithin selbst Freiheit und Differenz umfassen.

---

[13] Vgl. zur Bedeutung des „Spekulativen": Henrich, Grund und Gang spekulativen Denkens, in: Ders., *Bewußtes Leben* [wie Anm. 1], bes. 119.
[14] Vgl. Henrich, *Denken und Selbstsein* [wie Anm. 1], 26.
[15] Ebd., 354.

3. Spekulatives Denken, Ideenontologie und Gott als Geist

Selbstsein zwischen Individualität und Intersubjektivität führt das Denken angesichts innerer Transzendenzen auf letzte Gedanken.[16] Ihr Sinn ist es, das bewusste Leben angesichts seiner Gegenläufigkeiten zwischen Selbstbezug und Alterität über sich zu verständigen. Für Henrich sind insbesondere zwei solcher Gedanken maßgeblich: der Gedanke vom Grund im Bewusstsein und der Gedanke von der All-Einheit. Beide Gedanken sind induktiv, von Vollzügen des bewussten Lebens aus gewonnen; ihr Gehalt ist bei dessen Ergründung immer schon beansprucht. Sie lassen sich daher im weitesten Sinn als Ideen verstehen, die ein „synthetisch[es]" und „extrapolierend[es]" Denken entwirft.[17] Solches Denken artikuliert sich in Religionen und Mythen über symbolische Deutungen. Demgegenüber verlangt eine begriffliche Fassung beider letzten Gedanken nicht nur, ihrer Verfugung nachzugehen, sondern auch, ihre Erschließungskraft in Umkehrung von ihrem Ausgangspunkt zu erkunden. Damit verbindet sich, um an Henrich anzuschließen, ein spekulativer und ein ontologischer Charakter solchen Denkens in Ideen.

Die Verfugung der Gedanken vom Grund und der All-Einheit liegt darin, dass Grund wie Einheit nicht als Größen gedacht werden können, die im Jenseits des individuierten und singulären Selbst stehen und dieses absorbieren. Beide sind vielmehr ebenso am Orte des Gegründeten und Vielen zu bewähren – ohne dass dies auf differenzfreie Einerleiheit beider Orte hinausliefe. Die Gründungskraft des Grundes erstreckt sich auf die inneren Vollzüge des Subjekts, mit dessen Selbstverhältnis ein ins Wissen und Handeln übersetztes Verhältnis zur Welt in ihrer möglichen Vielfalt korrespondiert. Verlangt der Einheitssinn von Selbstbewusstsein, dass auch der Begriff von „Welt" noch einmal überschritten wird, so drängt sich der Gedanke einer gleichsam divinen All-Einheit auf. Diese kann nur um den Preis innerer Widersprüchlichkeit Einheit im Gegensatz zum Vielen oder Allheit unter Ausschluss von Einzelheit sein. Sie kann diese aber auch nicht auf abstrakterer Ebene umfassen, etwa als Einheit von Einheit und Vielheit. Damit fiele die Gründungskraft des Grundes am Orte des Gegründeten. Daher gewinnt der Gedanke der All-Einheit, gewöhnlichen Pantheismuskonzepten zuwider, gerade im *Einzelnen* seine Pointe. Henrich entwickelt diese Pointe in einer Gedankenfigur, die, wie es scheint, das von Spinoza herrührende Motiv der Singularität des Absoluten mit dem Hegelsches Erbe aufgreifenden Konzept des Absoluten, das im Endlichen und Einzelnen präsent wird, verbindet. Von ihm aus wird das Viele erschlossen. Singularität ist ein Charakter, der dem Absoluten wie dem Einzelnen zu-

---

[16] Vgl. zu dieser Formulierung: Henrich, Grund und Gang spekulativen Denkens [wie Anm. 1], 135, 138.
[17] Henrich, *Denken und Selbstsein* [wie Anm. 1], 253.

kommt, jedenfalls in der Perspektive des Selbstverhältnisses. Beide eint damit *Selbstgenügsamkeit*.[18] Dies schließt Fremdverursachtsein aus. Einung in Selbstgenügsamkeit und Singularität setzt voraus, dass es keine letzte Differenz zwischen Absolutem als Einheit und Einzelnem gibt. Sie sind in „Nichtdifferenz", welche „im Sinne der Nicht-*Ursprünglichkeit* der Differenz verstanden werden [muss]".[19] Gleichwohl kann die Differenz nicht zugunsten einer prioritären Einheitsursprünglichkeit entfallen. Dies führt zu der Hegelschen Grundeinsicht, dass die All-Einheit „Differenz in sich selbst ein[schließt]".[20] Genau damit ist kategorial der Weg zum Einzelnen gebahnt, das ebenso singulär wie Eines unter Anderen ist – mit wechselseitigen Rückbezügen von Alteritätsverhältnissen ins wissende Selbst und praktischer Äußerung dieses Geflechts in Wollen und Handeln gegenüber Anderen. Vor dem Hintergrund eines über die „Differenz in sich selbst" ermöglichten Selbstdifferenzierens der Einheit lassen sich die Verschiedenheit der Einzelnen und damit ihre Endlichkeit, infolge derer sie auch vom Absoluten als solchem verschieden sind, vom Absoluten aus einsehen. Verschiedenheit gegenüber und Einheit mit dem einheitlichen und singulären Absoluten macht sich im Endlichen als Selbständigkeit oder Selbstbehauptung angesichts von Eingrenzungen, Gefährdungen und Abhängigkeiten, den Signaturen des Endlichen, geltend. Von hier aus ist es nur ein kurzer Schritt zur Selbsttätigkeit und Freiheit der Einzelnen, die neben der zum Kontrafaktischen führenden Selbstbehauptung ebenso vermittels der Grenze zum Anderen in ihrem Selbstverhältnis bereichert werden. Alterität im Selbst ermöglicht eine von sich aus entspannte Positionierung des Einzelnen im Vielen und Verschiedenen. Damit wird das kontrafaktische „Nein" ebenso wenig ausgeschlossen wie der Ausschluss von einem Anderen, das sich jedem spiegelbildlichen Aufschluss zum Selbst verweigert.

Mit diesem höchst eindrücklichen Konzept sind die beiden ersten eingangs gestellten Fragen beantwortet. Grundsätzlich gilt dies auch für die dritte Frage nach der Alterität im Gottesgedanken. Die Einheit ist zugleich Differenz in sich. Diese Differenz kann nicht zu einem zweiten Glied gegenüber der Einheit als ursprünglicherem Ersten depotenziert werden, ohne dass die Pointe, nach der das Absolute im Einzelnen ist, unter eine im weitesten Sinne emanative Figur subsumiert würde. Zumindest als aufgehobene, in die Form des Negativs gebrachte Differenz muss sie mit der Indifferenz kompatibel sein.[21] Damit drängt sich die Hegelsche Formel von der „Identität von Identität und Differenz" auf. Sie müsste indes ebenso als Differenz beider begriffen sein, um ihren Gehalt nicht zu unterschreiten.

---

[18] Vgl. ebd., 268.
[19] Ebd., 266.
[20] Ebd., 269.
[21] Man könnte, sofern dialektische Denkfiguren ausgeschlossen sein sollen, an Cramersche Ursprungsfiguren im Zeichen von Unbestimmtheit als „Aus" oder „Von" denken.

In diesem Sinne ist – mit einer früheren Formulierung Henrichs – das im Endlichen präsente Absolute das „Andere seiner selbst".[22] Natürlich ist auch die Differenz eine rationale Relation und mithin in einem weiteren Sinne Einheit. Dies macht sich darin geltend, dass das „Andere seiner selbst" negative Selbstbeziehung ist. Insofern ist das Endliche an ihm selbst in der Negation seiner Andersheit zugleich Selbstbeziehung des Absoluten. Aber das Absolute ist „als solches [...] Anderes seiner selbst".[23] Vom *Gehalt* dieses Gedankens her gesehen, vereinen sich Selbstbezug und Alterität in absoluter, selbstbezüglicher Negation. Doch das Absolute ist auch das Andere gegen sich. Es ist, um den Henrichschen Gedanken vom Absoluten als Prozess der Aufhebung der Andersheit und als dessen Resultat[24] zu variieren, Anderes seiner selbst ebenso als Disjunktionsfundament. Damit werden Selbstbezug und Alterität, Identität und Differenz gleichursprünglich. Geht man vom *Vollzug* des Gedankens aus, dessen Differenz zum Gehalt charakteristisch für die Perspektive des Endlichen ist, kommen Ursprung und Einheit des Absoluten in der Form des *Negativs* zu stehen. Diese Figur im Zeichen einer spekulativen *docta ignorantia* hat die Pointe, den Gedanken eines um Differenz bereicherten Absoluten nicht auf dessen Ort zu fokussieren, sondern mit der Dynamik seiner Gegenwart im Einzelnen und Endlichen untrennbar zu verwickeln, ohne dass diese lediglich transitorisch die Selbstbeziehung des Absoluten vermitteln. Das Absolute erweist sich gerade in Lebensvollzügen des Selbstbewusstseins und seiner Freiheit, das sich über sich vermittels des Umwegs über das Absolute verständigt, ohne sich seiner Endlichkeitsperspektive zu überheben.

Diese Pointe dürfte in Hegels Konzept des Absoluten angelegt, wenn auch nicht fokussiert sein. Das Absolute ist der Geist, der für den Geist ist und damit seinem begrifflichen Gehalt entsprechend in die Vollzüge des endlichen Geistes als seine Realisierung eingeht. Darum wird im Gottesgedanken selbst Alterität thematisch. Als Geist ist Gott ebenso das Andere seiner selbst. Dies evoziert freilich sogleich die Frage, inwieweit dieses Andere tatsächlich ein „alter" ist oder nur das Spiegelbild des göttlichen Selbst. Natürlich wird dieses schon für jede Alterität des „alter" beansprucht. Darum muss es an ihm selbst als das Andere seiner selbst gedacht werden – etwa als Position gegenüber der Negation der Negation –, damit das Andere anders sein kann. Und es muss als ebendieses vollzogen werden, in Differenz zum Selbst Gottes. Bei Hegel ist der exegetische Befund bezüglich der Frage nach der Alterität des Anderen von Gottes Selbst uneindeutig. Dies verweist auf die systematische Alternative, dass Gott entweder vom Gehalt des Gedankens her in einem primär theoretischen, von

---

[22] Vgl. Henrich, Andersheit und Absolutheit des Geistes, in: Ders., *Selbstverhältnisse*, Stuttgart 1982, 142–172, bes. 160 ff.
[23] Ebd., 165.
[24] Vgl. ebd., 165 f.

der epistemischen Instanz des Gedankenvollzugs absehenden Modus gefasst werden kann – oder dass der Gottesgedanke in einer primär praktischen Hinsicht in die Lebens- und Denkvollzüge des endlichen Selbst angesichts seines Selbstverständigungsbestrebens eingeht. Im ersten Fall entfaltet eine Tendenz zur *Kontemplation* Sogwirkung, im zweiten drängen mit den Kontingenzen des endlichen Lebens auch die *willentlichen Orientierungen* in den Vordergrund. Die Alternative ist nicht wie ein gordischer Knoten zu durchhauen. Denn der absolute Gedankengehalt wird auch beansprucht, wenn er in der Perspektive der endlichen Lebens- und Denkvollzüge thematisch wird, und ein Zug zur Kontemplation ist mit jeder reflexiven Selbstbezüglichkeit verbunden. Allerdings könnte eine Interpretation, die wie die Henrichsche eine Verbindung von Transzendental- und Existenzphilosophie akzentuiert,[25] den Fokus auf die Dynamik subjektiver Lebensvollzüge im Endlichen und deren Verständigung richten und damit als Korrektiv der Sogwirkung zur Kontemplation fungieren. Eine solche Sogwirkung kennzeichnet Hegels Denken insgesamt, verstärkt noch in den systematischen Abschlussfiguren der genießenden Selbstvergewisserung des absoluten Geistes. Die Kritik hieran dürfte sich indes nicht auf die letzte spekulative Gedankenfigur beschränken, sondern müsste sich auch auf die zu ihr führenden Motive und ihre Stellung im praktischen Leben erstrecken. Die spekulative Rechtfertigung dieser Kritik läge in einer Konzeption des Absoluten, die nicht in sich geschlossen ist, insofern sie um eine ursprüngliche oder letzte Einheit von Gegensätzen in der Form einer über sich verständigten *negativen Theologie* weiß. Negative Theologie wäre eine angemessene Wissensform des Absoluten als Anderes seiner selbst, die von der *Subjektivität im Willen* her die Praxis endlicher Lebensvollzüge fokussiert. Spekulatives Denken in Ideen geht so in die Dialektik von Lebensführung und Sozialphilosophie über.

Dieser Gedanke schließt an Henrich an, ist aber vermutlich nicht mehr von dessen Intentionen gedeckt. Ähnliches dürfte für eine von hier ausgehende Sinnfindung in der Perspektive des subjektiven endlichen Lebens, das in Ambivalenzen verstrickt ist, gelten. Henrich ist bestrebt, die Bedeutung jener letzten Gedanken in der Perspektive eines Lebens, dessen Bewandtnis schon angesichts seiner Endlichkeit nicht feststeht und sicher bilanziert werden kann, zu entfalten. Insofern der Grund im Vollzug dieses Lebens gegenwärtig ist, können Sinnhorizonte freigesetzt werden, in denen Subjekte der Bewandtnis ihres Lebens gerade im Ambivalenten und Endlichen gewahr werden und bleiben. An den Vollzug von Subjektivität gebunden, ist Sinn kein bloß subjektives, vielleicht gar arbiträres Erzeugnis. Existenziell gesprochen, geht es um versöhnte Aneignung des eigenen Lebenslaufs. Selbst das verzweifelte Leben muss nicht als verloren gelten,

---

[25] Vgl. Henrich, *Denken und Selbstsein* [wie Anm. 1], 140.

jedenfalls in der Optik eines Anderen.[26] Dies gilt insbesondere, wenn er selbst „im eigenen Lebensgang einmal in die Perspektive der Negation alles Lebenssinnes hineingezogen worden ist".[27] Dies erinnert an die christlich-religiösen Motive der Anfechtung und Rechtfertigung,[28] freilich auf intime Formen praktischen Mitseins bezogen und nicht auf ein inneres Gottesverhältnis. Gleichwohl könnten sie auch auf eine im Denken gehaltene Frömmigkeit übertragen werden. In ihrer Perspektive wäre das nicht-kontemplative Verständnis von Gott als Geist als *Rechtfertigung* eines bewussten Lebens zu verstehen, dessen Bewandtnis in der Sinnfindung in den Ambivalenzen des Endlichen und ihnen zum Trotz besteht. Denn nirgendwo anders als hier gleicht dieses Leben in seiner Einzigkeit dem singulären Absoluten – sosehr es ebenso dessen Anderes ist.

---

[26] Vgl. ebd., 362.
[27] Ebd., 363.
[28] Vgl. etwa ebd., 91.

Dieter Henrich zu Jörg Dierken

Das Absolute als Grund im bewussten Leben

Der Text Jörg Dierkens zeichnet sich, wie Texte von seiner Hand so oft, durch große Dichte in der Argumentation und Kompetenz im Erkunden der Implikationen von spekulativen Gedankenfiguren aus. Dabei stellt er sich in die Perspektive der für meine Versuche charakteristischen Weise, Gedanken über das Verhältnis von Absolutem und Endlichem mit Analysen von Selbstbewusstsein und bewusstem Leben zu verbinden. Doch will er in meine Entwicklungen des Verhältnisses von Absolutem und Endlichem Akzentuierungen hineinbringen, die mit ihnen zwar vereinbar sind, die aber bei mir selbst nicht ausgearbeitet oder nicht betont wurden. Weiter geht es ihm darum, an diese Akzentuierungen dann auch Züge der praktischen Weltbeziehung und der Intersubjektivität des Menschen anzuschließen, denen Dierkens eigenes Arbeitsinteresse gilt. Dabei ergibt sich zugleich eine Übersicht über Momente von Beziehungen auf Anderes, die als Elemente in der Selbstbeziehung zu begreifen sind, und zwar des Endlichen und des Absoluten gleichermaßen. Zugleich soll sich eine Anreicherung der in meinen eigenen Texten ausgearbeiteten Struktur ergeben, die begrifflich legitim, um deren phänomenaler Erschließungskraft willen aber auch unentbehrlich ist.

1.

Ehe ich auf die Vorschläge zu einer Erweiterung der Folgerungen aus einer Grundlegung eingehe, die Dierken als solche akzeptiert und bestärkt, möchte ich den Ansatz und den Aufbau dieser Grundlegung selbst noch weiter und auch etwas eingehender verdeutlichen – unter anderem im Anschluss an die Überlegungen, die in dem Vortragstext *Selbstbewusstsein und Gottesgedanke* die leitenden gewesen sind. Die folgenden Ausführungen sind also nicht allein und direkt auf Dierkens Text bezogen. Denn auch die meisten anderen Texte dieses Bandes nehmen meine Ausführungen über einen ‚Grund im Bewusstsein' und den Gedanken von einer all-einen Welt auf, und oft steht das Verhältnis dieser beiden Konzepte zueinander in Frage. Von der Bestimmung dieses Verhältnisses her sollte darum auch die Art und Weise, in der beide Konzepte ausformuliert werden können, besser zu durchschauen sein. In der Philosophie ist die Bezugnahme auf die innere Genese von Theoriegehalten für Urteile über ihren Gehalt und ihre Potentiale immer ebenso wichtig wie die Bezugnahme auf diese Gehalte selbst.

Ich gehe davon aus, dass die Gedanken von einem Absoluten das Absolute selbst, auf das diese Gedanken zielen, nicht unmittelbar erreichen und erschließen können. Sie bilden sich vielmehr von derselben Grundlage her aus wie alle Gedanken überhaupt. Aufgrund ihres besonderen Gehalts und Status lässt sich aber erwarten, dass ihnen eine komplexe Genesis zuzuordnen ist. Man muss diesen Formationsprozess im Blick haben, um sich darüber klar zu werden, welchen Grad von Bestimmtheit sie erreichen können, in welchen Spielräumen sie also zu artikulieren sind und wie sie in Entwicklungen, die von ihnen ausgehen, weiter zu gebrauchen sind. Zwar muss man, wenn von einem Absoluten nicht allein in kritischer Absicht gesprochen werden soll, davon ausgehen, dass sich dies Absolute letztlich ‚von sich selbst her' erschließt. Aber das muss nicht so geschehen, dass unserem Gedanken, dessen Gehalt das Absolute ist, dies Absolute selbst sozusagen entgegenkommt, sich selbst aufschließt und auf diese Weise gleichzeitig für ihn und in ihm gegenwärtig ist. Dies zu denken hielt zwar Hegel, darin Aristoteles folgend, für unausweichlich. Dennoch ist offenbar, dass auch Hegel die adäquate Formulierung dessen, was das Absolute ausmacht, aus einem langen Prozess logischer Entwicklung hervorgehen ließ. Was die Art der Gegenwart des Absoluten im endlichen Denken anbetrifft, dachte Friedrich Heinrich Jacobi nicht anders als Hegel, obwohl sich Hegel lebenslang von ihm und seinen Anhängern distanzierte. Nur war für Jacobi ein unmittelbares Wissen vom Unbedingten, nicht nur ein erstes, noch nicht explizites Wissen von ihm, die Voraussetzung der Genese allen endlichen Wissens. Jacobi nahm damit eine These aus Descartes' dritter Meditation wieder auf. Descartes war zu ihr aufgrund seiner Epistemologie gelangt, die den Sachgehalt eines Gedankens von einem Wirklichen hergeleitet sein ließ, das einen gleich großen Sachgehalt wie der Gedanke selbst haben muss. Jacobi, und mit ihm Theologen wie Wolfhart Pannenberg, haben sich an die Prämisse Jacobis angeschlossen, die Hegel dann auf seine Weise modifizierte und zu rechtfertigen suchte.

Ich selbst sehe, was wir als Absolutes denken, zwar selbst auch als letzten Grund aller Gedanken an, in denen es aufgefasst wird. Aber diese Gedanken entfalten sich doch von den Voraussetzungen aller endlichen Gedanken her. Der endliche Mensch kann sich nicht, schon gar nicht unmittelbar, in ein absolutes Wissen erheben. Er muss sein Wissen von einem Absoluten unter der Bedingung seiner Endlichkeit gewinnen, die er in der Folge auch niemals hinter sich lassen kann. So muss man also der Entfaltung eines Gedankens vom Absoluten von eben diesen seinen Bedingungen aus nachgehen. Umso leichter wird es sein, in einem damit geschehen zu lassen, was ohnedies notwendig ist – nämlich immer mit zu bedenken, in welcher Weise die Gedanken vom Absoluten dann auch in die Selbstverständigung des bewussten Lebens eingreifen und in diesem Halt und Bestätigung finden. Ihrem Grundtypus nach sind die Voraussetzungen, von denen ich dabei ausgehe, keine anderen als die Kantischen Bedingungen einer philosophischen Begründung – nur dass sie es zulassen sollen, die Ergebnisse der Begründung in der Folge aus dem Vorbehalt einer Geltung bloß für das jeweilige Subjekt ganz heraustreten zu lassen. Diese Aufgabe hatte Kant nicht fest genug im Blick, so dass sich ihm im Fortgang der Entfaltung seiner Problemlage keine Möglichkeit aufgetan hat, im Ausgang von dem Zirkel des endlichen Denken dahin zu gelangen, dass dieser Zirkel begründet aufgebrochen wird. Diesem Zusammenhang bin ich zuerst in dem *Versuch über Fiktion und Wahrheit* und dann in mehreren Interpretationen der Gesamtverfassung von Kants Denken nachgegangen.

Es ist in unserem Kreis von Autoren wohl kaum strittig, dass sich Gedanken von einem Absoluten nicht umstandslos in die logischen Formen einfügen, in denen Gedanken über irgendwelche Gehalte oder Objekte der normalen Erkenntnispraxis und der alltäglichen Weltbeziehung gefasst werden. Sie gehören einer besonderen Denkform an, die als die ‚spekulative' bezeichnet und untersucht werden kann. Nach dem, was zuvor gesagt wurde, muss die Genesis spekulativer Gedanken aber dennoch von den Ausgangsbedingungen her aufgeklärt werden können, unter denen sich normale Gedanken formieren, in denen irgendwelche Gehalten gefasst sind. Jeder dieser Gedanken ist in zwei grundlegende Dimensionen eingefügt.

Daraus folgt, dass ein Gedanke vom Absoluten gewonnen werden kann einerseits von der *Form der Welt* her, in Beziehung auf die Subjekte irgendwelche Gedanken unterhalten, andererseits über einen Einsatz bei dem *Subjekt* dieser Weltbeziehung und aller überhaupt möglichen Gedanken. Man kann des weiteren davon ausgehen, dass Gedanken vom Absoluten dann auch mit einer bestimmten Verbindung dieser beiden Ausgangspunkte im Zusammenhang stehen müssen. Das gilt umso mehr, je mehr Gedanken vom Absoluten über deren erste und vorläufige Fassung hinausgeführt worden sind. Aber auch vorläufige Fassungen eines solchen Gedankens sind immer in Beziehung auf den jeweils anderen Ausgangspunkt zu erwägen. In meinen Texten korrespondiert der Doppelung dieser beiden Ausgangspunkte die Doppelung zwischen dem Einsatz einerseits beim Gedanken von einem Grund im Bewusstsein und andererseits beim Gedanken von einer integrativen, einer all-einigen Weltform.

Was nun die Rede vom Grund im Bewusstsein betrifft, so ergibt sich aus ihrer Genese, dass sie vielfältig zu explizieren ist und dass ihr insonderheit jene Doppeldeutigkeit eignet, auf die in den Texten dieses Bandes mehrfach aufmerksam gemacht wird. ‚Grund' kann die geläufige Bedeutung von vorausgehender und bestimmender Ursache haben, muss aber in der Folge der Entwicklung des Gedankens vom Grund im Bewusstsein immer durch eine andere, eine zumindest erweiterte Fassung dieser Gründungsrelation ersetzt werden. In ihr ist das Moment der Äußerlichkeit der Glieder in dieser Beziehung aufgehoben. Auch in dieser Fassung wird die geläufige Bedeutung der realen Grundbeziehung nicht völlig eliminiert. Sie wird aber rekonstruiert und in jene erweiterte Bedeutung von ‚Grund' integriert – und zwar so, dass diese Fassung in der Folge auch mit dem verwandelten, dem spekulativen Gedanken von einer Weltform zusammenzuführen ist. Der Entfaltung der Bedeutung dieser Rede vom Grund müsste in einer eigenständigen Analyse Schritt für Schritt nachgegangen werden, um so über die Entwurfsskizzen meiner früheren Abhandlungen hinauszukommen und den Einwürfen zu begegnen, für die sie den Raum offen ließen. Hier kann nur die Schrittfolge im Aufbau der Genese eines Gedankens vom Grund im Bewusstsein erläutert werden.

Die Selbstverständigung des Menschen beginnt mit dem Zurücktreten von der naturwüchsigen Egozentrizität, die sein Leben zunächst immer bestimmen muss. Diese Zentrierung schließt das Wissen von vielfältigen Abhängigkeiten und von der Herkunft des eigenen Lebens nicht aus. Solches Wissen kann allerdings in der Weise, wie dies Leben sich vollzieht und, vor allem, wie es sich begreift, auch abgeblendet bleiben. Doch das Wissen von der eigenen Abhängigkeit und Abstammung geht ohnedies bald über in ein weiter ausgreifendes Erwägen, in dem zusammen mit dem Ursprung die Grundlage des eigenen Lebens und das in Frage steht, was diesem Leben ein Bedeutungsgewicht gibt und von woher ihm zuwächst, was man seine Bewandtnis nennen kann. In diesem Erwägen wirken sich Selbstdistanz und Eigenständigkeit in der Selbstzentrierung gleichermaßen aus. Sie lassen die Aufgabe und die Aussicht darauf aufkommen, in den wirklichen Vollzug des Lebens ein solches Verstehen seiner selbst einzubeziehen und eingreifen zu lassen.

Indem sich die Frage nach der Herkunft des eigenen Lebens mit dem Interesse daran verbindet, die Grundlage dieses Lebens und von ihr her seine Bewandtnis (oder auch seine Bewandtnislosigkeit) zu verstehen, verändert sich die Perspektive, unter der seine Entstehung aus einer Ursache in Frage stehen kann. Die Rede vom Grund ist nun in eine Engführung mit dem gebracht, was eine Begründung im Wissen ausmacht. Damit hat sie eine Bedeutung angenommen, aus der Erwartungen hervorgehen, die mit Nachweisen über die Zeugung und das Wachstum eines Organismus offensichtlich nicht erfüllt werden können. In dem Maße, in dem die Frage nach dem Grund über Ursachen hinauszielt, verliert aber die von ihr eröffnete Perspektive auf eine Antwort auch an Bestimmtheit und führt in ein offenes Spektrum von möglichen, im einzelnen zunächst nicht absehbaren Begründungsweisen. Damit tritt im bewussten Leben selbst eine Situation ein, an die sich im Philosophieren einerseits die transzendentale Begründungsart, andererseits die Ausbildung einer spekulativen Begriffsform anschließen konnten.

Insoweit in diesen Begründungsweisen immer noch die vereinzelten Subjekte des bewussten Lebens, nicht eine anonyme oder überindividuelle Subjektivität, als Ausgangspunkt gelten, bleibt auch für sie die Frage nach dem Hervorgang und damit nach der Ursache des Aufkommens endlicher

Subjektivität in Geltung und im Blick. Auch sie kann nun nicht mehr im empirischen Nachweis von Ursachen aufgehen. Das ergibt sich schon daraus, dass nun immer und ausdrücklich die Intentionalität des bewussten Lebens in den Bereich dessen einbezogen ist, was aus seinem Grund verstanden werden soll. Jede Antwort auf diese Frage unterliegt Spannungen und ist Unbestimmtheiten ausgesetzt. Sie ergeben sich bereits aus dem Zusammenhang mit der multiplen Bedeutung von ‚Grund' in diesem besonderen Begründungszusammenhang. Denn Grund heißt nunmehr Grundlage im Sinne von letztem Fundament, Rechtsgrund im Sinne von Ursprung einer Legitimität, die mit belanglos-ephemerem Dasein nicht vereinbar ist, und zugleich doch auch das, was das Begründete in sein Dasein und in dessen Vollzug gelangen lässt.

Werden nun diese drei Bedeutungsmomente zugleich und in einem in Anspruch genommen, dann kann zwischen dem Grund und dem Begründeten gar nicht eben die Differenz herrschen, die zwischen einer Ursache und ihrer Wirkung immer mitzudenken ist. Zwar sind Ursachen nur über ihre Wirkungen zu ermitteln, und Ursache ist etwas nur, insofern von ihm eine so und so beschaffene Wirkung ausgeht. Aber ein Stoß ist, um ein Beispiel zu geben, als solcher nicht notwendig, sondern nur unter weiteren besonderen Umständen, mit dem Bruch irgendeines Materials verbunden. Dagegen steht das, was ein Fundament hat und was aus einem Rechtsgrund legitimiert ist, mit dem, worauf es begründet ist, an ihm selbst, nicht nur unter Umständen in einem gründenden Zusammenhang.

Dies schließt weiter ein, dass sich das Fundament einer Sache in deren Verfassung durchgängig geltend macht, dass also der Grund *von* Bewusstsein immer auch als Grund *im* Bewusstsein gedacht werden muss. Daraus versteht es sich dann, dass diese Weise von Begründetsein nicht nach einem von anderswo vorgegebenen Modell, sondern nur ihm Blick auf sie selbst zu fassen ist, und weiter, dass bei dem Versuch, sie adäquat aufzufassen, spekulative Begriffsformen wie von selbst in Gebrauch kommen.

Damit, dass ein Grund von etwas dadurch wirkt, dass er in dem, was er begründet, selbst auch ein Dasein haben soll, ergibt sich bereits für die Begriffsbildung eine Situation, der nur über eine Abweichung von den Bedingungen entsprochen werden kann, unter denen normale Formen der Begriffsbildung zu gewinnen sind. Man mag sich in diesem Zusammenhang der Schwierigkeiten erinnern, die innerhalb der alten natürlichen Theologie mit den Theoremen der Schöpfung und der Erhaltung der endlichen Geister durch Gott aufkamen. In Beziehung auf Geister, denen Freiheit eignet, lässt sich in ihr ein deutlicher Gedanke von deren Erschaffung nicht fassen. Man kann zwar das Stadium des Eintritts ihres Daseins von dem Stadium des Freiheitsgebrauchs unterscheiden. Aber die Erhaltung durch den Schöpfer schließt dann weiter ein, dass der Akt der Selbstbestimmung, der ganz ihr eigener scheint sein zu müssen, von derjenigen Passivität begleitet und durchwirkt ist, die darin liegt, in die Kapazität der Selbstbestimmung durch ihren

Ursprung kontinuierlich weiter und insofern immer neu ins Dasein eingesetzt zu sein. Die Schwierigkeit, solches zu verstehen, steigert sich noch in einer Denkweise, die gegen jede anfängliche und grundsätzliche Unterschiedenheit zwischen Absolutem und Endlichem angehen will.

In seiner Selbsterfahrung ist das bewusste Leben selbst von dieser Schwierigkeit nicht in derselben Weise belastet. Dem Menschen kann das Bewusstsein, Subjekt seines Tuns und seines Wollens zu sein, mit dem Bewusstsein verschmelzen, dass jeder Vollzug dieser seiner tätigen Subjektstellung doch nicht allein aus ihm selbst ermöglicht ist, dass er vielmehr von einer ihm nicht verfügbaren Realität begleitet und getragen und insofern auch mitinitiiert sein muss.

In seiner frühen Entwicklung hat das Kind zwar zuerst einmal dahin zu gelangen, dass es sich nicht nur als Zentrum des Fühlens und Begehrens bewusst wird, sondern dass es sich als das Subjekt der Aktivität geordneten Überlegens und auch von überlegtem Verhalten versteht, mit denen es in seine Umgebung eingreift und schließlich auch seine eigenen Einstellungen zu modifizieren sucht. Im erwachsenen Leben kann der Mensch als Subjekt dann aber auch dazu eine Distanz aufbauen, dass Wirkungen von ihr initiiert werden. Dann kann sich in ihm ein Wissen davon ausbilden, dass, was er tätig bewirken muss, nicht durchaus nur sein eigener Vollzug ist. So wie sich das, was er zu bewirken sucht, als Element im Hervorgang einer größeren Ordnung verstehen lässt, so kann er seine eigene Fähigkeit zu solchem Tun als gewährt und dann auch deren Ausübung, das Tun, als in ihm selbst von einem Grund getragen erfahren und denken. Insofern ist also die Einheit von Aktivität und gegründetem Geschehen, die dem Versuch einer formalontologischen Bestimmung beträchtliche Schwierigkeiten macht, für die Subjektivität in der Entfaltung ihres Sich-Verstehens ein zwar hoch entwickeltes, dann aber durchaus auch vertrautes Stadium.

2.

Der Gedanke von einem Grund im Bewusstsein muss noch näher bestimmt werden. Dabei ist zwischen Bestimmungen zu unterscheiden, die sich allein aus dem gewinnen lassen, wie sich Bewusstsein in Beziehung auf sich selbst versteht, und solchen Bestimmungen, die sich dann ergeben, wenn man Gedanken, die in der Weltbeziehung des Subjektes ansetzen, zusammenführt mit dem Gedanken vom Grund im Bewusstsein. Beim ersteren muss man weiter noch zwischen Gedanken unterscheiden, die im bewussten Leben als solchem spontan aufkommen können, und den Resultaten philosophischer Überlegungen, die Voraussetzungen dessen betreffen, was das Wissen dieses Lebens von sich ausmacht.

Der Gedanke von einem Grund im Bewusstsein legt eben deshalb, weil über ihn diesem Bewusstsein eine Gründung und Bewandtnis nicht von außen zuwächst, den Anschluss an einen Gedanken von einem Absoluten nahe, für dessen Verfassung eben diese Art, gründend zu sein, charakteristisch ist. Aber der Gedanke von einem Absoluten und auch der Gottesgedanke der Metaphysik können nicht *allein* im Ausgang von der Erfahrung und dem Gedanken eines Grundes entwickelt werden, in den das bewusste Leben einbegriffen ist. Was als Gott oder als das Absolute gedacht wird, ist nämlich verstanden als gründend für *alles*, hat also die Beziehung auf einen Inbegriff von allem und damit den Gedanken einer Welt zur Voraussetzung. Setzt man aber voraus, dass der Gedanke vom Grund im Bewusstsein zu dem eines allgegenwärtigen Grundes erweitert worden ist, dann kann er sogleich auch in der Erfahrung des bewussten Lebens besondere Züge annehmen. Einer von ihnen hat hier Erwähnung zu finden: Die durchgängige Gegenwart des Grundes im Bewusstsein bestärkt die Tendenz, diesen Grund nicht als gegenüber dem Bewusstsein äußerlich oder gleichgültig, sondern in Adäquanz zu ihm aufzufassen. Insofern kann sich der Gedanke vom Grund an ganz natürliche Erfahrungen anschließen, die schon im frühen Leben gemacht werden – dass nämlich das eigene Leben in der Zuwendung anderer getragen und geborgen ist. Dass dies eine Erfahrung von Abhängigkeit ist, lässt dem Grund die Eigenschaft zuwachsen, dem bewussten Leben nicht nur gemäß, sondern ihm auch in Rang und Mächtigkeit vorgeordnet zu sein. Doch selbst die Steigerung dieser Erfahrung zum ontologischen Prinzip ergäbe für sich allein nicht den Gedanken von einem Höchsten und Ersten – ganz abgesehen davon, dass die Lebenserfahrung für sich allein einen äußersten Gegensatz zum Gedanken des schirmenden Gottes nicht auszuschließen vermag. Für ihn vollzieht sich das bewusste Leben in einem Drang, Fall oder Sog unter der Vormacht eines anonymen Prozesses, der gegen es als solches ganz gleichgültig ist, so dass es ihm nur als irgendein Vollzugsmedium zugehört. In diesem Vollzug, der sein Leben ausmacht, ist es bedrängt und beängstigt, kann ihm aber auf keine Weise entkommen.

Der Gottesgedanke und der Gedanke von All-Einheit legen es gleichermaßen nahe, dass ihr Ursprung nicht in der Selbstbeziehung für sich allein, sondern zugleich und auch zuerst in die Weltbeziehung des Subjektes zu setzen und auch von ihr her aufzuklären ist. Diese Gemeinsamkeit wirft zugleich Licht auf die Art des Konkurrenzverhältnisses, in dem sie zueinander stehen, lässt aber auch die Tendenz verständlich werden, die darauf geht, sie schließlich miteinander in einer einzigen Begriffsform zusammenzuführen. Die Differenz zwischen ihnen kann man daraus erklären, dass der Gottesbegriff aus einer Entfaltung und Steigerung der Begriffsform hervorgeht, in der sich die Weltbeziehung des Subjektes als Träger und Agent von Erkenntnis aufbaut. Im metaphysischen Gottesbegriff wird sowohl der erste Grund wie der Inbegriff alles dessen gedacht, was in einer Welt von Einzelnem, das in Ordnungen aufeinander bezogen ist, wirklich werden und sich dem Subjekt erschließen kann. Dagegen gewinnt der

Gedanke der All-Einheit nicht durch eine Steigerung innerhalb dieser Begriffsform eine artikulierte Gestalt und Durchführung, sondern durch deren Revision, und zwar in der Gestalt eines direkten Gegenzuges gegen die Welt der Einzelnen, die in eine Ordnung eingefügt sind. Als All-Einheit ist der Gedanke von einer Welt konzipiert, kraft dessen die Einzelnen und die Ordnungen, in denen sie existieren, nicht mehr als gegeneinander different und nur korrelativ aufeinander bezogen zu denken sind. Ich habe diesen Zusammenhang in meinen Versuchen entwickelt, die sich darum bemühen, die Genesis und die Verfassung spekulativen Denkens durchsichtig werden zu lassen, insbesondere in *Grund und Gang spekulativen Denkens*.

Die Überlegungen zur Genesis der Gedanken von Gott und von einem Absoluten im Ausgang von der Weltbeziehung des Subjekts führen alsbald vor die Aufgabe, die Beziehungen aufzuklären, welche zwischen diesen Gedanken und dem Gedanken vom Subjekt selbst eintreten. Dass beide einander zugeordnet werden müssen, ergibt sich spontan, nicht nur aus irgendeinem theoretischen Interesse. Denn das Subjekt ist nicht nur Korrelat und Formquelle seiner Welt. Es ist als Endliches selbst auch in dieser Welt positioniert. Und wenn Gedankengehalte gefasst werden, die in einer Beziehung zu allem schlechthin gesetzt sind, dann stellt sich sogleich die Frage, wie ihre Beziehung zu dem bestimmt werden kann, als was das Subjekt für sich selbst bereits hat gedacht werden müssen.

Aus dieser Anordnung geht hervor, dass sich die Frage nach der Art der Beziehung des Gründenden oder des Höchsten in der Verfassung der Welt zum Subjekt nunmehr sogar auf deren Verhältnis zum Gedanken vom Grund im Subjekt konzentrieren muss. Dieser Gedanke war aus der Analyse der Subjektivität für sich allein hervorgegangen. Insoweit nun das Subjekt als einbezogen in das Ganze des Wirklichen zu denken ist, und zwar über seinen Grund oder auch über dessen Grundverfassung, wird, was für die Weltform begründend ist, letztlich als identisch mit diesem Grund im Bewusstsein zu denken sein. Der Grund im Bewusstsein wird dann also vermittels der Grundgedanken weiter bestimmt werden, die im Ausgang von der Welt entwickelt wurden. Umgekehrt wird der Gedanke von einem Höchsten und Absoluten selbst so gefasst werden müssen, dass sich an ihn wiederum die besondere Weise, Grund zu sein, anschließen lässt, die zuvor in der Analyse des Gedankens von einem Grund im Bewusstsein ihr Profil gewonnen hatte. In dem Vortragstext, auf den sich viele Beiträge dieses Bandes beziehen, habe ich diesen Zusammenhang als den zwischen dem Gottesgedanken und dem Subjekt entfaltet. Man könnte dafür ebenso von der Begriffsform ausgehen, in der eine all-eine Welt zu denken ist. Dann müsste allerdings vorab der Übergang zu einer spekulativen Begriffsform als solcher begründet worden sein. Die Argumentation würde dann aber viel verwickelter ausgefallen sein. Dafür, dass man diesen Weg der Argumentation eigentlich vorziehen sollte, fällt noch mehr ins Gewicht, dass dieser Übergang gerade durch eine weitere Entfaltung des Gedankens des Grundes im

Bewusstsein, die sich nunmehr direkt an die Analyse des Wissens von sich anschließen kann, wohl am meisten Überzeugungskraft gewinnt.

Wie immer man die Begründung aufbaut – sie wird in jedem Falle dahin führen, dass sich eine spezifische und eine besonders enge Beziehung ergibt zwischen dem Wissen des Subjektes von sich und dem seiner Gedanken, dessen Gehalt ein Höchstes und Erstes in Beziehung auf alles überhaupt ist, ob es nun als Gott oder als Absolutes gefasst wird. Wird dies Erste als Gott gedacht, so heißt das, dass es als eine separate Entität, als ein Individuum verstanden wird – jedenfalls zunächst und anfänglich, wie immer Gott als ein Einzelnes ganz eigentümlicher Verfassung und wie immer der Gedanke dieses Einzelnen dann weiter zu einem Prozess, zu einer nicht substantiellen Macht, als in sich selbst zu einer Dreiheit sich scheidend und verbindend oder als über allem Seienden gründend und waltend entwickelt werden muss. Ist dagegen vom Absoluten die Rede, dann ist der Gedanke des Ersten und Höchsten von Beginn an von dem Gedanken an eine Entität oder ein Individuum abgerückt – wenngleich dieser Gedanke auch in der Folge mit Zügen erweitert werden mag, die ursprünglich einer Entität, einem Individuum zugeschrieben werden.

Die Gedanken von Gott oder dem Absoluten werden von der Weltbeziehung des Subjektes her gewonnen. Dass sie gegenüber den normalen Gedanken von dem, was innerhalb der Welt wirklich ist, differieren, ist die Voraussetzung dafür, dass eine Aussicht darauf besteht, dass auch das Subjekt selbst in das Ganze einbezogen ist, in dem sie als das Erste oder das Höchste gelten. Denn das Subjekt ist nicht nur als das Subjekt der Weltbeziehung von ganz anderer Verfassung als all das, was für es in seiner Welt wirklich ist. Es muss sich einen eigenen Grund voraussetzen. Von diesem Grund aber und von dessen Verhältnis zum Subjekt, das in ihm gründet, ist zuvor klar geworden, dass sie nur in einer Begriffsform zu fassen sein werden, die von der Begriffsform der normalen Welterkenntnis abweicht. Was sich aus der Entwicklung des Gedankens vom Ersten und Höchsten ergibt, muss an das anzuschließen sein, was aus der Analyse des Gedankens vom Grund im Bewusstsein hervorgegangen ist. Dabei kann aber davon ausgegangen werden, dass aus dieser Analyse selbst schon die Voraussetzungen für einen solchen Anschluss zu gewinnen sind.

Man hat jedoch auch zu erwägen, ob und inwieweit es wohl möglich ist, den Übergang vom Grund im Bewusstsein zu dem zu entwickeln, was als Absolutes gedacht wird, ohne einen Weg über die Weltform zu nehmen. Einen solch direkteren Übergang könnte man auch in der entgegengesetzten Richtung aufzubauen suchen, also im Ausgang von einem Gedanken des Absoluten, der nicht allererst über eine Revision der Begriffsform gebildet sein soll, auf welche die Weltbeziehung gegründet ist. Beide Übergänge sind charakteristisch für Versionen von Fichtes späterer Wissenschaftslehre. Dietrich Korsch plädiert dafür, sich an diesen Typus von Begründung zu halten und damit den Gedanken vom Absoluten von dem der All-

Einheit unabhängig zu machen. Ich habe allerdings in meinen letzten Arbeiten den Gedanken vom Grund im Bewusstsein und vom Absoluten wirklich Ursprünge in einem jeweils anderen Moment der Grundverfassung unseres Wissens zugeordnet. Geht man davon aus, dann ist mit dem Problem, wie diese beiden Gedanken zueinander so ins Verhältnis gesetzt werden können, dass sich ein konsistentes und methodisch beherrschbares Ganzes ergibt, die Aufgabe der Ausbildung einer spekulativen Begriffsform formuliert. Die weiteren Überlegungen in diesem Band werden noch viel Gelegenheit dazu geben, diesem Problemkomplex nachzugehen.

3.

Das Resümee der Schrittfolge, mit der ich die Subjektivität von ihrem Grunde her mit dem Gedanken von einem Absoluten zusammenzuführen suche, ist nun so weit geführt, wie es dafür nötig ist, zu Jörg Dierkens Text und zu den Intentionen, die in ihm am Werke sind, zurückzuleiten. Aus dem Vorausgehenden ergeben sich zumindest drei Folgerungen, die dazu beitragen können, das Verhältnis seiner Überlegungen zu meinen Versuchen deutlich zu machen.

(1) Die Schlüsselbedeutung der Untersuchungen, die der Subjektivität als solcher gelten, ergibt sich aus dem Vorausgehenden auf gleich mehrere Weise. So ist klar, dass die Verbindung zwischen der Subjektivität und dem Gedanken von einem Absoluten unter Einschluss dessen begriffen werden muss, was das Subjekt zum Zentralpunkt alles Wissens und alles Erkennens und damit sowohl des Wahrheitsbezugs als auch der Weltbeziehung macht. Der Grund im Bewusstsein muss darum immer auch als kommensurabel zu dem Zugang des Subjektes zu formalen Objekten wie logischen Formen und mathematischen Funktionen gedacht werden. Zumindest ein Argument spricht dann dafür anzunehmen, dass sich eine solche Kommensurabilität eher durch eine Verbindung zwischen dem Grund im Bewusstsein und dem Begriff des Absoluten erreichen und bewahren lässt. Insofern nämlich der Begriff des Absoluten durch eine Revision von Grundfunktionen der Weltbeziehung gewonnen wird, ist er einem formalen Objekt verwandter als der Gottesgedanke. Gott ist – es sei wiederholt – zunächst als eine Entität zu verstehen. Inwiefern sie Grund aller formalen Objekte sein kann, die ‚ewige Wahrheiten' sind, oder ob sie deren Wirklichkeit voraussetzt, ist ebenso ein alter Streitpunkt der natürlichen Theologie wie die Frage, auf welche Weise er, sofern er diese Wahrheiten schafft, sie an die endlichen Subjekte vermitteln kann. Allerdings lässt sich auch dann, wenn der Grund im Bewusstsein zu einem Absoluten ins Verhältnis gesetzt wird, der Ursprung von logischer Form und Wahrheitsbezug nicht aus diesem Absoluten herleiten. Anders und angemessener ist dasselbe ausgedrückt

wenn man sagt, dass der Übergang vom Absoluten als Form zum Wissen sich nicht konstruktiv entwickeln lässt, dass er nur leichter in eine spekulative Begriffsform eingebettet werden kann. Der Wahrheitsbezug teilt nämlich mit der Subjektivität den Status eines nicht weiter zu hintergehenden Ausgangs.

Somit gilt umgekehrt auch, dass der Gedanke des Absoluten ebenso wie der Gedanke von Gott nicht durch Gott selbst oder dem Absoluten dem Subjekt von diesem seinem eigenen Ursprung, um es so zu sagen, vorgesetzt worden sein können. Zwar ist das Subjekt als solches in dem, von woher sich sein Grund versteht, in allem, was es von sich aus vollzieht, ermöglicht und gegründet. Seine Gedanken vom Absoluten sind aber kraft seines eigenen Denkens gewonnen – wie immer es in diese seine Kapazität von anderem her eingesetzt ist. Diese Gedanken sind insofern sein Entwurf, wenn auch kein willkürlicher, sondern einer, zu dem es mit Notwendigkeit gelangt. Die Begründung für diese Notwendigkeit ist komplex – auch deshalb, weil immer auch andere als rein theoretische Gründe in sie einbezogen sind. Sie ergeben sich daraus, dass der Mensch als Subjekt ein bewusstes Leben zu führen hat. Darum ist jeder Gedanke von einem Absoluten auch unter dem Gesichtspunkt seiner Bedeutung für die Möglichkeit der Lebensführung des Menschen zu erwägen. Dass der Mensch das, was als Absolutes gedacht wird, auch als wirklich erkennen und anerkennen kann, ist nicht nur von der Klarheit und der Konsistenz seiner Verankerung in allen seinen Gedanken abhängig. Schlussendlich wird er dadurch bewahrheitet, dass er zu einem unabweisbaren Orientierungspunkt in seiner Lebensführung werden kann und wirklich geworden ist – etwa dann, wenn die Lebenssumme des Menschen von Dankbarkeit durchzogen und getragen ist.

Wäre der Ursprung von allem in einem Ersten, sei es Entität oder Form, dem Subjekt auf irgendeine Weise in seinem Wissen *vor*gegeben, dann wäre der Spielraum für unterschiedliche Fassungen dieses Ursprungs in Gedanken daraus erklärt und darauf beschränkt, dass der Ursprung mehr oder weniger angemessen verstanden wird oder dass er auch in Gedanken verfehlt worden sein kann. Ist der Ursprung aber, bevor er sich bewahrheiten kann, zu entwerfen, geht dieser Entwurf weiter aus einer Zusammenführung von epistemischen Dimensionen hervor und ist dabei auf komplexe Begründungslagen Rücksicht zu nehmen, dann gewinnen Überlegungen von der Art wie die, welche ehedem zur Kohärenztheorie von Wahrheit geführt haben, ein ganz anderes Gewicht: Es muss ein in sich konsistenter Gedanke vom Absoluten erreicht werden, an den sich jene anderen Problembereiche von Denkens, Erfahrung und Selbstverständigung einsichtig, möglichst umfassend und ergiebig anschließen lassen.

Dies alles muss man im Blick haben, um den Akzenten gerecht zu werden können, die Jörg Dierken in das Grundmuster meiner Aussagen über die Beziehungen zwischen Absolutem und Selbstsein eingebracht sehen will. Sie betreffen den Bezug auf Anderes und den Anderen, die für das endliche Selbstsein ebenso konstitutiv sind wie für seine Gottesbeziehung im Grunde seines Lebens. Sie betreffen ebenso eine Andersheit im Absoluten selber. Dierken begründet, warum das Absolute als interner Grund endlicher Andersheit in sich selbst zu dieser endlichen Andersheit in einer Korrespondenz stehen muss, aus der die Gründung der endlichen Andersheit in diesem Absoluten begreifbar wird. Dabei leitet Dierken insbesondere das Interesse daran an, es deutlich herausgearbeitet zu sehen, dass die Gedanken des Absoluten und seiner Gründung des Endlichen mit der Wirklichkeit von dessen Freiheit vereinbar bleibt. Dierken skizziert in rasch und sicher geführten Strichen einen Begründungsgang, der von denselben Prämissen wie meine Versuche ausgeht, aus dem dann aber unter der Voraussetzung der Wirklichkeit der Freiheit der endlichen Subjekte ein weiter ausgebildeter Gedanke vom Absoluten, vom Wissen von ihm und von seinem Bezug zum Endlichen hervorgehen soll.

(2) Die zweite Generalfolgerung aus dem Vorausgehenden kann nun ihren angemessenen Platz finden. An dieser Stelle sollte ich nicht schon im Einzelnen auf das Gesamtkonzept Jörg Dierkens eingehen. Es läuft auf nichts anderes als auf eine Grundlegung der systematischen Theologie hinaus. In anderen Beiträgen des Bandes ist Anlass genug dafür, auf seine Überlegungen der Sache nach wieder zurückzukommen.

Aber es ist wichtig, sich immer dessen bewusst zu sein, dass alle weiter bestimmten Gedanken vom Absoluten nicht aus der sorgfältigen Analyse eines im Denken oder gar in einer Intuition vorgegebenen oder fest verankerten Konzeption eines Absoluten begründet sein müssen. Schon der Gedanke eines Absoluten selbst ist das, was Kant eine Idee nannte: er geht aus einem, wiewohl notwendigen Entwurf hervor. Allerdings vollzieht sich dieser Entwurf nicht in einem Schritt, wodurch er sich von den Ideen unterscheidet, die in Kants Analysen ausgewiesen worden sind. Er bildet sich über mehrere Stufen: Über den Gedanken von einem Ganzen der Welt hin zu dem eines einigen Ersten und über eine Umbildung der normalen Weltform, die Anschluss an das Bewusstsein von einem Grund im Bewusstsein finden muss. Mit der Umbildung der normalen Weltform stellt sich bereits die Frage, in welcher Begriffsform der Gedanke vom Absoluten einen bestimmten, also beherrschbaren und zu einer der weiteren Entwicklung fähigen Gehalt gewinnen könnte. Und erst, wenn der Gedanke vom Absoluten wirklich erreicht ist, ergibt sich die weiterführende Aufgabe einer Absoluttheorie in ihrem ganzen Umfang. Denn erst dann kann es darum gehen, das Absolute auf der Grundlage dieser Begriffsform in all den Beziehungen bestimmter aufzufassen, die daraus folgen, dass es, das Absolute, als alles einbegreifend und doch von einer bloßen Zuordnung von allem zu einem Ganzen unterschieden gedacht werden muss.

Sobald diese Aufgabe sich stellt, kann auch der weiteren Frage erneut nachgegangen werden, wie der Gottesgedanke im Verhältnis zu dem des

Absoluten näher zu bestimmen ist. Das wieder muss zu Erwägungen führen, um welche Züge des jeweils anderen jeder der beiden Gedanken erweitert, vertieft oder auch korrigiert werden kann oder muss. In Jörg Dierkens Text wird mit der Begründung dafür, dass eine Beziehung der Andersheit in den Gedanken vom Absoluten selbst aufgenommen wird, eine Annäherung des Absoluten an den Gottesbegriff vollzogen, wobei aber doch die Genesis des Gottesbegriffs aus einer Entwicklung, die sich ganz innerhalb der Gedanken vom *ens* summum hält, nicht wieder in Kraft gesetzt werden soll. Auch auf diese Züge in Dierkens Skizze kann in anderen Diskussionen des Bandes zurückgekommen werden.

Hier aber gilt es vor allem zu konstatieren und zu unterstreichen, dass alle diese Überlegungen den Status eines suchenden Erkundens haben. Sie erforschen nicht ein schwer zugängliches Wirkliches, um schließlich Verlässliches hinsichtlich seiner als Erkenntnis in Anspruch zu nehmen. Sie können auch keine Demonstrationen entwickeln, an deren Schlussfolgerungen kein Zweifel möglich ist. Zwar sind sie an die Grundoperationen gebunden, durch die Subjekt und Weltganzes überschritten werden. So unterliegen sie dem logischen Zwang, die jedem Rückschlussverfahren, der Ideenbildung und dem Aufbau einer spekulativen Begriffsform innewohnen. Ohne dem gerecht zu werden, würden alle Überlegungen solcher Art über den Status von Assoziationen nicht hinauskommen. Des weiteren müssen sie zwischen Grundalternativen optieren, die für eine Zuordnung von Endlichem und Absoluten kraft eines Gedankens vom Absoluten allein offen stehen. Darüber hinaus müssen sie dann aber ihre Gedanken in jenem Raum von Gedanken eigenständig ausbilden und entfalten, der sich zwischen dem Gedanken vom Grund im Subjekt und dem Überstieg über die natürliche Welt aufgetan hat. In diesem Raum ist nichts uns schlechthin Vorgegebenes zu entdecken, das nur noch in Gedanken aufgefasst oder übersetzt werden muss. Alle Gedanken, in denen er besetzt und durch Zuordnungen erschlossen wird, müssen vom Subjekt gebildet und ausgearbeitet werden. Die letztlich leitende Absicht dabei ist jedoch die, eine Verständigung über ein Ganzes und seinen Grund zu gewinnen, in dem alles, wovon die Erkundung ihren Ausgang nahm, wieder erreicht, in einen Zusammenhang gebracht und in diesem Zusammenhang auf neue Weise angeeignet werden kann. Indem dies wirklich geschieht, verliert, was nur als vom Subjekt geleistete Erschließung in Gang kommen konnte, schließlich seinen Status, Entwurf, Extrapolation und spekulatives Konstrukt zu sein. Es kann zum Fundament einer Summe des Lebens werden und wird damit als das Resultat einer Verständigung angenommen werden, zu der dies Leben durch das gewiesen und geleitet wird, von dem es sich nun erst in allem, was es ausmacht, begründet weiß.

So ergibt sich denn, dass Konzeptionen des Absoluten innerhalb des Raumes von Ideen in den hinein sie zu entwerfen sind, in einer Fülle von Varianten ausgebildet werden können. Es folgt zugleich, dass die Pluralität und die Differenz zwischen ihnen, die ihre Glaubwürdigkeit von vornherein zu unterminieren scheint, nicht im Widerspruch zu den invarianten Ausgangspunkten ihrer Genesis steht. Und es folgt weiterhin, dass ihre Kraft, das bewusste Leben, zu orientieren und dabei einer Grundwahrheit zu entsprechen, auch durch Defizite in ihrer Ausarbeitung nicht aufgehoben werden muss.

(3) Dem allen kommt noch größeres Gewicht zu, wenn man die praktischen Vollzugsweisen des bewussten Lebens einbezieht. Unter den Evidenzen, die in der Beglaubigung eines Gedankens vom Absoluten zusammengeführt werden, sind sie von besonderem Belang. Dem gemäß leiten sie Dierkens Überlegungen auch nahezu durchgängig an. Auch sie lassen sich nicht über formale Entwicklungen aus einem Gedanken vom Absoluten herleiten. Diese Entwicklungen können nur, müssen aber auch so angelegt werden, dass ihr Resultat Anschluss an die praktischen Vollzugsweisen des Lebens findet.

Daraus mag es sich erklären, dass die Grundfiguren des spekulativen Denkens in seiner gesamten Geschichte von deren Beginn an anthropologische Obertöne mit sich führten und dass sie Assoziationen zu Lebensprozessen nahe legen. So wird das Andere des Einzelnen immer zugleich als der Mitmensch verstanden und konkretisiert; und die Gründung ihrer Beziehung im Absoluten wird zur Fundierung ihres wesentlichen Mitsein. Eine Fülle von Weisen von menschlicher Interaktion samt ihrem Gelingen und Fehlgehen kann wohl auf solche Weise in die Grundfigur von Beziehungen eines Subjekts in und zu seiner Welt eingeschrieben werden, die somit vom Konzept eines Absoluten her verstanden sind. Dass Dierken die Modi von Andersheit im Selbstsein hervorhebt, ergibt sich daraus, dass ein Interesse seiner gesamten Arbeit solchen Phänomenanalysen gilt.

Man muss sich klarmachen, dass auch die Freiheit des Einzelnen, die für Dierken die Stellung der Grundevidenz und des Scharniers seiner Überlegungen hat, der praktischen Dimension im Vollzug des bewussten Lebens zugehört. Dierken geht von ihr aus, ohne sich für diesmal auf eine nähere Erklärung des Freiheitssinnes einzulassen. Aber es ist klar, dass er unter Freiheit mehr und anderes als die Zentrierung des bewussten Lebens in sich und die Prozesse der Ausbildung seiner epistemischen Identität versteht. Es wird kaum kontrovers sein, dass jede Art solcher Freiheit sich einer theoretischen Demonstration entzieht. Freiheit kann dann nur als Faktum in das Denken eintreten, das die Subjektivität und ihre Beziehungen unter dem einen Gedanken vom Absoluten begreift.

Es ist mehr als nur zulässig, das Nachdenken über den Grund des bewussten Lebens in einem Absoluten auf die Lebenspraxis und damit die Intersubjektivität des endlichen Subjekts zu konzentrieren. Das sollte aber und muss auch nicht dazu führen, dass die Aufgaben der Klärung der Genesis des Gedankens vom Absoluten, die Bestimmung der Verhältnisse, in die er eingefügt ist, und die Bemühung um eine Begriffsform für eine Art von Absoluttheorie abgeschattet werden. Sie sind schlechthin grundlegend dafür, das unausdrückliche Denken, das alles Selbstsein durchherrscht und das ihm seine Weltbeziehung und sein Selbstbild aufschließt, aufzuklären und deutlich werden zu lassen, welches die Ausgangspunkte sind, von denen her der Gedanke eines Absoluten in ihm aufkommt und in Beziehung auf die er eine überlegene Kraft gewinnen kann.

Dass diese Überlegungen die grundlegenderen sind, heißt jedoch durchaus nicht, dass sie die für das bewusste Leben wesentlichste Wirklichkeit betreffen. Diese Wirklichkeit kann die erfüllte Gemeinsamkeit bleiben, die von dem Bewusstsein getragen wird, im eigenen und ihm gemeinsamen Leben von einem Absoluten gegründet zu sein. Ich habe selbst versucht, aus einer Grundlegung, die im bewussten Leben des Einzelnen einsetzt, zu einer Verständigung über die vielen Gestalten der Intersubjektivität, über ihre Bedeutung für die Genese bewussten Lebens und über die Erfüllung dieses Lebens in wesentlichem Mitsein zu gelangen.

Dierkens Text kulminiert nun aber in der noch weiter reichenden Perspektive, die beide Dimensionen in eine direkte Beziehung zueinander bringt: Die Schwierigkeiten, die man damit hat, im Absoluten Selbstbeziehung und Beziehung auf anderes in konsistenten Gedanken zusammenzubringen, ist für ihn ein Indiz dafür, dass die Gedanken vom Absoluten in den Rahmen eines gelehrten Nichtwissens eingeschrieben bleiben müssen, dass aber eben daraus die Nähe zwischen der Lebenspraxis und dem Gedanken des Absoluten auch für die philosophische Begründung einsichtig gemacht werden kann.

In anderen Texten von Dierken wird diese Engführung von negativer Theologie und Praxis des Selbstseins mit Berufung auf die späteren Wissenschaftslehren Fichtes begründet. Ich bin mit ihm darin einig und habe oft betont, dass jede Überzeugung von der Wirklichkeit des Absoluten in einer bestimmten Fassung dieses Gedankens von noch anderen Gründen als denen abhängig ist, die sich aus einem theoretischen Nachweis ergeben können. Doch damit bleibt die Frage offen, in wie weit auch der architektonische Grundriss des Gedankens vom Absoluten *allein* in einem lebenspraktischen Bewusstsein fundiert sein könnte.

Damit ist ein Thema angeschlagen, dem auch im Folgenden weiter nachzugehen sein wird. Ebenso bleibt jedoch zu bedenken, wie eine Beziehung auf Anderes in die Selbstbeziehung des Absoluten eingebracht werden kann, ohne dass damit, wie immer wider Willen, die Beziehung zwischen dem Absoluten und dem Endlichen neuerlich nach dem Modell der Beziehung zwischen zweierlei Entitäten verstanden werden muss. Dies Problem hat die gesamte Geschichte der Absoluttheorie bestimmt, seit Hegels spekulativer Explikation des Gedankens vom Absoluten Zweideutigkeiten vorgeworfen werden konnten und seit man versuchte, seine Konzeption eines Absoluten in gegensätzliche Richtungen weiter zu treiben oder umzudeuten. So ist es also nicht verwunderlich, dass auch wir diese Problematik, welche alle diese Unternehmen, unter ihnen die des späteren Schelling und von David Friedrich Strauß, in Gang brachten, weiterhin im Blick zu halten haben.

Christoph Jamme (Lüneburg)

„Trennungen, in denen wir denken und existieren"

Dieter Henrich und Friedrich Hölderlin

Wie kaum ein Zweiter hat es Dieter Henrich in den letzten Jahrzehnten vermocht, der Erforschung des so genannten „Deutschen Idealismus" neue Impulse zu geben. Dabei hat er eine Methode philosophiegeschichtlicher Forschung propagiert, die er „Konstellationsforschung" genannt hat und die von der Überzeugung ausgeht, dass eine zureichende Erschließung der Periode der nachkantischen Philosophie dann nicht gelingen kann, wenn man sich auf die Werke jeweils *eines* Autors wie Fichte, Hegel oder Schelling konzentriert. Vielmehr müsse man davon ausgehen, „dass Erschliessungsleistungen des Denkens nicht schlechthin von denen ausgehen, die sie erbracht haben, und dass sie auch von ihnen nicht durchaus beherrscht werden können"[1]. Nicht auf die Entwicklung eines einzelnen Denkers dürfe man sich konzentrieren, sondern es müssen die intellektuellen Konstellationen jenes Denkraumes erforscht werden, in welchem dieser seine Gedankenlinien auszog. Dabei gelte es, „zwei Arten von Konstellationen zu berücksichtigen: zum einen die Konstellation zwischen den Begriffs- und Systembildungen der großen Theorien und zum anderen die Konstellationen des philosophischen Gesprächs, die für die Ausbildung der Systeme nach Kant und Fichte und wohl auch für Fichtes eigenen Weg in Jena und über Jena hinaus eine nicht ignorable Bedeutung gehabt haben"[2]. Seit 1985 hatte Henrich Gelegenheit, diese Methode der Konstellationsforschung im Rahmen eines an der Universität München ins Leben gerufenen Projektes zu erproben, das der Profilanalyse der intellektuellen Situation in Jena in den Jahren 1790–1795 galt. Zu den wichtigsten Ergebnissen der Konstellationsforschung im Allgemeinen und dieses Projektes im Besonderen gehört „die Neubewertung der philosophischen Bedeutung Friedrich Hölderlins für das Zustandekommen der idealistischen Systemphilosophie"[3]. Als wichtigstes Ergebnis dieses Projektes, das sich vor allem als Suche nach noch nicht erschlossenen Quellen verstand, lässt sich festhalten, dass der einzige fundamentalphilosophische Text Hölderlins, von Beißner *Urtheil und Seyn* genannt, eine philosophische Konzeption aus vollständig eigenem Entwurf, wenn auch in engster Beziehung auf die Problemlagen seiner Zeit formuliert ist. Im Anschluss an Jacobis Denken sucht Hölderlin nach einer

---

[1] D. Henrich, *Konstellationen. Probleme und Debatten am Ursprung der idealistischen Philosophie (1789–1795)*, Stuttgart 1991, 20.
[2] Ebd., 42.
[3] R.-P. Horstmann, in: *Süddeutsche Zeitung*, 5.–7. Januar 2007.

Alternative zur Grundsatzphilosophie. Selbständig und selbstgewiss konnte er in Jena gegen Fichte auftreten.[4]

Doch die Beschäftigung mit Hölderlin war für Henrich immer mehr als nur philosophiehistorisch orientiert. Henrichs eigene Philosophie gelangte an Hölderlins Vorgaben zur Entfaltung. Dies lässt sich vor allem an zwei Grundtheoremen ablesen: Einmal an der Kern-Idee einer integrativen Einheit bzw. am Gedanken von der All-Einheit, die mit der Einsicht einhergeht, dass Differenz nichts Ursprüngliches ist[5], dann an dem Begriff des „bewussten Lebens", das sich über seine Subjektivität zu einem metaphysischen Gesamtzusammenhang vermittelt[6], konzentriert in dem Term „letzte Gedanken"[7]. Auf die Frage, was von Hölderlin gewirkt habe, hat Henrich selbst die Antwort gegeben: „[...] die Besinnung auf die Dynamik des Lebens, die durch Stadien führt [...]".[8] Es geht um die Lösung der Zirkularität des Reflexionsmodells des Selbstbewusstseins: das Objektivität gewährleis-

---

[4] Vgl. dazu folgende Werke von D. Henrich: Hölderlin über Urteil und Sein. Eine Studie zur Entstehungsgeschichte des Idealismus, in: *Hölderlin-Jahrbuch* 14 (1965/66), Tübingen 1967, 73–96; Hegel und Hölderlin, in: Ders., *Hegel im Kontext*, Frankfurt am Main 1971; Über Hölderlins philosophische Anfänge, im Anschluß an die Publikation eines Blattes von Hölderlin in Niethammers Stammbuch, in: *Hölderlin-Jahrbuch* 24 (1984/85), Tübingen 1985, 1–28; *Der Gang des Andenkens. Beobachtungen und Gedanken zu Hölderlins Gedicht*, Stuttgart 1986; Philosophisch-theologische Problemlagen im Tübinger Stift zur Studienzeit Hegels, Hölderlins und Schellings, in: *Hölderlin-Jahrbuch* 25 (1986/87), Tübingen 1987, 60–92; *Konstellationen. Probleme und Debatten am Ursprung der idealistischen Philosophie (1789–1795)*, Stuttgart 1991; *Der Grund im Bewußtsein. Untersuchungen zu Hölderlins Denken (1794–1795)*, Stuttgart 1992; Eine philosophische Konzeption entsteht. Hölderlins Denken in Jena, in: *Hölderlin-Jahrbuch* 28 (1992/93), Tübingen 1993, 1–28; *Carl Immanuel Diez. Briefwechsel und Kantische Schriften. Wissensbegründung in der Glaubenskrise. Tübingen-Jena 1790–1792*, Stuttgart 1997, CXXIV; *Grundlegung aus dem Ich: Untersuchungen zur Vorgeschichte des Idealismus. Tübingen – Jena 1790–1794*, 2 Bde., Frankfurt am Main 2004.

[5] Vgl. dazu den gleichnamigen Sammelband: D. Henrich (Hg.), *All-Einheit. Wege eines Gedankens in Ost und West*, Stuttgart 1985; außerdem die Studien von U. Barth, „Letzte Gedanken". Ihr epistemischer Status in Religion und Philosophie, in: D. Korsch/J. Dierken (Hg.), *Subjektivität im Kontext*, Tübingen 2004, 187–210, bes. 198 ff.; G. Hindrichs, Metaphysik und Subjektivität, in: *Philosophische Rundschau* 48 (2001), 1–27, hier 11 f.; M. Theunissen, Der Gang des Lebens und das Absolute. Für und Wider das Philosophiekonzept Dieter Henrichs, in: *Deutsche Zeitschrift für Philosophie* 50 (2002), 343–362, hier 348 f.

[6] Vgl. dazu Hindrichs, Metaphysik und Subjektivität [wie Anm. 5], 14 f.

[7] Vgl. dazu die Interviews: Bewusstes Leben und Metaphysik, in: *Zeitschrift für philosophische Praxis* 1 (1995), 4–9; „Letzte Gedanken", in: *Information Philosophie* 2 (2005), 34–36.

[8] Interview in: *Information Philosophie* 2 (2005), 35; dann in: Die Philosophie in der Sprache, in: *Information Philosophie* 3 (2007), 7–13, hier 12 f.

tende Ich wird verankert „in einem ichlosen Grund"[9]. Ein Subjekt, so die leitende Einsicht, besitze keine absolute Verfügungsmacht über sich; die menschliche Freiheit ist wesentlich eingeschränkt.[10] Bei all dem galt es Henrich immer als ausgemacht, dass Philosophie etwas mit „Lebensorientierung"[11] zu tun hat, weshalb ihm in Hölderlins Satz von den „Trennungen, in denen wir denken und existieren"[12], das „und" immer besonders wichtig war.

1.

Hölderlins Kunstprogramm hat für Henrich seine Größe darin, dass es „Evidenzen verlorenen Lebens sprechend gemacht und vor die Frage nach der Einheit des Lebensweges gezwungen hat"[13]. Dieser Entwurf einer monistischen Philosophie, die es sich zum Ziel gesetzt hat, eine Theorie dafür zu liefern, wie die konfligierenden Tendenzen des „bewussten Lebens" zu einer Einheit zu führen wären[14], lässt sich ohne weiteres lesen als Versuch der Erneuerung der Metaphysik. Ein solcher Versuch führt notwendig in den äußersten Gegensatz zur Position Martin Heideggers, für den Hölderlin bekanntlich die große Alternative zur abendländischen Metaphysik bildete. Jedes Nachdenken über die Beziehung Endliches/Absolutes ist metaphysisch, und in diesem Nachdenken tritt die Philosophie an die Stelle der Religion. Die Selbstverständigung des Menschen hat ihren Grund in einem Ganzen.[15] Philosophie ist für Henrich metaphysische, „insofern ich davon ausgehe, dass Menschen ‚letzte Gedanken' haben, in denen sich ihr Leben sammelt. Und dass sie auch auf dem Weg oder auch auf der Suche nach diesem Weg sind, um zu ihnen zu gelangen"[16]. Immer geht es um die Selbst-

---

[9] Hindrichs, Metaphysik und Subjektivität [wie Anm. 5], 9. Entfaltet wird der ich-lose Grund im Bewusstsein in der Studie: Henrich, *Der Grund im Bewußtsein* [wie Anm. 4].

[10] Vgl. dazu Theunissen, Der Gang des Lebens und das Absolute [wie Anm. 5], 358. – Zur Freiheitskonzeption, als Freiheit des Menschen „aufzubrechen wohin er will" (*Lebenslauf*) vgl. Ders., „... und verstehe die Freiheit", in: Th. Pröpper (Hg.), *Bewußtes Leben in der Wissensgesellschaft,* Altenberg 2000, 59–78.

[11] D. Henrich/G. Irrlitz, Deutschsprachiges Philosophieren während der Teilung und in der Zukunft, in: *Deutsche Zeitschrift für Philosophie* 51 (2003) 5, 779–804, hier 784.

[12] F. Hölderlin, Brief vom 24.2. 1796 an Niethammer, in: F. Hölderlin, *Sämtliche Werke. Stuttgarter Hölderlin-Ausgabe,* hg. von F. Beissner und A. Beck, 8 in 15 Bänden, Stuttgart 1943–1985, B 117, Bd. 6, 203.

[13] D. Henrich, *Selbstverhältnisse,* Stuttgart 1982, 140.

[14] Vgl dazu D. Henrich, *Konzepte. Essay zur Philosophie in der Zeit,* Frankfurt am Main 1987, 117–127.

[15] Vgl. dazu das Interview: Bewusstes Leben und Metaphysik [wie Anm. 7].

[16] Ebd., 36.

bedeutung des menschlichen Lebens vor dem Hintergrund der Deutung der Welt im Ganzen. Zur systematischen Disziplin wird ein solches Nachdenken aber erst dann, wenn der Mensch solche Einsichten nach Prinzipien in ein kohärentes Ganzes von letzten Abschlussgedanken über Welt und Selbst zu integrieren vermag. In der über Fachkreise hinaus bekannt gewordenen Kontroverse mit Jürgen Habermas um Sinn oder Unsinn von Metaphysik hat Henrich zwar das Ende der Substanzmetaphysik eingeräumt, aber an einer Metaphysik als Gründung auf Selbstbewusstsein festgehalten. Immer wieder hat er das „Selbstverhältnis" des Menschen als Zentrum der „modernen Metaphysik" umrissen.[17] Mit dieser „Verständigung über das Selbstverhältnis des Menschen" ist Philosophie immer schon „Vorgabe für die Lebensführung", nicht allein als Ethik.[18] In seinen Vorlesungen am Weimarer Nietzsche-Kolleg hat Henrich versucht, eine Theorie des moralischen Handelns auf die Tatsache des Selbstseins zu gründen.[19]

In diesem eben skizzierten Sinne ist für Henrich auch Hölderlins Dichtung „metaphysisch", als Denken aus einer Integrationseinheit, wobei verschiedene „Identitätssinne" unterschieden werden. Auch hier gehe es letztlich um nichts anderes als um die Selbstvergewisserung bewussten Lebens. Was das bedeuten kann und inwieweit sich Heideggers Sicht von Hölderlin als einem allen zeithistorischen Bezügen entrückten anti- und a-metaphysischen Dichter widerlegen lässt, hat Henrich in der 1986 vorgelegten Interpretation von Hölderlins spätem Gedicht *Andenken*[20] zu zeigen versucht, obwohl er noch 2003 einräumen muss, „eine Alternative zu Heidegger auf gleichem Niveau" sei „noch immer nicht formuliert worden"[21]. In dieser Interpretation will Henrich die Nähe des Gedichtes zu idealistischer Philosophie beweisen[22], die Heidegger beharrlich geleugnet hatte. Die zentrale Frage Heideggers war, wie es dem Dichter gelinge, ins Eigene seiner dichterischen Bestimmungen zu gelangen und dort zu wohnen. Das Leitmotiv seiner Interpretation war die Ausfahrt und Heimkehr ins Eigene.[23] Da Hei-

---

[17] Vgl. dazu: Barth, „Letzte Gedanken" [wie Anm. 5], 194 ff. Für Barth gibt es Repräsentanten „Letzter metaphysischer Gedanken" (ebd. 198), nämlich den Gedanken „Grund im Bewusstsein" und die All-Einheit. Vgl. zu diesen Zusammenhängen auch K. Gloy, Metaphysik – ein notwendiges oder verzichtbares Projekt?, in: *Zeitschrift für philosophische Forschung* 58 (2004) Heft 1, 104–128.

[18] Henrich, Die Philosophie in der Sprache [wie Anm. 8], 9.

[19] Vgl. dazu: Ders., *Denken und Selbstsein*, Frankfurt am Main 2007, bes. 76–81 (Philosophie und Leben).

[20] Ders., *Der Gang des Andenkens* [wie Anm. 4].

[21] Henrich/Irrlitz, Deutschsprachiges Philosophieren während der Teilung und in der Zukunft [wie Anm. 11], 792. Vgl. dazu Barth, „Letzte Gedanken" [wie Anm. 5], bes. 192 ff.

[22] Vgl. ebd. 129, 135, bes. 237. – Vgl. dazu meinen Aufsatz: Hölderlin und das Problem der Metaphysik. Zur Diskussion um „Andenken", in: *Zeitschrift für philosophische Forschung* 42 (1988) Heft 4, 645–665.

[23] Vgl. M. Heidegger, *Hölderlins Hymne „Andenken"*, Frankfurt am Main 1982 (GA II, 52); Ders., „Andenken", in: P. Klockhohn (Hg.), *Hölderlin. Gedenk-*

degger Hölderlin als „Dichter des Dichters"[24] und *Andenken* als Reflexion auf das Wesen des Dichtertums versteht, lehnte er alle biographisch-realistische Verortung, insbesondere des Landschaftsbildes in der ersten Strophe, kategorisch ab. Genau hier setzte Dieter Henrich an: Hölderlin, so lautet die Grundthese, ist ebenso Realist wie er Philosoph ist; die Verse von *Andenken* haben einen ebenso sehr biographischen und geographischen Bezug[25] wie sie ihren Ort haben in der spekulativ-idealistischen Philosophie. Henrich liest die Hymne Hölderlins als Dokument der „Geschichte der Entfaltung des eigentlich modernen Bewußtseins".[26] Modern ist dieses Bewusstsein, weil es um den unwiederbringlichen Entzug des Ursprungs weiß, zum anderen aber auch darin, dass dieses Eine des Ursprungs „eingegangen [ist] in die Orte und Wege der Welt und in die Tendenzen des bewußten Lebens", die „miteinander unvereinbar, aber dennoch gleich legitim und unverzichtbar sind".[27] Diese Modernität Hölderlins begründet sich für Henrich in dessen Verhältnis zu Fichte. Hölderlin, so die These, orientiere sich bleibend an Fichte, am § 4 der *Wissenschaftslehre*, ohne damit Fichteaner zu sein.[28] Hölderlin, so Henrichs These, gewinne eine „innere Form der Mitteilung und Verständigung"[29], und diese Form bleibe bei Hölderlin bis zum Ende.

Bei der Auseinandersetzung mit Heidegger geht es immer auch um die Frage nach dem Verhältnis eines idealistischen zu einem mythischen Weltkonzept im Hölderlinschen Spätwerk.[30] Anders gesagt, es geht um die Frage, ob Hölderlin diesseits oder „jenseits des Idealismus"[31] steht. Dabei fragt Henrich sofort zurück, „in welchem Sinne man ‚jenseits des Idealismus' sein kann. Mythen und Spurendenken ergibt solches nicht eo ipso, wie gerade dessen Anfangsgeschichte zeigt, wiewohl Heideggers Grundkonzept."[32] Zur Abgrenzung von Heidegger wie zur traditionellen Hölderlin-Forschung trägt bei Henrich auch eine andere Interpretationsmethode bei,

---

schrift zu seinem einhundertsten Todestag, Tübingen 1943, 267–324.
[24] M. Heidegger, *Erläuterungen zu Hölderlins Dichtung*, Frankfurt am Main ²1951, 34.
[25] Diesen Bezug untermauert und präzisiert hat jüngst J.-P. Lefebvre, Abschied von „Andenken", in: *Hölderlin-Jahrbuch* 35 (2006–07), 227–251.
[26] Henrich, *Der Gang des Andenkens* [wie Anm. 4], 33.
[27] Ebd., 182 u. 143.
[28] Wie ich einmal vorschnell kritisiert hatte.
[29] In einem Brief an den Verfasser vom 14.09. 1987.
[30] Vgl. dazu: Ch. Jamme/F. Völkel (Hg.), *Hölderlin und der Deutsche Idealismus. Dokumente und Kommentare zu Hölderlins philosophischer Entwicklung und den philosophisch-kulturellen Kontexten seiner Zeit*, Bd. 4, Stuttgart/Bad Cannstatt 2003, 2 ff.
[31] So der Titel des von Otto Pöggeler und mir herausgegebenen Bandes: *Hölderlins letzte Homburger Jahre (1804–1806)*, Bonn 1988. Vgl. jetzt den Band: Ch. Jamme/A. Lemke (Hg.), *„Es bleibet aber eine Spur/doch eines Wortes". Zur späten Hymnik- und Tragödientheorie Friedrich Hölderlins*, München 2003.
[32] Brief an den Verfasser vom 29.01. 1989.

die er einmal umschrieben hat als „partialer Erkenntnisanspruch, nicht linearer Interpretationszugang, aber Blick auf die ästhetische Form des Werkes im Ganzen als vorherrschende Orientierung"[33].

2.

Hölderlins entscheidenden Anteil an der Entstehung des idealistischen Denkens unter besonderem Rekurs auf den kurzen Text *Urtheil und Seyn* hat Dieter Henrich in den ebenso voluminösen wie minutiösen Untersuchungen zu Hölderlins Denken in Jena (1794–1795) nachzuweisen gesucht, die 1992 unter dem Titel *Der Grund im Bewußtsein* erschienen sind und für die er den Tübinger Hölderlin-Preis des Jahres 1995 erhalten hat. Henrich verfolgt in seiner Studie (deren Hauptergebnisse er zuerst in einem Vortrag in der Sitzung der philosophisch-historischen Klasse der Bayerischen Akademie der Wissenschaften vom Mai 1988 vorgetragen hatte) eine doppelte, historische wie philosophische Zielrichtung, geleitet von der Grundüberzeugung, die nachkantische Philosophie sei insgesamt als „Versuch" zu interpretieren, „die Verfassung und die Dynamik eines Lebens zu verstehen, das sich in seinem Erkennen immer zugleich zu sich selbst verhält und das einer Selbstbeschreibung bedürftig ist, welche ihm im Ganzen dessen, wovon wir wissen können, einen Ort bestimmt".[34] In diesem Kontext von Selbstbewusstsein wie der Suche nach den Ursprüngen spekulativen Denkens beruhe die Konzeption von Hölderlin darauf, „daß sich die Beziehung, in der wir ein Wissen von uns selbst haben, nicht aus irgendwelchen externen Bedingungen, ebensowenig aber aus sich selbst erklären läßt". Erwiesen werden soll in dieser Studie die – vor allem in Jena sichtbar werdende – „Eigenständigkeit der nur in wenigen Texten überkommenen Konzeption Hölderlins" gegenüber skeptischen Stimmen wie etwa der von Gadamer, der vermutete, es müsse (oder könne wohl) Jenaer Hintergrund-Vorgänger für Hölderlins Texte geben.[35] Es gibt, so wird jetzt deutlich, genügend Möglichkeiten, die philosophische Position Hölderlins, genauer: den Ideenhintergrund von *Urtheil und Seyn*, direkt und vollständig aus ihren Quellen herzuleiten. Durch den von Henrich geführten Nachweis des

---

[33] Brief an den Verfasser vom 14.09. 1987.
[34] Henrich, *Der Grund im Bewußtsein* [wie Anm. 4], 11, das Folgende ebd. 13.
[35] H.-G. Gadamer, [Rezension v.] Homburg v.d.H. in der deutschen Geistesgeschichte, in: *Philosophische Rundschau* 3 (1983), 152–153, hier 153: „Freilich, ob wirklich Hölderlin der eigentliche Mittelpunkt und Ausgangspunkt dieser spekulativen Diskussionen war, frage ich mich immer wieder. Können wir aus den uns zugänglichen Quellen, die das, was im Jena Fichtes an spekulativen Möglichkeiten in der Luft lag, doch nur sehr zufällig deuten, einen solchen Schluß ziehen? Der Denkstil der philosophischen Essays Hölderlins lässt mich daran immer wieder zweifeln".

Zusammenhanges zwischen *Urtheil und Seyn* einerseits und der Skepsis gegenüber der Grundsatzphilosophie andererseits erhält das frühe Denken Hölderlins ein neues Profil. Von ihm aus gewinnt sowohl die Aufklärung der Beziehung zu Niethammer wie auch der Beziehung zu Schellings frühen Schriften viel. Als zentrale These in Hölderlins Konzeption wird die herauspräpariert, „daß dem Bewußtsein ein Grund vorausgedacht werden muss, der selbst nicht die Verfassung von Bewußtsein hat und der auch nur als eine Voraussetzung zugänglich ist, welche die Verfassung des Bewußtseins zu machen zwingt"[36]. Die Untersuchung der Genese von Hölderlins Denken in Jena zwischen November 1794 und Mai 1795 und die Rekonstruktion seiner Konzeption vom Frühjahr 1795 ist deshalb von so außerordentlicher Bedeutung, weil nur so deutlich wird, dass Hölderlin der erste war, der – in Antwort auf die idealismuskritischen Einwendungen Jacobis – das „Muster eines Verfahrens begründet [hat], das sich als Überstieg des Wissens zu einem Grunde beschreiben lässt, der selbst nicht auch Wissen und der dennoch ein allem wirklichen Wissen immanenter Grund ist"[37]. Dieser „Grund" muss allem Denken und Handeln vorausgedacht werden, kann aber selbst nicht bestimmt werden – er ist das „Seyn"[38] vor allem Bewusstsein. Henrich selbst hat später den Titel seiner Studie dahingehend erläutert, dass er drei Bedeutungen von „Grund" unterschieden hat: die Begründung, das Wesen und das fest Gegründet-Sein, das zu einer „Lebensperspektive von Verlässlichkeit und Durchgängigkeit" gehört.[39]

Deutlich wird in dieser Studie auch die immense Bedeutung von Fichtes Werk für die Klärung und Entwicklung Hölderlinscher Gedanken. Insbesondere Fichtes Lehre von der Wechselbeziehung zwischen unendlicher Tätigkeit und Beschränkung eröffnet für Hölderlin einen Weg, entgegengesetzte Grundtendenzen des Lebens als gleichgewichtig und gleich legitim zu begreifen.[40] Gemeint ist Fichtes Lehre der „Wechselbestimmungen" zwischen Ich und Nicht-Ich: der zweite Grundsatz „das Ich setzt sich, als bestimmt durch das Nicht-Ich" enthält interne Widersprüche beziehungsweise einen Gegensatz, den Gegensatz nämlich zwischen Leiden (das Ich ist passiv, weil es durch das Nicht-Ich bestimmt wird) und Tätigkeit (das aktive Ich bestimmt sich selbst, durch „absolute Tätigkeit").[41] Für Fichte ist dieser Widerspruch nur lösbar durch den „Begriff der Wechselbestimmung"[42], der Tätigkeit und Leiden des Ichs vermittelt. Die beschränkte Tätigkeit des Ichs wird auf die unbeschränkte, absolute bezogen.

---

[36] Henrich, *Der Grund im Bewußtsein* [wie Anm. 4], 670.
[37] Ebd., 100.
[38] Ebd., 43.
[39] Henrich, Die Philosophie in der Sprache [wie Anm. 8], 14.
[40] Vgl. ebd., 223, 286.
[41] Vgl. dazu J. G. Fichte, *Grundlage der gesamten Wissenschaftslehre* (1794), I, 127 ff.
[42] Ebd., 137.

Hölderlin nun hat diesen Fichteschen Vermittlungsgedanken aufgegriffen, andererseits aber sogleich festgestellt, dass er nicht das leisten kann, was verlangt wird. Am Ende steht bei Fichte nämlich eine eher gewaltsame Lösung des Widerspruchs von Ich und Nicht-Ich:

> „[...] wenn nicht durch einen absoluten Machtanspruch der Vernunft, den nicht etwa der Philosoph tut, sondern den er nur aufzeigt – durch den: es *soll*, da das Nicht-Ich mit dem Ich auf keine Art sich vereinigen lässt, überhaupt kein Nicht-Ich sein, der Knoten zwar nicht gelöst, aber zerschnitten würde."[43]

Dies hat sofort den Widerspruch Hölderlins ausgelöst.[44] Hölderlins Einsicht, dass es ein unbedingtes Wissen gibt, das selbst nicht Wissen ist, weshalb man nicht – wie Reinhold und Fichte dies vorgeführt hatten – von diesem Unbedingten her deduzieren kann, die Einsicht also, „dass der Gedanke ‚Sein', der in diesem Zusammenhang ins Spiel kommt, zugleich auch eine Vergewisserung des *wirklichen* Ursprungs des Wissens einschließen kann und muss"[45] – diese Bezugnahme auf das Sein (d.h. das unbedingte Wissen) ist nicht eine Übersteigerung des Fichteschen Grundsatzes, sondern hat einen ganz anderen Status und nimmt einen grundsätzlichen Abschied von der Grundsatzphilosophie. Die Philosophie als „*Meta*philosophie"[46] hat eine von der *Wissenschaftslehre* völlig verschiedene Anlage. *Urtheil und Seyn* ist vor diesem Hintergrund *nicht* diese Metaphilosophie, sondern eine Theorie der Weise, in der vom Absoluten geredet werden muss, nämlich in der Weise einer Erkenntnisaufklärung, die nicht systematisch aufgefasst werden kann.

Hölderlin selbst hat die systematischen Konsequenzen seiner Verabschiedung der Grundsatzphilosophie nicht in aller Form ausgearbeitet. Dieter Henrich aber, so Barth,

> „übernimmt Hölderlins transzendentalgenetisches Verständnis der Grundbeziehung des Ichs [...] und überträgt es in sein dreidimensionales Modell des bewussten Lebens. Den Ausgangspunkt für die Frage des Subjekts nach seinem Grund bildet die Tatsache, das wir von uns selbst nicht wissen, wann, wie und warum Wissen von uns in uns aufkommt. Selbstbewusstsein entsteht durch einen Sprung."[47]

---

[43] Ebd., 144.
[44] F. Hölderlin, *Sämtliche Werke*, hg. von F. Beißner, 6 Bde., Stuttgart 1944 ff. (Kleine Stuttgarter Ausgabe), Bd. 4, 265.
[45] Henrich, *Der Grund im Bewußtsein* [wie Anm. 4], 99.
[46] Ebd., 97.
[47] Barth, „Letzte Gedanken" [wie Anm. 5], 197.

Der Eintritt des Wissens von uns geht aus einem unvordenklichen, unverfügbaren Ursprung hervor. Henrich selbst sieht in diesem Nachweis der „Ursprünglichkeit und Unauflösbarkeit der wissenden Selbstbeziehung"[48] den Kern seines Anschlusses an Hölderlin. Dies begründet, warum er sich der Fichtekritik Hölderlins angeschlossen hat, „welche die wissende Selbstbeziehung an das vereinzelte Subjekt bindet. Das zieht die Konsequenz nach sich, dass die Konzeption der Aufhebung der Reflexion der endlichen Subjekte auf sich selbst, die Fichte entwickelte, nunmehr nur nach der Logik des Voraussetzens, nicht als innere Sinngenese expliziert werden kann."[49] Das mündet in die These, „daß Selbstdeutungen immer noch zu den Daseinsbedingungen der Subjekte in ein Verhältnis gebracht werden müssen".

III.

Dieter Henrich geht es darum, eine Bewegung von Gedanken nachzuzeichnen – darin bleibt er der idealistischen Problemstellung treu, wie schon Manfred Schneider in seiner Rezension gewürdigt hat.[50] Schneider bemerkt aber auch durchaus kritisch, dass Henrich oft dazu verleitet sei, „Konzepte zu ganzen Gedankenzügen hochzurechnen"[51] und dass er damit das Fragmentarische des Hölderlinschen Denkens unterschlage und eher einem „ungeschriebenen oder unvollendeten Text" nachgehe. Friedrich Strack erhob gar den Vorwurf:

> „Henrich liest Hölderlin, wie dieser hätte denken müssen, wenn er den Forderungen der Philosophie hätte genügen wollen."[52]

Vielfach ist schon Henrichs Entscheidung, *Urtheil und Seyn* zu privilegieren, kritisiert worden – das soll hier nicht wiederholt werden.[53] Die Frage ist m.E. nicht so sehr die, ob der philosophische Entwurf *Urtheil und Seyn*

---

[48] D. Henrich, Religion und Philosophie. Letzte Gedanken – Lebenssinn, in: Korsch/Dierken (Hg.), *Subjektivität im Kontext* [wie Anm. 5], 211–231, hier 228.
[49] Ebd., 227 f. Das Folgende ebd., 228.
[50] M. Schneider, Mit Hölderlin durch die Galaxis. Dieter Henrich und der bestirnte Himmel über Jena, in: *Frankfurter Allgemeine Zeitung*, 30.03. 1993.
[51] Ebd.
[52] F. Strack, Das Ärgernis des Schönen. Anmerkungen zu Dieter Henrichs Hölderlindeutung, in: *Deutsche Vierteljahrsschrift für Literaturwissenschaft und Geistesgeschichte* 68 (1994), Heft 1, 155–169, hier 164, Fn 41.
[53] Vgl. Friedrich Stracks spätere Datierung: nicht Frühjahr 1795, sondern September/Oktober 1795. Der Text gewinnt erst vor dem Hintergrund der Schelling-Kontroverse (zweite Jahreshälfte 1795) seinen Stellenwert. Vgl. auch die Kritik von Hindrichs (*Philosophische Rundschau* 48 (2001), 10), Henrich sei gewaltsam wie Heidegger.

als Schlüsseltext gelten kann, sondern vielmehr die, ob wirklich Hölderlins Schönheitsidee als Explikation des Bewusstseinsgrundes zu begreifen ist. So hatte schon Friedrich Strack die These aufgestellt, Hölderlins Philosophie sei keine Fundamental-, sondern eine „ästhetische Philosophie":

> „Es macht die Eigenart von Hölderlins Denkansatz aus, dass er von der *wirklichen* Erfahrung des Schönen ausgeht und dessen Struktur auf das unvordenkliche ‚Seyn' des Grundes überträgt."[54]

Wenn Strack aber postuliert, Hölderlins Denken ziele „nicht auf den ‚Grund' im Bewusstsein [...] sondern auf die Unbegreiflichkeit des Schönen [...]", dann ist das viel zu pauschal formuliert. Wird, so meine Frage, der tiefe Einschnitt in Hölderlins Denken beim Übergang von Frankfurt nach Homburg nicht ignoriert, wird nicht unterschlagen, dass sich die – den Kern von Hölderlins Spätwerk ausmachende – Lehre von der Schönheit als tragischem Geschehen letztlich nicht mehr aus der Konzeption von *Urtheil und Seyn* ableiten lässt? Ist, so ließe sich zugespitzt fragen, der Gedanke der „Notwendigkeit der Trennung"[55] wirklich schon, wenigstens in nuce, in der Skizze von 1795 enthalten oder entsteht er erst einige Jahre später? Anders gefragt: Gibt es eine Entwicklung in *Urtheil und Seyn*? Ist wirklich schon von Anfang an mit Hölderlins „Einsicht in den Grundkonflikt von Lebenstendenzen" verbunden die „Einsicht in die Unausweichlichkeit von Konflikt, Leid und Not"?[56] Wie lässt sich der Prozess der Ur-teilung beurteilen?[57] Henrich selbst muss zubilligen, dass Hölderlin auf dieser Stufe noch kein „Prinzip spekulativer Entwicklung" formuliert, dass sich in den Jenaer Texten noch „keine Hinweise darauf [finden], wie Hölderlin die fundamentalphilosophische Zuordnung zwischen dem differenzlosen ‚Seyn' und der Entgegensetzung im Bewusstsein zu dem Grundkonflikt zwischen den Lebenstendenzen und zu dessen Auflösung in ein Verhältnis gebracht hat". Gleichzeitig aber postuliert er, der Grundgedanke von *Urtheil und Seyn* erkläre „nicht nur die Dynamik des Ganges, der durch den Grundkonflikt der Tendenzen des Lebens bestimmt" sei, er erkläre ihn vielmehr so, „dass sich aus der in ihm gelegenen Doppelung, also aus der Zuordnung von ‚Seyn schlechthin' und ‚Urtheilung', unmittelbar sowohl dieser Konflikt wie auch die Weise seiner Auflösung" ergebe.[58] Henrich sieht etwa auch in dem Fragment *Über den Unterschied der Dichtarten* aus dem Jahre 1800 nicht einen fundamental anderen Ansatz, sondern nur ein „komplementäres" Verhältnis zu *Urtheil und Seyn*, denn schon in *Urtheil und Seyn* sei „die Trennung selbst [...] dabei als ein Prozess [!] gedacht, der die Situa-

---

[54] Strack, Das Ärgernis des Schönen [wie Anm. 52], 160. Das Folgende ebd., 164.
[55] Henrich, *Der Grund im Bewußtsein* [wie Anm. 4], 590.
[56] Ebd., 221.
[57] Vgl. ebd., 584 ff., bes. 586, 589 f.
[58] Ebd., 586, 255, 254.

tion des Ganzen ontologisch verändert, nämlich von der Einigkeit zur Vielheit von Selbständigen [...]"⁵⁹. Ich würde nach wie vor eher von einem Bruch innerhalb des vereinigungsphilosophischen Konzeptes ausgehen.⁶⁰ Bei der Untersuchung der Hegelschen und Hölderlinschen Konzeptionen (sowohl der politischen wie der philosophischen) aus den ersten beiden Jahren ihrer Zusammenarbeit wurde deutlich, dass sie allesamt noch vom aporetischen Schema von *Urtheil und Seyn* bestimmt sind: Leben und Tod stehen sich in absoluter Entgegensetzung gegenüber. Anhand eines eingehenden Vergleiches zwischen Hegels Konzeption des *Geistes des Christentums* und Hölderlins *Empedokles*-Projekt lässt sich sehr wahrscheinlich machen, dass neben der von Dieter Henrich entdeckten Grunderfahrung Hölderlins, die zu Beginn des Jahres 1795 als ästhetische „Vereinigungsphilosophie" Gestalt gewinnt (und die von Sinclair aufgenommen und weiterentwickelt wird), – dass neben dieser ersten „ursprünglichen Einsicht" eine zweite, Hölderlin und Hegel jetzt gemeinsame Grunderfahrung auszumachen ist, die den Weg freigibt sowohl zu Hegels Theorie der konkreten Allgemeinheit als dem Zentrum seiner Logik wie auch zu Hölderlins Versuch, in seinen späten Hymnen „die Mythe beweisbarer" darzustellen: die Erfahrung nämlich vom notwendigen „Herausgehen des Einen" aus sich, philosophisch gesprochen: die Erfahrung von der Einheit von Einheit und Trennung. Poetik, Theologie und Philosophie fließen ineinander. Die Einsicht von der Einheit und Trennung figuriert bei Hölderlin als Theorie des Tragischen und findet sich einmal im *Grund zum Empedokles,* zum anderen in den Homburger Aufsätzen, insbesondere in dem Fragment über die *Verfahrungsweise*; bei Hegel erscheint sie im Gewand einer Lehre vom Schicksal und begegnet in den jeweils zweiten Fassungen der Fragmente *Die Liebe* und *Der Geist des Christentums*.⁶¹ Diese Einsicht soll nicht die Differenzen der Hölderlinschen Konzeptionen zum Hegelschen Idealismus überdecken, etwa die Tatsache, auf die Dieter Henrich hingewiesen hat, dass Hölderlin „*willentlich* Distanz" hält zu jeder Form von spekulativer Logik.⁶² Die Grundfrage für mich ist aber die, ob Henrich Hölderlin wirklich als genuinen Dichter würdigen kann oder ob er ihn letztlich nicht primär als Philosophen sieht. Vielleicht bedenkt er nicht genügend, was Dichtung ist. Insofern könnte und müsste sich seine Hölderlindeutung an einer Interpretation des *Empedokles* bewähren, die aber noch aussteht.

---

[59] Ebd., 459.
[60] Diese These habe ich erstmals entfaltet in meiner Bochumer Dissertation: „*Ein ungelehrtes Buch*". *Die philosophische Gemeinschaft zwischen Hölderlin und Hegel in Frankfurt 1797 bis 1800,* Bonn 1983 (²1988). Vgl. bes. Kapitel 5.4 und 6.
[61] Vgl. die Neuedition des Fragmentes „Die Liebe" („welchem Zwekke denn ..."), in: *Hegel-Studien* 17 (1982), 9–23.
[62] Henrich, *Der Grund im Bewußtsein* [wie Anm. 4], 593, 607.

Violetta L. Waibel (Wien)

„zu fehlen und zu vollbringen dem Götterähnlichen"

Der TheoLogos der konfligierenden Lebenstendenzen
Bemerkungen im Ausgang von Dieter Henrichs Hölderlin-Deutung

Im Walde

*Aber in Hütten wohnt der Mensch, und hüllet
sich ein ins verschämte Gewand, denn inniger
ist achtsamer auch und daß er bewahre den Geist,
wie die Priesterin die himmlische Flamme,
diß ist sein Verstand.
Und darum ist die Willkür ihm und höhere Macht
zu fehlen und zu vollbringen dem Götterähnlichen,
der Güter gefährlichstes, die Sprache dem Menschen
gegeben, damit er schaffend, zerstörend, und
untergehend, und wiederkehrend zur ewiglebenden,
zur Meisterin und Mutter, damit er zeuge, was
er sei geerbet zu haben, gelernt von ihr, ihr
Göttlichstes, die allerhaltende Liebe.*

Hölderlin[1]

Bei meinen Bemerkungen im Ausgang von Dieter Henrichs Hölderlin-Deutung beziehe ich mich auf einen Gesang, der in meinen Augen so sprechend wie faszinierend ist, um sich Hölderlins TheoLogos, „dem Götterähnlichen,/der Güter gefährlichstes, die Sprache" zuzuwenden und in eine Relation zu den konfligierenden Lebenstendenzen, nämlich „zu fehlen und zu vollbringen", zu bringen. Dieter Henrich hat diesen Versen Hölderlins in seinen öffentlichen Beiträgen keine nähere Aufmerksamkeit geschenkt. Die

---

[1] Die Werke Hölderlins werden nach folgenden Ausgaben zitiert: F. Hölderlin, *Sämtliche Werke. Stuttgarter Hölderlin-Ausgabe (StA)*, hg. von F. Beissner und A. Beck, 8 in 15 Bänden, Stuttgart 1943–1985. – Ders., *Sämtliche Werke. Frankfurter Ausgabe (FA)*, hg. von D. E. Sattler, Frankfurt am Main-Basel 1975 ff. – Ders., *Sämtliche Werke und Briefe (MA)*, hg. von M. Knaupp, 3 Bände, München Wien 1992. Hier: Ders., Im Walde, *MA* I, 265, sowie *MA* III, 142–144. Vgl. ferner *StA* II 1, 325 (Pläne und Bruchstücke, 37) und *StA* II 2, 939/940, mit einer Beschreibung der Handschriftenseite, auf der der Text *Im Walde* niedergeschrieben ist, ebd., 663/664 und einer Beschreibung des Stuttgarter Foliobuches, ebd., 377–380; *FA* 7, 108/109 und 110/111, sowie *FA* 8, 560. *FA Supplement* II, *Stuttgarter Foliobuch*, Blatt 17b und 18a, sowie die Umschrift, 64.

Verse erlauben in ausgezeichneter Weise, Henrichs Hölderlin-Deutungen aufzunehmen und fortzudenken.

Der Text ist der Überlieferungslage zufolge von Hölderlins Hand nicht in Versgliederung niedergeschrieben worden. Er findet sich im Stuttgarter Foliobuch auf dem Blatt 17 verso notiert, die Schlussworte sind am unteren Rand des Blattes über den Bogenbruch hinweg geschrieben und daher unten auf Blatt 18 recto zu finden (Blatt 17 und 18 bilden zusammen den innersten von drei ineinander gesteckten Papierbögen). Der Text *Im Walde* ist am Rande des Blattes 17 (oder der Seite 34 des Stuttgarter Foliobuches) notiert worden, nachdem dort schon verschiedene Fragmente und Vorstufen zu anderen Gedichten, so zu *Hälfte des Lebens*, *Wie wenn am Feiertage...*, *An die Deutschen* niedergeschrieben waren.

Studiert man das Handschriftenblatt und nimmt es zur Grundlage für die konstituierten Texte in den wichtigen Ausgaben der Werke Hölderlins, so zeigt sich, dass sich die Ausgaben in der Konstitution des endgültigen Textkorpus (von minimalen Abweichungen abgesehen) ziemlich einig sind, dass aber die Form der Wiedergabe voneinander abweicht.

In der Stuttgarter Ausgabe wird *Im Walde* als ein Fließtext in Prosaform, eine Art Poème en Prose also, dargeboten. Hinzugefügt finden sich zwischen dem Titel und dem oben zitierten Text die Worte „Du edles Wild", die auch tatsächlich auf dem Folioblatt in dieser Anordnung notiert sind. Diese Worte werden auch in die Klangkomposition für Bariton solo von György Kurtág einbezogen.[2]

Die Frankfurter Ausgabe verzichtet ebenfalls auf eine Verswiedergabe. Im Dokumentarischen Teil der *Gesänge* (*Frankfurter Ausgabe*, Band 7) wird das Blatt aus dem Stuttgarter Foliobuch noch einmal und in Verbindung mit der gegenüberliegenden Umschrift wiedergegeben. *Im Walde* wird dann im Editorischen Teil der *Gesänge* (*Frankfurter Ausgabe*, Band 8) ebenfalls als Prosatext, doch mit anderem Zeilenbruch als in der Stuttgarter Ausgabe, abgedruckt, bei dem lediglich die wenigen Überarbeitungs- und Konstituierungsstufen graphisch sichtbar gemacht sind. Es gibt keine sichere Datierung für die Niederschrift von *Im Walde*. Man nimmt an, dass das *Stuttgarter Foliobuch* im Dezember 1799 mit dem dritten Entwurf zum *Empedokles* von Hölderlin eröffnet und noch bis zum Winter 1803/04 bei

---

[2] Der 1926 geborene, neben György Ligeti bedeutendste ungarische Komponist des 20. Jahrhunderts, György Kurtág, komponierte in den Jahren 1993–1997 die Hölderlin-Gesänge für Bariton op. 35a. Der zweite dieser insgesamt sechs Hölderlin-Gesänge widmet sich dem Text *Im Walde* in der Fassung der Stuttgarter Ausgabe. Eine sehr hörenswerte Aufnahme dieser Gesänge mit dem Bariton Kurt Widmer liegt vor auf der CD mit Kompositionen Kurtàgs, *Signs, Games and Messages* (ECM Records 1730).

der Ausarbeitung der *Nachtgesänge* benützt wird. *Im Walde* könnte 1800 oder auch etwas später entstanden sein.[3]

Lediglich die Münchener Ausgabe gibt den für den vorliegenden Beitrag zur Grundlage genommen Text *Im Walde* in Versform wieder. Die Herausgeber der Münchener Ausgabe liefern allerdings keine Rechtfertigung oder Begründung für die dargebotene Versfassung. Ich ziehe die wohlklingende, gleichwohl unautorisierte Versform vor, weil Hölderlin die Form des Poème en Prose selbst nicht benutzt hat, diese Darbietungsform also ebenso nur ein Behelf ist.

I. Vorerinnerungen

Hölderlins TheoLogos! Die Frage, was Hölderlins Theos, was und wer sein Gott, seine Göttin, was das Göttliche ist, von dem her das Götterähnliche sich bestimmen lässt, ist schwer zu beantworten. Oder dies, dass er oder sie oder es vielgestaltig ist. Bald ist da der „kommende Gott" Dionysos (*Brot und Wein*[4]), bald ist zu sagen, dass „Nah ist/Und schwer zu fassen der Gott" (*Patmos*, Erste Fassung[5]). Gott ist „*Der Einzige*"[6], da ist „die göttlichschöne Natur", der blitzeschleudernde Gott und Vater Zeus, die „Frucht des Gewitters, de[r] heilige[] Bacchus" (*Wie wenn am Feiertage ...*[7]), der „Fürst[] des Festes", in den wechselnden Gestalten Jesus, Napoleon,

---

[3] Zu den Datierungsfragen siehe *MA* II, 136 und *FA* 8, 560. Sollte die bedenkenswerte Vermutung von *FA* zutreffend sein, dass die in der Handschrift mittig über *Die Schwäne* und *Im Walde* gesetzte Überschrift „Die lezte Stunde" auf den Jahrhundertwechsel am 31.12. 1800 bezogen ist, so wäre dies ein starkes Indiz dafür, dass die bereits beschriebene Seite und so auch *Im Walde* zuvor, als schon im Jahr 1800 verfasst wurde. Diese These setzt allerdings als gegeben voraus, dass für Hölderlin die Jahrhundertwende 1800/1801 und nicht schon 1799/1800 gefeiert wurde. Dies zu verifizieren ist in *FA* offen gelassen.

[4] F. Hölderlin, Brot und Wein, *MA* I, 372–383, 374.

[5] Ders., Patmos, *MA* I, 447–453, 447. *Patmos* ist dem in hohem Maße christlich gesinnten Landgrafen Friedrich V. von Hessen-Homburg gewidmet. Die veränderten Verse des Gedichtanfangs in der zweiten, dritten und vierten Fassung von *Patmos* deuten bereits darauf hin, dass die weitere Arbeit an dem Gedicht entschieden auf den Adressaten Bezug nimmt: „Voll Güt' ist. Keiner aber fasset/Allein Gott." (*MA* I, 453–458 und 460–466, hier 453) Die Verse sprechen bemerkenswerter Weise nicht explizit aus, wem die Güte („Voll Güt' ist.) zugesprochen wird, obgleich Güte bekanntlich eine Eigenschaft ist, die die Christen Gott zuschreiben. Mit der Arbeit an *Patmos* scheint die christliche Gottesvorstellung wieder mehr Raum in Hölderlins Denken zu bekommen, wenngleich die heidnischen und pantheistischen Gottesvorstellungen aus Hölderlins Dichtungskosmos nicht verschwinden.

[6] Ders., Der Einzige, *MA* I, 458–460 und 467–469, 458.

[7] Ders., Wie wenn am Feiertage ..., *MA* I, 262–264.

Saturn, oder der Gott des Friedens (*Friedensfeier*[8]). Da ist auch „*Die Unerkannte*"[9], immer wieder die Natur, die Ewiglebende, die „Meisterin und Mutter" und „ihr/Göttlichstes, die allerhaltende Liebe" (*Im Walde*[10]), die von Homer besungenen, über Menschen streitenden Himmlischen der Ilias („Wenn nemlich ein Streit ist über Menschen/Am Himmel" – *Mnemosyne*[11]). Die Beispiele sollen genügen. Viele weitere Namen und Epitheta ließen sich bekanntermaßen noch benennen. Hölderlins Denken und Dichten im Namen der vielerlei Gottheiten, der Begegnungen von Mensch und Gott, aber ebenso der Götterferne, des Fehls des Gottes, des Gottes der Zeit durchzieht sehr dicht seine Sprachwerke.

Um mich der Vielgestaltigkeit des Göttlichen, der Göttlichen, des Gottes und der Fragestellung des TheoLogos, sowie der konfligierenden Lebenstendenzen und ihren Bezug zum Gesang *Im Walde* anzunähern, gilt es zunächst, einige wichtige Vorerinnerungen vorauszuschicken, die die an sich auf Hölderlins gesamtes Werk ausgreifende Thematik in geeigneter Weise eingrenzen.

Im März 1801 schreibt Hölderlin an Karl Gok:

> „*A Deo principium*. […] Wie wir sonst zusammen dachten, denke ich noch, nur angewandter! Alles unendliche Einigkeit, aber in diesem Allem ein *vorzüglich Einiges* und Einigendes, das, *an sich, kein Ich* ist, und dieses sei unter uns Gott!"[12]

„*A Deo principium*." – „Von Gott ist der Anfang." Im Zusammenhang von *Der Einzige* notiert Hölderlin in einer vermutlich 1804 aufgezeichneten Reinschrift einen ähnlich lautenden, vereinzelt stehenden Vers, der zwar nicht in das Gedicht integriert wird, der aber die allgemeine Aussage des Losungswortes an Karl Gok explizit auf das eigene künstlerische Schaffen bezieht: „Von Gott aus gehet mein Werk."[13] Mit diesem Vers belegt Hölderlin einmal mehr die enge, lange vor 1804 bestehende Verbindung des Theo-Logos mit dem Logos seines Werkes und die allgegenwärtige Präsenz eines Bezugs seines Dichtens zu einem Göttlichen. Dieser Bezug zu einem Göttlichen ist genauerhin das Wissen um einen unaufhebbaren letzten Grund, an den das Dasein eines bewussten Lebens gebunden ist.

---

[8] Ders., Friedensfeier, *MA* I, 355–366, „Fürsten des Fests", 362 Vers 15, 364 Vers 112.
[9] Ders., Die Unerkannte, (1795) *MA* I, 158–160.
[10] Ders., Im Walde, *MA* I, 265.
[11] Ders., Mnemosyne, *MA* I, 436–438, 436.
[12] Hölderlin an Karl Gok, März 1801, *MA* II, 897–899, 898.
[13] Diese Übersetzung schlagen die Kommentatoren zur Stelle in der Münchener Ausgabe vor und weisen zugleich auf den hier zitierten Vers hin: vgl. *MA* III, 542 und *MA* III, 285.

Der Bezug von Selbstheit und Gottheit wird im Brief an Karl Gok vom März 1801 auch durch die Anspielung auf Fichtes Prinzip des absoluten Ich als einem vorzüglich Einigen, „das, *an sich, kein Ich* ist" thematisiert, das besser (aber doch nicht zwingend) Gott genannt wird.

Es ist das sehr zu würdigende Verdienst von Dieter Henrich, in Hölderlin den Denker entdeckt zu haben, der sich nicht damit zufrieden gab, in der Freiheit und Selbstbestimmtheit des Ich ein absolut Erstes des menschlichen Selbstverständnisses gelten lassen zu wollen. Hölderlin war es, der bald erkannte, dass Fichtes absolutes Ich, dass das Bewusstsein der freien Subjektivität nicht selbstexplikativ ist. Es fordert einen Grund seiner selbst, aus dem es sich selbst begreifen kann und muss, so absolut, spontan und frei es in anderer Hinsicht auch sein mag. Der späte Fichte trägt dem mit seinen Wissenschaftslehren nach 1800 in bemerkenswerter Weise Rechnung, möglicherweise dazu inspiriert durch Gespräche mit Hölderlin und mit Friedrich von Hardenberg (Novalis).

Ein „Seyn schlechthin" nennt es Hölderlin in seiner kleinen, in kritischer Absicht gegen Fichte gerichteten Studie *Urtheil und Seyn* von 1795, der Henrich sein Buch *Der Grund im Bewußtsein,* gewidmet hat.[14] In einer Metaphysikskizze in einem Brief an Karl Gok vom 2. Juni 1796[15] findet sich das allem Endlichen notwendig vorauszudenkende Seyn schlechthin oder idealische Seyn auch als Schönheit genannt. Die Schönheit (oder das idealische Seyn) ist es, welche als höchstes Prinzip das Wahre der theoretischen und das Gute der praktischen Vernunft aus sich hervorgehen lässt. Henrich hat stets zurecht betont, dass Hölderlins Begründung des Bewusstseins in einem ihm vorauszudenkenden Grund auch heute noch als eine ernstzunehmende und überzeugende Konzeption anzusehen ist.

Überdies spricht sich im Brief an Karl Gok die in der Zeit wohlbekannte und berühmte, im Streit um Spinoza aufkommende Henkaipantha-Formel explizit aus, nach der Eines in Allem und Alles in Einem ist. So ist daran zu erinnern, dass Hölderlin Jahre zuvor, 1791, zur Zeit des Theologiestudiums in Tübingen, der frommen Mutter bekennt, den Teil der Weltweisheit studiert zu haben, der das Dasein Gottes und seine Eigenschaften durch die Vernunft zu beweisen suchte. Kants Widerlegungen der Gottesbeweise in der *Kritik der reinen Vernunft* hat er ebenso studiert, wie „Schriften über und von *Spinoza,* einem großen edeln Manne aus dem vorigen Jarhundert, und doch *Gottesläugner* nach strengen Begriffen".[16] Hölderlin stellt fest, dass die Ideen der Gottesverlegnung ihn verunsichert haben und dann überzeugen, „wenn man genau prüft, mit der *Vernunft, der kalten* vom Herzen verlassenen Vernunft". Nur der Glaube des Herzens

---

[14] D. Henrich, *Der Grund im Bewußtsein. Untersuchungen zu Hölderlins Denken (1794–1795),* Stuttgart 1992.
[15] Vgl. Hölderlin an Karl Gok, 2. Juni 1796, *MA* II, 619–622, 619–620.
[16] Hölderlin an die Mutter, 14. Februar 1791, *MA* II, 467–469, 468.

und das Zeugnis von Christus, so führt er weiter aus, lässt dann noch die Vorstellung zu, „daß ein Gott, und was Gott ist, denn er ist aufs innigste verbunden mit der Gottheit. Ist Gott selbst."[17]

Wenn ich es recht sehe, hat Hölderlin diese Haltung prinzipiell bewahrt. Gott ist nicht zu beweisen, aber auch nicht zu widerlegen. Es ist Bedürfnis des menschlichen Daseins, des Herzens, dennoch nicht davon abzulassen, einen Gott, ein Göttliches, ein Alleiniges, ein Seyn schlechthin, ein idealisches Seyn als Schönheit zu glauben, und mehr noch, seine Unhintergehbarkeit metaphysisch zu begründen.

Warum aber die Vielgestaltigkeit des vorzüglich Einigen? In dem Text, den Beißner *Über Religion* titelte, und der heute besser als *Fragment philosophischer Briefe* interpretiert und gegenwärtig ist, findet man den Ansatz zu einer Antwort. Hölderlin schafft ausdrücklich Raum für ein je individuelles Gottes*verhältnis*, in der die Sphäre eines höheren Lebens zu gewinnen ist, das mehr ist als der bloße Maschinengang des Daseins. Diese individuelle Sphäre eines höheren Daseins, dieses höchst individuelle Gottesverhältnis ist Grund und unhintergehbare Voraussetzung dafür, dass sich ein höherer Zusammenhang auch in einer gemeinschaftlichen Sphäre bilden, dass er gemeinsam gelebt und erfahren werden kann.[18]

Wenn nun Hölderlin im Frühjahr 1801 an Karl Gok schreibt, er denke wie früher, nur angewandter, so heißt ihm dies auch, mehr zu dichten als zu philosophieren, und wenn er philosophiert, dann über das Wesen von Kunst und Dichtung. Ein Dichten in „dürftiger Zeit"[19], in der Zeit der Götterferne, so Hölderlins Zeitdiagnose, verlangt offenkundig, dichterisch, mit der Sprache, die der Dichtung genuin ist und die die prüfende und beweisende Sprache von PhiloSophie und TheoLogie übersteigt, die fiktionale Präsenz des Göttlichen zu schaffen, statt mit kalter, theoretischer Vernunft dem TheoLogos nachzusinnen.

Die Kunst und vorzüglich die Dichtkunst ist das Ausdrucksmedium menschlicher Subjektivität, durch das sich der Mensch nicht bloß als „kalte" theoretische oder praktische Vernunft begreift, sondern durch das er in seiner Ganzheitlichkeit zur Geltung und Selbstdarstellung gelangt. Insbesondere ist die Poesie die Kunst, die den Tönen des Herzens, dem Wechsel der Töne, ihr Recht gibt, ihren unmittelbaren Ausdruck möglich macht. In den *Anmerkungen zur Antigonä* unterscheidet Hölderlin den philosophischen vom poetischen Kalkül oder Logos in folgender Weise:

> „Die Regel, das kalkulable Gesez [...] ist eine der verschiedenen Successionen, in denen sich Vorstellung und Empfindung und Räsonnement, nach poëtischer Logik, entwikelt. So wie nemlich immer die Philosophie nur ein Vermögen der Seele behandelt, so daß

---

[17] Hölderlin an die Mutter, 14. Februar 1791, *MA* II, 467–469, 469.
[18] Vgl. Ders., Fragment philosophischer Briefe (Über Religion), *MA* II, 51–57.
[19] Ders., Brot und Wein, *MA* I, 372–383, 378, Vers 122.

> die Darstellung dieses Einen Vermögens ein Ganzes macht, und das blose Zusammenhängen *der Glieder* dieses Einen Vermögens Logik genannt wird; so behandelt die Poësie die verschiedenen Vermögen des Menschen, so daß die Darstellung dieser verschiedenen Vermögen ein Ganzes macht, und das Zusammenhängen der *selbstständigeren Theile* der verschiedenen Vermögen der Rhythmus, im höhern Sinne, oder das kalkulable Gesez genannt werden kann."[20]

Die Sprache der Poesie verzichtet auf das explizite Argument, ist dafür aber reicher durch die Vielfalt der Ausdrucksmöglichkeiten, die sie zusammenführt, da sie alle Vermögen und Sinne ansprechen will. Dieses Ansinnen einer alle Vermögen umfassenden PoetoLogie könnte in Spinoza einen kraftvollen Vordenker gefunden haben, auch wenn Spinoza selbst nie Ambitionen zeigte, dichterisch wirksam zu werden.

Spinoza, Hölderlins edler Mann aus dem vorigen, also dem 17. Jahrhundert, hat nicht nur die in der damaligen Zeit viel diskutierte und in der Forschung weithin beachtete Theorie einer alleinigen Substanz als Anfangsprinzip der Philosophie seiner *Ethik* zugrunde gelegt. Er hat zwei weitere Theoreme vorgedacht, die Hölderlin, wenn ich es recht sehe, in verwandelter Form in sein poetologisches Konzept aufnimmt. Es darf mit Grund vermutet werden, dass der „edle" Mann, der Denker Spinoza, Hölderlin zum einen mit seiner gewichtigen und zu wenig beachteten Trieb- und Affektenlehre wesentlich dazu ermutigt haben könnte, auch darin angewandter und lebensnaher zu dichten, dass das Reine nicht mehr unmittelbar gewollt wird, sondern dem Reinen dezidiert der Ton des Unreinen an die Seite zu setzen ist. Es ist offenkundig, dass der spätere Hölderlin nicht mehr nur das reine Ideal der geradezu als heilig zu nennenden Naturorganisation in den Gegensatz zu der durch Selbsttätigkeit erwirkten Organisation des Geistes bringt, sondern die Natur auch in ihrer aorgischen Ungezähmtheit und Wildheit beachtet und bedenkt. Deutlich sieht dies Hölderlins Poetologie im *Grund zum Empedokles* und der *Verfahrungsweise*, sowie in anderen kunst- und dichtungstheoretischen Schriften aus dieser Zeit um 1800 vor. Dem will der zweite und schließlich auch der dritte, auf *Im Walde* bezogene Abschnitt dieses Beitrags ein Stück weit nachgehen.

Zum anderen aber dürfte Spinoza dem Denken eines wie auch immer näher zu bestimmenden Einigen oder Absoluten durch eine intellectuale Anschauung Vorschub geleistet haben durch die von ihm aufgestellte dritte Erkenntnisart, die er, Spinoza, amor dei intellectualis nennt und die vom Prinzip der alleinen Substanz klar zu unterscheiden ist. Diese These ist in der Forschung längst bekannt und dennoch zu wenig bedacht.

So wäre zu sagen, dass die große Wirkung von Friedrich Heinrich Jacobis Schrift *Über die Lehre des Spinoza in einer Reihe von Briefen* (1785

---

[20] Ders., Anmerkungen zur Antigonä, in: *MA* II, 369–376, 369.

und 1789) auf den Deutschen Idealismus und auf Hölderlin nicht nur in den nachkantischen Theorien eines wie auch immer näher zu bestimmenden Seyns oder Absoluten zu sehen ist, wie es durch die Forschungen von und um Dieter Henrich gut belegt ist. Spinozas Theorie verdient eine tiefergehende Beachtung und fordert Untersuchungsgänge hinsichtlich seiner Triebtheorie und ihrer Affekte, sowie hinsichtlich der dritten Erkenntnisart. Allmählich, so muss es scheinen, zieht Spinozas Denken immer kräftigere Spuren in den Werken der Nachkantianer, so auch in den Werken Hölderlins. Das kann im vorliegenden Rahmen freilich nur ansatzweise und nicht zur Gänze ausgeführt werden.

II. „zu fehlen und zu vollbringen"
Konfligierende Tendenzen, Triebe, Affekte des wirklichen Lebens

Im Brief an den ehemaligen Tübinger Studienfreund Christian Neuffer vom 12. November 1798 schreibt Hölderlin:

> „Weil ich zerstörbarer bin, als mancher andre, so muß ich um so mehr den Dingen, die auf mich zerstörend wirken, einen Vortheil abzugewinnen suchen, [...]. Ich muß sie in mich aufnehmen, um sie gelegenheitlich [...] als Schatten zu meinem Lichte aufzustellen, um sie als untergeordnete Töne wiederzugeben, unter denen der Ton meiner Seele um so lebendiger hervorspringt. Das Reine kan sich nur darstellen im Unreinen und versuchst Du, das Edle zu geben ohne Gemeines, so wird es als das Allerunnatürlichste, Ungereimteste dastehn, und zwar darum, weil das Edle selber, so wie es zur Äußerung kömmt, die Farbe des Schiksaals trägt, unter dem es entstand, weil das Schöne, so wie es sich in der Wirklichkeit darstellt, von den Umständen unter denen es hervorgeht, nothwendig eine Form annimmt, die ihm nicht natürlich ist, und die nur darum zur natürlichen Form wird, dass man eben die Umstände, die ihm nothwendig diese Form gaben, hinzunimmt."[21]

Dieser Brief ist ein wichtiges Dokument dafür, dass Hölderlins Dichten in den Jahren um die Jahrhundertwende, also etwa ab 1798 bis zu seinem Zusammenbruch 1806 reicher, lebendiger an Tönen, an Stimmungen, an Affekten und Empfindungen wird. Das Heilige, Reine, Edle soll die Färbung des Wirklichen und darum einen Nebenton des Unheiligen, des Unreinen, des Unedlen erhalten. Wer das hohe Pathos bei Hölderlin sucht und

---

[21] Hölderlin an Christian Neuffer, 12. November 1798, *MA* II, 710–713, 711–712. Dem Zerstörenden einen „Vortheil" abzugewinnen zu suchen, klingt nach einer unmittelbaren Bezugnahme auf Spinozas *Ethik,* der zufolge es gilt, den Affekten stets das dem Lebenstrieb Nützlichere abzuschauen, besser freilich nicht das nächstliegende, sondern das langfristig Nützlichere.

auch finden kann, mag über Hölderlins explizit ausgesprochenes Ansinnen erschrecken. Doch Hölderlins Einsicht verdankt sich nicht dem Wunsch nach Breitenwirkung beim Publikum, sondern dem Bedürfnis nach einem Dichten, das sich einem pulsierenden Leben in seiner besten Form zuwenden will, ein Dichten, das darum auch angewandter sein will, als es der bloße Gedanke kann.

Dem Bruder Karl Gok schreibt er am 4. Juni 1799 über den Bildungstrieb, dessen sich auch der Künstler bedient:

> „So gehet das Gröste und Kleinste, das Beste und Schlimmste der Menschen aus Einer Wurzel hervor, und im Ganzen und Großen ist alles gut und jeder erfüllt auf seine Art, der eine schöner, der andre wilder seine Menschenbestimmung, nemlich die, das Leben der Natur zu vervielfältigen, zu beschleunigen, zu sondern, zu mischen, zu trennen, zu binden."[22]

Ein manifestes Bewusstsein für die konfligierenden Lebenstendenzen, auf das Dieter Henrich immer wieder und sehr zurecht hinweist, ist schon früh in Hölderlins Dichten und Denken präsent.[23] Der *Hyperion* mit seinen vielen Stufen bis hin zur Druckfassung von 1797 und 1799 gibt davon ein beredtes Zeugnis. Doch das Bewusstsein, das Schöne, das Heilige, das Edle nicht mehr geradezu zu wollen, dem Licht den Schatten hinzuzugesellen, wie es der zitierte Brief an Christian Neuffer und die Briefe an Karl Gok kenntlich machen, prägt maßgeblich Hölderlins reifes Dichten, so auch das Gedicht *Im Walde*.

Wie kommt es, so fragt sich, zu einem solchen Wandel der Gesinnung bei Hölderlin? Eine eindeutige Antwort wird es auf diese Frage nicht geben, wohl aber können mögliche Spuren gesichert werden. Eine Spur weist zu Shakespeare, von dem Hölderlin anlässlich seiner Arbeit am Empedokles Werke studierte. Hölderlin antwortet Karl Gok in einem Brief vom Frühjahr 1798 auf eine nicht erhaltene Mitteilung:

> „Shakspeare ergreift Dich so ganz; das glaub' ich. Du möchtest auch von der Art etwas schreiben, lieber Karl! ich möchte' es auch. Es ist kein kleiner Wunsch. Du möchtest es, weil Du auf Deine Nation mitwirken möchtest; ich möcht' es darum auch, doch mehr noch, um in der Erzeugung eines so großen Kunstwerks, meine nach Vollendung dürstende Seele zu sättigen."[24]

---

[22] Hölderlin an Karl Gok, 4. Juni 1799, *MA* II, 767–772, 769.
[23] Vgl. Henrich, *Der Grund im Bewußtsein* [wie Anm. 15], 506 ff.
[24] Hölderlin an Karl Gok, 12. Februar/14. März 1798, in: *MA* II, 679–682, 680–681.

Hölderlin kündigt Neuffer Anfang Januar 1799 seine Ideen zu eigenen Beiträgen in der von ihm geplanten Zeitschrift an, die unter einigen anderen großen Dichtern auch Shakespeare betreffen. Er beabsichtigt die „Darstellung des Eigentümlichschönen ihrer Werke, oder einzelner Parthien aus diesen. So [...] über Shakesspears Antonius und Kleopatra, über die Karaktere des Brutus und Kassius in seinem Julius Caesar, über den Macbeth u.s.w. Alle diese Aufsätze werden so viel möglich in lebendiger allgemeininteressanter Manier, meistens in Brieform geschrieben seyn."[25] Beiträge zu Shakespeare sind nicht von Hölderlins Hand überliefert, doch muss er sich einlässlich mit diesem Dichter und den hier genannten Dramen und insbesondere mit deren schillernden Charakteren und Figurenzeichnungen auseinandergesetzt haben, um die Arbeit an seinem Trauerspiel *Empedokles* voranzutreiben. Vom großen Menschenkenner Shakespeare dürfte Hölderlin Anregungen aufgenommen haben, um angewandter, lebendiger und wirklichkeitsnäher zu dichten. Die schwierige Rekonstruktion der Spuren, die sich in Hölderlins Werk niedergeschlagen haben dürften, könnte lohnen, kann aber im vorliegenden Kontext nicht aufgenommen werden.

Eine weitere Spur führt zu einem Menschenkenner ganz anderer Art, zu Spinoza, dessen Werke Hölderlin im Kontext von Friedrich Heinrich Jacobis *Briefen über die Lehre des Spinoza in einer Reihe von Briefen* (1785 und 1789) in den Tübinger Studienjahren und noch während der ersten Lektüre von Fichtes Wissenschaftslehre im Sommer 1794 studiert hat.[26]

Ein späteres, auf Spinoza deutendes Dokument führt nun recht nahe an den Zeitraum heran, in dem wahrscheinlich auch das Gedicht *Im Walde* niedergeschrieben wurde.

Eines der *Frankfurter Aphorismen,* die wegen der Niederschrift auf einer in dieser Zeit hauptsächlich benützten Papiersorte sehr wahrscheinlich auf das Jahr 1799 datiert werden können, eröffnet Hölderlin mit einem Bild, das in Spinozas *Ethik* zu finden ist und das überdies von Friedrich Heinrich

---

[25] Hölderlin an Christian Neuffer, 4. Januar 1799, in: *MA* II, 764–766, 765. – Soweit ich es übersehe, liegen keine Versuche vor, Hölderlins Shakespeare-Rezeption anhand der wenigen Dokumente über vereinzelte Ansätze hinaus ausführlich zu rekonstruieren. Cyrus Hamlin äußert in seinem Beitrag Hölderlin's Hellenism. Tyranny or Transformation, in: *Hölderlin-Jahrbuch* 35, 2006/2007, 252–311, 278–280, die interessante These, Hölderlins auffällige Monologizität in seinen Empedokles-Fragmenten sei Vorbildern wie dem von Shakespeares *Hamlet* geschuldet.

[26] Die eminente Bedeutung der Jacobi-Rezeption für das Entstehen des Frühidealismus hat wesentlich Henrich angestoßen und in Gang gehalten und in seinem Buch, *Der Grund im Bewußtsein* in vielfältiger Hinsicht untersucht; vgl. ferner M. Wegenast, *Hölderlins Spinoza-Rezeption und ihre Bedeutung für die Konzeption des „Hyperion",* Tübingen 1990, die diesen Impuls für ihren Untersuchungszweck aufnimmt. Zum Rezeptionszusammenhang von Fichte und Spinoza vgl. V. L. Waibel, *Hölderlin und Fichte. 1794–1800,* Paderborn 2000, 27–48.

Jacobi und von Schelling in den Frühschriften verwendet wurde. Der Bezug zu Spinoza zielt direkt in die Thematik der konfligierenden Lebenstendenzen und ihre poetische Umsetzung hinein. Um der Wichtigkeit willen für den vorliegenden Kontext sei Hölderlins *Aphorismus* ganz angeführt:

> „Nur das ist die wahrste Wahrheit, in der auch der Irrtum, weil sie ihn im ganzen ihres Systems, in seine Zeit und seine Stelle sezt, zur Wahrheit wird. Sie ist das Licht, das sich selber und auch die Nacht erleuchtet. Diß ist auch die höchste Poësie, in der auch das unpoëtische, weil es zu rechter Zeit und am rechten Orte im Ganzen des Kunstwerks gesagt ist, poëtisch wird. Aber hiezu ist schneller Begriff am nöthigsten. Wie kannst Du die Sache am rechten Ort brauchen, wenn du noch scheu darüber verweilst, und nicht weist, was an ihr ist, wie viel oder wenig daraus zu machen. Das ist ewige Heiterkeit, ist Gottesfreude, daß man alles Einzelne in die Stelle des Ganzen sezt, wohin es gehört; deswegen ohne Verstand, oder ohne ein durch und durch organisirtes Gefühl keine Vortreflichkeit, kein Leben."[27]

Die entsprechende Quelle im Lehrsatz 43 des zweiten Teils von Spinozas *Ethik* lautet:

> „Ferner, was kann es geben, das klarer und gewisser wäre, um als Norm der Wahrheit zu dienen, als eine wahre Idee? Wahrlich, wie das Licht sich selbst und die Finsternis deutlich macht, so ist die Wahrheit die Norm ihrer selbst und des Falschen."[28]

---

[27] Hölderlin, Frankfurter Aphorismen (vierter Aphorismus), *MA* II, 57–61, 59. Zur Datierung der *Frankfurter Aphorismen* vgl. *MA* III, 389 und *FA* 14, 51(hier *Sieben Maximen* genannt). Im Kommentar der *MA* zu diesem Aphorismus wird auf die Parallele zu Spinozas *Ethik* hingewiesen. Ferner wird auf eine Stelle in Friedrich Heinrich Jacobis Schrift *Über die Lehre des Spinoza in Briefen an den Herrn Mendelssohn*, Breslau 1785, 29 (zu ergänzen ist: in der Auflage von Jacobis *Spinoza-Buch* von 1789, 39/40) aufmerksam gemacht, wo Jacobi Spinozas Bild in der Wiedergabe des Gespräches mit Lessing für seine eigene, über Spinoza hinaus gehende Philosophie für sich reklamiert. Überdies hat der *MA* zufolge auch Schelling dieses Bildes in der Vorrede zu seiner Schrift: Vom Ich als Princip der Philosophie oder über das Unbedingte im menschlichen Wissen, 1795, in: F.W.J. Schelling, *Ausgewählte Schriften,* 6 Bde., hg. von M. Frank, Frankfurt am Main 1985, Bd.1, 39–134, 45 und 75, Anmerkung, verwendet (vgl. *MA* III, 390). Vgl. hierzu ferner Wegenast, die den Zusammenhang von Spinoza und Schelling untersucht: *Hölderlins Spinoza-Rezeption* [wie Anm. 27], 68–69. Hölderlins *Frankfurter Aphorismus* wird in die Überlegungen nicht einbezogen.
[28] B. de Spinoza, *Ethik in geometrischer Ordnung dargestellt*, neu übersetzt, hg. und mit einer Einleitung versehen von W. Bartuschat, Hamburg 1999, II. Teil, Lehrsatz 43, Anmerkung, 186/187. „Deinde quid idea vera clarius et certius dari potest, quod norma sit veritatis? Sane sicut lux seipsam et tenebras manifestat, sic veritas norma sui et falsi est."

Der zweite Teil der *Ethik* ist der Erkenntnistheorie gewidmet, in der Spinoza vor allem die erste sinnliche und die zweite rationale Erkenntnisart und kurz auch schon die dritte Erkenntnisart, die scientia intuitiva, vorstellt, der der fünfte und letzte Teil der *Ethik* gewidmet ist.

Die erkenntnistheoretischen Implikationen dieses Normbegriffes der Wahrheit können hier nicht näher untersucht werden. Im Fokus des Interesses steht vielmehr, dass Wahrheit und Irrtum, Licht und Finsternis als Gegensätze aufeinander bezogen werden. In Gegensätzen zu denken, konfligierende Lebenstendenzen als Grundzug des Daseins zu begreifen, den Mechanismus der Wechselbestimmung, wie Fichte ihn in der frühen Wissenschaftslehre geltend macht, theoretisch und poetisch auszuleuchten,[29] ist für Hölderlin eine schon lange vertraute Sache. So kann es auch nicht überraschen, dass Hölderlin eine solche Gedankenfigur bei Spinoza entdeckt und sich zu Nutze macht. Mehr als nur dies ist der gesamte Zusammenhang dieses *Aphorismus* bedeutsam, weil er insgesamt im Hinsehen auf Spinoza entworfen zu sein scheint, das hier aufgegriffene Bild also in direktem Zusammenhang zu Spinoza zu interpretieren ist und erst in zweiter Linie in Beziehung zu den Vermittlern Jacobi und Schelling steht. Die Gegensätze von Wahrheit und Irrtum werden übertragen auf den Gegensatz des Poetischen und Unpoetischen. Die Gegensätze sind freilich nicht gleichberechtigt. Die Norm ist die Wahrheit, ebenso das Poetische, an dem sich der Gegensatz bemisst, so aber, dass mit ihm auch die Norm selbst zu einer gewussten wird.

Ewige Heiterkeit, Gottesfreude sei es, „daß man alles Einzelne in die Stelle des Ganzen sezt". Das lässt sich ohne Umstände deuten als eine direkte Affirmation der dritten Erkenntnisart Spinozas, die Freude und Liebe zu Gott darstellt, wenn genau dies möglich geworden ist, dass die Erkenntnis die Dinge, Verhältnisse, Zusammenhänge durchschaut und das Einzelne seinen Ort im Ganzen erhält. Nun ist wichtig zu sehen, dass die Dinge an ihren Ort zu stellen für Spinoza auch all das einschließt, was das affektive Leben betrifft. So folgert Hölderlin in diesem *Aphorismus* ganz im Sinne Spinozas: „deswegen ohne Verstand, oder ohne ein durch und durch organisirtes Gefühl keine Vortreflichkeit, kein Leben." Einzelnes in den Zusammenhang eines Ganzen zu stellen, dazu bedarf es der systematischen und wohlgeordneten Verstandeserkenntnis, wie leicht einzusehen ist. Aber Hölderlin sieht ebenso, dass überdies auch ein „durch und durch organisirtes Gefühl" nötig ist. Dieser Satz weist in meinen Augen in besonderer Weise auf Spinoza, denn keiner hat wie Spinoza genau dazu eine Theorie bereitgestellt.

Diese Einsicht steht zudem systematisch in einer unmittelbaren Beziehung zu Hölderlins eingangs zitierten Briefen, in denen sich das Ungenügen

---

[29] Zum Theorem der Wechselbestimmung vgl. Waibel, *Hölderlin und Fichte* [wie Anm. 27], 117–197.

mit sich selbst, nämlich Zerbrechlicher zu sein als andere, zur Selbstaufforderung führt, das Zerbrechende, Zerstörende, Bedrohende, das Dunkle anzunehmen, sich auf es einzulassen. Ich sehe nicht, bei welchem anderen Denker als bei Spinoza Hölderlin hätte in die Schule gehen können, um ein „durch und durch organisirtes Gefühl" zu erwerben und sich des Zusammenhangs von Gefühl und Verstand zu versichern.

Es ist verblüffend, wie sehr Hölderlins Gedanken zu den Tönen der Seele und dem daraus entwickelten Wechsel der Töne im Kontext der Poetologie in der Sache mit Spinozas Lehre zusammenstimmen. Einige wichtige Eckdaten dieser Affektenlehre sind in folgender Weise zu skizzieren.[30] Spinoza pocht darauf, dass die Natur der Gefühle und der Affekte an sich weder gut noch böse ist. Die Natur kennt kein Gut und Böse. Sie sind es durch die Wertsetzungen des Menschen. Affekte müssen als Teil der menschlichen Natur zunächst vorurteilsfrei betrachtet werden. Es muss eine klare Sicht von den Affekten gewonnen werden, die alle Modifikationen des einen Lebenstriebes darstellen. Es gibt Affekte, die die Kräfte des Lebenstriebes verstärken und bei denen der Mensch verschiedene Stufen der Freude und Lust erleben kann und solche, die den Lebenstrieb schwächen, bei denen der Mensch Schmerz, Pein, Unlust erfährt. Einige Affekte treten unmittelbar auf, die meisten aber werden von Ideen begleitet. Die moderne Psychologie unterscheidet hier zwischen primären und sekundären Gefühlen oder Affekten. Die primären Gefühle, wie Wut, Angst, Lust, sind kulturunabhängige Zustände der Seele, während sehr viele Gefühle kulturell geformt, mit Spinoza zu sagen: von Ideen begleitet sind, und daher sekundäre Affekte genannt werden. Ärgernis und Leid, das nicht unmittelbar abgestellt oder geändert werden kann, wird Spinoza zufolge wenigstens erträglicher, wenn es geklärt und durchsichtig gemacht werden kann und seinen Ort im Ganzen eines Zusammenhangs erhält.

Durchschaut man nach Spinoza die Natur der Affekte, ihren Zusammenhang zu Sachen, kulturellen Kontexten, zu ihren möglichen Ursachen, so lassen sich Gefühle auch eher im Sinne eines selbstbewussten Lebens umformen. Tiefgreifende Vertrautheit mit seiner Geist- und Affektnatur ermöglichen nächstliegendes Begehren zugunsten bedeutender Ziele aufzuschieben. Mächtige unliebsame Affekte werden nämlich nur mächtiger, werden sie geradezu unterdrückt, durch Abwertung, Verbote, Selbstzüchtigungen. Wiens berühmtester Bürger, Sigmund Freud, wird Jahrhunderte später genau dies aus eigener Perspektive aufdecken. Den *Spinoza-Effekt*

---

[30] Für eine tiefergehende Einführung in Spinozas Affektenlehre seiner Ethik vgl. W. Bartuschat, *Spinozas Theorie des Menschen,* Hamburg 1992, 291–310; – R. Wiehl, *Die Vernunft in der menschlichen Unvernunft. Das Problem der Rationalität in Spinozas Affektenlehre,* Hamburg 1983. – Th. Kisser, Affektenlehre als Ethik. Spinozas Begriff des conatus und die Konzeption menschlichen Handelns, in: A. Engstler/R. Schnepf (Hg.), *Spinozas Lehre im Kontext,* Hildesheim u.a. 2002, 215–244.

entdeckte vor wenigen Jahren der amerikanische Neurologe Antonio Damasio, der zuvor schon *Descartes' Irrtum* thematisierte, um Fragen nach dem, was das Bewusstsein ist und formiert, aus moderner Sicht und mit einer kritischen Sichtung der maßgeblich prägenden Tradition der Philosophie zu stellen.[31]

Einem langen und konsequenten Leben des klaren Nachdenkens und der tiefgreifenden Einsicht ist es Spinoza zufolge schließlich beschieden, zur höchsten Freude, zu einem Leben im Sinne des amor dei intellectualis zu gelangen. Dazu gehört eben auch die klärende Reflexion auf mächtige und unliebsame Gefühle, die dadurch allmählich ihre bestimmende Dominanz verlieren. Hölderlin formuliert dies prägnant mit seinen Worten im Schluss-Satz seines *Aphorismus*:

> „Das ist ewige Heiterkeit, ist Gottesfreude, daß man alles Einzelne in die Stelle des Ganzen sezt, wohin es gehört; deswegen ohne Verstand, oder ohne ein durch und durch organisirtes Gefühl keine Vortreflichkeit, kein Leben."

Wohl kaum wird sich der sehr von Kant und Fichte geprägte Hölderlin mit Spinozas ethischem Utilitarismus zufrieden gegeben haben, trotzdem dürfte er diesem *Aphorismus* zufolge mehr von Spinoza angenommen haben, als es bislang gesehen wurde. Spinozas Affektenlehre fordert zur Bereitschaft auf, die Natur des menschlichen Bewusstseins und daher insbesondere auch die emotionale Natur wertfrei zu untersuchen. Dem Kantianer, so auch Hölderlin bietet sich der Weg, mit Kants Antinomie der Freiheit auch Bewusstseinsprozesse kausalmechanisch, mithin wertfrei, zu betrachten und sie zugleich und in anderer Perspektive einer Wertung, der Freiheit und Verantwortlichkeit und damit auch der Moralität zu unterstellen. Dass Kants Freiheitsantinomien und die zweifache Sicht auf die Dinge als wertneutral und als wertesetzend von enormer Wichtigkeit für Hölderlin sind, ist in meinen Augen offenkundig.[32] Es sei nur an den Maschinengang eines Lebens in Notdurft und den in nahezu jeder Lage durch freie Tätigkeit erzeugbare höhere Zusammenhang im *Fragment philosophischer Briefe* erinnert. Der durch diesen *Frankfurter Aphorismus* auf Spinoza

---

[31] Vgl. A. Damasio, *Descartes' Error. Emotion and Reason and the Human Brain*, Putnam Publishing 1994 (deutsch: *Descartes' Irrtum. Fühlen, Denken und das menschliche Gehirn*, Berlin 2004), ferner Ders., *The Feeling of what Happens. Body and Emotion in the Making of Consciousness*, New York 1999 (deutsch: *Ich fühle, also bin ich. Die Entschlüsselung des Bewußtseins*, Berlin 2002), und Ders., *Looking for Spinoza: Joy, Sorrow, and the Feeling Brain*, New York 2003 (deutsch: *Der Spinoza-Effekt. Wie Gefühle unser Leben bestimmen*, Berlin 2003).

[32] Vgl. V. L. Waibel, Voraussetzungen und Quellen: Kant, Fichte, Schelling, in: *Hölderlin-Handbuch. Leben-Werk-Wirkung*, hg. von J. Kreuzer, Stuttgart/Weimar 2002, 90–106. Zugleich: http://sammelpunkt.philo.at:8080/view/person/Waibel,_Violetta_L.html.

gerichtete Blick scheint mir sehr geeignet, sich nun Hölderlins *Im Walde* zuzuwenden.

III. „dem Götterähnlichen, der Güter gefährlichstes, die Sprache"

Der erste der beiden Sätze, aus denen *Im Walde* gebildet ist, umfasst in der Münchener Ausgabe die ersten fünf Verse. Er lebt aus dem Gegensatz der Schutzbedürftigkeit und Scham des Menschen einerseits und andererseits dem menschlichen Verstand als dem Geist, dessen Flamme selbst Schutz bedarf, da er durch die Priesterin bewahrt werden muss wie die Herdflamme in alter Zeit:

> *„Aber in Hütten wohnet der Mensch, und hüllet*
> *sich ein ins verschämte Gewand, denn inniger*
> *ist achtsamer auch und daß er bewahre den Geist,*
> *wie die Priesterin die himmlische Flamme,*
> *diß ist sein Verstand."*[33]

Die Priesterin, die die Flamme des Herdes hütet, ist Hestia oder Vesta. Im *Hyperion* fällt Diotima diese Rolle zu.[34] Der Priester, der die Flamme des Geistes über die Zeiten hinweg bewahrt, ist in Hölderlins Kosmos aber insbesondere der Dichter, wie die berühmten Schlussverse von *Andenken* besagen: „Was bleibet aber, stiften die Dichter."[35] In diesen fünf ersten Versen von *Im Walde* kann aber kaum vom Geist und der Flamme des Dichters schon die Rede sein, wenn „Verstand" für den Kantianer, so auch für Hölderlin, das Vermögen ist, das der theoretischen Erkenntnis der Erscheinungswelt vorbehalten ist. Und tatsächlich ist der Geist, der zum Schutz des Menschen Hütten baut, Stoffe webt und Gewänder näht, derjenige, der dem Verstandesdenken entspricht. Der Verstand, der Geist des Menschen, der den Mechanismus des Daseins, und so auch den Schutz vor der schlimmsten Notdurft besorgt, ist zwar mit dem einzelnen Subjekt auslöschbar, dennoch aber partizipiert schon er am Himmlischen, nämlich als

---

[33] Hölderlin, Im Walde, *MA* I, 265, Vers 1–5.
[34] Vgl. Ders., Hyperion oder der Eremit in Griechenland, *MA* I, 609–760, zitiert nach den am Seitenrand angegeben Seitenzahlen der *Originalausgabe*, hier *OA* II, 15. – Zu den Schutzgöttinnen des Herdes, Hestia in der griechischen und Vesta in der römischen Mythologie vgl. H. Hunger, *Lexikon der griechischen und römischen Mythologie*, Reinbek bei Hamburg 1985, 183 und 122–124.
[35] Hölderlin, Andenken, *MA* I, 473–475, Vers 59. Zur Deutung dieses Gedichtes vgl. insbesondere D. Henrich, *Der Gang des Andenkens. Beobachtungen und Gedanken zu Hölderlins Gedicht,* Stuttgart 1986. Eine weiterführende Ergänzung zu dieser Deutung findet sich in V. L. Waibel, Empedocle in Hölderlin, in: *Empedocle tra poesia, medicina, filosofia e politica*, hg. von G. Casertano, ins Italienische übersetzt von S. Casertano, Napoli 2007, 289–309.

„himmlische Flamme", sofern er dazu beiträgt, Bedingungen des Lebens zu schaffen, die das Leben des Menschen von dem der Tiere *Im Walde* unterscheidbar macht. Zu erinnern ist, dass die Worte in der Handschrift, „Du edles Wild", in der Stuttgarter Ausgabe dem Text vorausgeschickt werden.[36] Das Wissen, das den Mechanismus des Lebens annehmlicher macht, lässt sich durch Sprache aufbewahren und forterben und so wird durch den Buchstaben etwas von der „himmlischen Flamme" des Verstandes aufbewahrt.

Im bereits erwähnten Brief an Karl Gok vom 4. Juni 1799 fragt Hölderlin:

> „Warum leben [die Menschen, V.L.W.] nicht, wie das Wild im Walde, genügsam, beschränkt auf den Boden, die Nahrung, die ihm zunächst liegt [...]. Da wäre kein Sorgen, keine Mühe, keine Klage, wenig Krankheit, wenig Zwist, da gäb' es keine schlummerlosen Nächste u.s.w. Aber diß wäre dem Menschen so unnatürlich, wie dem Thiere die *Künste*, die er es lehrt. Das Leben zu fördern, den ewigen Vollendungsgang der Natur zu beschleunigen, – zu vervollkommnen, was er vor sich findet, zu idealisieren, das ist überall der eigentümlichste, unterscheidendste Trieb des Menschen, und alle seine Künste und Geschäffte, und Fehler und Leiden gehen aus jenem hervor."[37]

In höchst bemerkenswerter Weise schließt Hölderlin in seinem *Im Walde* mit dem zweiten Satz an die vorausgehenden Verse mit einem „Und darum" an, das eine Erklärung für das vorige insinuiert. Es heißt in den Versen 6 und 9: „Und darum ist die Willkür ihm und höhere Macht [...] gegeben". Ich deute dieses „darum" als eine ergänzende Erklärung für die Weise, wie die Flamme des menschlichen Geistes bewahrt wird, nämlich nicht bloß durch den Verstand, denn der schafft nicht eigentlich und nur zufällig Innigkeit und Achtsamkeit („denn inniger/ist achtsamer auch" Verse 2–3). Bewahrt wird die Flamme des Geistes insbesondere durch das Stiften von wesentlichen Erinnerungen, die der Dichter durch sein Lied besorgt. Neben dem Verstand ist dem Menschen nämlich „Willkür" und „höhere Macht" gegeben. Die Verse 6–9 lauten im Ganzen:

> *„Und darum ist die Willkür ihm und höhere Macht*
> *zu fehlen und zu vollbringen dem Götterähnlichen,*
> *der Güter gefährlichstes, die Sprache dem Menschen*
> *gegeben"*[38]

---

[36] Hölderlin, Im Walde, *StA* II 1, 327.
[37] Hölderlin an Karl Gok, 4. Juni 1799, *MA* II, 767–772, 768–769.
[38] Ders., Im Walde, *MA* I, 265, Vers 6–9.

Der Verstand ist im strikten Sinn genommen das Vermögen, dem genau besehen keine Wertungen möglich sind, auch wenn er schützende, hilfreiche und nützliche Annehmlichkeiten des Lebens schafft, da der Verstand rein deskriptiv und kausalmechanisch die Welt erklärt und erkennt. Auch Spinoza erklärt sehr strikt, dass es für den klar erkennenden Verstand weder gut noch böse, also keinerlei Wertungen, und ferner weder Freiheit noch Finalität geben kann. Mit den lebensfördernden und lebensmindernden Arten der Affekte ziehen schließlich doch Wertungen in das menschliche Bewusstsein ein, die zu Unrecht und in ungeklärter Weise auf alle möglichen Gegenstände ausgedehnt werden. Deshalb ist klärende Reflexion der affektiven und rationalen Einstellungen nötig, die im günstigsten Fall zur dritten Erkenntnisart finden.

Mit der „Willkür" und der „höhere[n] Macht" des Geistes eröffnet sich eine Welt der Wertungsmöglichkeiten menschlicher Subjektivität und damit auch die Möglichkeit, Innigkeit und Achtsamkeit wollend zu bewahren. Mit dem Verstand ist in theoretischer Perspektive ein Richtig und Falsch möglich, aber mit der Willkür betreten Gut und Böse, Schön und Hässlich als Gewusste die Bühne der Welt, oder wie Hölderlin in einer theoretischen Reflexion von 1795 festhält: „Der Anfang all' unsrer Tugend geschieht vom Bösen. Die Moralität kann also niemals der Natur anvertraut werden."[39]

In diesen Versen des Gedichtes *Im Walde* wird das Werkzeug schlechthin des Dichters, die Sprache, als „der Güter Gefährlichstes" bezeichnet, mit dem der Mensch ebenso „fehlen" kann, wie er vermag zu „vollbringen dem Götterähnlichen". Dem Gelingen und Vollbringen wird das Scheitern und die Möglichkeit des Fehlens, also des Fehlgehens, zur Seite gestellt. Dies liegt, wie Hölderlin dichtet, in der Freiheit des Menschen, in der Willkür begriffen, die dem menschlichen Geist möglich ist. Es ist bemerkenswert, dass Hölderlin hier von der Willkür und nicht vom Willen spricht. Mit dem Willen verbindet der Kantianer den sittlichen Willen und seine Pflicht zu wollen, was er soll. Die Willkür aber ist Ausdruck für eine freie Wahl gegenüber dem „aus Einer Wurzel" hervorgehenden, das bald „das Gröste und Kleinste, das Beste und Schlimmste der Menschen"[40] ist, aus denen die mannigfachen, konfligierenden Lebenstendenzen des menschlichen Daseins entstehen, ungeachtet zunächst der sittlichen Bestimmungen des Menschen. So ist zu sagen, dass Deskription und Präskription, Verstand und Vernunft (als Willkür, Wille, Geist) die eine Ebene der widerstreitenden oder konfligierenden Lebenstendenzen darstellen, die in Hölderlins Werk sehr breit repräsentiert ist. Wo aber entschieden ist, dass eine Sache in den normativen Horizont gestellt ist, da tritt der Wertungsgegen-

---

[39] Ders., Es giebt einen Naturzustand ... (*StA*: Über das Gesetz der Freiheit), *MA* II, 46–47, 47.
[40] Hölderlin an Karl Gok, 4. Juni 1799, *MA* II, 767–772, 769.

satz, also gut und böse, schön und hässlich und anderes in den Blick, der nicht schon je und immer entschieden ist, sondern einer gründlichen Untersuchung bedarf. Angewandter zu denken heißt zu wissen, dass konfligierende Kräfte, dass Konfliktgegner ihre Sache immer schon aus der je subjektiven Perspektive für entschieden halten. Das öffentliche Recht kennt daher die strikte Wertungsenthaltung vor der Urteilsfindung. Für die moralische Urteilsfindung muss dies ebenso gelten. Nicht ohne Grund gilt für Hölderlin nicht – wie in der Zeit üblich – der Primat der praktischen Vernunft (Kant, Reinhold, Fichte, Schelling, Hegel, um nur sie zu nennen), sondern der Primat des Seyns, manchmal des Seyns als Schönheit, dem Theorie und Praxis nachgeordnet sind.

Ich möchte behaupten, dass der spätere Hölderlin die Natur und so auch die Natur des Menschen in erstaunlicher systematischer Nähe zu Spinoza sehr viel wertfreier zu begreifen suchte, als der jüngere Hölderlin. Die von Hölderlin vielfach thematisierten Selbstzweifel, Nöte, Verzweiflungen, seelischen Verwerfungen, aber auch Ekstasen, Begeisterungen, Himmelsstürme sind die aus einer Wurzel hervorgehenden Lebenstendenzen, die in der Regel und vor allem nicht zuerst durch moralische Beurteilungen zu begreifen sind. Der jüngere Hölderlin lässt seinen Hyperion beschämt werden angesichts des Unterschieds zwischen den Homerischen Helden und den unheldischen Männern der eigenen Zeit.[41] Jetzt aber besingt er im Gedicht *Im Walde* die Schutzbedürftigkeit der Menschen. Mit Spinoza, freilich auch mit Rousseau und mit Einschränkung auch Schillers ästhetischem Erziehungskonzept, dürfen die moralischen Wertungen erst einmal in Epoché gesetzt werden, um die menschliche Natur an sich zu begreifen.[42] Wenn dies Hölderlins Denkbewegung um und nach 1800 tatsächlich trifft, so wären in diesen späten Ansätzen Anzeichen dafür zu sehen, die systematisch zurück zu Spinoza weisen und vorwärts zu einem Denken der Moderne, also auch zu dem Spinoza-Interpreten Antonio Damasio, wo der Mensch nicht mehr in seinem idealen und gesollten, kämpferischen und moralischen Heldentum zum Gegenstand der Dichtung gemacht ist, sondern wo er sehr viel aufrichtiger in seiner bald selbstmächtigen, bald zerbrechlichen Ganzheit wahrgenommen und dargestellt wird.[43]

---

[41] Vgl. Ders., Ich schlummerte, mein Kallias ..., *MA* I, 485–486, 486.

[42] Mit der dritten Erkenntnisart hält auch bei Spinoza eine Wertung und der Inhalt dessen Einzug, was ein Subjekt frei macht und was Kants sittlichen Pflichten in der Sache durchaus ähnlich ist, und zwar im Namen der Begierde nach der intellektuellen Freude und Liebe zum Höchsten, zum Theos. Vgl. insbesondere das Vorwort zum V. Teil von Spinozas *Ethik*. Prinzipiell anders, aber doch auch vergleichbar teilt Hölderlin die Welt in eine wertfreie und eine wertesetzende.

[43] Eindrucksvoll zeigt R. Böschenstein-Schäfer in ihrem Beitrag: Tiere als Zeichen in Hölderlins später hymnischer Dichtung, in: *Hölderlin-Jahrbuch* 32 (2000/2001), 105–149, wie sich Hölderlins Welt der Wertungen in den späten Dichtungen massiv verändert.

Die Sprache, das Werkzeug des Dichters, ist sowohl ein „Götterähnliche[s]", wie es der „Güter gefährlichstes" ist, weil die Sprache, wie der Verstand auch, zunächst gänzlich wertneutral ist. Das Gute, Heilige und Göttliche kann mit ihr genauso gesagt werden, wie das Zerstörerische und Verderbliche. „Muse, besinge den verderblichen Zorn des Peliden" übersetzt Hölderlin Homers berühmten Anfangsvers der *Ilias*.[44] Der Zorn zieht in bemerkenswerter Weise immer mehr in Hölderlins späteres Dichten ein.[45] Die Sprache ist das Werkzeug, mit dem Wertungen gesetzt werden können, die Auszeichnung, Ordnung, Orientierung sind, die aber ebenso auf eine schädigende Weise irreführen und zerstören können.

Hölderlins Empedokles weiß auf andere Weise von dem Gefährlichen der Sprache zu sagen. Er verfügt über die Sprache, um in einzigartiger Weise mit der Natur, dem TheoLogos, dem Göttlichen in der Natur zu kommunizieren. Doch nachdem er sich im höchsten Übermut nicht mehr bloß als Liebling der Götter und Vertrauten der Natur weiß, sondern sich selbst zum Gott ausruft, schlägt mit diesem gewollt-ungewollten, bewusst-unbewussten Akt des Sagens das Götterähnliche der Sprache des Dichters Empedokles in ein Gefährliches, in zerstörerische Macht um. Empedokles muss als Sinnbild für den Dichter und den Menschen gefasst werden, der sowohl über seine Freiheit im Sinne der Willkür disponieren kann, sei es die Freiheit zum Guten oder zum Schlimmen hin, die Freiheit also zur geistigen Erhebung in eine höhere Sphäre, die im höchsten Übermut zur frevlerischen Selbstüberhebung umschlägt. Er darf sich trotz allem aber zuletzt auch von einer höheren Macht, von einem Sein schlechthin, einer Natur, einem Göttlichen gehalten wissen. Dies zeigt sich, wenn nun in einem vorausgeschickten kurzen Ausgriff auf Hölderlins Tragödienentwurf *Der Tod des Empedokles* noch die Schlussverse des Gedichtes *Im Walde* in den Blick genommen werden.

IV. „ihr Göttlichstes, die allerhaltende Liebe"
Seyn schlechthin, intellectuale Anschauung, amor dei intellectualis

Folgt man Hölderlins Denken, so bewegt sich der Mensch auf der durch den *Hyperion* wohlbekannten exzentrischen Bahn, die auch dem vorliegenden Gedicht *Im Walde* „schaffend, zerstörend, und/untergehend, und wiederkehrend"[46] durchlaufen wird. Die Reihenfolge dieser Partizipien ist sehr sprechend. Der Urtrieb oder Bildungstrieb, wie Hölderlin auch sagt,

---

[44] Hölderlin (Übersetzung), Homers Iliade, *MA* II, 119–147, 119.
[45] „Wunderbar/Im Zorne kommet er drauf." (Ders., Die Titanen, *MA* I, 390–393, 393 Verse 84–85) Ferner: „und zornig erhebt/Unendlicher Deutung voll/Sein Antliz über uns/Der Herr." (Ders., Sonst nemlich, Vater Zeus, *MA* I, 394 Verse 7–10)
[46] Ders., Im Walde, *MA* I, 265, Vers 9–10.

geht aus auf ein Schaffen und Gestalten. Dem guten Willen zur Sache ist freilich stets das Scheitern, die Zerstörung nah, die in der Regel nicht gewollt wird, von dem aber die Werke der Menschen, veranlasst durch die konfligierenden Tendenzen des Lebens, stets bedroht sind. Der in der *Ilias* beschriebene Trojanische Krieg, die Französische Revolution, der im *Hyperion* thematisierte Freiheitskrieg der Griechen gegen die Türken sind Beispiele, die Hölderlin deutlich vor Augen stehen. Sie verstehen sich als Bewegungen des Aufbruchs im Namen einer guten Sache, gar der Freiheit, und schlagen um in Zerstörung. Abgesehen von der manchmal für uns heutige sehr fragwürdigen Bewertung von Krieg und (griechischem) Heldentum, denkt Hölderlin viele Details dieser Zusammenhänge in öfters umschlagenden Ambivalenzen, die sich besonders deutlich an der Figur des Alabanda und der Wechselbeziehung zu Hyperion beobachten lassen. Hier ist nicht der Raum, dies auszuführen.

Nicht anders, wenn auch in anderen Dimensionen ergeht es Hölderlins Empedokles. Empedokles, der die „Sprache" der Natur in besonderer Weise versteht, lässt sich im höchsten Übermut, sein eigenes Maß nicht mehr kennend, dazu hinreißen, sich einen Gott zu nennen. Fortan ist ihm das vertraute Zwiegespräch mit der Natur nicht mehr möglich. Seine vorige Identität, der kreative Umgang mit der Natur, ist zerstört. Hölderlins Idee des Tragischen dieser Figur ist es, dass er wegen dieser Hybris untergehen muss, um freilich wiederzukehren. War es die gefährliche Seite des Sagens, die Empedokles hinriss zu dem, was sich bald als falsch erweisen sollte, so sucht er nun mit freier Wahl den Tod durch einen kühnen Sprung in das Feuer des Ätna. Die Vermählung mit dem Feuer in seiner vielfachen Bedeutung soll die Schuld tilgen, vor allem aber seine geistige Wiederkehr besiegeln. Hölderlins Konzeption des tragischen Todes des Empedokles hat viel Verwunderung auf sich gezogen, da darin so schwer eine überzeugende Nähe zum Tragischen der schon seit Aristoteles' *Poetik* hochgeschätzten und am meisten beachteten Tragödien *Antigone* und *Königs Ödipus* zu finden war. Macht man sich jedoch klar, dass Hölderlin sein Konzept des Tragischen in eine offenkundige Parallelkonstruktion zu Sophokles' *Ödipus auf Kolonos* zu bringen suchte, so erhält Hölderlins Begriff des Tragischen eine völlig neue Pointe gegenüber der allgegenwärtigen Rezeption und Auffassung des Tragischen der Aristotelischen *Poetik*.[47] Der heitere Tod des

---

[47] Auf die bemerkenswerte Strukturparallele der Konzeption des *Empedokles*-Dramas mit der des sophokleischen *Ödipus auf Kolonos* hat bereits W. Schadewaldt zuerst in *Hellas und Hesperien. Gesammelte Schriften zur Antike und zur neueren Literatur in zwei Bänden,* Zürich und Stuttgart 1970, II 261–275, und dann wieder in *Die griechische Tragödie. Tübinger Vorlesungen*, Bd.4, Frankfurt ³1996, 313, hingewiesen. Zu Recht beurteilt er Hölderlins *Empedokles* als die bedeutendste Nachdichtung des *Ödipus auf Kolonos*. Soweit ich es übersehe, wird diese höchst bedeutende Parallele in der Forschungsliteratur sonst nicht thematisiert.

Ödipus auf Kolonos ist in seiner Tragik glaubwürdig nach einem Leben, das von der Höhe der Königswürde herabstürzt in eine lange Zeit des Wanderns in der heimatlosen Fremde als blinder Seher unter bittersten Leiden, begleitet von Antigone. Hölderlin ist es nicht gelungen, seinen *Empedokles* mit gleicher Überzeugungskraft des Tragischen auszustatten.

Gleichwohl darf man konstatieren, dass die Heiterkeit, dem Tod entgegen zu gehen, weil sich ein leidvolles Leben erfüllt hat, offenkundig auch Anleihe nimmt bei dem, was Hölderlin im vierten *Frankfurter Aphorismus* mit Spinoza als „ewige Heiterkeit, [und] Gottesfreude" bezeichnet, die durch den Erkenntnisweg zu gewinnen ist, den Spinoza mit der scientia intuitiva geht, und ohne die, wie Hölderlin formuliert „keine Vortreflichkeit, kein Leben" ist.[48] Die scientia intuitiva vollzieht im Diesseits des Lebens einen Weg des Denkens hin zum Wesentlichen, was durch die poetische Symbolik des Tragischen des *Ödipus auf Kolonos* von Sophokles und durch den *Empedokles* von Hölderlin aus der Zeit herausgenommen und durch intellectuale Anschauung des Tragischen ins Metaphysische des Seyns schlechthin hinausgehoben wird. Freilich ist sowohl dem Ödipus des Sophokles wie der scientia intuitiva Spinozas in systematisch bedeutsamer Weise zu eigen, dass ein langer, ausdauernder und beschwerlicher Weg durchlaufen werden muss. Hölderlins Empedokles-Konzeption krankt wohl auch daran, dass der Fall des Königs der Natur, des Empedokles', zu schnell in das Ende übergeht. Es fehlt der gezielte Weg einer Selbstklärung und der wesentlichen Selbstfindung. Dies dürfte einer der Gründe für das Scheitern von Hölderlins Tragödien-Projekt sein. So großartig die Fragmente des *Empedokles* sind, darf von einem Scheitern angesichts des intendierten und verfehlten Ziels des Dichters gesprochen werden.

Beiden Protagonisten, dem Ödipus auf Kolonos wie dem Empedokles, ist mit dem Untergehen auch ein Wiederzukehren gegeben. Wegen der Wichtigkeit für Hölderlins Dichtungs- und Gotteskonzeption will ich dies kurz skizzieren.[49] Die Bürger Agrigents und ihre Führer verfluchen zunächst Empedokles und weisen ihn aus der Stadt. Nach einer Zeit der Besinnung wollen sie ihn als ihren König zurückholen. Ähnliches tun die Thebaner, freilich aus Eigennutz, weil geweissagt wurde, dass die Stadt gesegnet sei, die Ödipus die letzte Ruhestätte gewährte.[50] Empedokles weigert sich, nach Agrigent zurückzukehren mit dem Hinweis: „Diß ist die Zeit der Könige nicht mehr."[51] Empedokles' anfängliche Zurechtweisung der Bürger

---

[48] Hölderlin, Frankfurter Aphorismen, in: *MA* II, 57–61, 59.
[49] Der Zusammenhang findet sich ausführlicher dargestellt in Waibel, Empedocle in Hölderlin [wie Anm. 35], 289–309.
[50] Im dritten Epeisodion des *Ödipus auf Kolonos* sucht Kreon zunächst mit Schmeichelworten, dann mit Gewalt Ödipus dazu zu bewegen, nach Theben zurückzukehren, um dort die letzte Ruhestätte zu finden.
[51] Hölderlin, Empedokles, Erster Entwurf, konstituierter Text, *FA* 13, 697–758, 742, V 1318.

kulminiert in einer Versöhnungsgeste, wenn er schließlich zu den Bürgern Agrigents sagt:

> „*Ihr botet*
> *Mir eine Kron', ihr Männer! nimmt von mir*
> *Dafür mein Heiligtum. Ich spart' es lang.*" [52]

Empedokles, der Dichter, spricht hier über sein „Heiligtum", und zwar erst jetzt, in der Stunde vor seinem Tode. In dieser inszenierten Verkündigung eines „Heiligtum[s]" ist eine offenkundige Parallele zu Ödipus auf Kolonos bezeichnet, dessen letzte Ruhestätte sich Segen gebend für die Bewohner des Ortes auswirkt. Empedokles' geistiges Vermächtnis, sein „Heiligtum" ist die Vision einer besseren und gerechteren Gesellschaftsordnung, in der kein König mehr nötig ist, die Vision eines neuen Verhältnisses der Menschen untereinander, einer neuen Beziehung der Menschen zur Natur, zum Göttlichen in der Natur und im Menschen, die Vision von einer lebendigeren und gelungeneren Ordnung des Lebens. Empedokles hat offenbar die Vorstellung, dass die Menschen ihm erst jetzt in dieser Stunde ein offenes Ohr für das schenken, was er das Ungewohnte und Fremde seiner letzten Gabe bezeichnet, das zu hören sich die Menschen üblicherweise scheuen und das er ihnen bislang nicht mitgeteilt hat, wohl, weil es ungehört verklungen wäre. Das Hören auf die Natur und das Lernen von ihr, das Empedokles in einzigartiger Weise vergönnt war, bis er sich als Gott frevlerisch und selbstgefällig über die Natur erhob, soll als Vermächtnis des Empedokles nun den Menschen in allgemeinerer, freilich auch in weniger emphatischer Form, als dies Empedokles zu leben in ausgezeichneter Weise vergönnt war, zugänglich werden. Die Bedingung dafür, so macht Empedokles deutlich, ist sein Tod, aus dem ein neues Werden erwächst.

> „*sterbend kehrt*
> *Ins Element ein jedes, daß es da*
> *Zu neuer Jugend, wie im Bade, sich*
> *Erfrische. Menschen ist die große Lust*
> *Gegeben, daß sie selber sich verjüngen.*
> *Und aus dem reinigenden Tode, den*
> *Sie selber sich zu rechter Zeit gewählt,*
> *Erstehn, wie aus dem Styx Achill, die Völker.*"[53]

---

[52] Ebd., 744, V 1367–1369.
[53] Ebd., V 1392–1399. Hier ist der Kerngedanke dessen ausgesprochen, was die Idee des poetologischen Textes vom *Werden und Vergehen*, so der alte Titel von *Das untergehende Vaterland*, behandelt und was der Schlussgedanke des ägyptischen Sehers Manes im Dritten Entwurf des *Empedokles* kurz vor dem Abbruch des Entwurfs darstellt. Hölderlin notiert sich für die Fortsetzung der Arbeit am Dritten Entwurf: „Manes, der Allerfahrne, der Seher erstaunt über den Reden des

Das Tragische Gedicht gilt Hölderlin als Metapher einer intellectualen Anschauung.[54] Der *Tod des Empedokles* steht für die notwendige Einsicht, dass ein Leben, eine Zeit sich erfüllt hat und der in der Dichtung symbolisierte freie Akt der Vollendung Zeichen für das Vergehen des Alten und Heraufkommen des Neuen ist. Im Dritten, sehr fragmentarischen Entwurf arbeitet Hölderlin die Idee des Vollendens des Alten durch den dichterisch tragischen Tod und die Erhöhung des Empedokles durch das Geschenk seines Heiligtums als Ermöglichungsbedingung der Erneuerung der Gemeinschaft und Gesellschaft, in der er lebte, die ihn verehrte, dann verfluchte, nachdrücklich heraus. Auch Ödipus, müde vom langen Leidensweg und vom Wandern in der Fremde, geht gefasst, ja in euphorischer Stimmung dem ihm bestimmten Tod in den Hainen von Kolonos entgegen, indem er Theseus, dem König von Athen, vor dem letzten Chorlied im *Ödipus auf Kolonos* die Segnung verkündet, die der Stadt Athen bestimmt ist für die ihm, Ödipus, gewährte letzte Ruhestätte.[55] Hölderlins Distichon auf *Sophokles*, das er auf dem Blatt 50 verso des Stuttgarter Foliobuches notiert, bekommt ein besonderes Gewicht, liest man es in Beziehung auf den *Ödipus auf Kolonos*. Es lautet:

> *„Viele versuchten umsonst das Freudigste freudig zu sagen*
> *Hier spricht endlich es mir, hier in der Trauer sich aus."*[56]

Es kann nicht behauptet werden, dass Hölderlin mit diesen Versen nur, wohl aber, dass er vermutlich mit besonderem Gewicht an den Sophokles des *Ödipus auf Kolonos* gedacht haben wird. Die Niederschrift des Distichons im Stuttgarter Foliobuch steht in zeitlich großer Nähe zur Arbeit am *Empedokles* und seinem Ringen um eine schlüssige Konzeption des Tragischen.

Die Erneuerung, die die Gesellschaft durch den Dichter, so auch durch Empedokles erfährt, spiegelt sich in der Aufgabe, die „himmlische Flamme" (*Im Walde*) zu erhalten, sie realisiert sich ferner durch die vom Dichter bewerkstelligte Reproduktion des Geistes, die Hölderlins *Verfahrungsweise des poetischen Geistes* bekanntlich zu ihrem Programm erhebt. Somit ist auch der Sprung in das Feuer des Ätna ein symbolischer Akt, der

---

Empedokles, und seinem Geiste, sagt, er sei der Berufene, der tödte und belebe, in dem und durch den eine Welt sich zugleich auflöse und erneue." (Ders., Empedokles, Dritter Entwurf, konstituierter Text, *FA* 13, 930–948, 948, Z 11–14)

[54] Vgl. Ders., Das lyrische, dem Schein nach idealische Gedicht ..., *MA* I, 102–107, 102.

[55] Vgl. Sophokles, Οιδιπους επι Κολονοι (Ödipus auf Kolonos), in: *Fabulae*, hg. von H. Lloyd-Jones/N.G. Wilson, Oxford 1990, 420/421, V 1518–1555.

[56] Hölderlin, Sophokles, *MA* I, 271 und *FA* Supplement II, Stuttgarter Foliobuch, Blatt 50 verso.

das Erbe des geistigen, göttlichen Heiligtums des Dichters Empedokles bewahrt.

Das Gedicht *Im Walde* ist zwar nicht ein tragisches Gedicht im eigentlichen Sinn. Gleichwohl darf auch hier die Wiederkehr nach dem Untergang, die als ein Wiederkehren „zur ewiglebenden, / zur Meisterin und Mutter" bezeichnet ist, als symbolischer Akt verstanden werden. Mit der Wiederkehr zur Natur ist offenkundig auch eine Rückkehr ins Seyn schlechthin gedacht. Die Schlussverse lauten im Zusammenhang:

> *„[...] damit er schaffend, zerstörend, und*
> *untergehend, und wiederkehrend zur ewiglebenden,*
> *zur Meisterin und Mutter, damit er zeuge, was*
> *er sei geerbet zu haben, gelernt von ihr, ihr*
> *Göttlichstes, die allerhaltende Liebe."*[57]

Der Wiederkehrende soll zeugen, was er geerbt und was er gelernt hat von der Natur, vom Sein. Der Mensch ist demzufolge in dem, was er ist und werden kann sowohl Empfangender, weil Erbender, als auch Tätiger, weil Lernender. Das Göttlichste, das der Mensch erhalten und gewinnen kann, ist die Liebe, die „allerhaltende Liebe", wie der Schlussvers kündet. Die Liebe, von der hier die Rede ist, ist offenkundig nicht das Gefühl der Liebe zu einem Anderen, zu einem Freund, die Liebe zwischen Mann und Frau, nicht das Gefühl zwischenmenschlicher Beziehungen. Adressat der allerhaltenden Kraft ist das Leben in emphatischem Sinne, das Leben als Geist. Diese Liebe lässt sich als Idee der Affirmation des Lebens und der Organisation des Lebens als umfassende und ganzheitliche Ordnung fassen. Fast möchte ich sie in Parallelkonstruktion zu Hegel als geistig-dichterische Substanz bezeichnen, als Inbegriff aller Geistkultur.

Das Heiligtum, das Empedokles den Bürgern von Agrigent hinterlässt, darf als eine solche Gabe der Liebe gelten, wie jede echte Dichtung eine Gabe der Liebe ist, geboren aus dem langen Weg der Erfahrungen, in dem der Dichter lernend sammelt, um zu seinen reifen Werken zu gelangen und gezeugt aus den günstigen Fügungen der ererbten Genienatur des Dichters oder Künstlers.

Nicht zufällig spreche ich von dieser Liebe als einer geistig-dichterischen Substanz, hat doch auch Hegel den Begriff der sittlichen Substanz in der transformierenden Auseinandersetzung mit Spinozas Substanz des Alleinen gewonnen. Das tragische Gedicht nennt Hölderlin, wie erwähnt, die Metapher einer intellectualen Anschauung, „welche keine andere seyn kann, als jene Einigkeit mit allem, was lebt, die zwar von dem beschränkteren Gemüthe nicht gefühlt, die in seinen höchsten Bestrebungen nur geahn-

---

[57] Ders., Im Walde, *MA* I, 265.

det, aber vom Geiste erkannt werden kann".[58] Die intellectuale Anschauung ist Hölderlin zufolge ein herausragendes Merkmal des tragischen Gedichts, trifft aber auch für jede andere echte Dichtung zu, da die Vollendung einer jeden Dichtungsgattung stets in der Mischung aller und der Auszeichnung besonderer Merkmale liegt.[59] In *Urtheil und Seyn* hat Hölderlin 1795 bekanntlich erstmals, wenn auch in sehr thetischer Form, von einer intellectualen Anschauung gesprochen, die dem Seyn schlechthin zugeordnet wird.[60]

Mir scheint die in der Forschung bekannte These sehr berechtigt zu sein, dass diese intellectuale Anschauung der Poetologie Hölderlins eine systematische Nähe zu Spinozas dritter Erkenntnisart verrät. Spinozas dritte Erkenntnisart ist nur im Durchlaufen eines langen Denkweges zu erlangen, der sich zunächst dem tiefgreifenden Erfassen der ersten sinnlichen und zweiten gesetzmäßig rationalen Erkenntnis bemächtigen muss, um sich zur dritten zu läutern und zu ihr empor zu steigen. Wer in der dritten Erkenntnisart zu denken vermag, der kann das Wesen der Dinge erkennen. In Spinozas Theorie hat dies eine besondere Konnotation. Alles Denken und Tun ist Ausdruck des conatus oder Lebenstriebes, der lebensbejahenden und lebensmindernden unmittelbaren Affekte ebenso, wie des Lebenstriebs der Freude an der Erkenntnis.[61] Sich auf den Weg der dritten Erkenntnisart zu begeben heißt, seine Affekte zu kennen, ihre Ursachen klar zu erkennen, die Ordnung der Affekte und ihrer Ursachen untereinander zu durchschauen. Die klare Sicht auf die Affekte und auf die mit ihnen verknüpften Ideen gibt dem Geist die Macht, das Streben nach kurzsichtigen Freuden, von denen abzusehen ist, dass sie in Leiden umschlagen, abzuschwächen zugunsten weitsichtigerer Freuden. Die Erkenntnis wirkt auf die Affekte dadurch regulierend, dass diese nicht von einem rationalen und abstrakten Sollen beherrscht werden, sondern von einem durch rationale Einsicht gewonnenen mächtigeren Lebenstrieb. Die Liebe und Freude dieser dritten Erkenntnisart, die Spinoza Liebe zu Gott nennt, aber nicht um des Gottes

---

[58] Ders., Das lyrische dem Schein nach idealische Gedicht ..., *MA* II, 102–107, 104.
[59] Vgl. Hölderlin, Der tragische Dichter ..., *MA* II, 110.
[60] Vgl. Hölderlin, Seyn, Urtheil, Modalität, (Urtheil und Seyn), *MA* II, 49–50, 49.
[61] Fichtes Theorie der Triebe in der allgemeinen praktischen Wissenschaftslehre der *Grundlage* von 1795, besonders aber im *System der Sittenlehre* von 1798 dürfte sehr wesentlich durch den Rückgriff auf Spinozas Trieblehre im dritten Buch der *Ethik* konzipiert worden sein. Ob Hölderlin Fichtes Schrift von 1798 noch studiert hat, ist durch kein direktes Zeugnis belegt, sollte aber bei einer Untersuchung von Hölderlins impliziter Theorie der Gefühle und des Bildungstriebs in der späten Dichtung in Betracht gezogen werden. Zum Zusammenhang von Fichtes mit Spinozas Triebtheorie vgl. V. L. Waibel, One Drive and two Modes of Acting: Cognition and Volition, in: *Philosophy Today. Fichte's System of Ethics*, Vol. 52, D. Breazeale/E. Millàn/T. Rockmore (Ed.), im Druck, erscheint voraussichtlich 2008, 309–318.

willen, sondern um ihrer, der Liebe und Freude selbst willen, scheint mir nun in merklicher systematischer Verwandtschaft zu stehen mit der „allerhaltende[n] Liebe", die Hölderlin im Schlussvers von *Im Walde* nennt, die Innigkeit und Achtsamkeit im emphatischen Sinn möglich macht und die das „Göttlichste[]" ist, das die „Meisterin und Mutter" bereit zu halten vermag. Es ist dies auch der Segen, den Ödipus auf Kolonos nach den langen Wegen des Irrens als blinder Seher verbreitet, es ist das „Heiligtum", das Empedokles als Vermächtnis zu stiften vermag für die, die empfänglich sind für die „himmlische Flamme", den Geist. „Das ist ewige Heiterkeit, ist Gottesfreude [...]; deswegen ohne Verstand, oder ohne ein durch und durch organisirtes Gefühl keine Vortreflichkeit, kein Leben."[62]

Nicht nur zeichnet Hölderlin in seinem *Fragment philosophischer Briefe* je individuelle Gottessphären, die sich zu gemeinschaftlichen Sphären finden. In geradezu verwirrender Weise dichtet er eine Vielgestaltigkeit und Vielnamigkeit der Gottheiten. An den Freund Sinclair schreibt Hölderlin am 24. Dezember 1798:

> „Es ist auch gut, und sogar die erste Bedingung alles Lebens und aller Organisation, daß keine Kraft monarchisch ist im Himmel und auf Erden. Die absolute Monarchie hebt sich überall selbst auf".[63]

Die Wertung eines einzigen und wahren Gottes ist nicht mehr zuzulassen. Dies scheint mir Programm zu sein. Das Programm nämlich, den Blick für das Wesentliche frei zu machen, das mit dem Sagen des Dichters vom Seyn schlechthin, der Schönheit, der Natur, einem Gott, einer Göttin, mögen sie Namen haben oder nicht, gewonnen werden kann. Die Sprache ist zugleich „der Güter gefährlichstes" und das „Götterähnliche[]", das Götterähnliche, weil es den Menschen über die unmittelbare Sinnlichkeit, und daher über das Tier erhebt zu Vernunft und Geist. Aber darin liegt sowohl sein Glück und Gewinn als sein Verderben, seine Gefahr. Die mit der Sprache gegebene Willkür eröffnet sowohl den Weg zur Gottnähe als auch zum Abgrund. Das „Göttlichste[]" aber ist die „allerhaltende Liebe", die zu erlernen das Schwerste ist. So weiß des Dichters Sprache zu künden:

> „Nah ist / Und schwer zu fassen der Gott"[64]

---

[62] Hölderlin, Frankfurter Aphorismen (vierter Aphorismus), *MA* II, 57–61, 59.
[63] Hölderlin an Sinclair, 24. Dezember 1798, in: *MA* II, 721–723, 723.
[64] Ders., Patmos, Erste Fassung, *MA* I, 447–453, 447.

Dieter Henrich zu Christoph Jamme und Violetta L. Waibel

Hölderlin über Seyn und die Dynamik des Lebens

Christoph Jamme ist seit langem gleichermaßen vertraut mit meinen historischen Untersuchungen und meinen philosophischen Versuchen, soweit sie von der nachkantischen Philosophie ausgegangen sind. Das Jena-Programm habe ich im Stadium seiner Inkubation mit ihm als einem der ersten besprochen. Unter solchen Voraussetzungen lässt man sich gern auf Rückfragen, die von Zweifeln bestimmt sind, und auf eine Kritik ein, welche die Absicht hat, eine grundlegend andere Position geltend zu machen oder zumindest im Blick und Spiel zu halten. Im Hintergrund aller Fragen und Differenzen steht Jammes Nähe zu Heideggers Verständigung über Hölderlin und die Tatsache, dass in meine eigenen Hölderlininterpretationen immer auch eine Kritik an Heidegger eingewoben ist. Die Motivation und den Verlauf der Konstellationsforschung, aus der meine Rekonstruktion von Hölderlins Konzeption des Frühjahrs 1795 hervorging, hat er, was Hölderlin betrifft, zutreffend charakterisiert. Ich kann ergänzend nur noch auf den weiteren Rahmen dieser Untersuchungen verweisen, der sich insbesondere aus der durchgängigen Beziehung auf Kants Werk, auf dessen Entwicklungsgeschichte und auf die Spannungen ergibt, die in Kants Werk aufkommen und die nicht immer dieselben sind, welche von den bedeutendsten seiner Nachfolger bemerkt und zum Ausgangspunkt genommen worden sind.

Violetta Waibel hat lange im Jena-Programm, an den Hölderlin-Forschungen und der Diez-Ausgabe mitgearbeitet und ist dann ihren Weg nach Tübingen und nach Wien selbständig weitergegangen. Aus den folgenden Ausführungen wird hervorgehen, dass ich mit dem, was sie über Wegabschnitte in Hölderlins Philosophieren sagt, im Wesentlichen übereinstimme. Ihre Auslegung eines Textes von Hölderlins hat sie mit der Entwicklung einer These verbunden, der zufolge Hölderlins späteres Bild von der Dynamik des Menschenlebens in einer großen Nähe zu der Affektenlehre im fünften Buch von Spinozas *Ethik* gesehen werden kann. Nun ist dieser Band nicht der Ort dafür, Auslegungsfragen zu Hölderlins Texten, so wie in dem Wiener Gespräch zu ihrem Vortrag, weiter zu bringen oder eine These über Hölderlins Spinoza-Lektüre zu diskutieren, die einen eigenen Forschungsgang allererst einleiten sollte. So werde ich erst am Schluss auf einige von Waibels Überlegungen zurückkommen, mich im Folgenden aber auf Jammes Einwände und Erwägungen konzentrieren, und zwar vor allem dann, wenn sie für Probleme und Perspektiven der philosophischen Theologie von Bedeutung sind – also für das durchgängige Thema dieses Bandes als ganzem.

1.

In der Konstellationsforschung ging es mir nicht nur darum, den rapiden Verlauf der Entfaltung der nachkantischen Philosophie zu erklären. Ich hoffte auch, dass deutlich werden würde, in welchem Maße und kraft welcher Gestalt die idealistische Philosophie nicht einfach nur als eine Fortführung, eine überbietende Steigerung und eine Vollendung der Kantischen Konzeption angesehen werden kann, die vorab durch eine Radikalkritik an Begrenzungen der Kantischen Denkweise ermöglicht ist. Ich vermute, es werde sich zeigen lassen, dass in dieser Bewegung auch Grundmotive von Kant in veränderter Entfaltung und Durchführung bewahrt und vertieft worden sind. Meine philosophischen Untersuchungen zu der Frage, wie Selbstbewusstsein sich verstehen lässt, bewegten sich längst schon in diesem Problembereich. Als ich Fichte eine ursprüngliche Einsicht zusprach, die diesen Problembereich auf neue Weise erschlossen hat (1966), habe ich zugleich den Interpretationen der nachkantischen Entwicklung widersprochen, die durch Schelling und Hegel Lehrbuchgeltung gewonnen hatten. Meine Untersuchungen zu Hölderlin und seinem Kreis hatten Ergebnisse, die sich in diesen Zusammenhang sehr gut einfügen. Hölderlin war schon durch Jacobi über die Kantische Begrenzung der Ideenwelt auf Vernunftpostulate und in eine größere Nähe zu Platon hinausgewiesen. Seine Lektüre von Jacobi hatte ihn aber zugleich auch gegen Ansprüche auf eine systematisierende Grundtheorie zurückhaltend gemacht. Dass ihm nun in einem Kreis von Reinholdschülern, zumal durch Niethammer, eine solche Kritik in professionell anspruchsvoller Gestalt nahe gebracht wurde, war eine der Voraussetzungen für die frühe Selbständigkeit seines Denkens.

Ich hatte mich selbst immer schon gefragt, in wie weit im Rahmen einer solchen Grundstellung auch über Hegels System eine Verständigung in einem Licht möglich werden könnte, die sich von Hegels Selbstverständnis unabhängig gemacht hat und eher Hegels eigene Jacobi-Rezeption als seine wohl informierte Kritik an allen Formen des Jacobi nahen Denkens in seiner Zeit in den Blick bringt. Mein Versuch, die Formationsbedingungen von Hegels Denken, insbesondere seinen Gedanken von einer ‚absoluten Negativität' eigenständig zu erklären, sind deshalb auch eine Voraussetzung für meinen Zugang auf Hölderlins Denken gewesen. Auf diese Weise hat sich mir aus mehreren Ansätzen heraus allmählich ein Profil des gesamten Idealismus herausgebildet, das von der Diagnose weit abweicht, die einmal ganz allgemein als gültig gegolten hatte. Auch Heidegger folgte in Wahrheit noch immer einer Vorgabe der Hegelianer, wenn er die Entfaltung der idealistischen Philosophie als einen Prozess verstand, in dem gesicherte Gewissheit und ihrer selbst gewisse Subjektivität zu einer Zug um Zug immer weiter gesteigerten Zentralstellung gelangten – nur dass ihm diese Bewegung als Teil einer viel weiter reichenden Verfallsgeschichte galt, vielleicht mit einer moderaten Einschränkung beim späteren Schelling, die aber keine zum Grund reichende Modifikation des Ansatzes ergab. Nur aufgrund dieser Voraussetzungen konnte Heidegger – in Übereinstimmung mit einer Haupttendenz seiner Zeit, die, was Hölderlin betrifft, von Stefan George und für Heidegger auch von Georges herrischem Gestus bestimmt war – dahin gelangen, in Hölderlin den Aufgang einer ganz anderen Erfahrung und Denkart zu sehen.

2.

Ich sollte nun etwas näher auf die Frage einzugehen, in welchem Sinn Hölderlin als Philosoph zu verstehen ist und in welchem Maße sein Werk von seinem Philosophieren mitbestimmt oder getragen wurde. Es kann freilich kein Zweifel daran sein, dass sein Lebensplan jederzeit von seiner Aufgabe als Dichter her entworfen war. Aber er hat sich selbst auch als Philosophen bezeichnen können, hat philosophische Texte publizieren wollen und ist dem Gedanken nachgegangen, sich neben Fichte als Philosoph zu habilitieren. Aus den Berichten und Ratschlägen für seinen Bruder, aus dem, was wir über seine Gespräche mit Schelling und seine Korrespondenz mit Niethammer wissen können, ergibt sich, dass er sich auch im Besitz einer philosophischen Konzeption wusste, die er sich selbst erarbeitet hatte. Es ist inzwischen unstritten, dass von dieser Konzeption Wirkungen ausgegangen sind. Sinclair hat sein eigenes Philosophieren von ihr her aufgebaut, und Hegel ging nach Frankfurt, um mit seiner Hilfe in eine neue und sicherere philosophische Selbstverständigung zu finden.

Ohne allzu viel Periodisierungszwang kann man in Hölderlins Philosophieren drei Phasen unterscheiden: Zunächst die philosophischen Studien in Tübingen, die neben dem frühen dichterischen Werk, ähnlich wie in Schillers Leben, einen eigenen Gang genommen haben. In ihnen hat sich Hölderlin das obligatorische philosophische Pensum seiner Generation angeeignet. Sie ließen in ihm den heftigen Wunsch aufkommen, nach Jena gelangen zu können, konzentrierten sich aber in dem Plan, in der philosophischen Theorie der Kunst über Kant und auch über Schiller hinaus und damit zugleich in die Nähe Platons zurückzukommen. In der Übergangszeit des Weges nach Jena begann die zweite, die eigentlich produktive Phase seines Nachdenkens, die eng mit dem Studium Fichtes und bei Fichte verwoben war. Sie ergab den Entwurf, dessen Verfassung sich aus der Reflexion *Urtheil und Seyn* in ihrem Grundzug erkennen lässt. Eine dritte Phase ist dann durch die Versuche charakterisiert, diese Konzeption in Publikationen umzusetzen, im *Hyperion*, vor allem aber in seinen Beiträgen zum *Philosophischen Journal*, um den ihn Niethammer in Kenntnis der Eigenständigkeit seines Denkens gebeten hatte. Mit dem Scheitern dieses gewichtigsten seiner philosophischen Publikationspläne zog sich Hölderlin von der eigentlichen philosophischen Arbeit zurück. Er hatte einsehen müssen, dass seine Begabung die eines Künstlers war, der zwar selbständig zu philosophieren verstand, nicht aber die eines Autors von

Texten, deren Gedankengang eine Konzeption Zug um Zug zur Entfaltung bringen soll. Über den Grund des Scheiterns seiner philosophischen Niederschriften und den des Gelingens seiner großen Dichtungen in der jeweiligen Art der Konzeption und Ausführung einerseits seiner Gedanken und andererseits seiner Gedichte ließen sich weiter noch Untersuchungen anstellen, die noch kaum aufgenommen worden sind. Sie würden auf noch eine andere Weise als die, welche Jamme mit Heidegger im Blick hat, auch für die Verständigung über das innere Verhältnis von Denken und Dichten eine Bedeutung haben können.

Hölderlin blieb trotz all dem im Homburger Philosophenkreis das Zentrum – mit seiner Konzeption, die in der Erfahrung seines Lebens verwurzelt war, aus der auch die Grundimpulse seiner Dichtungen hervorgingen. So vertrat er die Grundzüge dieser Konzeption, die er in Jena erreicht, wenn auch nicht ausgearbeitet hatte, auch später noch. So etwa in einem Brief an den Bruder im Jahre 1801.

Nur führte er diesen Grundgedanken nunmehr, wie er formulierte, „angewandter" (StA IV,1, S. 419, 35 ff.) aus. Aus solcher Anwendung, als Entfernung vom Nachdenken über den ersten Grund und als Zuwendung zur Erschließung von Dimensionen des Wirklichen in dessen Licht, kann Hölderlins Werk in vielen Hinsichten verstanden werden: in Beziehung auf den Gang des menschlichen Lebens, auf die Verständigung über den Aufbau des literarischen Kunstwerks und auch auf die Beziehungen zwischen antiker und hesperischer Welt – unter Einschluss der kunsttheoretischen Texte, die aber gleichfalls dazu tendierten, Entwurf oder Aphorismus zu bleiben. Im Gang eines solchen Denkens, das als ‚angewandter' näher bei der Erschließung von Bereichen bleibt, in der Folgerungen aus ihm hervorgehoben werden können, werden sich in die ursprüngliche Konzeption dann auch neue Züge eingetragen und neue Erfahrungsweisen an sie angeschlossen haben.

Diese Kontinuität im Wandel erstreckt sich bis zum zweiten Brief an Böhlendorff. Das ‚philosophische Licht um mein Fenster', das in der Erfahrung aufgeht, dass ‚alle heiligen Orte der Erde zusammen sind an einem Ort' (StA IV,1, S. 435, 44 ff), gewinnt als Versammlung allein in dieser Kontinuität seinen Sinn – also aus einer Kontinuität mit einem Denken, das sich aus und innerhalb der Problemlage der nachkantischen Philosophie entfaltet hat. Wie eben dies Beispiel zeigt, ist in dieser Kontinuität der Spielraum für Veränderungen weit offen. Sie können so tief gehen wie der Übergang von der Elegie zum hymnischen Stil, den Peter Szondi in seiner Abhandlung *Der andere Pfeil* erschlossen hat.

Kann man all dem zustimmen, was hier in aller Kürze resümiert ist, dann wird die Frage danach, ob, inwieweit und auf welche Weise Hölderlin die Antinomien zwischen Lebenstendenzen, das Leiden unter den ‚Trennungen', die aus ihnen hervorgehen, und die Lebensbedeutung von Schicksal und Vergehen bereits in die ursprüngliche Jenaer Konzeption integriert hat, zu einem Thema zwar hohen, aber zweiten Ranges. Für die Verständigung über die Gemeinschaft Hegels mit Hölderlin bleibt sie allerdings von großer Wichtigkeit. Einige der bedeutendsten, auch der bekanntesten Gedichte Hölderlins aus der Zeit um 1800 kulminieren in der Annahme der Lebensnot als dem Leben wesentliches Geschick, das als solches dann aber auch als Göttergabe verstanden und in den Lebensdank einbezogen werden kann.

Was nun die Jenaer Zeit betrifft, so wird wohl außer Frage stehen, dass Hölderlin schon von der ersten Konzeption des *Hyperion* an den Schicksalsweg des Menschen zu seinem eigentlichen Thema gemacht hatte. Die Einfalt der Natur und die Organisation, die wir uns selbst geben, sind nicht nur Zustände, zwischen denen der Lebensweg des Menschen ausgelegt ist. Sie sind auch miteinander konfligierende Ideale, die dennoch in einem höchsten Zustand zusammentreten sollen. Dass die Bahn zwischen ihnen immer einen exzentrischen Lauf hat, ist schon allein deshalb nicht aus Zufall oder aus Verfehlung zu begreifen. Die Konzeption der Vorbemerkung des Fragments von 1794 geht nicht nur über Schillers Erklärung der Vermittlungsleistung des Schönen hinaus. Sie ist auch Hintergrund für die Weise, in der Hölderlin alsbald Fichtes Theorem von der Wechselbestimmung aufgenommen hat. So geht ein kaum abweisbarer Schluss dahin, dass sie auch in die Konzeption von *Urtheil und Seyn* Eingang gefunden hat.

Bei dem anderen Streit über die Frage, ob *Urtheil und Seyn* in Hölderlins Jenaer Zeit oder etwas später zu datieren ist, wird der Beziehung auf Sinclairs *Philosophische Raisonnements* nicht immer das Gewicht zugemessen, das sie und ihre Datierung verdienen. Die Datierung von deren Beginn auf das Spätjahr 1795 ist mir als ein Schlüsselerfolg der Konstellationsforschung in lebhafter Erinnerung. Sollte sie wirklich gelungen sein, dann ist klar, dass ihre Initiation von Hölderlins Denken her nur während der Zeit geschehen sein kann, die beide gemeinsame in Jena verbrachten. In diesen *Raisonnements* sind „alle diese Trennungen", so wie es sich von Fichte her auch versteht, ausdrücklich als *notwendige* Produkte ‚des Ich' genommen. Aber dies ist nicht der Ort, sich auf Probleme der Konstellationsforschung noch weiter einzulassen.

3.

Aufgrund der theologische Perspektive, die alle Gespräche dieses Bandes miteinander gemeinsam haben, muss es nämlich nun insbesondere darum gehen, Hölderlins Gedanken von einem ‚Sein', das aller Trennung voraus liegt, in seiner Beziehung zu Gottesgedanken und zu Hölderlins eigener Rede von den ‚Himmlischen' etwas näher zu erkunden. In jenem Einen, das aller Trennung vorausgeht, aber so, dass es selbst zu diesen Getrennten wird, ist der *Gehalt* des unpersönlichen Gottesgedanken von Spinoza mit der *epistemischen Stellung* verschmolzen, die der persönliche Gott in Jacobis Denken hatte, das doch gegen Spinoza gerichtet gewesen war: Das Einige, das aller

Trennung zugrunde liegt, ist nicht in einer Demonstration unter Beweis zu stellen, sondern muss auf andere Weise vergewissert werden, und zwar als eine Voraussetzung alles Denkens und Lebens, das sich in Trennungen vollzieht. Dass man auch ohne Demonstration seiner gewiss werden kann und in Erfahrungen seiner inne wird, lässt ein Bewusstsein von der Einigkeit des Lebens auch innerhalb der Trennungen möglich werden und aufwachsen.

Wenn man nun daran festhält, dass dieser Gedanke vom ‚Seyn' den Status einer Voraussetzung, oder auch (von ferne her mit Kant gesprochen) den Status einer Idee hat, an deren Realität kein Zweifel bleiben kann, dann tun sich von ihm her Perspektiven auf für eine nähere Bestimmung des Ursprungs als auch für eine ‚angewandtere' Art, dessen Gegenwart in der Sphäre der Trennungen zu erfahren. Was den Ursprung als solchen betrifft, so wird er von Hölderlin als ‚Seyn' nur in einer Art von Hinweis bezeichnet. Mit diesem Ausdruck wird in Beziehung auf den Ursprung nicht mehr hervorgehoben als dies, dass er allem Urteil voraus- und zugrundeliegt – so wie das, worüber geurteilt wird, immer nach irgend einem Modus von ‚sein' verstanden werden kann. Im Ausgang von der Bedeutung dessen, dass das Einige als ‚Seyn' angesprochen wird, lässt sich nämlich nicht weiter entfalten und tiefer verstehen, wie oder als was dies Einige gedacht werden muss. Alle solche Gedanken müssen davon ausgehen, dass es als das Eine, das Einige und Vereinende seinen Eingang in das Denken innerhalb der Trennungen hat, in Beziehung auf die und als deren Ursprung jenes Eine und Einigende zugleich zu begreifen ist. Hegel hat dies Sein zum Gedanken vom Geist fortentwickelt. Für Fichte war es das Absolute, das wesentlich Werden zu einem Erscheinen ist, welches sich selbst als Erscheinen verstehen muss und das als solches Leben und Liebe genannt werden kann. Und Schelling hat das All-Einende wieder mit einem Gedanken vom für-sich-seienden Gott zusammenführen wollen, der sich in sich selbst aus Freiheit und zur Freiheit differenziert. Für alle diese Entwicklungen, die weit auseinander driftet, blieb aber die Voraussetzung verbindlich, dass sich dieser Gott der Einigkeit immer auch in der Subjektivität als solcher verwirklicht, dass Sein also nicht, wie Heidegger es sah, einzig als das Geschehen des Aufgangs einer *Welt* für den Menschen begriffen werden kann.

Freilich gilt ebenso, dass dieser Grund, welcher der Subjektivität sowohl vorausgeht wie er ihr immanent ist, eine endliche und eine als solche in ihre Welt eingebundene Subjektivität ermöglicht. Daraus ergibt sich dann, dass derselbe Grund der Subjektivität auch in ihrer Welt aufzuscheinen vermag. Die Übersetzung der grundlegenden Beziehung, welche die der Immanenz des Absoluten im Endlichen ist, in die andere Beziehung zwischen Endlichen und zwischen den Endlichen und ihrer Welt ist eine unmittelbare und als solche notwendige Implikation des Grundlegungsgedanken selber. Das erklärt, dass ein Denken, das beim Deus als principium ansetzt, sich dann, wenn es sich ‚angewandter' vollzieht, in einer Auslegung der Weltbeziehung der Endlichen entfalten kann. Doch das darf nicht dahin führen, in der Verständigung über diese Auslegung zu übersehen, dass sie letztlich immer von dem Grund her erfolgt, der im bewussten Leben selbst wirklich und wirksam ist. Man darf also nicht von der Weltanalyse her die Dimension der Beziehung zwischen Subjekt und Grund überspringen wollen, und dann beide auch noch in die Weltanalyse hinein zu absorbieren versuchen.

Für Hölderlin ist allerdings schon mit dem Konzept des *Hyperion* die Dynamik der Beziehung auf das Ursprünglich-Einige in den Weisen der Trennung zum Grundmotiv geworden. Man mag sagen, dass diese Konzentration des Immanenzdenkens in die Dynamik der Trennungen selbst bereits eine angewandte Art denken ist, die allerdings aus dem Denken des Prinzips notwendig hervorgeht. Später war die Nachfrage nach dem Ursprung der Trennungen die Hauptfrage jener Tyrannin, welche die Philosophie ist, nicht mehr sein Geschäft, obwohl er dem Bruder weiter mit Nachdruck riet, sich für eine Weile ihrer Herrschaft zu fügen. So wurde ihm in einem anderen Sinn von ‚angewandterem' Denken die dichterische Auslegung der Weisen zum Grundthema, wie sich in der Beziehung auf Einigkeit, aber auch in der Zerrissenheit der Trennung, die Sphären des endlichen Lebens ausbilden.

Es bedarf der Dichtung, um die Wirklichkeiten des Lebens zum Sprechen zu bringen, so dass sie Eingang und Widerhall in seinen Gestimmtheiten finden, und sie zugleich in einem Ganzen auch für die Reflexion zu erschließen. Damit kann dann auch in den Horizont der Dichtung kommen, was im Philosophieren seinen Ort nicht hatte finden können – bis dahin, dass sich von dem Grund her in der Welt ein Ort für den endlichen Gott aufschließt – gerade auch deshalb, weil dieser Grund nicht als Person gedacht werden kann, wohl aber womöglich, so etwa als ‚Geist', als in seiner Verfassung nicht leerer, sondern reicher als das Personsein und zugleich aus einer Adäquanz zu dem, was Personalität ausmacht. Eine Abwendung vom ‚a deo principium', in der Bedeutung von *Urtheil und Seyn* gemeint, ist damit nicht vollzogen. Mit all dem ist allerdings nur ein Minimum dessen gefasst, was aus Hölderlins Philosophieren als konstitutiv auch in seine späteren Dichtungen eingegangen ist. Deren Rang und Tiefe lässt sich zwar nicht allein von daher erschließen. Aber umgekehrt gilt auch, dass jede Erschließung diese Dichtungen verzeichnet, die nicht zu zeigen vermag, in welcher Weise ihre philosophische Voraussetzung und Dimension in ihre Gestalt und Wirkung eingegangen ist.

4.

Heidegger sah nicht und konnte unter den Bedingungen seiner Arbeit wohl auch kaum sehen, dass der Idealismus, dem Hölderlin zugehört, nicht Prinzip und Ziel des Denkens in die Gewissheit der demonstrierenden Erkenntnis und die Luzidität allbefassenden Wissens setzen muss. In der Konstellationsforschung bestätigte sich die Einsicht, dass es einen Idealismus gab, der Subjektivität als Rätselfrage festgehalten hat, dem sie also nicht der unbedingte Ausgang für den Gewinn einer Gewissheit in einem Herrschaftswissen war. Dies einzusehen, ist allerdings die Voraussetzung dafür, Hölderlin in seiner Epoche zu begreifen, und zugleich dafür, sein Werk in einer verwandelten Zeit wirksam werden zu lassen, ohne seine Bedeutung im Ganzen geradezu aus einem Abschied von diesem Idealismus verstehen zu müssen.

Wir wissen heute, dass Heidegger, als er die Frage nach dem Sinn von ‚Sein' und dann die Entfaltung dieses Sinnes zum Leitproblem seines Denkens machte, einer Verführung aufgesessen ist – einer Verführung nicht durch die Sprache, aber durch ein unzureichendes Nachdenken über sie und in der Folge über vieles mehr. Es führt in die Irre, wenn man meint, dem vielfachen Sinn des Wortes ‚sein' müsse ein einiger und gründender Sinn von ‚Sein' vorausgehen, von dem her sich die vielfältigen ‚Seinsweisen' verstehen. Mit dem Wissen, das zumal Wissen von sich und von anderem Wirklichen ist, geht diese Vielfalt vielmehr unmittelbar auf. Damit stellt sich wohl die Frage, unter welchem Horizont von Einheit diese Vielfalt verstanden werden kann. Und diese Frage greift zugleich auf die verwunderliche Einheit der Welt und die Einzigkeit des Sinnes von Existenz über, die das Dasein des Geringsten und des Höchsten noch miteinander verbindet. Aber man wird immer tiefer in eine Illusion hineingesogen, wenn man meint, dies Denken, das einer letzten Einheit in oder hinter all dem nachgeht, müsse oder könne sich am Sinn von ‚Sein' orientieren. Diese Verführung ging von einer Tradition der Philosophie aus, in die Heidegger während seines theologischen Studiums hineinwuchs. In ihr war der Gottesgedanke aus der Einfachheit, Reinheit und Fülle von Sein gefasst worden. Heidegger erkannte wohl mit Recht in diesem Konzept die Dunkelheit seiner Genesis. Wir müssen aber über diese Genesis auf ganz andere Weise als mit einer nachdrücklicher gestellten Seinsfrage aufklären. Auch das Erstaunen der Idealisten vor der unausgeloteten Tiefe im Wissen von sich lässt sich nicht aus einer verstellten Vorverständigung über das auslegen, was ‚Sein' bedeutet. Gleichwohl hat Heidegger unter der Voraussetzung dieser Deformation eine profunde Methodenkritik an der Philosophie seiner Zeit vollzogen und ist Gedanken und Fragen nachgegangen, die auch ohne Verbindung mit der Frage nach dem Sein, das sich schicken und in Seiendes bergen soll, durch ihn allererst das ihnen gebührende Gewicht erhielten.

In deren Zentrum steht der Aufgang einer Welt, in welcher der Mensch sich selbst findet und der nicht, wie manche Kantianer es meinten, vom Menschen allein her verständlich werden kann – und weiter, dass, wo immer dieser Aufgang geschieht, er mit einer Verbergung einhergehen muss. Wenn Heideggers Denken in eine Beziehung zu Hölderlins Werk gebracht werden soll, die nicht von Beginn an alles verzeichnet und die auch nicht an den Oberflächen bleibt, dann müssen gleichzeitig zwei Fehlgänge sicher verriegelt worden sein: Zum *einen* muss Hölderlins Werk auch als das eines eigenständigen Philosophen erschlossen sein, und zwar so, dass seine Auslegung nicht von Heideggers Verdikt über Subjektivität von vornherein als Gestalt von ‚Seinsvergessenheit' auf dem Wege zum Nihilismus überschattet und deformiert bleibt. Zum *anderen* muss, was Heideggers wirkliche Bedeutung ausmacht, von den Motiven abgelöst werden, die in sein Denken von der so genannten Seinsfrage her eingegangen sind. Die Formulierung dieser Frage und die Rede davon, dass dieses Sein in jeweils einen anderen Aufgang schickt und birgt, entspringen einem Denken, das metaphysisch, und zwar durchaus in einem sehr traditionellen Sinn zu nennen man sich nicht scheuen sollte. Heidegger hat mit ihm aber Folgerungen wie die der Begrenzung alles Erkennenwollens und der Geschichtlichkeit alles Denkens und Erfahrens auf eine Weise zu verbinden gewusst, von denen man anerkennen muss, dass sie auch nach der Ablösung von der sogenannten Seinsfrage wesentliche Dimensionen der Verständigung erschließen.

Erst dann, wenn man sich beiden Fehlgängen entzogen hat, kann es dazu kommen, Hölderlin und Heidegger auch in Beziehung aufeinander und mit der Zukunft des bewussten Lebens im Sinn angemessen zu würdigen.

5.

Von den Bedingungen eines gegenwärtigen Umgangs mit Hölderlin als Philosoph sei noch einmal zu Seitenblicken auf Forschungsprobleme zurückgeleitet, die in Violetta Waibels Text in Angriff genommen worden sind.

a. Es wäre eine reizvolle Aufgabe, dem Entstehungsprozess aller Niederschriften, von Keimworten und Überschriften bis zum Text *Im Walde* auf Blatt 17 verso des Stuttgarter Foliobuches im einzelnen und insgesamt nachzugehen. In ihn ist die Genese eines der bekanntesten Gedichte Hölderlins, des ‚Nachtgesangs' *Hälfte des Lebens* verwoben. Dies Gedicht stellt die Entgegensetzung zwischen zwei Weisen von insofern halbierter Lebenserfahrung in harschem, unvermitteltem Kontrast auf, wobei beide auf ein Ganzes verweisen, das als solches ohne jede Artikulation bleibt. Zwischen der für dies Gedicht allmählich gewonnenen Form und der Lebensübersicht von *Im Walde* ließe sich wohl eine Abfolge erschließen. Sie könnte durch die Sammelüberschrift *Die lezte Stunde*, die sich auf alle Ansätze des Blattes insgesamt beziehen soll, die aber nahe zu *Im Walde* nachgetragen sein dürfte, einen bedeutsamen Bezug zu der Aufgabe des Menschen erhalten, zu einer Summe seines Lebens zu gelangen. Die Schlusspassage von *Im Walde* lässt sich dann als ein Versuch verstehen, den Gehalt dieser Summe auch zu formulieren.

b. Hölderlin hat wirklich in der Zeit von der Vollendung des *Hyperion* an die Einheit des Lebens im Kontrast und im Konflikt als solchem zu vergegenwärtigen gesucht. Es ist verdienstlich, der Weise, in der dies geschieht, und den Voraussetzungen, die dabei im Spiel sind, genauer nachzugehen.

Ob es hilfreich ist, in diesen Zusammenhang eine größere Spinoza-Nähe oder auch gar eine neuerliche Spinoza-Rezeption einzubringen, möchte ich bis zur weiteren Ausführung von Waibels These dahingestellt sein lassen. Wenn man die Bedeutung der Bezugnahme auf Spinoza und die Vielfalt der Quellen und psychologischen Theorieansätze in der formativen Periode der nachkantischen Philosophie bedenkt, wird man erwarten, dass für die Erhärtung dieser These später noch mehr als Thesenvergleiche zwischen Texten Spinozas und Hölderlins aufgeboten werden wird.

c. Aber es ist wichtig, immer im Sinn zu haben, dass, wie zuvor schon betont wurde, Hölderlins rudimentärer Entwurf über *Urtheil und Seyn* einen weiten Spielraum für ausführende, ‚angewandtere' Gedanken und auch für die theoretische Klärung seines einfachen Grundzuges offen lässt. Wiederum lässt sich eine andere ausgedehnte Untersuchung denken, welche die zahlreichen verschiedenen Muster solcher Ausarbeitung und Anwendung, die sich in Hölderlins Entwürfen aus der Zeit nach dem *Hyperion* finden, analysiert, in Beziehung zueinander bringt und von ihrer Möglichkeit her erklärt. So ist, um nur ein Beispiel zu nennen, in den Texten zur Theorie der Dichtung eine Trias von Einstellungen des Lebens maßgebend (naiv, heroisch, idealisch). Die ‚intellectuale Anschauung' ist einem, dem idealischen Glied in dieser Reihe zugeordnet, so dass der Einheitssinn des Lebens in den ‚transzendentalen Moment' zu setzen ist, in dem sich der Wechsel als solcher erschließt, woraus sich eine Art von Vierheit ergibt. In der Schlusstrias von *Andenken* ist dagegen die Stiftung der Einheit in die dritte Dimension gesetzt, welche die heroische und die naive Lebenstendenz zusammenführt und übersteigt – entsprechend dem Grabspruch des Loyola, der schon dem *Fragment von Hyperion* ein triadisches Ideal der Vollendung des Lebens vorgegeben hatte.

Es sei nur noch darauf hingewiesen, dass auch in Hegels Logik die selbstbezügliche Duplizität der Negation zu der Triplizität des ‚Schlusses' und zu der Neunheit des ‚schönsten Bandes' in Beziehung gebracht werden muss, als die sich das, was Hegel *Idee* nennt, zur Konkretion des Wissens von Wirklichem als solchem ausbildet. Und weiter kann daran erinnert werden, dass Schelling in seinem *Timaios-Kommentar* die rudimentäre Form einer Kategorienlehre mit der Triplizität als Grundfigur aus dem Anschluss an Platon und Kant zugleich gewonnen hat. Heidegger hat die Offenheit von Welt im Anschluss an Hölderlin als ‚Geviert' verstanden. Hört man in diesem Neologismus den architektonische Terminus ‚Vierung' mit, so könnte man Hegels Grundfigur der Weltauslegung als ‚Neunung' bezeichnen. Dies alles sind freilich zunächst nur Wort- und Zahlenspiele in einem theoretisch unausgeleuchteten Bereich. Dem, worauf sie Bezug haben sollen, im einzelnen nachzugehen, ist aber eine Aufgabe, der gerade auch durch Hölderlins spätere theoretische Texte, die im Stadium des Entwurfs verblieben sind, Interesse und Rechtfertigung zuwachsen.

Klaus Müller (Münster)

Gedanken zum Gedanken vom Grund

Dieter Henrichs Grenzregie der Vernunft
an der Schwelle zur Gottesfrage

1. Erstpersönlicher Vorspann

Lange Zeit erweckte es den Anschein, als würden Fragen der Religionsphilosophie und Philosophischen Theologie – mit einer Ausnahme[1] – nicht in den Fokus von Dieter Henrichs Interesse gehören. Wer trotzdem seine Arbeiten gleichsam kontrafaktisch mit diesem speziellen Interesse las, entdeckte freilich unschwer, dass sie sehr unmittelbar Anschlüsse für religionsphilosophische und fundamentaltheologische Reflexionen bereit stellten, die alle ihren Ausgang beim Gedanken des unverfüglichen Grundes von Selbstbewusstsein nehmen würden.[2] Die große Hölderlin-Monographie *Der Grund im Bewußtsein*[3] hat diese Lesart dann weit reichend bestätigt. Eine erhebliche Zahl nachfolgender Beiträge fügte sich dem vertiefend ein[4], zuletzt die Weimarer Vorlesungen *Denken und Selbstsein*[5] sowie der eingangs abgedruckte Essay über *Selbstbewusstsein und Gottesgedanke*.[6] Die Gefahr einer theologischen Vereinnahmung bleibt dabei von vornherein ausgeschlossen, weil eine Aufnahme von Dieter Henrichs Gedanken vom Grund wegen seiner Verschränkung mit der Denkform der All-Einheit binnentheologisch zu einer Transformation des Gottesgedan-

---

[1] Vgl. D. Henrich, Das Selbstbewußtsein und seine Selbstdeutungen. Über Wurzeln der Religionen im bewußten Leben, in: Ders., *Fluchtlinien. Philosophische Essays*, Frankfurt am Main 1982, 99–124.

[2] Vgl. K. Müller, *Wenn ich „ich" sage. Studien zur fundamentaltheologischen Relevanz selbstbewußter Subjektivität*, Frankfurt am Main u.a. 1994 (Regensburger Studien zur Theologie Bd. 46), Kap. 7.

[3] Vgl. D. Henrich, *Der Grund im Bewußtsein. Untersuchungen zu Hölderlins Denken (1794–1795)*, Stuttgart 1992.

[4] Vgl. bes.: Ders., Hölderlins Philosophische Grundlehre. In der Begründung, in der Forschung, im Gedicht, in: Th. Grundmann u.a. (Hg.), *Anatomie der Subjektivität. Bewusstsein, Selbstbewusstsein und Selbstgefühl*, Frankfurt am Main 2005, 300–324. – Ders., Menschsein – Bildung – Erkenntnis. Eine Variation von Schleiermachers Grundgedanken in Beziehung auf seine Gedanken zur Begründung der Universität, in: Ders., *Die Philosophie im Prozess der Kultur*, Frankfurt am Main 2006, 156–182, hier 171–175. – Ders., Mit der Philosophie auf dem Weg, in: ebd., 72–106.

[5] Ders., *Denken und Selbstsein. Vorlesungen über Subjektivität*, Frankfurt am Main 2007.

[6] Ders., *Selbstbewusstsein und Gottesgedanke*, s.o., 9 ff.

kens führt, die die Form einer veritablen Kritik des herkömmlichen Monotheismus gewinnt und theologisch alternativlos ins Geviert dessen führt, wofür der Fichte- und Schelling-Schüler Karl Christian Friedrich Krause den Titel „Panentheismus"[7] geprägt hat. Ich sehe zwingende Gründe, einer der aufgeklärten Spätmoderne gewachsenen und für den Disput der Religionen kompetenten Theologie eben diesen Weg nahe zu legen.[8] Darin bestärkt mich, dass ich in dem jüngsten einschlägigen Henrich-Text lese, im Gedanken eines Welt und Selbstbewusstsein übergreifenden und einbegreifenden Absoluten seien „[...] alle rationalen Konzepte miteinander vereinigt, die an den Grenzen dessen aufkommen, was sich als Gegenstand erkennen und beherrschen lässt"[9] – und dass das darin implizierte durchgängig gründende Einbezogensein des Endlichen ins Unendliche eine Vermittlung von Gott und Selbstsein fasst, welche das, was Mystik heißt, einer rationalen Fundierung unterziehe.[10] Freilich kann es an dieser Stelle nicht einfach nur um die Zustimmung zu einem theologisch aufregenden philosophischen Programm gehen. Ich verbinde mit dieser Zustimmung vielmehr die Überzeugung, dass gerade der christlichen – und partiell besonders der katholischen – Tradition des Gottdenkens ein tiefes Gespür dafür eingeschrieben ist, dass, wenn man Gott als Grund menschlichen Selbstseins fasst, dies auch theologisch nur in Abweichung von Bildern aus der alltäglichen Welterfahrung geschehen kann. In diesem Sinn soll nachfolgend von einer ganz knappen Skizze des Henrichschen Gedankens vom Grund her in christlicher Perspektive das theologische Elementarverhältnis von Gott und Welt und als dessen Sinnspitze das zentrale Theorem christlicher Theologie, die Christologie, reformuliert werden, weil daran zugleich die zentrale Frage des Verhältnisses von Philosophie und Religion paradigmatisch zum Austrag kommt.

2. Selbstbewusste Subjektivität und der Gedanke vom Grund

Derjenige Zug am Selbstbewusstsein, durch den sich die Dimension der Frage nach seinem Grund auftut, ist der seines ihm selbst unverfüglichen Aufkommens, um dessentwillen es sich einen ihn selbst zureichend begründenden und aus sich hervorgehen lassenden Grund voraussetzen muss, der natürlich nicht nochmals eines weiteren Grundes bedürfen darf – was nicht zuletzt auch heißt, dass die Verfasstheit dieses Grundes eine sehr viel andere als diejenige von Selbstbewusstsein sein muss, sofern andernfalls so-

---

[7] K. Ch. F. Krause, *Vorlesungen über das System der Philosophie*, Göttingen 1828, 256.
[8] Als eigenen Beitrag dazu vgl. K. Müller, *Streit um Gott. Politik, Poetik und Philosophie im Ringen um das wahre Gottesbild*, Regensburg 2006.
[9] Henrich, *Selbstbewusstsein und Gottesgedanke*, s.o., 21.
[10] Vgl. ebd., 14.

gleich ein infiniter Regress in Gang gesetzt wäre.[11] Die Verwiesenheit auf einen solchen Grund ist in sich bereits mehrfältig:

(a) Sie ergibt sich zum einen aus der Verknüpfung des von cartesianischer Gewissheit geprägten Wissens von Selbstbewusstsein um sein Wirklichsein und der gleichzeitigen Entzogenheit seines Auftretens für sich selbst. Dieser Konnex rührt daher, dass jenes Gewissheitsmoment nur cartesianisch durch Vollzug von Zweifel gewinnbar ist, eben dieser aber in die Selbstgewissheit eine Grenzmarkierung einträgt, die verbietet, Erstere als Selbstpräsenz zu fassen: Selbstbewusstsein ruht nicht in sich, sondern muss sich von anderswoher, also aus einem Grund verstehen.[12]

(b) Zum anderen drängt sich dieser Grund-Gedanke dadurch auf, dass sich Selbstbewusstsein in seiner eigenen Verfassung als von einer Komplexität und letztlichen Rätselhaftigkeit gewahrt, die die Möglichkeiten seiner Aufklärung über sich offenkundig überschreitet. Dieter Henrich hat das auf verschiedenen Wegen seit den *Fluchtlinien*[13] ausführlich dargetan. Im Zentrum steht dabei die irreduzible Doppelverfassung von Einmaligkeit gegenüber der Welt und gleichzeitigem Einbegriffensein in diese Welt als ein Element unter vielen.

Es ist genau diese Komplexheit seiner Verfassung, die Selbstbewusstsein nicht aus sich selbst begreifbar sein lässt und eben dadurch auf nicht mehr abzudrängende Weise die Frage nach einem Grund der wissenden Selbstbeziehung aufkommen lässt. Die Tatsache, dass sich das Ganze von Selbstbewusstsein nicht von einer Analyse seiner Teilmomente her rekonstruieren lässt und auch die etwaige Annahme eines Schöpfungsaktes durch die Unterstellung eines schaffenden Subjektes von grundsätzlich derselben Wissensart das Problem damit nur verschieben würde, legt nahe, Selbstbewusstsein auf eine gründende Instanz noch komplexerer Verfassung als die eigene, zu erklärende Subjektivität zurück zu leiten.[14] Der Grund, den wir uns als in einem bewussten Leben stehend um dessen Ganzheit als durchgängigen zuschreiben müssen, kann dabei nur ein *gedachter* sein,

---

[11] Vgl. dazu mit Blick auf Hölderlin Henrich, Hölderlins Philosophische Grundlehre [wie Anm. 4], 305.
[12] Vgl. Ders., *Denken und Selbstsein* [wie Anm. 5], 19–27.
[13] Vgl. Ders., Selbstbewußtsein und spekulatives Denken, in: Ders., *Fluchtlinien* [wie Anm. 1], 125–181.
[14] Vgl. Ders., Subjektivität als Prinzip, in: *Deutsche Zeitschrift für Philosophie* 46 (1998), 31–44, hier 65.

„wenngleich das Denken, in dem er vorausgesetzt ist, nicht allein der philosophischen Reflexion entstammt, sondern im bewussten Leben selbst aufkommt und es darum auch ständig begleitet."[15]

Das bedeutet: Einerseits muss der dem Selbstbewusstsein vorauszusetzende Grund einem gegenständlichen Erkennen entzogen sein, weil sein Auftreten in Gestalt einer Präsenz ein Hintergangen-Werden-Können der wissenden Selbstbeziehung implizierte, also eine Art eben jener adäquaten Aufklärung, die sich ja gerade kraft der Gestalt des Aufkommens und Zusammenspiels der Momente von Selbstbewusstsein als undurchführbar erweist.[16] Andererseits gilt aber genauso, dass durch den Gedanken vom gründenden Grund der wissenden Selbstbeziehung „eine weitere Klasse von Wirklichem definiert [ist; K.M.], und zwar eine solche, zu der sich das seiner selbst bewußte Leben allein aufgrund dessen in ein Verhältnis setzen kann, daß es sich als nicht seiner selbst schlechthin mächtig versteht."[17]

Unbeschadet seiner vorhin erläuterten Hypothetizität erweist sich der Gedanke vom Grund kraft der Verfasstheit des ihn notwendig auf sich ziehenden Selbstbewusstseins aufs engste mit dem Wirklichkeitswissen verfugt, das es selbst charakterisiert. Kraft dessen, dass es uns als Subjekte überhaupt nur dadurch gibt, „dass wir in unseren Gedanken und kraft ihrer für uns wirklich sind"[18], gehört die wissende Selbstbeziehung inklusive ihres Gedankens vom Grund zu jenen Denkbewegungen, die – wie nach einem Diktum Theodor W. Adornos wohl alles Philosophieren, das wirklich ein solches ist – um den ontologischen Gottesbeweis kreisen[19], und Henrichs explizite Rückkehr zu dieser Denkform in dem Essay *Selbstbewusstsein und Gottesgedanke* fast 50 Jahre nach dem Buch *Der ontologische Gottesbeweis*, bestätigt dies eindrücklich.

Für die Erkundung der Verfasstheit dieses Grundes findet Dieter Henrich allem voran bei Hölderlin Weggeleit. Die von diesem eröffneten Perspektiven faltet er im Weiteren – besonders auch in der V. der „Weimarer Vorlesungen"[20] – in eine bewegende, beinahe existenzphilosophisch zu nennende Anthropologie der Freiheit aus, die – markiert durch Termini wie

---

[15] Ders., Hölderlins Philosophische Grundlehre [wie Anm. 4], 304–305.
[16] Vgl. Ders., *Versuch über Kunst und Leben. Subjektivität – Weltverstehen – Kunst*, München 2001, 56, 148.
[17] Ders., Subjektivität als Prinzip [wie Anm. 14], 69.
[18] Ders., *Versuch über Kunst und Leben* [wie Anm. 16], 36.
[19] Vgl. Th. W. Adorno, *Negative Dialektik* (GS 6), Darmstadt 1998, 378. – Vgl. die Aufnahme dieses Topos in D. Henrich, *Bewußtes Leben. Untersuchungen zum Verhältnis von Subjektivität und Metaphysik*, Stuttgart 1999, 205. – Ders., *Grundlegung aus dem Ich: Untersuchungen zur Vorgeschichte des Idealismus. Tübingen – Jena 1790–1794*, Bd. 1., Frankfurt am Main 2004, 657–658.
[20] Vgl. Ders., Denken und Selbstsein [wie Anm. 5], 249–365.

„Geschenk oder Gnade"[21], „Erinnerung und Dankbarkeit"[22] – poetologisch unterfangen an eben jenen Raum des Theologischen rührt, den ich nachfolgend im unmittelbaren Ausgang vom vorausgehend entwickelten Grund-Gedanken betreten möchte.

3. Theologisches Grundverhältnis auf dem Prüfstand

Unschwer erkennbar dünkt mich, dass über diesen selbstbewusstseinstheoretischen Angang eine ausgesprochen lösungsträchtige, weil klassische Aporien entwirrende Form von Gottdenken inklusive der Einlösung seiner ontological commitments gewinnbar ist: In der Instanz ihres eigenen Wirklichkeitsbewusstseins muss sich selbstbewusste Subjektivität den notwendigen Gedanken des sie tragenden Grundes als von Wirklichkeit gedeckten voraussetzen. Und sie muss das so tun, dass ihr dieser wirkliche Grund unverfüglich als Grund *in ihr selbst* epistemisch zugänglich wird, wenngleich ontologisch gesehen dieses In-Sein gar kein anderes als ein In-Sein des Endlichen im Unendlichen sein kann. So bahnt sich im Horizont der idealistischen Denkform der Überstieg in eine untrennbar epistemisch *und* ontologisch neue Dimension an: Die beschriebene enge Verschränkung von Gründendem und Begründetem führt aus sich zu einem im strengen Sinn spekulativen Begriff von Selbstbewusstsein als einem „Sich im Anderen seiner selbst als sich selbst wissen."[23]

Eben dieser Begriff aber kann nur auf dem Boden des Gedankens der All-Einheit ausgebildet werden. Henrich selbst geht auf diesen Gedanken aus ganz verschiedenen Richtungen zu: Einmal begegnet er bereits als eine der beiden elementaren Selbstdeutungen von Selbstbewusstsein angesichts seiner spannungsgeladenen Doppelerfahrung von unhintergehbarer Zentralität einerseits und Verwiesenheit auf eine Welt als eines ihrer vielen Momente. Andererseits vermag der Gedanke der All-Einheit die irreduzible Dualität zwischen den Einzeldingen der Welt und der Ordnung, in der sie begegnen, zu übergreifen. Und das wiederum entspricht der Weise, wie das sich selbst unverfügliche Subjekt sich mit seinem es ermöglichenden Grund zusammendenkt. Jedes Mal geht es darum, „die Form dieser Welt und [...] die Grunddifferenz, die sie impliziert"[24] zu übergreifen. Ich nehme den Gedanken nachfolgend nur von der letztgenannten dritten Auftrittsweise her in Anspruch.

---

[21] Ders., Hölderlins Philosophische Grundlehre [wie Anm. 4], 308.
[22] Ebd., 321.
[23] Ders., Selbstbewußtsein und spekulatives Denken [wie Anm. 13], 175.
[24] Ders., Mit der Philosophie auf dem Weg [wie Anm. 4], 101. – Vgl. auch Ders., *Denken und Selbstsein* [wie Anm. 5], 260–271.

Der Gehalt des Gedankens der Alleinheit an sich ist uralt und bestimmt alle Religionen zutiefst – das rührt daher, dass er, wie erwähnt, eine der elementaren Weisen der Selbstdeutung von Subjektivität repräsentiert. All-Einheit durchwaltet nicht nur die fernöstlichen Religionen, wo das unmittelbar manifest wird, sondern genauso – wenn auch meist subkutan – die Monotheismen, allen voran das Christentum. Sein monistischer Tiefenstrom seit Anbeginn bis in Gegenwartstheologien hinein ist weit reichend verdeckt oder vergessen, bisweilen auch in Gestalt eines Pantheismusvorwurfs bestritten.[25] Gleichwohl können elementare Züge des Christlichen, seiner Theologie und Spiritualität ohne ihn nicht einmal im Ansatz begriffen werden.[26] Hier geht es zunächst nur darum, hervorzuheben, dass das All-Einheitsdenken derart verfasst ist, dass es gerade nicht alles Bestimmte, Differenzierte verschwinden lässt, wie Kritiker gern behaupten. Im Gegenteil:

> „Es ist ein Verdienst erst der klassischen deutschen Philosophie, diesen Gedanken so weit entwickelt zu haben, dass er mit der Wirklichkeit der Einzelnen vereinbar wird."[27]

Leitend ist dabei die Intention, Differenz und Beziehung nicht als ein Letztes in Geltung zu setzen, weil beides logisch nur auf der Folie einer Einheitsintuition überhaupt in seiner begrifflichen Struktur und Leistung fassbar wird, dabei aber schon kraft des „All-" in der „All-Einheit" eben Vieles eingeschlossen zu denken und in seiner Vielheit nicht auszulöschen ist (sonst bräuchte man gar nicht von „All-" zu reden!). Und wenn so das Viele von Wesen simultan mit dem auftritt, was über alle Differenzen hinaus greift als All-Eines, aus dem die Vielheit des Einzelnen überhaupt erst hervorgeht, ist dieses All-Eine in jedem Moment des Auftretens der Einzelnen der Vielheit in diesen gegenwärtig und verleiht ihnen zugleich in ihrer Einzelheit eine Bedeutung, „die auf nichts anderes relativ ist."[28] Dies geschieht genauer gesagt dadurch, dass die Einzelnen in ihrer je eigenen Verfassung dem korrespondieren, was die Einheit am All-Einen charakterisiert, weil dieses die Einzelnen sonst nicht einschlösse, sondern nur zusammenfasste.[29] Dieses Einende von All-Einem und Einzelnen liegt nachgerade auf der Hand, weil es bereits von der Beschreibung des Ganzen als eines All-Einen impliziert wird:

---

[25] Vgl. dazu die einschlägigen Beiträge in K. Müller/M. Striet, *Dogma und Denkform. Strittiges in der Grundlegung von Offenbarungsbegriff und Gottesgedanke*, Regensburg 2005 (ratio fidei 25). – Müller, *Streit um Gott* [wie Anm. 8].
[26] Vgl. dazu ebd., 200–204.
[27] Ders., Mit der Philosophie auf dem Weg [wie Anm. 4], 101.
[28] Ebd., 103.
[29] Vgl. Ders., *Denken und Selbstsein* [wie Anm. 5], 267–269.

> „Das All-Eine ist jenes selbstgenügsame Eine, das sich ursprünglich in Alles *differenziert* hat oder kraft seines Wesens ursprünglich in Alles differenziert *ist*. Diese Selbstdifferenzierung ist die Eigenschaft, die an die Stelle der ursprünglichen Differenz zwischen der Einheit und den Vielen getreten ist. [...] Die Vielen sind in ihm als dem All-Einen eingeschlossen und daher mit ihm von der grundsätzlich gleichen Verfassung. Daraus folgt ganz unmittelbar, dass den im All-Einen eingeschlossenen Vielen *gleichfalls* die Eigenschaft der Selbstdifferenzierung zugesprochen werden muss."[30]

das macht den Selbststand der Einzelnen im All-Einen aus und vollzieht sich kraft deren Endlichkeit als Selbsterhaltung. Schelling beschreibt diesen Zusammenhang von Absolutem und Endlichem – theologisch gewendet: von Gott und Schöpfung – in der Logik des transzendentalen Bildbegriffs. Weil alles Bild Gottes ist, ist in diesem Bild auch Gottes Selbständigkeit abgebildet, die sich als Selbststand des Seienden geltend macht:

> „Das ausschließend Eigentümliche der Absolutheit ist, dass sie ihrem Gegenbild mit dem Wesen von ihr selbst auch die Selbständigkeit verleiht. Dieses In-sich-selbst-Sein, diese eigentliche und wahre Realität [...] des Angeschauten ist Freiheit."[31]

Kommt die alternative Option einer Ursprünglichkeit der Differenz[32] auch zu einer solchen Nobilitierung des Einzelnen (was sie doch eigentlich prätendiert)? Mir will scheinen: Nein! Auch dem schärfsten Argument dieser Alternative kann die All-Einheit standhalten – dem Schwert der Theodizee:

> „Auch die Hinfälligkeit des Einzelnen und sein Gang in ein Ende, das ihm für definitiv gilt, werden vom Gedanken der All-Einheit nicht aufgehoben. Selbst das Leid und die Angst in diesem Vergehen werden von ihm nicht abgestoßen, sondern umgriffen. Denn dass das Einzelne seinen Ort im All-Einen hat, bedeutet nicht das Dementi, sondern die definitive Bestätigung seiner Endlichkeit, die wiederum sein Vergehen und somit alles einschließt, was das Endliche in seinem Vergehen befällt. Insofern bleibt dieser Erfahrungsart immer etwas gemeinsam mit dem Bewusstsein vom Ausstand der

---

[30] Ebd., 269–270.
[31] Schelling, VI, 39, Zitat nach H. Fuhrmans, *Schellings Philosophie der Weltalter*, Düsseldorf 1954, 65.
[32] Philosophisch denke ich diesbezüglich an E. Levinas, theologisch etwa an die einschlägigen Überlegungen bei Magnus Striet in: M. Striet, Antimonistische Einsprüche im Namen des freien Gottes Jesu und des freien Menschen, in: K. Müller/M. Striet (Hg.), *Dogma und Denkform* [wie Anm. 25], 111–127.

Bergung des bewussten Lebens – wenn denn solche Bergung nur das sein könnte, was in den Religionen Erlösung und Beseligung heißt."[33]

Wer im christlich-theologischen Raum nach affirmativen Korrespondenzen dieses philosophischen Gedankens suchte, könnte etwa beim Cusaner, bei Teresa de Jesus, Wladimir Solovev, Karl Rahner, Alfred Delp und Jochen Klepper fündig werden, um willkürlich nur einige zu nennen.[34]

Wenn ich nun versuche, den vorgestellten Ansatz von Theologie und seine idealistische Kontur inhaltlich in ein Programm zu übersetzen, so scheint sich mir folgende Agenda nahe zu legen: Der schultheologische Monotheismus steht zur Disposition, weil er keine hinreichende Antwort auf das Verhältnis von Absolutem und Endlichem gewährt, sondern im theologischen Krisenprodukt des Schöpfungsgedankens[35] seine Verlegenheit verbirgt. Nicht von ungefähr hat Fichte ausgerechnet in der predigtnahen *Anweisung zum seligen Leben* den Schöpfungsgedanken als den „absoluten Grundirrthum aller falschen Metaphysik und Religionslehre"[36] gebrandmarkt. Die Alternative hieße: Der traditionelle Monotheismus ist konsistent – aber dann verstehen wir ihn nicht und zündeln damit gut kierkegaardisch-protestantisch und zugleich postmodern mit einem arationalen Überhang in der Religion.[37] Im Hintergrund dieser zugegeben auf den ersten Blick sperrigen These steht die aus dem enzyklopädischen Durchgang durch die denkerische Architektonik der Hochreligionen gewonnene Überzeugung Eric Voegelins,

> „dass [...] eine Metaphysik, welche das Transzendenzsystem der Welt als den immanenten Prozeß einer göttlichen Substanz interpretiert, die einzig sinnvolle systematische Philosophie ist, weil in ihr zumindest der Versuch gemacht wird, die bewußtseinstranszendente Weltordnung in einer ‚verstehbaren' Sprache zu interpretieren, während jede ontologisch anders fundierte Metaphysik zur Unmöglichkeit, die Transzendenz immanent zu verstehen, noch den Widersinn hinzufügt, sie in ‚unverständlicher', d.h. nicht an der einzig ‚von innen'

---

[33] Henrich, Mit der Philosophie auf dem Weg [wie Anm. 4], 104.
[34] Belege in: Müller, *Streit um Gott* [wie Anm. 8], 200–204.
[35] Zu diesem Charakter des biblischen Schöpfungsgedankens vgl. P. Sloterdijk / E. Jüngel, Disput über die Schöpfung, in: *Jahrbuch 2001 Verein Ausstellungshaus für christliche Kunst*, München 2001, 23–37, bes. 28.
[36] J.G. Fichte, Die Anweisung zum seligen Leben, oder auch Religionslehre, in: I. H. Fichte (Hg.), *Fichtes Werke*, Bd. V Zur Religionsphilosophie, Nachdr. Berlin 1971, 397–574, hier 479.
[37] Vgl. J. Hoff, Gewalt oder Metaphysik. Die Provokation aus Rom. Ein Essay, nach: *Die Zeit – Online*, 1–6, hier 1 (Abrufbar unter: http://www.zeit.de/online/2006/38/papst-vernunft).

zugänglichen Erfahrung des Bewußtseinsprozesses orientierter Sprache zu interpretieren."[38]

Die daraus resultierende systematisch-theologische Wahrnehmung der Aufgabe, Monotheismus und All-Einheit zusammen zu halten, wäre gerade der christlich-katholischen Denkform auf den Leib geschrieben, wenn sie in ausreichendem Maß den philosophischen Verpflichtungen nachzukommen bereit ist, die mit einem solchen Unternehmen verbunden sind. Solche Theologie stellte sich der spätestens nach Spinoza, Kant und der idealistischen Zusammenführung beider Denkperspektiven[39] nicht mehr hintergehbaren Herausforderung, Gott so zu denken, dass er „zugleich persönlich und alles ist"[40], um eine Formel Peter Strassers aufzugreifen, die wie von Schelling aufgenommen klingt: „Gott ist das Einzelwesen, das alles ist"[41], heißt es an einer Stelle der *Philosophie der Offenbarung*. Die Einlösung der mit diesem Begriff gestellten Aufgabe ist Schelling auch in dem über Jahrzehnte sich erstreckenden *Weltalter*-Projekt nicht gelungen, den Nachfolgenden – gerade den Ambitioniertesten, die sich unter dem Titel des „Spekulativen Theismus" dem gemeinsamen Anliegen verbanden – auch nicht. Hermann Lotze erblickte den Grund dieser Abbrüche darin, dass in diesen Projekten das

> „[...] System der Freiheit [...] offner in einen Dualismus übergegangen [ist] als es die Anhänger desselben zugestehn."[42]

Querdenker und Grenzgänger, die an diesem Punkt konsequenter und das meint: idealistischer blieben, sind meist aus ideenpolitischen Gründen philosophisch und theologisch ins Abseits gedrängt worden. Das Projekt selbst hat, wenn ich recht sehe, heute unter dem Vorzeichen eines bereits im Gang befindlichen „Panentheistic Turn"[43] neue Aussichten. Dieser turn ist

---

[38] E. Voegelin, *Anamnesis. Zur Theorie der Geschichte und Politik,* München 1966, 37–61, hier 50–51.

[39] Vgl. dazu D. Henrich, *Between Kant and Hegel. Lectures on German Idealism*, Cambridge/London 2003, 73–81.

[40] P. Strasser, *Der Gott aller Menschen. Eine philosophische Grenzüberschreitung*, Graz/Wien/Köln 2002, 191. Vgl. das Motiv auch bei Henrich, Eine philosophische Begründung für die Rede von Gott in der Moderne? Sechzehn Thesen, in: Ders./J.B. Metz/B. J. Hilberath/Z. Werblowsky (Hg.), *Die Gottrede von Juden und Christen unter den Herausforderungen der säkularen Welt. Symposion des Gesprächskreises „Juden und Christen" beim Zentralkomitee der deutschen Katholiken am 22./23. November 1995 in der Katholischen Akademie Berlin*, Münster 1997 (Religion – Geschichte – Gesellschaft. Fundamentaltheologische Studien 8), 10–20, hier 19.

[41] F.W.J. Schelling, *Philosophie der Offenbarung*, Buch I, 8, Darmstadt 1974, 174.

[42] H. Lotze, *Metaphysik*, Leipzig 1841, 322.

[43] M.W. Brierley, Naming a Quiet Revolution: The Panentheistic Turn in Modern Theology, in: P. Clayton/A. Peacocke (Ed.), *In Whom we Live and Move and*

im Wesentlichen von prozessphilosophischen Motiven getragen. Eine Metaphysik und Theologie, die die Herausforderung durch das alle moderne Naturwissenschaft leitende Paradigma der Evolution ernst nehmen, können diese Motive nicht ignorieren. Umgekehrt scheint mir ihre Verknüpfung mit der Denkform der All-Einheit ausgesprochen geeignet, den vorausgehend skizzierten Gottesgedanken auch trinitätstheologisch und christologisch fortzuschreiben. Genau das möchte ich im Blick auf letzteren Fall – also den der Christologie – skizzenhaft noch tun, und zwar aus zwei Motiven: Dieser Elementartopos christlicher Theologie kann nämlich zum einen als Versuchsaufbau für einen theologischen Belastungstest der vorausgehenden Überlegungen dienen, zum anderen verbindet sich damit eine Frage an Dieter Henrich zu einem Zug seiner Überlegungen, der sich von den *Fluchtlinien* bis zu *Denken und Selbstsein* durchhält und von dem er selbst sagt, dass sich ihm eigentlich innertheologische Debatten anschließen müssten, auf die er gespannt wäre.[44]

4. Belastungstest „Christologie"

Der Ausgangspunkt für die anvisierten christologischen Folgegedanken lässt sich zunächst so markieren: Schon in den *Fluchtlinien* ist klar zum Ausdruck gebracht, dass Religionen als Verdichtungen der Selbstdeutung bewussten Lebens zutiefst rationale Wurzeln haben, dass sie aber gleichwohl eine wirkliche Durchdringung und Synthese der gegenläufigen Ausgriffe der Selbstverständigung des Subjekts nicht zu leisten vermögen und darum die Philosophie in die Erfüllung dieser Aufgabe eintreten muss.[45] Das schließt für Henrich nicht die Anerkenntnis aus, dass im religiösen Raum der für ihn schlechthin zentrale Gedanke, nämlich dass das Absolute qua unverfüglicher, verborgener Grund einzig aus dem Vollzug bewussten endlichen Lebens gewiss wird und dieses darum als in jenen einbegriffen zu denken ist, bereits in Anspruch genommen ist. Aber eben nur in Anspruch genommen, doch noch nicht als Gedanken an ihm selbst gefasst![46] Allem voran im Gottesgedanken des Johannesevangeliums und der ihm unmittelbar zugehörigen Rede von der Liebe und vom „bleiben"

Have Our Being. Panentheistic Reflections on God's Presence in a Scientific World, Cambridge 2004, 1–15.

[44] Vgl. D. Henrich, Religion und Philosophie – letzte Gedanken – Lebenssinn. Drei Versuche, auf Rückfragen von Ulrich Barth zu antworten, in: D. Korsch/J. Dierken (Hg.), *Subjektivität im Kontext. Erkundungen im Gespräch mit Dieter Henrich*, Tübingen 2004 (Religion in Philosophy and Theology 8) 211–231, hier 221.

[45] Vgl. Henrich, Das Selbstbewußtsein und seine Selbstdeutungen [wie Anm. 1], 119–123. – Vgl. auch Ders., Religion und Philosophie [wie Anm. 44], 216–217. – Ders., *Denken und Selbstsein* [wie Anm. 5], 251–255.

[46] Vgl. Ders., *Selbstbewusstsein und Gottesgedanke*, s.o., 20.

findet er diesen Gedanken präformiert.⁴⁷ Anlässlich seiner Marburger Ehrenpromotion spezifizierte Dieter Henrich, dass dieser Denkfigur der Philosophie als Nachfolgerin der Religion nicht ein lineares Ablöseschema zu Grunde liegt. Vielmehr soll mit ihr zum Ausdruck gebracht werden, dass dort, wo sich Religion als Verwaltung von Heilsgütern konkretisiere, die an Codices und eine alles überragende Mittlergestalt gebunden sei sowie ihren Schatz einer Gemeinde exklusiv zusage,

> „[...] der freigesetzten Subjektivität im Leben der Menschen der mögliche Zugang zur eigentlichen Wahrheit letztlich, dann aber auch ausdrücklich entzogen werden müsse"⁴⁸

und eben darin sei eine Kluft zwischen Religion und Philosophie etabliert, die mit der Hemmung einer durchgreifenden Selbstverständigung der ersteren einhergeht. Das gelte aber nicht dort, wo Theologie ihr Geschäft ihrerseits religionstheoretisch ansetze, weil das das Bewusstsein ihrer eigenen Einsichtsgrenzen ausdrücklich einschließe, jedoch jener „Verstehensschranke"⁴⁹, die aus der gewiss weiter bestehenden Spannung zwischen Autonomie und Autorität resultiere, jene Undurchdringlichkeit nehme, die mit der Buchstabengläubigkeit eines exklusivistischen Religionsverständnisses unvermeidbar einhergehe.⁵⁰ Sehr persönlich bezeugt Henrich in diesem Zusammenhang auch, wie ihn einst die Einsicht, dass in dem johanneischen Jesus-Logion „Ich bin der Weg, die Wahrheit und das Leben" der Akzent nicht auf „Wahrheit", sondern auf „Ich" zu setzen sei, in ein heftiges Erschrecken versetzte⁵¹, weil für ihn darin exemplarisch die Spannung aufbrach zwischen einem philosophischen Verstehen von Religion und jenem der Vernunft kritisch entgegen gesetzten Verständnis, das sich exemplarisch mit den Namen Luthers, Pascals und Karl Barths verbindet.⁵² An genau diesem neuralgischen Punkt der Christologie aber scheint es mir möglich und geboten, die Debatte mit den eigenen Mitteln Henrichs noch etwas weiter voran zu treiben.

Ich setze dazu an bei jener bereits erläuterten Doppelung von Subjekt- und Personsein, die Dieter Henrich schon in den *Fluchtlinien* religionsphilosophisch in Anspruch genommen⁵³ und jüngst in *Denken und Selbstsein*

---

⁴⁷ Vgl. ebd., 10; 21 – Vgl. dazu auch Ders., „... und verstehe die Freiheit", in: Th. Pröpper (Hg.), *Bewußtes Leben in der Wissensgesellschaft. Wolfgang Frühwald und Dieter Henrich Ehrendoktoren der Katholisch-Theologischen Fakultät der Universität Münster*, Altenberge 2000 (Münsteraner Theologische Abhandlungen 64), 59–78, hier 77–78.
⁴⁸ Henrich, Religion und Philosophie [wie Anm. 44], 217.
⁴⁹ Ebd., 221.
⁵⁰ Ebd.
⁵¹ Ebd., 221–222.
⁵² Vgl. ebd., 222.
⁵³ Ders., *Fluchtlinien* [wie Anm. 1].

erneut vertieft hat.⁵⁴ Er begreift von dieser Verfassung bewussten Lebens her die beiden Grundformen von Hochreligion – Monotheismus und All-Einheitslehre – als die zwei prinzipiell möglichen Selbstdeutungen von Selbstbewusstsein. Die eine transzendiert das in Personalität sich äußernde Eines-unter-Vielen-Sein zugunsten der in Subjektivität sich manifestierenden Einmaligkeit und bindet sich darum, weil ja des eigenen Grundes nicht mächtig, an einen wie auch immer zu denkenden Wirklichkeitsgrund ereignisontologischen Charakters – so der Hinduismus, der Taoismus und der Buddhismus. Oder die Subjektivität wird zugunsten des Personseins qua Einzelheit überstiegen, dann wird der Wirklichkeitsgrund als höchstes Einzelnes qua Person beschrieben werden – solch ontologischer Pluralismus bestimmt die Monotheismen des Judentums, des Christentums und des Islams. Henrich scheut sich nicht, bereits für diese Hermeneutik der Selbstverständigung einen religiösen Grundbegriff schlechthin in Anspruch zu nehmen:

> „Man kann schon in diesem Zusammenhang, so elementar er ist, und so sehr in ihm von allen praktischen, emotionalen und von allen Weltgründen zur Religion abstrahiert ist, in einem nur auf Verständigung und Deutung bezogenen Sinn von einer ‚Erlösung' des Selbstbewußtseins sprechen, – von seiner Befreiung nämlich zur Eindeutigkeit der Selbstorientierung, zu einem wohlbestimmten Ort in einem verstandenem Ganzen und in das Ende der Unruhe, die aus der Verwirrung und dem Dunkel kommt, das die natürliche Welt beherrscht."⁵⁵

Von diesem Blickpunkt her tut sich aber zugleich jene religionstheoretische Dimension auf, in der die Christologie als Belastungstest beansprucht werden soll: Von ihm her lassen sich nämlich Konfliktlagen, die die beiden Grundformen von Religion seit je intern begleiten, in ihrer Genese wie Struktur durchsichtig machen: Weil das Subjekt- und Personsein bewussten Lebens unbeschadet ihrer dimensionalen Differenz untrennbar zusammengehören, geht das in Absicht auf Selbstverständigung geschehende Ergreifen einer der beiden Seiten im Sinn des hermeneutischen Primats immer mit einem Wissen um die Alternative einher: Die monistischen Religionen räumen der Unabweisbarkeit des Gedankens des Einzeln- und damit des Personseins ihr Recht ein – der Buddhismus vor allem in Gestalt seiner Mahayana-Variante, der Hinduismus mit polytheistischen Intuitionen. Die monotheistischen Religionen andererseits geben dem Einmaligkeits- und damit Alleinheitscharakter der Subjektperspektive Raum hauptsächlich in Form der Mystik, im Christentum übrigens gerade auch – und

---

⁵⁴ Ders., *Denken und Selbstsein* [wie Anm. 5].
⁵⁵ Henrich, *Das Selbstbewußtsein und seine Selbstdeutungen* [wie Anm. 1], 116.

auf den ersten Blick kontraintuitiv – in Gestalt der Trinitätstheologie, wie gleich noch zu erläutern sein wird. Dem korrespondiert unmittelbar, dass sich jede der beiden religiösen Selbstverständigungsformen im Maß ihres Willens zur Integration der jeweiligen Alternative Schwächen in der gedanklichen Konsistenz der eigenen Systematik nachsagen lassen muss.[56]

Sowenig Philosophie die symbolischen Ressourcen einer Religion als solcher auszuschöpfen vermag[57], so sehr verfügt sie aber über die Mittel, jene Schwäche zu überwinden, indem sie die mit natürlichen Mitteln nicht zu bewältigende Vermittlung von Einmaligkeit und Marginalität, Subjekt- und Personsein spekulativ erwirkt. In der Sattelzeit der modernen Religionsphilosophie, konzentriert insbesondere in der Abfolge von „Pantheismusstreit", „Atheismusstreit" und „Streit um die göttlichen Dinge" sind entsprechende Denkfiguren grundgelegt und wirkmächtig erprobt worden.[58] Die Religionen als solche können Vermittlungswege nicht einfach freisetzen oder auch nur nachgehen. Sie können auch nicht anders, als die philosophisch-spekulativ gewinnbaren dialektischen Figuren als heterodox zu distanzieren. Und doch werden sie durch letztere, die als einmal aufgekommene nicht mehr dementierbar sind, in intellektueller Schärfe daran erinnert, dass beide Seiten ihre jeweilige Alternative sehr wohl verstehen können und sich gleichzeitig durch diese Alternative in ihrem Eigenem herausgefordert sehen müssen. D.h.: Gerade eine selbstbewusstseinstheoretische Reformulierung des Religionsproblems vermag religionstheologische Potentiale freizusetzen, die die eingespielten Demarkationslinien Exklusivismus, Inklusivismus und Pluralismus im Ansatz zu unterlaufen vermag.[59] Und gerade am christlichen Zentraltheologoumenon der Christologie scheint mir das am markantesten greifbar zu werden – und zwar auf folgende Weise:

Religion verheißt denen, die sich ihre Substanz aneignen bzw. ihr übereignen, das, was in ihrer Sprache meist „Heil" heißt[60] und seinem Gehalt nach als Ereignis absoluter Vermittlung von Einmaligkeit (Subjektsein) und Einzelheit (Personsein) zu begreifen ist. Die Schwierigkeit dieser Vermittlungsaufgabe resultiert daraus, dass sie – wie erläutert – immer im Horizont einer Zuordnung beider Glieder erfüllt werden muss, die bereits eine

---

[56] Ein bezeichnendes Beispiel dafür bieten die aufeinander folgenden trinitätstheologischen Anläufe Wolfhart Pannenbergs: Arbeitet er prägnant die Einheit des dreifaltigen Gottes heraus, entgleitet ihm der Personbegriff, macht er diesen stark, zerbricht ihm die Einheit. Vgl. dazu mit entsprechenden Belegen Müller, Wenn ich „ich" sage [wie Anm. 2], 109–117.
[57] Vgl. Henrich, Eine philosophische Begründung für die Rede von Gott in der Moderne? [wie Anm. 40], 20.
[58] Vgl. Müller, *Streit um Gott* [wie Anm. 8], Kap. 3 und 4.
[59] Vgl. Henrich, Das Selbstbewußtsein und seine Selbstdeutungen [wie Anm. 1], 122–124.
[60] Vgl. dazu M. Riesebrodt, *Cultus und Heilsversprechen. Eine Theorie der Religionen*, München 2007.

mehr oder weniger ausgeprägte Prärogative für eines der Glieder impliziert. Das Niveau einer Vermittlung – man könnte auch sagen: ihre Wahrheit – bemisst sich genau daran, inwieweit trotz des Vorrangs des einen Gliedes die jeweils untergeordnete Dimension als sie selbst in der Vermittlung gewärtig bleibt. Jede Religionsform, die entweder die Einzelheit von der nicht-objektiven Einmaligkeit absorbieren oder die umgekehrt die Einmaligkeit in der Einzelheit aufgehen ließe, erwiese sich demgemäß als defizitär. Die christliche Tradition spezifiziert in dieser Perspektive, dass das Einmalige, Einzigartige im Einzelnen als Einmaliges erscheint und dass sich dieses Erscheinen seinerseits durch nichts anderes als das völlige Selbstverständigtsein derjenigen Subjekt-Person vermittelt, in der als Einzelheit die Einmaligkeit als sie selbst zur Erscheinung kommt: Das absolut Einmalige, monotheistisch gesprochen: der Absolute tritt auf als Einzelner. Daran haben sämtliche Formeln der Christologie ihr Thema.

Ihre nicht zu überbietende theologische Verdichtung erfährt die Christologie durch das Inkarnationstheorem. Im Sprachspiel der vorausgehend favorisierten selbstbewusstseinstheoretisch dirigierten Religionsphilosophie heißt „Menschwerdung Gottes", dass Gott sich vollständig zugänglich macht dadurch, dass er sich abhängig macht von dem, was zutiefst von ihm als Gott sich abhängig weiß, und sich gerade damit als Absolutum auf einzigartige (!) Weise bekundet. Diese gleichsam bis zum Anschlag gespannte Dialektik macht das Christentum zum einen zur avanciertesten Vermittlung von Einmaligkeit und Einzelheit, d.h. genau an diesem Glutkern der Christologie erweist sich die Demarkationslinie zwischen Religion und Philosophie als fließend, die erwähnte Henrichsche „Verstehensschranke" tief abgesenkt – bis dahin, dass jede radikal durchgeführte Christologie im Letzten eine von Wesen philosophische zu nennen ist. Zum anderen wird diese höchst prekäre Spannungslage wie von selbst Intuitionen freisetzen, die ihr Absenkungen des Spannungsniveaus zuspielen. Genau darin erblicke ich die Funktion der neutestamentlich nur fragmentarisch verankerbaren trinitätstheologischen Konzepte[61], die der Sache nach alle darauf hinauslaufen, den geradezu skandalös konkret-geschichtlichen Menschen Jesus von Nazaret in die Wirklichkeit jenes einen alles Konkret-Geschichtliche transzendierenden und bestimmenden Grund buchstäblich hineinzudenken.

---

[61] Das impliziert natürlich die höchst bedeutsame hermeneutische These, dass längst nicht (wenn überhaupt) das je „Ursprünglichste" das „Wahrste" sein muss, sofern gerade eine wirklich radikal unableitbare Erfahrung („Offenbarung") gnoseologisch gesehen zunächst eher unbeholfen mit als für einigermaßen geeignet erscheinenden bereits vorliegenden Mitteln ausgelegt und nachfolgend in tieferem Verstehen erschlossen wird. Vgl. dazu die (auf das Ostereignis bezogenen) wichtigen Erwägungen bei H. Verweyen, „Auferstehung": ein Wort verstellt die Sache, in: Ders. (Hg.), *Osterglaube ohne Auferstehung? Diskussion mit Gerd Lüdemann*, Freiburg-Basel-Wien 1995 (QD 155), 105–144. – Zur Sache vgl. auch K.-H. Ohlig, *Ein Gott in drei Personen? Vom Vater Jesu zum „Mysterium" der Trinität*, Mainz/Luzern 1999.

Diese Überlegungen zur Christologie bewegen sich im Horizont eines subjekttheoretisch gewonnenen Gottesgedankens, der kraft dieser Herkunft von vornherein mit dem Problem einer Theologie der Religionen zusammengeschlossen ist. Die Auffassung von Religion als fundamental alternativen Weisen einer Vermittlung der beiden für die Selbstbeschreibung von Subjektivität charakteristischen Dimensionen setzt aus sich selbst ein religionstheologisches Kriterium frei: die Erfüllung eben jener Vermittlungsfunktion. Christologie lässt sich – wie gerade skizziert – als der geglückte Fall solcher Vermittlung par excellence verstehen. Dieser Anspruch nimmt sich trotz der möglichen christologischen Ableitungen nachgerade als kontraintuitiv aus: Die christologische Konzentration auf die Einzelheit ist ja ohne Zweifel vollständig derjenigen Interpretation des Verhältnisses von Einzelheit und Einmaligkeit verpflichtet, die sich gegen die monistische Lösung in einem Monotheismus vollendet. Mit welchem Recht aber vermag sie dann noch den Anspruch zu erheben, wirkliche Vermittlung, gar Vermittlung beider Dimensionen schlechthin zu repräsentieren? Dieses Recht hängt gänzlich an einer Modifizierung, besser: komplementären Erweiterung der bislang nachgezeichneten christologischen Systematik, die die im Einzelnen sich bekundende Einmaligkeit als diese selbst und ihrem ureigenen Wesen gemäß – also als absolut unverfügbare – zur Geltung kommen lässt. Dass eine solche Erweiterung in der traditionellen Christologie tatsächlich immer schon geschieht, lässt sich nochmals mit dem von Anfang an herangezogenen subjekttheoretischen Instrumentar nicht nur aufweisen, sondern ineins damit auch begründen.

Henrich hatte – wie schon kurz erwähnt – darauf hingewiesen, dass monistische Religionen der Unabweisbarkeit des Gedankens vom Einzelnen Tribut zollen, monotheistische Religionen müssen dem Gedanken der Einmaligkeit sein Recht einräumen. Sie tun dies hauptsächlich in den Formen der Mystik. Insofern kann gar nicht verwundern, dass authentische Mystik so sehr und gerade auch Gott gegenüber den Ichpol heraushebt. Sie tut dies aber einzig, um über den Ichpol gleichsam ein Medium zu konstituieren, in dem das Gegenüber von Gott und Mensch zur unio gelangt – gleich, ob das menschliche Ich ins göttliche eintaucht oder umgekehrt oder beides im Wechsel oder gleichzeitig. Sofern sich Mystik eben deshalb häufig in poetisch-paradoxen (aber deswegen nicht unkontrollierten!) Abweichungen von der eher rational, diskursiv verfassten Lehrbildung religiöser Traditionen artikuliert, kann nicht überraschen, dass Mystiker häufiger in ein Spannungsverhältnis zu den amtlichen Instanzen der Tradition geraten, der sie zugehören. „Gelöst" wird die Spannung christlicherseits theologisch weniger durch direkte Abwehr als durch Ausgrenzung des Mystischen mittels einer religionstheologischen Schematisierung, die die Mystik dem Prophetischen der monotheistischen Religionen gegenüberstellt und so zum Wesensmerkmal nicht-monotheistischer Religionen erklärt. Dennoch setzt sich das eigentliche Anliegen der Mystik auch innerhalb der christlichen

Lehrsystematik durch, weil es gemäß der Logik der Religionen qua Selbstdeutungen von Subjektivität gar nicht ganz ausfallen kann. Meines Wissens hat als erster Henrich darauf hingewiesen, dass innerhalb der christlichen Dogmatik die Trinitätslehre diese Funktion einer sozusagen institutionalisierten oder diskursivierten Mystik erfüllt.[62] Damit fällt dem Trinitätstraktat also nicht die Aufgabe zu, den Gedanken der Personalität zu vollenden, sondern denjenigen der Subjektivität in den monotheistischen Gottesgedanken und in seinem Gefolge notwendigerweise auch in die Christologie zu integrieren. Daraus erklärt sich auch, warum die Metaphern zur theologischen Beschreibung der Erfahrung des Geistes in ihrer überwältigenden Mehrheit nicht-personalen Charakters sind. Jürgen Moltmann etwa nennt neben den personalen Metaphern „Herr-Mutter-Richter" die formativen Metaphern „Energie-Raum-Gestalt", die Bewegungsmetaphern „Sturmwind-Feuer-Liebe" und die mystischen „Licht-Wasser-Fruchtbarkeit".[63] Erst Geist ist

> „[...] die logische Struktur des Jetzt-im-Andernsein-bei-sich-selbersein, die im Christusgeschehen ihren Grund und Ursprung hat."[64]

Durch 2 Kor 3,17a kommt die Christologie intuitiv auf denjenigen Begriff, den sie gewinnen muss, soll sie die ihr religionstheologisch angesonnene Funktion erfüllen können:

> „Der Herr aber ist der Geist [...]"[65]

An der mystischen Unmittelbarkeit dieser Identifikation hängt dabei nicht nur die Konsistenz der Christologie selbst, sondern nicht weniger die Wirklichkeit der Nachfolge und die Wirksamkeit der Sakramente. Anders gewendet: Einzig in ihr gründet die Wahrheit der mit „basileia" umschriebenen Versöhnung von Gott und Mensch, die sich existentiell nicht anders äußert als darin, dass der Mensch er selbst sein (und es mit sich und mit den anderen aushalten) kann. Darum findet die paulinische Identitätsformel ihren Abschluss in der Emphase:

---

[62] Vgl. D. Henrich, Die Trinität Gottes und der Begriff der Person, in: O. Marquard/K. Stierle (Hg.), *Identität*, München 1979 (Poetik und Hermeneutik VIII), 612–620.

[63] J. Moltmann, *Der Geist des Lebens. Eine ganzheitliche Pneumatologie*, München 1991, 282, 287, 291, 294.

[64] F. Wagner, Systemtheorie und Subjektivität. Ein Beitrag zur interdisziplinären theologischen Forschung, in: G. Dux/Th. Luckmann (Hg.), *Internationales Jahrbuch für Wissens- und Religionssoziologie* X (1976), 151–179, hier 171; vgl. 170–171.

[65] 2 Kor 3,17a.

„[...] und wo der Geist des Herrn wirkt, da ist Freiheit."[66]

Dem Gedanken vom Grund aus Dieter Henrichs existentialer Metaphysik gerade in einer – freilich philosophischen – Christologie eine theologische Entsprechung zu geben, verletzt im Übrigen auch nicht die für den Henrichschen Grund-Gedanken wesentliche docta ignorantia, sofern sich – nach einem Diktum Hans Urs von Balthasars – Gott, je tiefer er sich enthüllt, umso tiefer in den Menschen einhülle.[67] Zugleich wird damit auf nochmals vertiefte Weise auch der philosophischen Einsicht entsprochen, dass das Absolute qua unverfüglicher, verborgener Grund einzig aus dem Vollzug bewussten endlichen Lebens gewiss wird. An einer Stelle in *Denken und Selbstsein* erinnert Dieter Henrich daran,

> „dass Spinoza und die idealistische Philosophie dem großen Programm nachgegangen sind, das Endliche als inbegriffen im Unendlichen zu denken. Es steht noch aus, dies Inbegriffensein so deutlich zu machen, dass damit nicht irgendeine Verunendlichung des Endlichen gemeint sein kann [...]."[68]

Könnte nicht sein, dass der theologische Einsatzpunkt für die Einlösung dieser Aufgabe präzise in der Christologie zu suchen ist? Nicht zufällig gehört ausgerechnet (der exkommunizierte Jude und nie Christ gewordene) Spinoza zu den Leuchttürmen in der Tradition der philosophischen Christologie.[69] Mir will scheinen, systematische Theologie täte gut daran, diesen denkerischen Strang nicht als historisch überkommen zu betrachten, sondern – herausgefordert von Denkbewegungen wie derjenigen Dieter Henrichs – erneut aufzunehmen. Von den religionstheologischen und -politischen Implikationen eines solchen Projekts namentlich im Blick auf den Islam, habe ich damit noch gar nicht gesprochen.[70]

---

[66] 2 Kor 3,17b.
[67] Vgl. H.U. v. Balthasar, Gott redet als Mensch, in: *Verbum Caro. Skizzen zur Theologie* I, Einsiedeln ²1960, 73–99, hier 92.
[68] Henrich, *Denken und Selbstsein* [wie Anm. 5], 81.
[69] Vgl. dazu X. Tilliette, *Philosophische Christologie. Eine Einführung*, aus dem Französischen v. J. Disse, Einsiedeln/Frankfurt 1998 (Theologia Romanica XXII), 76–85.
[70] Erste Überlegungen dazu vgl. in K. Müller, Konstrukt Religion. Religionsphilosophischer Vorschlag zur Behebung eines religionstheologischen Defekts, in: J. Quitterer/A. Schwibach (Hg.), *Aufgang der Wahrheit. Konstruktion der Wirklichkeit. Festschrift Carlo Huber*, Zagreb 2001, 31–51. – Dann modifiziert auch in: Ders., *Streit um Gott* [wie Anm. 8], Kap. 5.

Dieter Henrich zu Klaus Müller

Über das Endliche im Absoluten

Oft schon hat mich Klaus Müller mit einer umfassenden Kenntnis meiner Arbeiten überrascht. Zudem hat er mich mit seinen eigenen Gedanken beeindruckt, in denen meine Versuche aufgenommen und fortgeführt werden und in denen er sie in neue Wendungen und ihm ganz eigene Zusammenhänge überführt. Sein Text ist ein weiteres Beispiel dafür. Ich bin ihm für seine kluge und eigenständige Aufmerksamkeit dankbar und verbunden.

So möchte ich seinen Beitrag vor allem dadurch würdigen, dass ich ihn zum Anlass dafür nehme, einigen der Probleme weiter nachzudenken, die uns beide bewegen. In diesen Zusammenhang kann ich einbringen, was ich zur Ergänzung der Analysen im ersten Teil von Müllers Text und was ich zu seiner christologischen Erkundung in dessen zweiten Teil anzumerken habe. Außerdem kann ich vorbereiten, was dann in den Anmerkungen zum Beitrag von Raimund Litz weiterzuführen ist.

1.

Dem Grund, den das bewusste Leben seinem Selbstverhältnis voraussetzt, kann nicht eine Verfassung zugeschrieben werden, die eine ähnliche Voraussetzung noch ein weiteres Mal nach sich ziehen würde. In der Verbindung des Gedankens der All-Einheit mit jenem Ausgangsgedanken wird die Grundbeziehung näher spezifiziert und in einem damit auch ein solcher Regress vermieden. Müller hat diese Begründungsfolge neuerlich klar nachgezeichnet. Er geht aber auch davon aus, dass sie nicht nur als Argumentation Gewicht hat. Die Erklärung der Beziehung zwischen dem Subjekt und einem so konkretisierten Grund soll auch in die Selbstverständigung des bewussten Lebens eingehen. Dabei soll sich zeigen, dass sie gegenüber anderen Erklärungen des Verhältnisses von Absolutem und Endlichem den gewichtigen Vorzug hat, von einem Leben, das aus seinem Selbstverhältnis heraus geführt werden muss, spontan angenommen und ohne geheimen Widerstand oder das untergründige Bewusstsein eines Defizits angeeignet werden zu können. Was lässt sich in der Selbsterfahrung des bewussten Lebens zugunsten einer solchen Vorzugsstellung geltend machen?

Der Mensch bedarf der Zuwendung in vielerlei Gestalt, so der Hilfe und der Anerkennung, und er bedarf eines Lebensraumes, der ihn nicht in allen Himmelsrichtungen der Unbestimmtheit aussetzt. Ohne dies alles ist sein Selbstsein in seiner Entfaltung und Bewahrung bedroht. Aber dies alles wird doch *ihm* zugewendet und setzt insoweit voraus, was man sein Eigenleben nennen kann. Wenn der Mensch sich dieses Lebens bewusst wird, ist ihm auch die Frage nahegelegt, was es mit ihm auf sich hat, sofern er ein solches Leben zu führen hat, das geradezu ausmacht, was er selbst ist. Diese Frage findet für ihn keine vollständige Antwort durch einen Raum, der ihn umgibt, oder von all den Anderen her, denen zugeordnet und in deren Zuwendung er lebt. Der philosophische Gedanke von einem Grund der wissenden Selbstbeziehung nimmt diese Frage auf und hat deshalb ein lebendiges Echo in der Lebensfrage nach dem Ort und dem Status des je eigenen Selbstseins.

Die Frage wird drängend aus dem Alltagswissen von der Diskrepanz zwischen der scheinbaren Zufälligkeit, Beiläufigkeit und Hinfälligkeit des eigenen Daseins gegenüber der singulären Bedeutung, die dies Dasein für den haben muss, der es behauptet und der ihm einen Gehalt und eine Gestalt zu geben hat. Aber der Sinn der Frage leitet sich nicht von solchen Tatsachen her. In ihr kann auch die Verwunderung über ein Leben zum Ausdruck kommen, das von sich weiß, das insofern in einer Distanz zu sich steht und das doch stets von sich selbst bedrängt bleibt. Eigentlich ist diese Frage schon in der Bewusstheit des Lebens als solcher begründet. Denn es kann sich gar nicht denkend eine Welt erschließen, ohne dass sich der Zielbereich der Frage ‚wieso?', auch diesseits aller Philosophie, auf das eigene Dasein ausdehnt.

Es muss offen bleiben, ob das einzelne Leben dann dieser Frage im Ernst nachgeht oder ob es ihm nur irgendwie geschieht, dass eine Antwort auf sie in seinem Leben – mehr oder weniger tief – Platz greift, wobei ihm diese Antwort womöglich als Aspekt einer überkommenen Lebensdeutung einleuchtend geworden ist. Wenn sie aber überhaupt eine Antwort findet, dann in der Erwartung, dass über sie die bewusste Lebensführung, und zwar als solche, in einen größeren Zusammenhang einbegriffen ist. Nicht alle die Umstände, unter denen sie sich vollzieht, sondern sie selbst sollte sich in diesem Zusammenhang begreifen können.

Dies Bedürfnis kann gegenüber alldem, wessen der Mensch in elementarer Dringlichkeit bedarf, sekundär erscheinen und in seinem Leben deshalb kaum explizit werden. Doch in der einen oder anderen Weise wirkt es sich maßgebend in den Lebensdeutungen aller höheren Kulturen aus. In der Moderne haben dann Ideale des Selbstseins und Programme der Selbsterhaltung dies Bedürfnis zu einem primären Lebensmotiv werden lassen, das sich nunmehr öffentlich artikulierte und in Schlüsselwerken seinen Ausdruck fand. Wo immer ältere Lebenslehren ihm nicht gerecht wurden, verloren sie an Überzeugungskraft und mussten Positionen beziehen, mit denen sie entweder der Moderne frontal entgegentreten oder in Eigenem die Potentiale dafür aufspüren und mobilisieren, die es ihnen möglich machen, sich ohne eine solche Gegenstellung zur neuen Lebensform selbst auch neu zu formulieren.

Ein Gedanke von einem Grund des Selbstseins des Menschen, der dies Selbstsein als in das eingeschlossen fasst, was ihn als Grund selbst ausmacht, muss nicht und kann auch gar nicht so gefasst werden, dass das bewusste Leben des Menschen in seiner Beziehung auf sich selbst gänzlich aufzugehen scheint. Das geschieht dann auch nicht, wenn jener Grund nach dem Gedanken von All-Einheit in ein Eines oder ein Absolutes gesetzt wird, das seiner Verfassung nach auf irgendeine Weise das All der Endlichen in sich einschließt. Denn in jedem solchen Gedanken ist zugleich eine Beziehung der Endlichen *untereinander* mit zu denken. Geht man von der Wirklichkeit des bewussten Lebens aus, so erscheint, um Beispiele zu nennen, die Tatsache, dass die endlichen Subjekte in sozialen Ordnungen existieren, als eine Implikation ihres Begründetseins. Die besondere und ausgezeichnete Beziehung von Menschen in ihrem eigentlichen Mitseins wird sich dementsprechend auch in dem Bewusstsein davon vollziehen, dass sie aus einem Grund, der ihnen nicht verfügbar ist, so, wie sie es sind, einander zugewendet sein können. Alle diese Relationen sind anderes als bloße Modifikationen der Selbstbeziehung. Zudem sind es diese Relationen, nicht das Selbstverhältnis der Menschen für sich allein, in denen sich das bewusste Leben bewährt und verwirklicht. So vermögen die Menschen auch als Subjekte nur unter Einschluss ihrer Beziehung untereinander ganz sie selber zu sein. Dies setzt allerdings voraus, dass ihr gesamter Lebensvollzug an ihr Selbstverhältnis angeschlossen ist. In der Folge davon setzt es weiterhin voraus, dass ihnen eben diese Zuordnung nur in solchen Konzeptionen begreifbar zu machen ist, die in diesem ihnen eigenen Lebensvollzug nicht untergründig schließlich doch als fremd und fehlgehend erfahren werden.

Die monotheistische Metaphysik und die christliche Theologie enthalten mehrere Lehrstücke, die Gottes Verhältnis zu den Endlichen, insbesondere zum Menschen, eng mit dessen Wesen und Dasein verbinden: Alle Endlichen sind von Gott geschaffen und bedürfen zu ihrem Fortbestand göttlicher Wirkungspräsenz und folglich auch in ihren Vollzügen eines begleitenden concursus. Der Mensch ist nach Gottes Bild geschaffen und der liebende Gott ist um seine Beseligung besorgt. Des Menschen Zuwendung zu Gott kann, zumal nach der Entsühnungstat des Christus, bis dahin führen, dass Gott in ihm ‚einwohnt' oder dass der Mensch, nach einer umgekehrten Betrachtung, durch eine Art von Vereinigung (unio) mit Gott sein Wesen zugleich erfüllt und verwandelt.

In viele dieser Gedanken haben neuplatonische Vorgaben eingewirkt. Doch ist auch offenkundig, dass alle solche Gedanken ihren Ausgang von der Unterscheidung zwischen dem transzendenten Gott, dessen Wirklichkeit eine von der Welt separierte ist, und der kontingenten Welt nehmen. Wenn dieser Chorismos ganz unverrückt bestehen bleibt, dann bleiben auch alle Vermittlungen zu den Endlichen Brückengedanken, die den anderen Brückenpfeiler, den des endlichen Selbstseins, nicht zielgenau und in seinem Zentrum erreichen. Sie müssten deshalb darauf ausgehen, dem eigenständigen Selbstsein als Prinzip des bewussten Lebens entgegenzuwirken und die Gottesbeziehung des Menschen, nach der Ausdrucksart neuerer Theorieparadigmen, als ‚kommunikativ' begründet verstehen. Dabei bleibt aber, prinzipiell betrachtet, das Verhältnis von Gott und Mensch immer noch als eine ausgezeichnete Relation Unterschiedener aufgefasst.

An dieser Unterscheidung wurde auch von den offiziellen christlichen Lehrautoritäten, in Übereinstimmung mit ihrer jüdischen Mutterreligion, fast immer und überall mit Nachdruck festgehalten. Und dennoch ist der christlichen Lehre gleichermaßen eine Tendenz eigen und wesentlich, die dieser entgegenwirkt und die auch immer wieder zu historischer Wirkung gekommen ist: in ihrem Lehrstück vom göttlichen Geist, der identisch ist mit dem, was, gleichfalls im Singular, die Liebe heißt. Der Bereich ihrer Herkunft reicht noch tiefer und weiter zurück. Der Logos von Heraklit und der aristotelische Nous wirken in ihr unter wiederum neuplatonischen Vorzeichen zusammen. Durch die Bindung des Gedankens vom Geist an die zentrale Lehre vom inkarnierten Gottessohn sind für die Geistlehre, wie Augustinus dargelegt hat, allerdings veränderte Rezeptionsbedingungen gesetzt worden. Aber beide, Christus und der Geist, sind Vermittlungsgestalten zwischen dem separaten einen Gott und dem Menschenleben. Darin aber, dass die drei zu dem einen Gottesgedanken der Trinität zusammengeführt sind, öffnet sich dann im christlichen Symbolsystem die am tiefsten begründete Aussicht dafür, das Verhältnis Gott-Mensch so zu fassen, dass in ihm auch noch die selbstbezügliche Subjektivität des Menschen, und zwar in der Gestalt ihrer modernen Selbstverständigung, einen Ort finden könnte, der ihr gemäß ist, so dass sie in ihm nicht als reduziert oder als unter Kuratel gebracht erscheint. Klaus Müller ist der gegenwärtige Pfadfinder auf einem solchen Weg. Er versteht es zudem, die guten Gründe dafür und auch die Leistungen seiner vielen Vorgänger, nicht nur in der Philosophie, sondern auch innerhalb seiner Kirche, einprägsam in Erinnerung zu bringen.

Achtet man auf die Erfahrungen und die Bewegungen, die im bewussten Leben unter Bedingungen der Moderne zu einer Bereitschaft führen, sich für eine metaphysische Lehre oder eine religiöse Verkündigung zu öffnen, so wird man wirklich zu sagen haben: Eine solche Öffnung, die sich ohne Abbruch und Vorbehalt im Selbstverstehen der Subjektivität vollziehen soll, wird, was die christliche Lehre betrifft, immer in einer Auslegung der Lehre vom Geist ihren Einsatzpunkt suchen. Davon ist auszugehen, wie immer dann in der Folge der Begriff dieses Geistes in seiner Beziehung zum Gottesgedanken und weiter zu einer trinitarischen Einheit Gottes näher zu bestimmen sein wird.

Diese Aufgabe führt allerdings sogleich in erhebliche Schwierigkeiten, und Paul Tillich hat zu recht gesagt, dass es für das Christentum eine niemals endgültig zu lösende Aufgabe sei, ein Verstehen zu erreichen, in dem zwischen der Transzendenz und der Immanenz Gottes ein sicherer und stabiler Ausgleich gewonnen ist. Hegels Philosophie war ganz auf eine Kontemplation des Höchsten gegründet, in die das Selbstbewusstsein des Menschen eingeschlossen sein sollte – auf ein „Wissen des Menschen von Gott, das fortgeht zum Sichwissen des Menschen in Gott" (Enz. § 564), so dass der Rede von dem ‚Inwohnen' Gottes und seiner ‚Allgegenwart' ein begrifflich artikulierter Inhalt zuzuordnen ist (ebd. § 554, § 573). Wir wissen aber auch, dass sich in der Kritik gerade an Hegels eigenem Konzept der Widerstand seiner Kritiker formiert hat – von Feuerbach über Heine bis zu Schelling. Über alle ihre Differenzen hinweg werfen sie Hegel unisono vor, dass er die transzendente Einzelheit Gottes in einen Geistprozess aufgelöst habe, um so menschliches Wissen von Gott und Gottes Wissen von sich letztlich zu identifizieren.

Das ‚in' von Hegels ‚Sichwissen des Menschen in Gott' kann nicht die Bedeutung haben, von einem tragenden Medium umgeben zu sein oder in einer wesentlichen, einer unverlierbaren Relation zu einem Anderen zu stehen. Zwischen dem Absoluten und dem Sichwissen des Menschen wird erst dann jegliche Abtrennung aufgehoben, wenn gerade das Sichwissen auch des Endlichen als dem zugehörig gewusst werden kann, was das Absolute selbst ausmacht. Von den vielen Bedeutungen des ‚in' kommt das Hegelsche In-sein der Bedeutung des Momentes in einem Funktionsganzen am nächsten. In dieser Analogie bleibt nur unberücksichtigt, dass die Endlichen zugleich das Gegenteil von dem Absoluten ausmachen, von dem sie aber dennoch nicht ausgeschlossen sein sollen. Wie immer solches verständlich zu machen ist, aus ihm ergibt sich jedenfalls so viel, dass dies Selbstverhältnis, insofern es ‚im' Absoluten statthat, keineswegs vergöttlicht wird. Sofern es als Sichwissen im Endlichen festgehalten bleibt, ist sogar das Gegenteil der Fall. Denn da das Endliche als solches dem Absoluten nicht als ein Anderes gegenübersteht, erlaubt dies ihr In-sein den Endlichen, die von sich wissen, ihre Endlichkeit allererst in einer Weise anzunehmen, die auch deren Begrenztheit und ihr Lebensleid einschließt, ohne dies Leid als auferlegte Prüfung zu verstehen oder über diesem Leid das eigene Selbstsein als fremd und ausgestoßen gegenüber dem zu erfahren, was eigentlich wirklich ist und was ihre eigene ‚heile' Wirklichkeit wäre. In dieser Bedeutung macht das ‚In'-sein den eigentlichen Kern jeder Konzeption aus, die wegen der Ineinssetzung von Absolutem und Endlichem, auch mit dem vieldeutigen Ausdruck ‚Monismus' gekennzeichnet werden kann, die dann aber auch von keinem Modell, das von anderem abgeleitetet wird, adäquat zu fassen ist.

Von dem Gedanken eines Absoluten kann schon allein deshalb, weil in ihm immer das Endliche eingeschlossen sein soll, nicht gesagt werden, dass er auf einen leeren, gehaltlosen Gedanken hinauslaufen müsse. Aber der Gedanke ist doch wiederum auch nur eine Formel, die sogleich das Bedürfnis aufkommen lässt, dass sie weiter spezifiziert werde. Dies kann offenbar auf sehr unterschiedliche Weise geschehen. Mit der Unterscheidung zwischen ihnen entscheidet sich dann, ob und in welchem Sinne diese Formel in eine Theologie, und zwar eine monotheistische Theologie, eingegliedert werden kann. In unserem Zusammenhang ist weiter immer und insbesondere darauf zu achten, wie eine solche Formel mit dem Gedanken vom Grund im Bewusstsein in eine stimmige Verbindung zu bringen ist.

In einer seiner Fassungen lässt sich der Gedanke vom Absoluten, welches das Endliche in sich einschließt, geradewegs als äquivalent mit dem Gedanken von All-Einheit verstehen. Diese Formel ist dann in Gegenrichtung zu lesen, so dass unter dem All der Inbegriff der Endlichen, unter Einheit die Weise zu verstehen ist, wie sie in Eines einbegriffen sind. Den Gedanken des Absoluten kann man in diesem Zusammenhang dann formal so fassen, dass er als eine Art Relationsorganisator zu verstehen ist: Alle Endlichen sind untereinander in Relationen verbunden. Diese Relationen gehen aber nicht in bloßen Kovariationen oder in wechselseitigen Determinationen von Zuständen, etwa unter Naturgesetzen, auf. Die Endlichen gehören in noch ganz anderer Weise zueinander, so dass man sagen mag, dass sie kraft solcher Einheit, und zwar auch über ihre Gegensätzlichkeit, miteinander verflochten sind. Hat dieser Gedanke einen Bezug zur Wirklichkeit, so ist dies die Welt, so wie sie zuerst von Heraklit verstanden wurde. Sie ist durchaus von einem einzigen Prinzip, dem ‚Logos', durchherrscht, der alles Gegensätzliche in eine paradox scheinende Einheit bindet. Dabei kann noch offen bleiben, ob es zutreffender ist zu sagen, dass ihm gemäß oder dass kraft seiner alle wesentlichen Verhältnisse in der Welt ihre Struktur gewinnen.

Dieser Gedanke von All-Einheit kann als Auskunft über die Welt gelten, die Weise und Seher zu geben vermögen. Er kann auch in Geheimlehren eingehen, über die der Mensch in eine Übereinstimmung mit allem Wirklichen gesetzt wird, woraus sich für ihn Macht und Heil herleiten. In beiden Fassungen ist dieser Grundgedanke mit jeglichem Monotheismus nicht zu vereinbaren, der die Transzendenz Gottes, also seine Existenz ‚praeter' der Welt lehrt und der aus dem Willen und Wirken dieses Gottes die Verfassung einer von ihm verschiedenen Welt versteht. Sowohl als Geheimlehre wie auch in der Opposition gegen die monotheistischen Religionen ist dieser Gedanke immer wieder zu neuer Wirksamkeit gekommen – bis hin zu den vielen modernen Varianten, die sich in die Wirkungsgeschichte von Spinoza eingliedern lassen. Jan Assmann ist seiner langen Geschichte nachgegangen. Dass er ihn, im Einklang mit der Literatur des 19. Jahrhunderts, unter dem Titel ‚Kosmo*theismus*' stellt, ist freilich eine Quelle von Missverständnissen. Mit diesem Terminus wird zwar der Widerstand gegen die göttliche Transzendenz und auch ein Verstehen der Welt zum Ausdruck gebracht, das sich vom Alltagswissen und von wissenschaftlichen Weltbeschreibungen gleichermaßen absetzt und insofern die Welt selbst zu einer Art von höherem Wesen werden lässt. Aber der Grundgedanke ist nicht von dem Gedanken von einem oder dem einigen Gott her gewonnen. Er enthält allenfalls die Potentiale dazu, den Ursprung endlicher Götter im Weltzusammenhang aufzuweisen. Nur dort, wo der Gedanke des Absoluten mit dem Gottesgedanken so zusammengeführt ist, dass die Differenz zwischen Gottes Dasein und den Endlichen und damit die Transzendenz Gottes nicht mehr als eine alles bestimmende Implikation des Gottesgedankens gelten kann, sollte von einem Kosmotheismus die Rede sein, also entweder von einer Aufnahme der Welt in Gottes Wesenheit, etwa als deren Entfaltung oder Manifestation, oder von einer vollständigen Identifikation der einen Welt mit dem einzigen Gott.

Dass ein Prinzip, welches der Welt innewohnt, nicht ihr vorausgeht, die Einheit dieser Welt erklären soll, führt nicht dazu, dass diese Welt als ein so genanntes Block-Universum gedacht werden muss. Von der inneren Vielfalt, die dem Prinzip eignet, sofern das Endliche dem Absoluten nicht gegenübersteht, lässt sich leicht, wenn auch nicht mit Notwendigkeit zu dem Gedanken fortschreiten, dass diesem Prinzip eine Dynamik zugeordnet werden muss. Sie kann sich in einem Spiel des Wechselverhältnisses innerhalb von Gegensätzen oder in generativen, evolutionären oder Kreislaufprozessen des Kosmos manifestieren.

Diese Tendenz des All-Einheitsgedanken zur Freisetzung einer Dynamik in dem, worauf sich dieser Gedanke bezieht, wird in anderen Ansätzen, den Gedanken eines Absoluten zu explizieren, mit noch größerer Deutlichkeit zur Wirkung kommen. Solche Ansätze ergeben sich dann sogleich, wenn man sich nunmehr auf die Rede von All-Einheit und auf die Bedingungen konzentriert, unter denen ein bestimmter Gedanke ausgebildet wird, der diesem Ausdruck zugeordnet werden kann. Dann wird vollends klar, dass der Einheit in diesem Ausdruck eine ganz andere Bedeutung als die eines von dem All abgezogenen Abstraktionsprodukts zugeordnet werden kann, das insofern als dem All als Inbegriff nachgeordnet werden könnte. Die Einheit ist auch nicht die einer Relation zwischen zwei einander nebengeordneten Gliedern. Sie ist es vielmehr, von der im Denken *ausgegangen* werden muss, so dass sich von ihr her der Zusammenhang und die Universalität des All verstehen lassen. In eben dieser Hinsicht entspricht die Einheit dem, was unter dem Ausdruck ‚das Absolute' zu denken ist, welches von sich aus alles Endliche in sich selbst einschließt, also nicht alles Endliche, das für sich besteht, nur zu einem Ganzen integriert.

Wenn die Bildung eines Gedankens von der All-Einheit vom Gedanken des Absoluten *her* zu verstehen ist, hat die Einheit in diesem Gedanken gleichfalls die Ausgangsstellung inne. Und wenn weiter diesem Gedanken ein Bezug zur Wirklichkeit zugestanden wird, dann muss gesagt werden, dass das Absolute als Anfang festzulegen ist und dass im Ausgang von ihm das Endliche als ihm zugehörig zu begreifen ist. Der Fortgang vom Absoluten zum Endlichen ist auch nicht mit dem Fortschritt von einer unvollständigen zu einer vollständigen Begriffsbestimmung des Absoluten identisch. Wohl muss das Endliche als im Absoluten einbegriffen zu verstehen sein.

Der Gedanke des Absoluten wäre nicht voll bestimmt, ohne dass Endliches als in ihn eingeschlossen gedacht wird. Aber auch in dieser internen Beziehung zum Endlichen hat das Absolute eine reale Ursprungs- und Eigenstellung, die unter dieser Voraussetzung einer weiteren Bestimmung in Beziehung darauf bedarf, wie Endliches in ihm eingeschlossen ist. Aus dem Gedanken des Endlichen ließe sich nicht der Gedanke eines Absoluten entwickeln, welches Endliches einschließt. Nur in der umgekehrten Folge der Gedanken kann ein solcher Zusammenhang in Gedanken, und zwar in Gedanken von einem wirklichen Gründungsverhältnis, gefasst werden.

Dieser Vorordnung der Einheit, die sich aus der Begriffsbildung als solcher ergibt, kann nun auf sehr unterschiedliche Weise Rechnung getragen werden, und zwar sowohl in der weiteren Entwicklung eines Gedankens vom Absoluten wie auch in einer Beschreibung des Wirklichen unter dieser Begriffsbildung. Schon an dieser Stelle lässt sich aber absehen, dass in eben diesem basalen Verhältnis von Absolutheit und Endlichkeit eine Voraussetzung gelegen ist, auf die sich alle Versuche dazu werden stützen müssen, den Gedanken des Absoluten in eine Nähe zu oder eine Verbindung mit dem Gedanken von Gott zu bringen – dem einen Gott, der im genuinen Monotheismus ganz von seiner Transzendenz her, also in einem separierenden Grundunterschied zu allen Endlichen zu denken war. Wenn immer das Absolute als Gott soll gedacht werden können, dann muss es als das Prinzip gedacht werden können, von dem alles seinen Ausgang hat. Zugleich ist aber ebenso klar, dass weder jede Entwicklung des Gedankens vom Absoluten zu einer solchen Verbindung mit dem Gottesgedanken führen kann noch dass jeder Gottesgedanke mit der Begriffsform der Absoluttheorie vereinbar sein wird. Das Absolute wird zwar, wie wir sahen, immer in irgendeiner Weise als gründend für das ganze Verhältnis gedacht werden müssen. Seine Weise, gründend zu sein, kann aber auch so verstanden werden, dass die Möglichkeit einer Verbindung mit dem einen oder anderen Gottesgedanken ausgeschlossen ist. Aus dem Widerstreit zwischen diesen Möglichkeiten haben sich verschiedene gegenläufige Deutungen für die wichtigsten Konzeptionen des Absoluten in der Geschichte des Denkens, hat sich aber auch ein Streit um den Gottesgedanken entfaltet, der in der Geschichte nicht nur der christlichen Theologie, immer wieder aufgebrochen ist.

2.

Eine Differenz zwischen mehreren Typen von All-Einheitslehren hat schon Christian Jacob Kraus hervorgehoben. Kants Kollege und Freund, tat dies in seinen Notizen zur Vorbereitung auf eine Rezension von Herders *Ideen* (veröffentlicht im philosophischen Teil seiner ‚Vermischten Schriften', hrsg. von H. von Auerswald, Königsberg 1808-19). Sie sind von Anregungen durchsetzt, die Kraus aus Kants Werk herausgearbeitet hat. Er hatte dies noch unfertige Material Friedrich Heinrich Jacobi zugesandt, bei dem es bis zum Tode von Kraus liegen geblieben, von Jacobi aber auch durchaus beachtet worden ist. Kraus lässt den Pantheismus im Anschluss an Grundbedingungen im endlich-diskursiven Denken entstehen. Deshalb kann die All-Einheitslehre, gemäß der dem Menschen notwendigen Unterscheidung zwischen Körper und Verstand, sowohl einem materialistischen, als auch einem idealistischen oder einem dualistischen Grundentwurf folgen. In ihrer eigentlichen Durchführung muss sie dann aber an Funktionen des Denkens anknüpfen, und zwar an die Gedanken von ‚Sein', von ‚Kraft' und von ‚Allheit' (oder ‚dem Ganzen'). Prominentes Beispiel für die erste ist Parmenides, für die zweite Herder und für die dritte Spinoza. Näher skizziert hat Kraus eine kritische Rekonstruktion für die ersten beiden All-Einheitslehren, wobei die erstere einen ‚logischen', die zweite einen ‚dynamischen' Pantheismus zur Folge haben soll.

Analysen solcher Art, welche die Genesis der Begriffsbildungen untersuchen, sind für uns weiterhin von besonderem Interesse. Auch ich gehe, wie Kraus, von einem Anschluss an Kant, wenngleich in ganz anderer Absicht, aus, und zwar davon, dass sich monistische Gedanken nicht von der alltäglichen Welterfahrung oder von wissenschaftlicher Forschung her aufbauen und rechtfertigen lassen. Wohl aber müssen sie im Ausgang vom endlichen Denken verstanden werden, und zwar aus einem begründeten Gegenzug zur primären Weltbeschreibung und zu deren Ontologie. Damit ist klar, dass jeder Absoluttheorie Prinzipien zugrunde liegen, die ihre Form bestimmen und die man (in einem anderen Sinn als Kraus) ‚logische' nennen mag, die sich aber durch eine Grundoperation, nach der das Unternehmen eines Überstiegs über die normalen Weltbeschreibungen verlangt, dann zu spekulativen verwandeln. Wenn es im Zuge der weiteren Entfaltung des Grundgedankens einer Absoluttheorie notwendig wird, auf das, was man als Absolutes denkt, mit weiteren Kategorien des endlichen Denkens Bezug zu nehmen, so ist klar, dass sich damit deren Bedeutung gegenüber ihrer Rolle innerhalb des Grundverhältnisses gleichfalls verändern wird. ‚Kraft' wird, zum Beispiel, dann ebenso wenig einfachhin die Ursache von Veränderungen sein können wie die Rede vom Grund im Bewusstsein über eine der geläufigen Bedeutungen von ‚Grund' noch angemessen gefasst ist.

Aus all dem folgt, dass sich jede Absoluttheorie im Klaren darüber sein muss, dass sie sich nicht zu einer Theorie ausbilden kann, die den Anspruch erhebt, zu einer erschöpfenden Charakterisierung und Durchdringung eines Bereiches von Sachverhalten zu gelangen. Sie kann nicht mehr als die Skizze einer letzten Gründung sein, in Beziehung auf die der Mensch alles Wirkliche und sich selbst versteht, wobei dies freilich ein Verstehen ist, zu dem der Mensch auf gar keinem anderen Wege würde gelangen können.

Aus der Analyse der Verfassung und der Genesis von Gedanken des Absoluten lässt sich aber doch mehr als nur eine solche scharfe Grenzbestimmung gewinnen. Sie bestärkt, was zuvor schon dargelegt worden ist, von dem Fundament und der Genesis aller Gedanken vom Absoluten her: ein Absolutes, wenn diesem Gedanken denn ein Bezug zu Wirklichem zugestanden ist, kann nicht schlechthin in einer Äquivalenzbeziehung zu dem Endlichen aufgehen. Man könnte zwar zu einer solchen Vermutung kommen, weil das Absolute als solches in der Tat nur unter Einschluss des Endlichen zu denken ist, so dass also der Gedanke des Absoluten von der Verfügbarkeit des Gedankens vom Endlichen und in der Folge des Absoluten selbst vom Endlichen abhängig ist. Das Absolute muss jedoch, wie im vorausgehenden Abschnitt dargelegt wurde, immer als Einheit und Ausgang und somit in irgendeiner Weise als gründend für das Endliche gedacht werden.

Das bedeutet allerdings nicht, dass ihm eine Stellung zugesprochen werden muss, die seiner Differenzierung in Endliches, und zwar logisch wie auch genetisch, in jeder Hinsicht vorausliegt. Eine solche Stellung hat die neuplatonische Philosophie ihrem ‚Einen' zugesprochen. Sie war die Voraussetzung dafür, dass es überhaupt als möglich erscheinen konnte, die neuplatonische Lehre in eine christliche Theologie des Schöpfergottes zu transformieren. Andere Zuordnungen sind aber denkbar, in denen diese Möglichkeit ausgeschlossen ist. Das mag aus einem Beispiel unter vielen hervorgehen: aus dem stoischen Konzept eines einigen Weltlogos, der sich in einer unendlichen Folge der Formation und des Zerfalls von Welten manifestiert. Auch dieser Logos ist nicht gänzlich in die Weltenfolge absorbiert, wenngleich diese Folge notwendig aus ihm hervorgeht. Wäre es anders, so könnte sich der stoische Weise nicht innerhalb einer Welt zum Wissen von diesem Logos erheben, um so dem unendlich dahingehenden Wechselgeschehen entzogen zu sein.

Aber beide, die Gedanken des Weltlogos und des überseienden Einen, gehören zu der großen Mehrheit der Gedanken von einem Absoluten, aufgrund von deren Definition die Endlichen, der Hervorgang von Endlichen aus dem Absoluten, sowie Prozesse in ihnen und zwischen ihnen nicht etwa gar für unmöglich und also allenfalls als bloßer Schein erklärt werden müssen. Diese Folgerung ist aus dem Gedanken des in sich geschlossenen Seins des Parmenides tatsächlich gezogen worden. Die weit überwiegende Zahl von Konzeptionen eines Absoluten halten sich aber von einer solchen Folgerung fern. Für mich selbst kommt es geradezu darauf an, eine Absoluttheorie zu skizzieren, für welche die Eigenständigkeit von Endlichen und damit auch der von ihnen selbst initiierten Prozesse Zielpunkt der Entwicklung des Gedankens vom Absoluten sind. Ein solches Absolutes ist nicht starr und unwandelbar. Absolutes ist es gerade insofern, als die Endlichen, deren Grund in ihm liegt, nicht von ihm abgeschieden sind. Somit sind ihr Hervorgang, ihre Eigentätigkeit und die Prozesse, die sich daran anschließen, von dem umfasst, was das Absolute selbst ausmacht. Dies zu sagen schließt wiederum bereits ein, dass in Beziehung auf den Gedanken des Absoluten ebenso wie auf seine Wirklichkeit eine Ausgangsbestimmung und eine voll entwickelte Bestimmung voneinander unterschieden werden müssen. Damit ist wiederum eine weitere Dynamik gesetzt, die für die anderen dynamischen Aspekte innerhalb der Endlichen auch die grundlegende ist.

Diese Klärung schafft die Voraussetzung für eine Untersuchung, die sich in viele Richtungen verzweigen würde. Nun kann man nämlich fragen, wie sich Relationen modifizieren, die sich zwischen Endlichen ausbilden, und welche Relationen zwischen dem Endlichen und dem Absoluten zu denken sind, wenn die Endlichen als einbezogen in den weiten Bereich des Absoluten selbst verstanden werden, wobei dies alles Relationen innerhalb der voll entfalteten inneren Form des Absoluten selbst sein müssen. Vorerst möchte ich in diese Erwägungen nicht weiter eintreten. Dazu wird der Text von Raimund Litz den unmittelbarsten Anlass geben. Aber für die Ortung und die weitere Ausarbeitung von Klaus Müllers Unternehmen, den christlichen Gottesgedanken mit der bestimmten Fassung eines Gedankens von All-Einheit zu verbinden, werden solche Überlegungen gewiss von Bedeutung sein.

Allerdings sollen drei Bemerkungen zu den Bedingungen eines solchen Fortgangs hier noch ihren Platz finden:

(1) Im Gedanken des Absoluten ist Endliches eingeschlossen, das also nicht als der schiere Gegensatz des Absoluten gedacht werden kann. Daraus lässt sich folgern, dass das Endliche seiner Form nach dem Absoluten in irgend einer Weise entsprechen muss. Nur so ist es, wenn auch als Anderes, als dem Absoluten zugehörig zu denken. Es ist auch nicht möglich, solches Endliche sich vorzustellen als sei es durch das Absolute abgeschieden oder wie ein Projektil aus ihm herausgesetzt. Dann wäre die Absolutheit des Absoluten nur ein ganz und gar transitorischer, eigentlich nur ein momentaner Zustand. Denn was immer unter dem Ausdruck ‚das Absolute' gedacht wird, würde dann als etwas zu denken sein, was sich aus innerer Notwendigkeit heraus sogleich auflösen und somit aufheben muss. Es ist klar, dass diese Paradoxie die Intention, die zur Ausbildung eines Gedanken vom Absoluten führte, umstandslos in sich zusammenbrechen ließe. Daraus folgt, dass das von einem Absoluten implizierte Endliche zwar in seine Eigenständigkeit versetzt werden muss, dass es aber in eben dieser Eigenständigkeit zugleich als Implikat des Absoluten erhalten zu bleiben hat. Aus dieser Doppelung lässt sich schließen, dass aus dem Gedanken des Absoluten noch andere Relationen zum Endlichen als die der Einsetzung des Endlichen in seine Eigenständigkeit folgen.

(2) Wenn man den Gesichtspunkt der Betrachtung nur in die Stelle und Perspektive des endlichen Bewusstseins versetzt, dann wird deutlich, dass der Zusammenhang, der eben entwickelt wurde, kein anderer ist als der, der im Gedanken eines Grundes im Bewusstsein gefasst wurde – und zwar

dann, wenn man diesen Grund nicht nur vom Begründeten her voraussetzt, sondern im Ausgang vom Gedanken vom Grund auch die Weise seines Gründens weiter bestimmt.

(3) Das Absolute kann, wie unter (1) gesagt, das Endliche nur in sich eingeschlossen halten, wenn es in einer Entsprechung zur Form des Absoluten selbst steht. Diese Folgerung muss aber mit der Voraussetzung zusammengehalten werden, die in dem gesamten Begründungsgang eine ebenso fundamentale Stelle innehat: Das Absolute ist nur das Absolute, wenn ihm das Endliche *als solches* zugehört. Folglich muss die Verfassung, kraft deren das Endliche der Form des Absoluten entspricht, zugleich die Verfassung eines Endlichen sein. Die Grundzüge ihrer Endlichkeit müssen die Endlichen ebenso prägen wie dasjenige, was sie dem Absoluten zugehörig sein lässt. Die Erfüllung dieser doppelten Bedingung lässt sich wohl am deutlichsten in der Art der Selbstbestimmung im endlichen bewussten Leben erkennen. Es ist also nicht zu erwarten, dass die Grenzen und Beschränkungen des endlichen Lebens und die Not seiner Lebensführung etwa aufgehoben werden durch die Zugehörigkeit dieses Lebens zum Absoluten und durch seine Einsicht in diese seine Zugehörigkeit, so dass an ihre Stelle irgendwann der Zustand ewiger Beseligung tritt. Der Gedanke der All-Einheit schließt also, mancher Erwartung und Überlieferung entgegen, nicht etwa mit Notwendigkeit auch ein Reich der Steigerung und Vergöttlichung des endlichen Lebens auf. Er ermöglicht es dagegen vielleicht, aus der Einsicht in das Ganze Not und Hinfälligkeit anders als nur in Resignation zu akzeptieren und trotz ihrer für dies Leben als ganzes Dankbarkeit zu erfahren.

Diese drei Grundbedingungen dürfen nicht aus den Augen verloren werden, wenn das bewusste Leben zu einem Grund und dieser Grund wiederum zum Gedanken von einem Absoluten in Beziehung gesetzt wird. Zugleich werden wir aber die Grenzbestimmung nicht übersehen, die zuvor für die Philosophie gerade in diesem Bereich gewonnen wurde. Wir haben uns davor zu hüten, uns in die Bahnen einer spekulativen oder theosophischen Ausstaffierung einer Intellektualwelt hineinziehen zu lassen. Alle Überlegungen haben sich bisher im Modus eines voraussetzenden Denkens vollzogen. Sie müssen sich auch weiterhin darauf beschränken, unverzichtbare Voraussetzungen als solche deutlich werden zu lassen. Zu dieser Verdeutlichung gehört freilich, dass Implikationen entwickelt werden, die aus jenen Voraussetzungen folgen. Das aber ist zu unterscheiden von einem Verfahren, das dem des späten Schelling nahe kommt. Er hat in dem, was er zunächst als das Unvordenkliche verstand, dennoch alsbald die Konstruktionsmittel einer spekulativen Identitätsphilosophie in Aktion gesetzt.

Daraus ergibt sich das Kriterium für eine grundlegende Unterscheidung – nämlich der zwischen einer im bewussten Leben wurzelnde Vergewisserung und der Ausmalung eines Weltpanoramas in Mythen oder in spekulativen Figuren von kompositorischer Vollständigkeit und Komplexion. Dass beide etwas miteinander gemeinsam haben, ergibt sich daraus, dass jeder Gedanke vom Absoluten in seinem Kern rationalen Ursprungs ist und dass er dann in spekulativ verfasste Überlegungen hineinzieht. Seinen Gebrauch im Wissen von seiner Genesis eingeschränkt zu halten, ist aber für das moderne kritische Bewusstsein eine unnachlasslich gewordene Pflicht. Nur unter dieser Bedingung bleibt der Weg zur Vereinigung der Denktradition Hegels mit der Kantischen nicht von vornherein verstellt. Und nur so bleiben die Bedingungen gewahrt, unter denen sich jede Selbstverständigung in der Gegenwart zu vollziehen hat.

Klaus Müller hat luzide dargelegt, wie zu begründen ist, dass dann, wenn man der wissenden Selbstbeziehung einen Grund voraussetzen muss, dieser Grund und das Ganze, dem er zugehört, innerhalb eines Konzeptes von All-Einheit zu verstehen sind. Nun ist, gewiss wiederum in seinem Sinn, auch klar geworden, dass diese Begründung nicht als der Beginn eines Unternehmens angesehen werden kann, das jenen Bereich in der Gestalt einer spekulativen Wissenschaft erschließt, die aus sich selbst heraus einen Wahrheitsanspruch aufrichten und die ihm dann auch genügen könnte. Wenn aber die Ressourcen zur Skizze eines solchen Konzepts jederzeit dem endlichen Denken abgewonnen werden müssen und wenn die Motivation, in es einzutreten, gleichfalls von der Dimension des endlichen Wissens ausgeht, dann wird es von Interesse sein, sich über die Motive eine umfassendere Rechenschaft zu geben, die nach einem solchen Denken verlangen. Das heißt, dass man sich bei der Begründung des Übergangs zu einer veränderten ontologischen Sprache nicht auf das einschränkt, was sich aus der Analyse der besonderen Verfassung des Wissens von sich im Selbstbewusstsein ergibt.

3.

Ist von Motiven die Rede, dann werden damit Aspekte der Lebensführung in den Bereich der theoretischen Untersuchung einbezogen. Es wird nicht mehr nur danach gefragt, welche Folgerungen zu ziehen sind, sondern welche Bedeutung diese Folgerungen im Menschenleben gewinnen können – aus welchen Gründen also das, was die Folgerungen ergeben, in diesem Leben als Gewinn oder als Einschränkung erfahren wird. Damit verlagert sich das Interesse der Untersuchung nicht so gravierend wie es zunächst scheinen könnte. Wird nämlich der Zusammenhang des Selbstseins mit seinem Grunde erwogen, so hat auch das immer schon eine Resonanz im bewussten Leben, das die Konsequenzen erwägt, die aus jeder solchen Erklärung für seine Selbstverständigung hervorgehen.

Über das Konzept einer All-Einheit unter dem Gedanken eines Absoluten ist hier immer nur im Ausgang von der Subjektivität im Wissen des

Einzelnen von sich die Rede gewesen. Wir wissen auch, dass diese Akzentsetzung in der Geschichte des Denkens in Beziehung auf All-Einheit keinesfalls die vorherrschende war. Die Konstitution des Kosmos oder ein Grundgesetz aller Evolution von Welten war für sie die nächstliegende Ausgangsevidenz. Im allgemeinen Bildungswissen ist sie auch heute noch am ehesten mit Naturfrömmigkeit und dem einfachen Leben abseits der Städte assoziiert. Aber seit der Rezeption des Spinozismus in der nachkantischen Philosophie ist die für das philosophische Denken maßgebende Gestalt der Absoluttheorie mit dem Grundthema Subjektivität in eine Engführung gebracht worden. So kann es keine solche Theorie mehr geben, die philosophisch respektabel ist und in der doch dieser Einsatz übergangen ist. Die wichtigsten Motive, welche seine Akzeptanz begünstigen, werden also nicht in der Naturerfahrung, sondern in der Selbsterfahrung aufzuweisen sein. Auf sie allein wird also die folgende Betrachtung eingehen, wobei Motive, über die eigentlich ein Buch zu schreiben wäre, kaum mehr als nur erwähnt werden können.

Das Wissen, von einem Höchsten nicht einfach nur abhängig zu sein, wendet das Bewusstsein ab, von einem Übermächtigen gänzlich bestimmt und bewegt zu werden. Es versetzt in ein Bewusstsein davon, im Vollzug der eigenen Selbstbestimmung nicht von allem abgesondert, sondern in seinem Grunde getragen zu sein. Selbstbestimmung ist dann nicht identisch damit, sich in seinem Lebensentwurf allein gegen eine Welt zu behaupten. Aus diesem Bewusstsein kann sich ein Selbstbild aufbauen, dem zufolge der Mensch in dem, was er in seiner Situation und mit seinen Talenten aus sich selbst heraus zu wirken versteht, Teil eines großen Wirkungszusammenhanges ist, in dem er eine, wie immer ganz kleine, aber doch nicht ersetzbare Aufgabe vollbringt.

Dies Wissen stärkt auch die Möglichkeit, von einer präsentischen Eschatologie auszugehen – also davon überzeugt zu sein, dass die begrenzte Erfahrung von Erfüllung, die der Mensch in diesem Leben machen kann, seiner Verfassung als endlichem Subjekt entspricht. So ist er nicht um der Zustimmung zu dem ihm eigenen Leben willen ganz und gar auf die Aussicht auf eine Beseligung in einem kommenden Dasein angewiesen, so dass ohne diese Aussicht das Leben, das er führen muss, letztlich nur als Austragen eines fernbestimmten ‚Du musst' zu erfahren ist. Auch ist seine Hinfälligkeit für ihn dann kein notwendiges Indiz des Fehlens jeder anderen Deckung seines Lebens als die durch eine naturgegebene Unausweichlichkeit. Das Endliche ist *als solches* in das Absolute einbegriffen. So ist es nicht fähig, aber auch nicht dessen bedürftig, einem Absoluten anverwandelt und in ihm verklärt zu werden. Von diesem Wissen her kann sich im endlichen Leben auch noch unter den widrigsten Bedingungen eine Sammlung aufbauen, die durch äußere Gewalt nicht zu tangieren ist.

Sieht sich der Mensch unter die Frage nach dem Sinn seines Leben gestellt, die ihm keine Antwort durch die Erfüllung eigener Interessen oder den Dienst am Interesse anderer findet, so kann er solchen Sinn nur von einem Grund her verstehen, der ihm selbst zugehört und der doch zugleich auf nichts relativ ist. Denn Sinn kann nun einmal nicht wie Titel oder Kräfte durch anderes verliehen werden.

Schließlich vollziehen sich auch eigentliche Begegnungen zwischen Menschen in dem Bewusstsein, dass sich in ihnen etwas verwirklicht, was nicht aus dem hervorgehen kann, was jedem je für sich eigen ist, und sie gewinnen zusammen mit dieser Erfahrung ihre Tiefe.

Sind dies die tragenden Säulen einer Erfahrungsart, die sich im Bewusstsein der Verbindung des eigenen Lebensgrundes mit dem Gedanken vom Absoluten ergibt, so ist das Selbstverstehen des Lebens in solchem Erfahren sicher ganz verschieden von dem Goethes und immer noch verschieden von dem Lessings oder Herders, von denen jeder in seiner Weise dem all-einigen Absoluten nachgedacht hat. Jede Konkretisierung eines solchen Gedankens muss sich wohl ebenso individualisieren wie dies in anderer Weise für jegliches Gottesverhältnis gilt, das nicht von Lehrautoritäten reguliert worden ist.

Aber auch in Beziehung auf diese Grundeinstellung des Menschen zu sich, die durch diese Säulen umrissen werden kann, ist die Möglichkeit zu einer weitergehenden Konkretisierung zu erwägen – und zwar dann, wenn nunmehr die Frage wieder aufgenommen wird, ob ein solches Konzept des Absoluten in eine Verbindung mit dem Gottesgedanken gebracht werden kann. Wir sind schon zu der These fortgeschritten, dass dabei nicht von einem abgetrennten Dasein Gottes ausgegangen werden muss, sondern von der Erfahrung dessen, was in verschiedenen Metaphern die ‚Gegenwart' Gottes in der Gestalt des Geistes im endlichen Selbstsein genannt wird. Muss, wie überall, so auch unter diesen Bedingungen das strikte Ausschlussverhältnis zwischen dem Gottesgedanken des Monotheismus und dem Einschluss alles Endlichen in die gründende Einheit eines Absoluten bestand haben?

Für Klaus Müller ist dies eine Frage von höchstem Gewicht, und es ist auch klar, dass er sie negativ bescheiden wird. Die Art, in der sich ihm eine Verbindung zwischen dem alleinigenden Geist und dem Gottesgedanken konkretisieren könnte, wird in seinem Text noch nicht deutlich. Sie wird aber mit der Skizze zu einer Christologie stimmig sein sollen, die zu entwerfen für diesmal seine Absicht gewesen ist. In diese Richtung werden sich also die Überlegungen, welche die Leitfäden seines Textes aufnehmen, in der Folge orientieren.

Das bewusste Leben vollzieht sich im Wissen von der Art seiner Gründung nicht nur als in einem ihm selbst licht gewordenen selbstbezüglichen Wissensstand. Seine gesamte Erfahrungsart ist in diesem Wissen auf mannigfache Weise bereichert und verwandelt, und in das, was diese Selbsterfahrung ausmacht, gehen neben epistemischen emotive und voluntative Veränderungen ein. Ohne dass hier auf alle diese Vollzüge, die eine Art von

Frömmigkeit konstituieren können, und die vielen Zeugnisse für sie noch weiter eingegangen werden könnte, zeichnet sich doch sogleich ab, wodurch sich diese Vollzugsart, so wie sie bisher hat nachvollzogen werden können, unterscheidet von einem dem monotheistischen Gott zugewendeten Leben. In sie haben alle die Vollzüge keinen Eingang, die einem Urwesen und einem Herrscher- und Vatergott gelten, dem eine vom Endlichen separierte Wirklichkeit zugeschrieben ist. Dies sind vor allem die verehrende, treue Anerkennung seiner Hoheit und gütigen Macht, der Gehorsam, das Gebet, wenn es vorwiegend als Bittgebet verstanden wird, und die kommunale Dankbarkeit für erfahrene Güte und Gnade. Weisen des Vollzuges, die mit diesen vergleichbar sind und doch von ihnen unterschieden bleiben, können allerdings auch in einem Leben aufkommen, das sich im Wissen von seinem Gegründetsein im Absoluten vollzieht: Kontemplation und Bewunderung des Absoluten als dem eigenen Ursprung, ein erhebendes Innewerden des Bewandtniszusammenhanges, in den das eigene Leben eingebettet ist, eine kontemplative Dankbarkeit, die keinen einzelnen Gnadenspender im Blick haben muss.

Sollte es nun aber möglich sein, auf der vorausgesetzten Grundlage der monistisch verstandenen Kontinuität zwischen Absolutem und Endlichem dem Absoluten auch Züge des persönlichen Gottes zuzuschreiben, dann lässt sich darüber nachdenken, inwieweit und mit welchem besonderen Profil die Vollzugsweisen, die für die Gottesbeziehung im Monotheismus am allermeisten charakteristisch und die fundierend für sie sind, in eine Erfahrungsart des bewussten Lebens Eingang finden können, welche von dem Einbegriffensein des Endlichen im Absoluten ausgeht. Hier muss genügen, auf die Aufgabe hingewiesen zu haben, die Möglichkeit und die Art der Aufnahme eines Gottesgedankens, in dem monistische Züge die monotheistischen grundieren, im Vollzug des bewussten Lebens genauer zu erkunden. Solche Folgerungen, die sich aus einer Wandlung des Gottesgedankens ergeben, sind sicherlich auch von Gewicht für Klaus Müllers Überlegungen, die der Christologie innerhalb der Gotteslehre als solcher gelten. Ihr wende ich mich nunmehr zu.

4.

Müllers Überlegungen gelten dem Verhältnis des Gedankens von einem Einzelnen und seiner separaten Existenz zu dem eines vorindividuellen Geschehens, das alles Einzelne in sich einbegreift. Müller schließt dabei an die These an, die ich vor bald dreißig Jahren formuliert habe: In dem Grundverhältnis des bewussten Lebens sind das Bewusstsein von einem Einheitsgeschehen und die Bezugnahme auf Einzelnes ursprünglich miteinander verflochten. Das bewusste Leben, das angesichts des Dunkels in seiner Verfassung und seines Ursprungs auf eine Selbstdeutung ausgehen muss, kann

Dieter Henrich zu Klaus Müller

deren Entwurf sowohl auf das eine als auch auf das andere Moment hin orientieren und versuchen, von diesem Moment her sich über das Ganze seines Lebens zu orientieren. In der Folge ergibt sich für es somit die Notwendigkeit, dem in der jeweiligen Fundierung beiseite gelassenen Moment innerhalb des Entwurfs doch noch einen Platz einzuräumen.

Es freut mich, dass Klaus Müller meinen Versuch dafür geeignet fand, das Verstehen nicht nur der Genesis der großen Religionen, sondern auch ihrer Geschichte bis hin zu ihren spannungsreichen Beziehungen in der Gegenwart voranzubringen. Zur Diagnose des Konflikts zwischen Islam und Christentum hat sein Buch *Streit um Gott* in diesem Sinne bereits Wichtiges beigetragen. Diesmal sind allein die Potentiale der christlichen Gotteslehre sein Thema. Dabei setzt er zwar den Akzent auf die Christologie. Aber seine umsichtigen und vielbezüglichen Erwägungen müssen sich, wie gesagt, gleichermaßen auf den Gottesgedanken und auf die Trinitätslehre auswirken. Ich denke, einiges wenige zur weiteren Klärung und Differenzierung jener Analyse des Grundverhältnisses sagen zu sollen, in dem sich das bewusste Leben entfaltet, und zwar in Beziehung auf die Auswirkungen, welche diese Verhältnisse in der Erklärung der Genese von Gedanken Gottes oder des Absoluten haben müssen.

Der Sinn von Einzelheit ist deutlich artikuliert, wenn Wirkliches, an dem Eigenschaften aufzuweisen sind und dessen Zustände sich verändern können, eine Position und eine Bahn in Raum und Zeit innehat, aufgrund deren es sich von anderen Einzelnen unterscheidet. Personen sind Einzelne gemäß dieser Bedeutung, wenn sie noch eine Reihe weiterer Bedingungen erfüllen, die für die Zuschreibung von Personsein konstitutiv sind – so etwa, dass man ihnen Mentalität zuschreiben kann und dass sie von sich selbst wissen. Man kann aber nicht, mit Peter Strawson, darauf insistieren, dass Einzelheit schlechthin an die Raum/Zeit-Bedingungen einer eindeutigen Unterscheidung zwischen vielen Einzelnen gebunden ist. Ebenso wenig kann man sagen, dass die Voraussetzung dafür, Einzelheit einem bewussten Leben als solchem zuzuschreiben, die sei, dass es sich zuvor als Person in Raum und Zeit ausgebildet hat. Die Begründung dafür kann hier nicht wiederholt werden. Für sie kann hilfsweise die Formel von Leibniz stehen, der zufolge im Verstehen von Einzelheit die Einheit eines solchen Einzelnen, das von sich selbst weiß, schon in Anspruch genommen werden muss. Trifft dies zu, dann muss, wem die Fähigkeit zur Unterscheidung von Einzelnen zukommt, auf eine andere Weise selbst schon als Einzelnes verstanden sein. Dabei muss es sich dann um eine Einzelheit handeln, die unmittelbar an ein Wissen von sich und an seine Selbstkontinuierung gebunden ist.

Man kann die Grundzüge angeben, aus denen die Einzelheit eines jeden Falles von bewusstem Leben und zugleich sein eigenes evidentes Wissen von dieser Einzelheit hervorgeht: Sie kann sich aus dem Bewusstsein ergeben, Zentrum und Initiator von Akten zu sein, in denen sich ein bewusstes

Leben ausbildet. Sie kann ferner aus dem Bewusstsein hervorgehen, eine Folge von Stadien von Wissenserwerb und von Weltperzeptionen zu durchlaufen und einander zuzuordnen, die jeweils eine bestimmte Folge unter unbestimmt vielen möglichen anderen ausmacht. Aufgrund des ersten wäre das bewusste Leben einem aktivischen Subjekt zuzuschreiben. Nimmt man das zweite für sich allein an, so könnte sich das einzelne Subjekt auch als mit der Einheit eines individualisierten Prozesses ohne Subjekt identisch erweisen. In der Selbsterfahrung des bewussten Lebens haben Erfahrungen von bloßem Dahingehen und von tiefer Selbstvergessenheit ja durchaus einen Ort. Aus dem Gesagten wird deutlich, dass die Einzelheit des Subjektes zwar in die Formation des Personsinnes eingeht, also nicht vollständig von ihm her zu gewinnen ist. Seine Einzelheit hat aber dennoch nicht eine Eindeutigkeit und Durchsichtigkeit, welche die des raum/zeitlichen Personsinnes gar noch übertrifft. Im Ausgang von der Subjektivität kann sich der Gedanke von einem Einzelnen ganz eigentümlicher Art ebenso wie auch der Gedanke von einem überindividuellen und subjektlosen Erfahrungsprozess als eine Art von letzter Gegebenheit stabilisieren. Wie stets in der Reflexion auf das bewusste Leben, komplizieren sich also die Verhältnisse, je mehr man sich um die Aufklärung seiner inneren Verfassung bemüht.

Auf diese Verhältnisse müssen wir uns nun beziehen, wenn wir die Genesis der Hochreligionen als Versuche zur Selbstdeutung des bewussten Lebens verstehen wollen. Diese Versuche sind von dem Dunkel motiviert und bedrängt, das die Verfassung dieses Lebens durchzieht und hinsichtlich seines Status unter allem Wirklichen unsicher werden lässt – und zwar sowohl durch die Dualität Person-Subjekt als auch durch die innere Vieldeutigkeit der Subjektivität als solcher. Als Selbstdeutungen müssen Religionen schon in ihrem jeweiligen Ansatz danach streben, aus dieser Vieldeutigkeit herauszuleiten. Aber in Anbetracht der Komplexion, die hier nur eben angezeigt worden ist, sind auch die Ansätze für eine solche Selbstdeutung vielgestaltig, die durch Steigerung von Elementen des spontanen Wissens von sich zu einem ersten Grund und so zu einer letzten Gründung des bewussten Lebens führen sollen. Unter ihnen lässt sich aber wirklich die Grunddifferenz identifizieren, aus der sich der Gegensatz zwischen den monistischen und den monotheistischen Religionen herausgebildet hat, insoweit er die Selbstdeutung des bewussten Lebens betrifft: Es ist die Differenz zwischen der alles in sich einschließenden Einheit des bewussten Lebens und der separaten Wirklichkeit von Personen, die Differenz also zwischen dem Schöpfergott und dem all-einigen Absoluten.

Eine solche allbefassende Einheit kann nun, gesteigert zum allgründenden Prinzip, auch ihrerseits bereits in zweifacher Weise aufgefasst werden: Von der gegenüber dem Personsinn undeutlichen Subjektnatur kann jegliches Separatsein entfernt werden, so dass sich diejenige Einheit eines singulären und absoluten Subjektes ergibt, die im indischen Atman und in Fichtes absolutem Gott-Leben angenommen ist. Oder die Operation der

Isolierung und Steigerung von Momenten führt zur Annahme eines singulären, sich selbst generierenden Geschehens ohne Subjekt. Im ersten Fall ergibt sich, über die Steigerung ins Unbedingte, der Gedanke von einem Urgrund oder Urwesen als dem notwendig einzigen ohne jegliche Separation. Andere Einzelne können ihm nur als Modi oder als Setzungen ohne eigene abgeschiedene Wirklichkeit innewohnen, so wie dies für Vorstellungen und Intentionen innerhalb des Ganzen der Subjektivität gilt, die das Muster dieser Art von Einheit ist. Das absolute Subjekt ist ebenso wenig wie der absolute Prozess aus der Analogie zur endlichen Person konzipiert, sondern, wie das Beispiel Fichtes besonders markant zeigt, in einem Gegensatz zur Persönlichkeit des Unbedingten. Dennoch stehen absolutes Subjekt und persönlicher Gott auch in einer gemeinsamen Entgegensetzung zu jedem als subjektlos verstandenen Absoluten.

So haben wir also zumindest drei Grundoptionen zu unterscheiden: Gott als separate, aber unbedingte Wirklichkeit, ein absolutes Subjekt als alles inkludierender Grund, das Absolute als subjektloses Geschehen oder Verhältnis. Unangesehen dessen müssen aber alle Gedanken vom Unbedingten schließlich doch dahin entwickelt werden, die Momente, im Ausgang von denen ein Unbedingtes zu konzipieren war, in ihren eigenen Zusammenhang einzuordnen. So kann auch die separate Wirklichkeit Gottes nicht ohne ein Geschehen gedacht werden, das die endlichen Einzelnen anders auf ihn bezogen hält als in der Art der Wechselwirkung endlicher Einzelner. Ebenso muss ein Absolutes, das als subjektloser Prozess verstanden wird, doch Einzelnes verständlich werden lassen. Schließlich und weiter muss dann noch, wie wir gesehen haben, in Beziehung auf alle Formen eines Gedankens vom Unbedingten gefragt werden, inwiefern Züge des Einzelnen, in dessen Definition sein Für-sich-Sein eingeht, dem Absoluten selbst, und zwar nach der einen oder anderen Fassung dieses Gedankens, zugeschrieben werden können. Die Unterscheidung zwischen einem monistischen und einem monotheistischen Grundentwurf von Religion hat somit weiter Bestand. Aber auf beiden Seiten ergeben sich alsbald Komplikationen, wenn die Grundentwürfe in Beziehung auf das Verhältnis zwischen ihrem Absoluten und dem Einzelnen sowie zwischen dem Absoluten und dem Für-sich-Sein eine dem Grundentwurf gemäße Stellung auszubilden haben.

Gern würde ich gemeinsam mit Klaus Müller weiter erkunden, wie eine Typologie, die sich aus diesem Ansatz ergibt, in der Theorie der Religionen und zur Erklärung ihrer Geschichte noch weiter entwickelt werden kann. Eine solche Untersuchung muss im Übrigen bald auch die Einsätze zu einer rationalen Theologie einbeziehen. Denn Grundzüge in der Verfassung der Subjektivität können in einer Selbstdeutung des bewussten Lebens zu Gedanken von einem Unbedingten oder einem Absoluten nur dann transformiert werden, wenn sich diese Transformation in rationalen Operationen fassen lässt und wenn in ihr also die Grundansätze zu einer Bildung von

Gedanken vom Ganzen und Unbedingten wirksam werden. Es ist eine der großen Leistungen Kants, deutlich herausgearbeitet zu haben, dass bereits der scheinbar wie ein Monolith verfasste Gottesgedanke aus mehreren Wurzeln in den Ressourcen zur rationalen Begriffsbildung und aus deren Verbindung miteinander hervorgeht. Sie werden in dem naturwüchsigen Denken, das von dem Bedürfnis zur Selbstdeutung motiviert ist und aus dem die Entwürfe der großen Religionen hervorgingen, spontan in Anspruch genommen. Es bedarf aber ausdauernder Analyse und Reflexion, um ihrem Aufbau und ihrer Verflechtung mit dem Denken, in dem sich die Subjektivität selbst entfaltet, in allen Verzweigungen und bis auf den Grund nachzugehen.

5.

Klaus Müller verbindet seine Skizze einer philosophischen Christologie mit der Frage an mich, die sich unmittelbar an eine solche Typologie anschließt: ob in der Gestalt Jesu als Christus nicht die Auflösung der Aufgabe einer inneren Verbindung von Absolutheit und Einzelheit gelegen sein könne. Denn in ihm ‚tritt das absolut Einmalige als Einzelner' auf. Im vorigen Abschnitt habe ich zu einer Antwort auf diese Frage insofern angesetzt, als ich zu zeigen versuchte, dass diese Formel weiter differenziert und dabei auch präzisiert werden sollte. Nunmehr gehe ich auf Müllers christologischen Gedanken selbst ein – durchaus in dem Bewusstsein, mich dabei immer wieder in die Situation des Theologen und sein Verhältnis zur Kirchenlehre versetzen zu müssen, und mit dem Zweifel an meiner Kompetenz dafür.

Der Grundgedanke Müllers liegt ja nicht fern, wenn man von dem Ansatz zu einer Verständigung über die Hochreligionen ausgeht, den wir miteinander gemeinsam haben. Sein Gedanke gewinnt aber immer mehr an Tiefe, je anhaltender man ihn erwägt. So kann er, um ein Beispiel zu nennen, einleuchtend machen, dass nur ein einziger göttlicher Mittler in Menschengestalt zu denken ist – nicht die vielen Boddisatwas, Halbgötter und Propheten anderer Religionen. Denn nur in solcher Einzigkeit ist die Einzigkeit des Absoluten innerlich mit der Konkretion eines Einzelnen unter allen anderen Einzelnen verbunden. Aber es liegen auch viele Fragen nahe, die deutlich werden lassen, was Klaus Müller selbst mehrfach betont – dass nämlich von mehr als der anfänglichen Skizze einer Christologie noch nicht die Rede sein soll.

Eine solche Nachfrage ergibt sich aus der Differenzierung im Ansatz zur Typologie der Religionen, die soeben skizziert worden ist. Der christliche Gott leitet sich von Jahwe her, der zum einzigen wahren Gott aufgestiegen ist. In diesem Gott ist somit schon vorab die Einmaligkeit des Unbedingten mit separater Einzelheit verbunden – wenn auch nicht der Einzelheit des Endlichen unter vielen anderen. Nun ist als Grunddifferenz zwischen monistischen und monotheistischen Religionen die Differenz zwischen separat Unbedingtem und alles einschließendem Absoluten anzusetzen. Sollte die Christusgestalt diese Differenz überbrücken, dann müsste sich damit, dass Jesu Göttlichkeit angenommen wird, der Vatergott in einen Gott verwandeln, der ein alles durchwaltender Ursprung oder ein alles einschließendes Subjekt ist. Denn nur so stünde er für das eine Glied der zu überbrückenden Dualität, das monistisch zu denken und ohne eine separate Wirklichkeit, sondern all-einig ist. Das würde aber bedeuten, dass der Vatergott nunmehr ganz vom Geistgeschehen her verstanden werden müsste. Wenn dann aus diesem Gott der Einzelne Christus als gezeugt zu verstehen wäre, dann müsste der Vatergott in ein persongenerierendes Geschehen übersetzt werden. Offenbar würde man über solche Schritte von dem Kern der christlichen Lehre weggezogen. Eine Vereinigung von Monismus und Monotheismus lässt sich also, wenn überhaupt, nur auf einem noch komplexeren Weg erreichen.

Jedenfalls sind aber mit der Christusgestalt in der Grundfigur des Monotheismus zwei Vertiefungen eingetreten, zu denen ein peinlich rein gehaltener Monotheismus nicht gelangen könnte: Zum einen ist die Einzelheit des separaten Gottes aus ihrer Transzendenz in eine interne und ihr wesentliche Verbindung mit der Einzelheit des endlichen Lebens versetzt worden. Zum anderen ist im Gottesgedanken selbst eine Bewegung ausgelöst, die innerhalb seiner nach einer Verbindung mit dem anderen Glied der religiösen Grunddifferenz verlangt. Wolfhart Pannenberg hat auch im Blick auf diese Situation daran erinnert, dass der christliche Glaube den letztendlichen Aufschluss über Gottes Wesen erst am Ende aller Tage erwarten darf.

Die Lehre von Gott als Geist und als Liebe ist es gewesen, an die sich in der Geschichte des Christentums immer wieder mystische und monistische Interpretationen angeschlossen haben. Die großen spekulativen Systeme der Neuzeit sind selbst nichts anderes als Ausarbeitungen einer solchen Konzeption. Sie haben allesamt immer wieder Zweifel daran aufgebracht, inwieweit es möglich ist, unter solchen Bedingungen am separaten Schöpfergott ohne Konsistenzverlust festzuhalten. Klaus Müller hat aber zu Recht darauf hingewiesen, dass die Kirche aus ihrer eigensten Lehre heraus diese Tendenz immer wieder wird aufkommen sehen. Ist es so, dann kann sie diese ihre Lehre auch nur bewahren, wenn sie sich in ihr frei entfalten lässt, was sie doch von allen anderen Monotheismen unterscheidet, statt alle solche Motive möglichst früh ins Abseits der Häresie wegzudrängen. Ihre Theologen könnten sich dann mit aller Kraft der Aufgabe annehmen, die dem Christentum eigenen monistischen Implikationen und ihren Monotheismus in Gedanken und zugleich für die Selbsterfahrung des bewussten Lebens zusammenzuführen.

Die Christologie, die sich auf diesem Wege gewinnen lässt, wird immer Kernstück eines Denkens sein, das zur Klarheit über die vielfältige Bedeutung dieses Konzentrationspunktes des christlichen Glaubens kommen will. Mir scheint, dass die Bemühung der Theologen um dieser Klarheit willen einer Differenzierung auch noch des subjektivitätstheoretischen Ansatzes bedarf. Von diesem Ansatz her hat Klaus Müllers Text die ersten gewichtigen Schritte bereits getan.

Bevor ich die Überlegungen, die das Verhältnis von Absolutem und Endlichem betraffen, im Anschluss an den Beitrag von Raimund Litz weiterführe, möchte ich noch auf eine apologetische Aufgabe hinweisen, die sich der christlichen Theologie umso nachhaltiger stellt, je mehr ihr der Nachweis gelingt, dass der Kern des christlichen Glaubens an den göttlichen und zugleich menschlichen Jesus Christus in der Verfassung des bewussten Lebens verwurzelt ist. Einerseits ist ein solcher Nachweis unverzichtbar, wenn der Glaube nicht von einem unausdenkbaren Ereignis gefordert und bewirkt sein soll, wenn man also einzusehen vermag, dass er im Zentrum des bewussten Lebens entspringt und darum in ihm auch eine Tiefenresonanz zu haben vermag, die anderen Glaubenslehren versagt ist. Doch auf solchen Nachweis kann sich andererseits auch der wirkungsmächtigste Antipode der Theologie stützen: die in Anthropologie fundierte Religionskritik. Entspricht die in einer Glaubenslehre gefasste Konzeption einem Bedürfnis, das man natürlich nennen kann, weil es aus der Tiefe des ihm selber undurchsichtigen bewussten Lebens aufkommt, und übertrifft sie darin sogar ihre Rivalen, dann lässt sich verstehen, wieso sie von der Konzeptionskraft des menschlichen Geistes geschaffen sowie im Gange ihrer Ausbildung geleitet und gegen ihre Rivalen durchgesetzt worden ist. Eine solche Genesis wäre in der durch Lebens- und Orientierungsprobleme bedrängten Stimmung der spätantiken Welt besonders leicht verständlich zu machen – zumal dann, wenn in der Trinitätslehre die Motive der griechischen Philosophie mit der Hoffnung auf die Erlösung aus Leid und Schuld durch den Opfertod des inkarnierten Gottes verbunden ist. Schon in diesem zweiten Motiv war die jüdische Messiasgestalt mit dem Opfergedanken, der altorientalischen Figur des Gottessohnes und der gnostischen Lichtoffenbarung in eine Verbindung und Verdichtung mit großer Suggestionskraft und Tiefenbedeutung eingegangen. Wenn man aus solchen historischen und aus subjektivitätstheoretischen Gründen verstehen würde, wieso die Einmaligkeit mit der endlichen Einzelheit Gottes im Christusglauben zusammengeführt wurden, dann könnte es scheinen, dass sich die Wahrheitsfrage, an solchen Glauben gerichtet, fast von selbst erledigt. Und so würde eine Christologie, die durch ihren Anschluss an die im bewussten Leben aufkommenden Spannungen eine philosophische ist, auch eine philosophische, vielleicht darüber hinaus eine geschichtstheoretische bleiben müssen. Sie würde den Christusglauben und seinen weltgeschichtlichen Erfolg in einer Weise verständlich machen, die dem Glauben an die Wahrheit ihres Gehalts geradezu entgegenwirkt. Overbeck, der theologische Freund Nietzsches, hatte bekundet, dass das Studium der frühen Genese des

Christentums das beste Mittel sei, sich vom christlichen Glauben freizumachen.

Man muss Klaus Müller nicht sagen, dass die Theologie immer vor der Aufgabe stehen wird, sich auf solche Zweifel einzulassen. Auf philosophische Entwicklungen des Gottesgedankens, die dabei (etwa bei Nikolaus Cusanus) wichtig werden, finden sich in seinen Texten zahlreiche Hinweise. Auch hat er anderen Ortes die Bedeutung der Gedanken der Subjektivitätstheorie zu dem Grund im Bewusstsein auch in diesem Zusammenhang schon gewürdigt – nämlich als einen Weg, dem Fiktionsverdacht gegenüber den Selbstdeutungen des bewussten Lebens die Plausibilität zu entziehen, für den zunächst einmal so vieles zu sprechen scheint. Klaus Müller weiß aber natürlich auch, dass keine Christologie eine Beweisform für sich in Anspruch nehmen kann. Sie kann nicht nach anderem streben als danach, den Glauben in das Ganze eines Verstehens, zumal des Sich-selbst-Verstehens Eingang finden zu lassen.

Raimund Litz (Köln)

Abgrund All-Einheit
Anmerkungen zu einer dunklen Dimension
der „monistischen Denkform"

1. Einleitendes

Theorie ist in hohem Maße auch Autobiographie. Wie sich Gedanken entwickeln, denen im persönlichen Leben eine Bedeutung und Erschließungskraft zuwächst, hängt ab von prägenden Erlebnissen, aber auch Irritationen, die das bisher Gewohnte und Gedachte produktiv unter Zweifel stellen. Dies ist ein wesentlicher Impuls für das Philosophieren, insofern es das scheinbar Selbstverständliche der Alltagsorientierung auf seine unselbstverständlichen Hintergrundannahmen befragt. Inwiefern wir innerhalb der uns umgebenden natürlichen Welt als Wesen von Bewusstheit und Geistigkeit ermöglicht sind, folgt nicht allein aus natürlichen Prozessen als solchen. Der äußere Lauf der Welt zeigt sich zudem meist gleichgültig gegen die je persönlichen Erfahrungen von Glück und Not. Wer immer sich in solchen Situationen findet, vermag auch zu empfinden, dass die Welt sozusagen ungerührt fortläuft in ihrer Geschäftigkeit und Betriebsamkeit. Diese Gleichzeitigkeit erlebter (und erlittener) Erfahrungen mit der Neutralität registrierbarer Welt-Ereignisse ist ein Riss in unserem letztlich nur vordergründigen Eingebundensein in die Verfassung der Welt, wie sie unser Alltagserleben dominiert. Wir müssen uns zwar auf die Fraglosigkeit vieler technischer und materieller Prozesse verlassen können, und wissen doch auch um die vielgestaltigen Dunkelheiten, die unser bewusstes Leben durchziehen. In menschlichen Begegnungen allerdings, im Berührtwerden durch andere Leben, durch das Erschließen von Kunst und auch im Erfahren einer religiösen Dimension erleben wir jedoch eine Begleitung und Vertiefung unserer Lebensvollzüge, ohne die wir innerlich verarmen und vereinsamen würden.

Meine erste Begegnung mit der Idee einer All-Einheitslehre war vermittelt durch den Lehr- und Lebensmeister P. Wilhelm Klein SJ. Ich wusste (noch) nicht um die tieferen Zusammenhänge seines Denkens und Betrachtens. Aber der erste Satz, der mir diese Gedankenwelt ganz intuitiv und evident aufschloss, lautete: „... es ist derselbe Gott, der alles in allen wirkt." (1 Kor 12,6b) Dies war seine religiöse Grundüberzeugung, an der er mich teilhaben ließ. Er sprach sie nicht nur aus: er lebte sie. Und das hat mich selbst schließlich angeregt, die Motive und das Gefüge einer solchen Theologie und Philosophie als Denk- und Lebensform zu erkunden.

Im Jahr 1998 bin ich erstmalig Dieter Henrich persönlich begegnet. In meiner theologischen Promotionsarbeit hatte ich eine systematische

Darstellung seiner Grundgedanken versucht, und daraus ergab sich in den folgenden Jahren ein vielfältiger Austausch über Grenz- und Lebensfragen, der zu meiner großen Freude und Dankbarkeit bis heute anhält. Recht bald wurde dabei deutlich, dass der Problemkreis des Alleinheitsgedankens einen Schwerpunkt unserer Gespräche bildet. Durch das Thema meiner Arbeit angeregt, erweiterte sich die systematische Frage nach Form und Gehalt des Alleinheitsdenkens hin zur Erkundigung darüber, ob und inwiefern denn auch das Problem des Bösen und der Schuld in diese Denkform würde integriert werden können. Zur näheren Bestimmung des gedanklichen Hintergrundes der folgenden Ausführungen möchte ich daher zunächst meine Blickbahn auf dieses weite Feld skizzieren.

2. Skizze der monistischen Denkform

Theologie ist seit ihren Anfängen in der griechischen Antike ein kritisches, d.h. unterscheidendes Reflektieren auf die angemessene „Gott-Rede". Sie wehrt dabei jede Vergegenständlichung und Objektivierung des Göttlichen ab und ist sich der je größeren Unähnlichkeit menschlicher Verstandesbegriffe zur Wirklichkeit des Göttlichen bewusst. Dennoch ist sie gerade im Vollzug ihrer Rede immer auch der Gefährdung ausgesetzt, das begrifflich Ausgesagte mit dem von ihm Angezielten, dem nur überbegrifflich zu fassenden Göttlichen, zu vermischen. Sich allein schon dieses Problems bewusst zu sein, ist von nicht zu unterschätzender Bedeutung für die Glaubhaftigkeit jedes Denkens, das sich als Theologie im Wortsinne versteht.

Die wesentliche Aufgabe eines verantworteten, und das heißt: philosophisch fundierten Theologisierens müsste daher sein, sich – um einen Ausdruck Dieter Henrichs zu gebrauchen – als eine Art „Regieführung der Vernunft in ihrem Bemühen um Orientierung an den Grenzen des Erkennbaren"[1] in der dem Menschen unausweichlichen Frage nach Gott zu verstehen und neu zu stützen. Meine These ist nun, dass dies am wirksamsten durch eine Besinnung auf die philosophisch wie theologisch bedeutsame Tradition des All-Einheitsdenkens gelingt, die ich im Folgenden unter dem Leitbegriff der „monistischen Denkform" erläutern möchte.

(2 a) Es scheint nun aber angemessen, der Darstellung eines solchen Gedankengangs zumindest ansatzhaft eine Art „Epistemologie des Absoluten" vorzuschalten. Denn ein direktes Zugreifen auf den Begriff des Einen, Absoluten steht unter vielerlei Fragen und Problemen. Spinoza hat seine Ethik umstandslos mit einer definitorischen Hinführung auf den Begriff der einen Substanz resp. Gottes begonnen. Eine solche Vorgehensweise

---

[1] D. Henrich, *Die Philosophie im Prozess der Kultur*, Frankfurt am Main 2006, 13.

kann vor dem Hintergrund der neuzeitlichen Erkenntniskritik samt der Verdächtigung der Wahrheitsansprüche des Vernunftvermögens als bloß „lebensdienlicher Fiktion" nicht mehr ohne weiteres überzeugen. Dennoch ist dieses Anliegen nicht dadurch schon grundsätzlich fehlorientiert. Denn die Restriktion des Erkennens auf das sinnlich Gegebene oder irgendwie Nützliche kann seinerseits als Ausdruck einer Verabsolutierung der Endlichkeit menschlicher Vernunft verstanden werden. Sie setzt auf diese Weise selbst ein Absolutum in Geltung, dessen Begründung mindestens ebensolche Probleme aufwirft, wie sie bestimmten Formen des Denkens eines Absoluten unterstellt werden. Darauf hat Hegel aufmerksam gemacht, indem er den Begriff der Endlichkeit als einbegriffen in den der Unendlichkeit profiliert hat.[2] Er kritisiert jene Denkform, von der er sich absetzen will, als eine, welche die

> „Bestimmung der Endlichkeit [...] in der Beziehung auf den Geist und die Vernunft fixiert; es gilt dabei nicht nur für eine Sache des Verstandes, sondern auch für eine moralische und religiöse Angelegenheit, den *Standpunkt* der Endlichkeit als einen *letzten* festzuhalten, sowie dagegen für eine Vermessenheit des Denkens, ja für eine Verrücktheit desselben, über ihn hinausgehen zu wollen."[3]

Die Kritik einer solchen Position setzt bei Hegel in ihren internen Annahmen an, die es in Bewegung und damit auf eine weitere Ebene zu bringen gilt. Er veranschaulicht dies zunächst durch die Analogisierung des Begriffs der Endlichkeit mit dem des Teils. Ein Teil verweist auf ein Ganzes, dem es zugehört. Dieses Ganze lässt sich als Teil eines umfassenderen Ganzen verstehen, und dieses Ganze wiederum kann selbst zur Idee eines alles Umfassenden erweitert werden, über das hinaus Größeres nicht gedacht werden kann. Es ist ein Letztes und somit Unbedingtes. Dieses Ganze als Inbegriff kann dem denkenden Bewusstsein nicht äußerlich gegenüberstehen, da das Denken damit zu einem Element außerhalb des Ganzen würde, was den Gedanken der Ganzheit als Inbegriff von schlechthin allem widersprüchlich machte. Dementsprechend müsste also gezeigt werden, dass in den endlichen Vollzügen des Bewusstseins ein Moment der Unbedingtheit immanent und somit auch ein Element menschlicher Selbsterfahrung ist. Damit wäre die Überzeugung von der grundsätzlichen Beschränkung des Erkennens auf das empirisch Gegebene in ihrem Kern gesprengt, sofern aufgewiesen werden könnte, dass die Idee des Unbedingten und Absoluten erfahren werden kann, um gedacht zu werden. In diesem Sinne verstehe ich

---

[2] Vgl. hierzu A. Hutter, Hegels Philosophie des Geistes, in: *Hegel-Studien* Bd. 42, Hamburg 2007, 81–97, auf den ich mich im Folgenden beziehe.
[3] G.W.F. Hegel, *Enzyklopädie der philosophischen Wissenschaften* III, § 386 (Theorie Werkausgabe Bd. 10), 35.

auch das „unum argumentum" des Anselm, sofern es die grundsätzliche Fassungskraft der Vernunft für die Erfahrung und das Denken dessen „worüber hinaus Größeres nicht gedacht werden kann", aufweisen möchte.[4] Die Pointe dieses Gedankens ist dann folgende:

> „Gottes Wesen und Dasein wäre durch keine Vermittlung vom Endlichen aus zu erkennen, wenn Gottes Wesen sich der menschlichen Vernunft nicht an und für sich schon durch sich selbst mitgeteilt hätte."[5]

Sieht man von der theologischen Implikation dieses Satzes ab, geht es hierbei um die Struktur transzendentaler Erfahrung, welche die geistige Dimension des Menschlichen ausmacht. Ich möchte anhand zweier Gedankengänge skizzieren, dass im Vollzug geistiger Handlungen die Dimension des Unbedingten und Absoluten erreicht und damit erfahren werden kann.[6]

Das menschliche Denken bewegt sich im Bereich der unbedingten Wahrheitsgeltung. Es ist offensichtlich, dass wir um die Unterscheidung von wahr und falsch unserer Aussagen und Urteile wissen. Die Wahrheit oder Falschheit einer Aussage liegt nicht allein in einem subjektiven Ermessen, sondern orientiert sich daran, ob sie die Wirklichkeit trifft oder nicht, wodurch überhaupt erst jene Differenz in Erscheinung tritt. Das Wissen um diese Unterscheidung bzw. dass uns jene Differenz anlässlich einer in Aussagen gefassten Erkenntnis bewusst zu werden vermag, impliziert aber doch eine Art logisch-vernünftigen Maßstab oder Norm, woran der Wahrheitsgehalt einer Aussage beurteilt werden kann. Denn im Vollzug einer Behauptung wissen wir auch um ihre mögliche Fehlbarkeit, Ungenauigkeit, Ergänzungsbedürftigkeit. Diese im „Erkenntnishintergrund" wirksame Norm garantiert also nicht die grundsätzliche Wahrheit unserer Aussagen, aber sie begründet das Wissen um die mögliche Differenz wahrer und falscher bzw. ungenauer Aussagen. Diese Differenz ist nun etwas Unbedingtes und der Kernpunkt jeder als sinnvoll geäußerten Behauptung. Sofern die durch sie ausgedrückte Maßstäblichkeit ein Element unserer Selbsterfahrung ist, steht das menschliche Denken also grundsätzlich im Bereich des Unbedingten.

Analog lässt sich sagen, dass das menschliche Handeln im Bereich der unbedingten Verpflichtung steht. Es gilt zwar mittlerweile weitgehend als ausgemacht, dass es unter vielerlei endlichen, determinierenden Faktoren

---

[4] Vgl. die hervorragende Studie von G. Hindrichs, *Das Absolute und das Subjekt. Untersuchungen zum Verhältnis von Metaphysik und Nachmetaphysik*, Frankfurt am Main 2008.
[5] D. Henrich, *Der ontologische Gottesbeweis. Sein Problem und seine Geschichte in der Neuzeit*, Tübingen 1960, 32.
[6] Vgl. hierzu die grundlegende Studie von B. Weissmahr, *Die Wirklichkeit des Geistes. Eine philosophische Hinführung*, Stuttgart 2006.

steht und auch nur in einem begrenzten Sinne als frei zu bezeichnen ist – und das ist auch völlig zutreffend. Davon zu unterscheiden ist aber doch, was Kant als „Faktum der Vernunft" bezeichnet hat: das Bewusstsein einer unbedingten Verpflichtung unter der Differenz von gut und schlecht resp. böse, die anlässlich einer Einzelentscheidung aufgeht, unabhängig davon, ob faktisch diesem Anspruch entsprochen werden kann oder nicht. Das bekannte Galgenbeispiel aus der *Kritik der praktischen Vernunft* versucht genau dies zu zeigen. Die angedrohte Todesstrafe bei der Weigerung, einen anderen Menschen ungerecht zu verraten, mag zwar möglicherweise Anlass zur Falschaussage sein. Aber die Möglichkeit, sich dieser Drohung zu widersetzen im Wissen darum, dass hier eigentlich der unbedingten Forderung nach Wahrhaftigkeit zu entsprechen ist, zeigt drei wesentliche Momente des sittlichen Bewusstsein an: a) es gibt im faktischen Leben die Erfahrung eines unbedingten Sollens; b) hierin gründet die Erfahrung der Freiheit; c) dieses Unbedingte des Sollens ist letztlich unabhängig von empirischen Faktoren und allein durch Vernunft bestimmt. Das gewissermaßen intuitive Wissen um das zu Tuende im Gegensatz zu dem, was zu lassen ist, zeigt an, dass dem sittlichen Bewusstsein prinzipiell jene Alternative präsent ist, wodurch es sich im Bereich eines unbedingt an ihn ergehenden Anspruchs weiß.

Was durch diese Skizze angezeigt sein soll, ist, dass das Denken auf ein Absolutes hin nicht bloß als ausgedacht oder ungerechtfertigt zu gelten hat, sondern Artikulation dessen ist, was als transzendentale Erfahrung, als Unbedingtheitsdimension des menschlichen Geistes, zu verstehen ist.

(2 b) Was meint nun unter diesen Voraussetzungen der Gedanke der „monistischen Denkform"? „Monismus" bezeichnet hier zunächst den ontologischen Gedanken von der Einheit der Wirklichkeit. Der ausgebildete Gedanke dieser Einheit ist nicht von außen an uns herangetragen oder gar Resultat einer formalen Universalisierungstendenz. Er ist vielmehr ein wesentliches Moment unserer Selbsterfahrung: Wir erleben unseren Körper als eine Einheit; wir bemühen uns um die Einheit eines Verstehens, in dem die widerstrebenden Erfahrungen und Tendenzen unseres Lebens innerlich verbunden sein können; jegliche Inhalte und Gegebenheiten sind in der Einheit des je eigenen Denkens und Bewusstseins verbunden; und dieses Selbstbewusstsein ist Wissen um die Wirklichkeit im Ganzen, als Inbegriff dessen, was es (im Unterschied zu ihm und in Einheit mit ihm selbst) gibt. Monismus denkt – als transzendentale Ermöglichung dessen – einen letzten, höchsten, absoluten Einheits- und Seinsgrund jener Einheit und Totalität der Wirklichkeit, in der Ich und Welt aufeinander bezogen sind. In diesem All-Einheitsgrund sind das Absolute und das Endliche ursprünglich miteinander verbunden.

Die fundierende ontologische Grundintuition hierbei ist, dass die Bestimmungen von Identität und Differenz nicht voneinander isoliert und getrennt werden können.⁷ Diese metaphysische Annahme ergibt sich aus der Einsicht, dass *alles*, was ist, Seiendes ist und im Sein miteinander übereinkommt, d.h. *identisch* ist, und dass sich gleichzeitig alles Seiende im Sein *unterscheidet*, da es die jeweils eigene Verwirklichung des allen und allem gemeinsamen Seins ist, d.h. voneinander verschieden ist. Sowohl das Moment der Übereinstimmung, der Identität als auch das Moment der Unterschiedenheit, der Differenz entstammt dem *einen* Seinsgrund. Dieser selbst setzt und verwirklicht Identität und Differenz. Hinsichtlich aller Vorbehalte gegenüber einer unterstellten Dominanz des Einheitsgrundes ist wichtig zu sehen, dass das Moment der Differenz, d.h. des Eigenseins, gegenüber der Identität nicht nachrangig ist, sondern eine positive Bestimmung aufgrund des je eigen und individuell verwirklichten Seins ist, *in* dem ein Seiendes mit anderem Seienden übereinkommt.

Mein Verstehen des Monismus betont also vor allem den Einheitsaspekt, d.h. die *Immanenz des Absoluten im Endlichen*, im zuvor angedeuteten Sinn der Gegenwart eines Unbedingten, das in der transzendentalen Erfahrung aufscheint. In der Sprache der Theologie besagt nun die monistische Denkform: Gott, als absolut vollkommener Seins- und Einheitsgrund ist nicht nur Schöpfer einer von ihm unendlich verschiedenen Welt, sondern hat sich in dieser schöpferischen Selbstmitteilung auch zum immanenten Prinzip und *Ursprungsgrund* dieser Welt gemacht. In seiner Immanenz in allem offenbart sich seine Transzendenz und Verschiedenheit von der Welt und ihren Geschöpfen. Auf der anderen Seite ist die dadurch gegebene geschöpfliche Einheit mit Gott, als Teilhabe an seinem unendlich-transzendenten Sein im Modus ihrer konstitutiven *Endlichkeit* verwirklicht, worin sie von Gott unendlich verschieden ist. Nur wenn man die Koextension von Einheit und Verschiedenheit konsequent berücksichtigt, ist zu verstehen, dass die Selbstmitteilung Gottes und das individuelle Eigensein, die bleibende Differenz in gleichem Maße wachsen.

> „Diese Selbstmitteilung Gottes, in der Gott gerade *als* der absolut Transzendente sich mitteilt, ist das Immanenteste an der Kreatur. Das Übereignetsein ihres Wesens an sie selbst, die ‚Wesensimmanenz' in diesem Sinne ist die Voraussetzung und Folge zugleich der noch radikaleren Immanenz der Transzendenz Gottes im geistigen Geschöpf [...]."⁸

---

⁷ Ich beziehe mich hierbei vor allem auf K. Rahner, Immanente und transzendente Vollendung der Welt, in: Ders., *Schriften zur Theologie* Bd. 8, Einsiedeln u.a. 1967, 593–609 und B. Weissmahr, *Ontologie*, Stuttgart u.a. 1985 (GKP Bd. 3); Ders., *Philosophische Gotteslehre*, Stuttgart u.a. 1985 (GKP Bd. 5), bes. 111–129.

⁸ Rahner, Immanente und transzendente Vollendung der Welt [wie Anm. 7], 601.

Der Akzent liegt darauf, dass gerade *durch* und *in* der Identität der Seienden mit Gott ihre Eigenständigkeit und somit Differenz von ihm, dem absoluten Sein, wächst. Letztendlich ist *alles* auf die *einzige* absolute (= göttliche) Wirklichkeit zurückzuführen. Dieser Gedanke impliziert aber eben die im Maße der Einheit mit dem göttlichen Sein bestehende wirkliche Eigenständigkeit bzw. Differenz von jeglichem Seienden.

In der Sprache der Philosophie behauptet die Grundintuition der monistischen Denkform eine wesentliche Nicht-Differenz von göttlichem Grund und endlichem Seienden. „Diese Nicht-Differenz muss im Sinne der Nicht-*Ursprünglichkeit* der Differenz verstanden werden, impliziert also nicht, dass die Differenz überhaupt entfallen ist."[9] Diese kann schon deshalb nicht entfallen, weil im Maße des je verwirklichten Eigenseins eben auch die Verschiedenheit des Geschöpflichen wächst.

> „Wird also in diesem Sinne nur die Ursprünglichkeit der Differenz aufgehoben, dann muss angenommen werden, dass die vielen Einzelnen insgesamt in der Einheit impliziert, also kraft ihrer zugleich gesetzt sind."[10]

Dies ist der Kern des Gedankens von der *All-Einheit*.
Ich möchte in einer knappen Thesenfolge den Gehalt dieses Gedankens näher entfalten.

1. Diese All-Einheit bezeichnet kein starres, leeres Sein oder ein abstrakt verursachendes Prinzip. Sie ist zu denken als vorgängiger, dynamischer, einheitsstiftender Grund und Ursprung des Ganzen der Wirklichkeit und damit auch des menschlichen Existierens; sie ist der Grund, worin das Begründende im Begründeten bleibt.
   Das monistische Denken bemüht sich um das Verstehen eines Letzten und Ganzen, will den einheitsstiftenden und Verschiedenheit ermöglichenden Grund des Ganzen der Wirklichkeit verständlicher machen. Dieser Grund ist ein einziger absoluter Ursprung, der Anderes frei aus sich entlässt; er ist nicht ein abstraktes, verursachendes Prinzip. Seine All-Einheit ist nicht in einer Gleichung der Art A=A im Sinne totaler Austauschbarkeit zu fassen. Dies wäre keine Einheit, die auch Verschiedenheit impliziert, sondern Einerleiheit. Ein die wirkliche Verschiedenheit von sich setzender Grund bezeichnet nicht bloß unendliches, starres Sein: Er ist lebendiger, Leben schaffender und ermöglichender Grund. Zwar mag sich noch immer der Vorbehalt einstellen, dass trotz aller Beteuerungen der Begriff der realen Verschiedenheit in einem solchen Konzept nicht zu erhalten sei. Die Frage

---

[9] D. Henrich, *Denken und Selbstsein*, Frankfurt am Main 2007, 266 f.
[10] Ebd., 267.

bleibt also: Wie kann es überhaupt Vielheit geben, wenn doch alles, gemäß der Einheitsthese, eines sei? Zur Verdeutlichung ist zu sagen,

> „dass im Gedanken der All-Einheit zwar die Letztheit von Differenz und Relation aufgehoben ist, dass aber in ihm, insofern von ‚allem' überhaupt die Rede ist, auch unbestimmt Vieles eingeschlossen ist. Dies Viele ist nun allein schon aufgrund des Bedeutungsgehalts der Rede von All-Einheit seinerseits nur zu denken, wenn es nicht in der Einheit verschwindet. Einerseits muss jedes Einzelne in sich eine differenzlose Einheit aufweisen. Andererseits muss es aber in sich differenziert sein und sich damit zugleich von jener anderen Einheit auch abscheiden, die dennoch alles in sich einbegreift. So ergibt sich der Gedanke des Vielen, das dennoch ursprünglich ein anderes als ein Relat innerhalb eines Systems von Relationen ist. Es bildet sich in dem aus und ist schon zusammen mit dem gesetzt, was über diese Differenz hinaus und als solches All-Einheit selbst ist."[11] Auf diese Weise lässt sich dann ebenso der oben entfaltete Gedanke der Transzendenz-Immanenz im Sinne des Grundes und Ursprungs bewussten Lebens reformulieren: „Insofern die Einzelnen in der All-Einheit hervorgehen, bestehen sie zwar in sich und sind zugleich doch gerade in dieser ihrer Selbständigkeit nicht durch sich selbst, sondern radikal von einem anderen her ermöglicht."[12]

2. Das Verstehen des Monismus erfordert ein Denken und Sprechen jenseits bzw. über der Vernunft- und Sprachform unserer natürlichen Welterfahrung, insofern diese Identität und Differenz vor allem als entgegengesetzte und nicht als ineinander übergehende Bestimmungen denkt.
Im „natürlichen" Denken und Sprechen ist Einheit Nicht-Verschiedenheit (etwas ist das, was es ist, aber nicht gleichzeitig dieses andere) und Verschiedenheit Nicht-Einheit. Auf der dinglich-abstrakten Ebene ist dieses Denken auch angemessen. Es muss aber auch bedacht werden, dass auf der Ebene sprachlicher Ausdrücke nicht vorschnell die dinglich-abstrakte Betrachtungsweise mit dem zu erkennenden „Gegenstand" identifiziert werden darf. Das monistische Denken begünstigt demgegenüber die klare begriffliche Einsicht in die Grenzen ihrer sprachlichen Ausdrucksformen. Die Verwechslung bestimmter Vorstellungsinhalte in einem zeitlich bedingten sprachlichen Ausdruck mit dem wahrhaften Gehalt und Inbegriff der Gegenwart des Göttlichen ist eine leicht zu übersehende Problematik. Hinter theologischen Aussagen steht zwar wohl das Bemühen, alle endlichen Begleitvorstel-

---

[11] D. Henrich, Mit der Philosophie auf dem Weg, in: Ders., *Die Philosophie im Prozess der Kultur* [wie Anm. 1], 101 f.
[12] Ebd., 102.

lungen in den Begriffen und Auffassungen von Gott fernzuhalten. Wie aber sind die Aussagen und Prädikate, die in unserer Beschreibung von Dingen, Personen, Ereignissen etc. sinnvoll und zweckmäßig gebraucht werden, auf das Sein Gottes gerade dadurch und so zu beziehen, dass sich damit dann auch erkennbar ihr spezifischer Bedeutungsgehalt grundlegend umwandelt? Das Alleinheitsdenken enthält im Rahmen seiner Begriffsform die entscheidenden Potentiale einer notwendigen Revision. Gleichwohl wird dieses Denken in seiner Ausarbeitung und Darlegung die Form unserer natürlichen Sprache nicht überspringen können. Weiß man aber um die Konsequenzen der Ambivalenz jeglicher Sprache und integriert sie in die eigenen Überlegungen, öffnet sich das Verstehen für eine alternative Begriffsform.

3. Der Monismus denkt und bekennt die Gottheit als das „Nicht-Andere" (Cusanus) im Sinne reiner Selbst-Identität und Einheit, und als das dem Seienden gegenüber Nicht-Andere, d.h. ihm immanent als gründende *Einheit* mit dem *Anderen seiner selbst*.

Das Potential und die Gefährdung spekulativen Denkens zeigen sich in der Anwendung auf eine begriffliche Annäherung an den Gottesgedanken. Wird die Gottheit gedacht als der absolute Einheits- und Seinsgrund von allem, ist sie in den Worten des Nikolaus Cusanus wirklich das „Nicht-Andere"[13], d.h. das von allem endlichen Seienden nicht grundsätzlich Verschiedene. So kann man sagen: Gott ist in allem und alles ist in Gott. Gerade aber in dieser Sinndeutung des „Nicht-Anderen" liegt auch die unendliche Differenz Gottes zur Welt, d.h. sein Eigensein, seine Identität, sein „nichts anderes als das Nicht-Andere-Sein". Das Absolute, mit sich als Definition seiner selbst Identische, ist *als* eben dieses Absolute Grund für die Differenz der Seienden untereinander. Dennoch ist das Nicht-Andere *in* einem Anderen nicht ein Anderes als *es selbst*. Es ist und bleibt es selbst, auch wenn es in Allem auf differente Weise *erscheint*. Obgleich alles in allem, bleibt es also nur dann es selbst, wenn es *nichts* von Allem, also nichts Einzelnes, Bestimmtes oder nicht Etwas als *dieses* selbst *ist*. Diese scheinbar paradoxen Gedanken muss man zusammen denken: Das Nicht-Andere steht zu nichts im Verhältnis der Andersheit, es ist also identisch mit allem. Aber in dieser Identität ist es auf höchste und vollkommenste Weise es selbst und damit unendlich verschieden von allem anderen.

In dieser Bestimmung ist die radikalste Differenz und Identität, die radikalste Immanenz und Transzendenz begrifflich zusammengeschlossen, ohne allerdings die endliche Sprachform ablegen zu können. In-

---

[13] Vgl. hierzu seine Schrift: *Vom Nichtanderen*, übersetzt und mit Einführung und Anmerkungen hg. von P. Wilpert, Hamburg 1987 (Philosophische Bibliothek Bd. 232). Dazu auch W. Beierwaltes, Identität und Differenz. Zum Prinzip cusanischen Denkens, in: *Rheinisch-Westfälische Akademie der Wissenschaften. Vorträge Geisteswissenschaften*, Opladen 1977 (G 220).

nerhalb dieses Denkens ist Alles relativ, d.h. in seinem Kern und Wesen bezogen auf das es begründende eine Wirkliche und Wahre: die Gottheit selbst. Diese Wahrheit aber ist – anders als theologisches Sprechen nahe legt – kein gegenständlicher, eindeutig fixierbarer Gehalt, sondern eine innere Bewegung, die den Aufnahmekapazitäten ihrer jeweiligen Adressaten entspricht. Deren bloße „Vor-Stellungen" vom Göttlichen müssen dann allerdings überstiegen werden auf den in ihnen wirksamen Inbegriff der all-einen göttlichen Wirklichkeit.

Dadurch wird es auch möglich bleiben, im Gedankenraum traditioneller theologischer Aussageformen (Wirken Gottes, Gnade, Erlösung, Sünde etc.) diese zentrale Einsicht zu vergegenwärtigen. Hierin liegt das Potential des denkerischen Neuansatzes. Es geht keinesfalls darum, die traditionellen Aussageformen zu verabschieden, sondern ihnen eine vertiefte Geltung zu verschaffen. Zwei Alternativen eröffnen sich hieraus für eine gegenwärtige Rezeption: a) die klassischen Theologoumena mit den Erfahrungsgegebenheiten des bewussten Lebens so zu vermitteln, dass dieses eine Resonanz auf seine bedrängendsten Fragen (nach seinem Ursprung, Wesen und Weg) erfahren kann. Oder b) die Inkommensurabilität überzeitlicher theologischer Wahrheit zu jeglicher subjektiver Verfassung ihrer Adressaten hervorzuheben, um dadurch ihrer Herabstufung zu einer aus dem Individuum herleitbaren Wirklichkeit entgegenzuwirken. Letzterer Option kann nicht mit guten Gründen folgen, wem eine Vergegenwärtigung der erlösenden Botschaft eines liebend in der Geschichte wirksamen Gottes in das persönliche und gemeinschaftliche Leben der Menschen ein bleibendes Anliegen ist.

4. Das Alleinheitsdenken vermittelt in besonderer Weise jene Erfahrungen, welche die aus einer überzogenen Unterscheidung von Gott und Welt resultierende Kluft zwischen Glaube und (bewusstem) Leben aufzuheben vermögen, nämlich: *alles* als Ausdrucksform der einen göttlichen Wirklichkeit zu erfahren.

Das All-Einheitsdenken hat nicht nur eine diagnostische und spekulative, sondern auch gewissermaßen eine therapeutische Dimension. Denn das „Nebeneinander", den sprachlich kaum zu vermeidenden Dualismus von Gott und Welt/Mensch vermag das monistische Denken und Glauben zumindest im Kern aufzuheben. Es eröffnet den Sinn dafür, *alles*, vor allem auch den Alltag mit seiner Erfahrung von Scheitern und Gelingen und ebenso die Erlebnisse der Schönheit, der Natur und der Kunst als Ausdrucksform der einen göttlichen Wirklichkeit erfahren zu können. Hierin liegt auch der Grund für die noch zu entfaltende Sicht auf die Problematik des Bösen und der Schuld. Denn konsequenterweise kann diese Realität nicht von der Gegenwart der einen göttlichen Wirklichkeit abgespalten werden.

Das Göttliche ist kein Etwas oder Jemand nach der Art unserer innerweltlichen Erfahrung. Diese Erfahrung kann in einem spekulativen Überstieg transzendiert werden auf das Bewusstsein der All-Gegenwart der Gottheit selbst, die auf diese Weise zwar unserer konkreten Erfahrung im Innersten angehört, ohne allerdings in ihr allein begründet oder vergegenständlicht werden zu können. Es wird eine dringliche Aufgabe sein, im Dienste einer Selbstaufklärung des religiösen Bewusstseins und einer ihr zugehörigen Theologie diese Einsicht wach zu halten und begrifflich zu vertiefen. Damit wächst auch die Möglichkeit, der christlich-religiösen Botschaft in ihrem Kern eine Resonanz zu verschaffen, durch die sich ein Mensch in seinem Tiefsten und Innersten angesprochen und getragen wissen darf.

3. Abgrund All-Einheit. Die Herausforderung der monistischen Denkform durch die Problematik des Bösen und der Schuld

Ohne Zweifel gehören die Erfahrungen des Bösen, des Leids und der persönlichen Schuld zu den bedrängendsten Herausforderungen des menschlichen Lebens. Keines bleibt von diesen Erfahrungen verschont. Warum ist die Welt so eingerichtet, dass es auf ihr das Leid gibt? Warum geschieht mir das Böse, trotz meines Wohlwollens und Bemühens? Warum werden Menschen gegenüber sich selbst und anderen schuldig? In der Theoriesprache der Philosophie ist wohl kaum angemessen zu beantworten, was sich im Sprechen oftmals als abgrundtiefe Verzweiflung offenbart. Wie aber können Menschen, ohne ihre Empfindungen zu verraten, dennoch auch im Medium des Vernunftvollzuges eine Antwort zumindest erkunden? Gerade die Idee der Alleinheit, die doch wirklich *alles* in die Wirklichkeit des Absoluten einbegriffen denkt, sollte imstande sein, eine auch jenseits der natürlichen Sprach- und Verstandesgrenzen zumindest denkerisch nachvollziehbare Antwort zu versuchen. Und doch sieht sich gerade dieses Konzept dem Vorwurf ausgesetzt, die Erfahrung von Schuld und Leid zu neutralisieren, zu verharmlosen, im großen Zug des Weltlaufs aufzulösen und zu einer pädagogischen Maßnahme umzudeuten. Theologen sprechen hierzu bisweilen von fehlender „Theodizeesensibilität". Nun ist wohl jegliche Frage nach dem Warum des Leidens, die eine Antwort erwartet, eine Form von Rationalisierung. Das Leid und das Böse sowie deren Folge, die Schuld, bleiben dennoch das Unfassbare, das alles Vertrauen in Frage Stellende. Unser Leben ist nicht ohne sie denkbar, sie bezeichnen, ob wir wollen oder nicht, eine Grunddimension unseres Daseins.

Schon seit längerem bin ich hierüber mit Dieter Henrich im Gespräch. Damit bewegen wir uns wirklich an den Grenzen dessen, worüber Menschen sich im Rahmen ihrer natürlichen Welterfahrung verständigen können. Wenn es möglich sein darf, über diese Grenze hinauszudenken, muss dies auch konsequent geschehen, d.h. es muss gesagt werden können, dass Böses und die Schuld des Menschen eine – wie Henrich sagt – in der Architektur der All-Einheit integrierte Möglichkeit ist, die vom Menschen bewirkt und vollzogen wird. Insofern aber vollzieht Gott selbst, was endliche Subjekte bewirken, sofern es Resultat ihres, wie auch immer fehlgehenden, Bemühens um Selbständigkeit und Erhalt ihrer Existenz ist. Ich möchte daher zur weiteren Tiefenschärfe dieses Gedankens eine Art Phänomenologie der Schuld vorstellen, die sich gedanklich aus dem Entwurf von Dieter Henrichs Subjektivitätstheorie entfaltet, um dann anzudeuten, inwiefern sich ihr Gehalt in den Gedanken der All-Einheit integrieren lässt.

(3 a) Als Leitfaden zum Verständnis von Schuld als einer Grunddimension menschlichen Lebens dient der Bezug auf die Begriffe von „Subjekt" und „Subjektivität". Subjekt ist derjenige, der in einem *Wissen von sich* steht und darin lebt. Subjektivität meint den *Prozess einer Lebensdynamik*, die vom Wissen von sich, über das Menschen verfügen, ihren Impuls erhält und auf eine *praktisch-ethische Selbsterhaltung im Sinne einer Selbstverständigung* ausgreift. In diesem Sinne ist das Leben des Subjekts ein „bewußtes Leben", das „im Ausgang von seinem Für-sich-Sein zu vollziehen ist und dass es sich über alles, was aus diesem Ausgang folgt, Rechenschaft geben kann und muß."[14] Menschen sind Subjekte, weil sie über die prinzipielle Fähigkeit verfügen, im „Wissen von sich", d.h. dem Selbstbewusstsein, in einem praktischen Selbstverhältnis leben zu können. Wie ist dieses „Wissen von sich" zu bestimmen? Folgende Momente sind grundlegend: a) Wir erwachen in dieses Wissen hinein; wir finden uns darin, es kommt auf und tritt ein; b) es ist gebunden an äußere Voraussetzungen wie Sozialität und Sprache, die aber sein Entstehen nicht durchgängig bedingen können; c) es ist ein Komplex von Faktoren, der – und das ist entscheidend – durch das Subjekt nicht hervorzubringen ist. Das heißt: Im Hinblick auf diese Verfassung des Wissens von sich ist die Frage nach einem *Grund* der wissenden Selbstbeziehung unabweisbar.

Die Dynamik dieser Frage resultiert nicht allein aus der internen Verfassung des Selbstbewusstseins. Sie ergibt sich in zwei weiteren, daran anzuschließenden Hinsichten: 1) Betrachtet man genau das Selbst-Bewusstsein, das wir von uns selbst haben, dieses „Wissen von sich", so ist ein Zweifaches zu finden: Ich weiß von mir *in* und *gegenüber* meiner Welt. Was bedeutet das? (a) In der einen Dimension bin ich ein Element innerhalb der Welt mit ihren zahllosen anderen Dingen und Menschen, die wie ich Teil dieser Welt sind. Ich bin einer/eine unter vielen anderen und stehe dadurch in einem vielfältigen Beziehungsnetz. Für diese Form von Selbstbeschreibung führt Henrich den Begriff der „Person" ein. (b) In der anderen Di-

---

[14] D. Henrich, *Versuch über Kunst und Leben. Subjektivität-Weltverstehen-Kunst*, München 2001, 32.

mension weiß ich von mir im Gegenüber zu allem anderen in der Welt. Das heißt: *ich bin ich* in absoluter Unvertretbarkeit und Einmaligkeit, ich bin das unhintergehbare Zentrum meiner Welt. Sofern sich ein Mensch in dieser Perspektive beschreibt, ist er – so Henrich – „Subjekt". Wodurch aber ist diese Doppeldimensionalität des „Wissens von sich" als Person und Subjekt zu erklären? Das Selbstbewusstsein ist nicht durch sich selbst gegründet und kann sein Dasein nicht aus sich selbst heraus bewirken. Es ist von endlicher, kontingenter Grundverfassung. 2) In der natürlichen Welterfahrung lebt der Mensch meist in einer selbstvergessenen Hingabe an die sich ihm andrängenden Eindrücke der Dinge und Gegebenheiten seiner Umgebung. In ihr haben die Objekte ihren verständlichen Ort innerhalb der sie ermöglichenden Einheit und Ordnung der erfahrbaren Welt. Zu einem Riss in der anscheinend fraglosen Weltbeziehung kommt es in Konfrontation mit Fragwürdigkeiten, Verunsicherungen des „natürlichen" Verhaltens und in Schlüsselerfahrungen, durch die der Mensch in seinem Zugang auf die Welt gewissermaßen auf sich zurückgeworfen wird. In dieser Reflexion erfährt er sich in Differenz hinsichtlich anderer Dinge und Subjekte, womit seine „natürlich-selbstverständliche" Welterfahrung durchbrochen ist und die Frage nach den Bedingungen und Weisen seines Weltverhältnisses aufkommt. Im Gewahren von Differenzen gegenüber der Welt formiert sich Selbstbewusstsein, das dennoch durch die Erfahrung der natürlichen Welt keinen letzten Aufschluss über seine Bewandtnis erhält.

Zu den nachhaltigsten Widersprüchen, die das Leben herausfordern und auf sich selbst zurückwerfen, gehören im praktischen Bereich Verfehlungen und Übertretungen der sittlichen Ordnung. So lässt sich vor dem Hintergrund des semantischen Bedeutungszusammenhangs von „syneidesis", „conscientia", „(Selbst-)Bewusstsein" und „Gewissen" davon sprechen, dass „Gewissen und das mit ihm verbundene Schuldbewusstsein das Hauptmovens für die Entdeckung des Selbstbewusstseins und für die geschichtliche Genese desselben [bilden]." Aber wie schmerzhaft und isolierend ein Verstoß gegen sittliche Gebote für einen Menschen auch ist, so erfährt er doch

> „durch diese Aussonderung eine unheimliche, weil nicht mehr heimische, bis dahin unbekannte Selbständigkeit, welche die Grundlage seines neu entdeckten Selbstverständnisses bildet. Auf dem Grunde des Schuldbewusstseins konstituiert sich das Selbstbewusstsein. Überall, wo der Mensch in seinem Dasein in Frage gestellt wird – und eine der tiefsten Infragestellungen ist das Scheitern –, erfährt er sein eigenes Selbst, gleichsam als Gegenüber dessen, an dem er scheitert."[15]

---

[15] K. Gloy, *Bewußtseinstheorien. Zur Problematik und Problemgeschichte des Bewußtseins und Selbstbewußtseins*, Freiburg/München, 1998, 85.

Die Subjekt-Person ist damit der Ursprung von Fragen, Zweifeln und Ungewissheiten, die sowohl auf ihre Herkunft und Ermöglichung als auch ihren konkreten Lebensvollzug gerichtet sind. Im letzten sind dies die Fragen nach *Ursprung*, *Wesen* und *Weg* des persönlichen Lebens.[16]

Diese interne Spannung des Selbstverhältnisses formuliert Henrich als fortführende Ausgangsthese:

> „Es ist die Gegenläufigkeit dieser gleich legitimen Aspekte seiner selbst, in der sich im bewußten Leben die Dimension öffnet, in der sich die Konflikte seiner Selbstinterpretationen entfalten und in der sie zu einem in sich einheitlichen Lebensverständnis und Lebensweg durch unverzichtbare Erfahrungen und Spuren von Einsicht gebracht werden müssen. *Wenn Konflikte des Lebens wirklich wesentlich sind, und wenn sie nicht als Folge von Bedingungen, unter denen bewußtes Leben nur faktisch steht, in eine Distanz zum Zentrum seiner selbst und seines Verhältnisses zu sich gebracht werden können, so müssen sie in eben diesem Verhältnis ihren Ursprung haben.*"[17]

Im Ausgang dieser These ist die Frage nach der Genese und Realität von Schuld als Grunddimension im ambivalenten Selbst- und Weltverhältnis zu verdeutlichen.

Die Doppelstruktur in der Verfassung des Selbstverhältnisses verlangt angesichts der ihm eingeschriebenen inneren Spannung nach Möglichkeiten einer existentialen Vermittlung. Denn:

> „Der Mensch muß sein Leben führen und kann, als was es sich vollzieht, nicht nur einfach geschehen sehen, wieviel in ihm immer auch Widerfahrnis und Erschütterung sein mag. Zu dem, was es ausmacht, dass er es führt, gehört nämlich vorzüglich die Weise, wie er dies Leben nimmt oder wie er es zu verstehen lernt. Verhalten und Verstehen bedingen und durchdringen sich, so daß sich aus ihrer Interdependenz Lebensideale, Lebensstile und Lebenswege geradezu konstituieren."[18]

---

[16] Vgl. D. Henrich, Das Selbstbewusstsein und seine Selbstdeutungen. Über Wurzeln der Religionen im bewußten Leben, in: Ders., *Fluchtlinien. Philosophische Essays*, Frankfurt am Main 1982, 99–124.

[17] Ders., Selbstbewusstsein und spekulatives Denken, in: *Fluchtlinien* [wie Anm. 16], 125–182, hier 158 (Hervorh. R. Litz). Vgl. zu den nachfolgenden Überlegungen R. Litz, „... *und verstehe die Schuld". Zu einer Grunddimension menschlichen Lebens im Anschluß an Dieter Henrichs Philosophie der Subjektivität* Regensburg 2002 (ratio fidei Bd. 9).

[18] D. Henrich, Inflation in Subjektivität?, in: Ders., *Die Philosophie im Prozeß der Kultur* [wie Anm. 1], 211–227, hier 219 f.

Eine solche praktisch-gelebte Selbstverständigung entspricht nun dem, was in Henrichs Terminologie unter dem Begriff der „Selbsterhaltung" thematisch wird. Die interne Spannung seiner Verständnisweisen als Person und Subjekt zieht das Selbstbewusstsein in die Frage nach seiner Natur und seinem Ursprung. Die notwendige Form einer Konkordanz beider Verstehensweisen ist aber kein Akt einer gänzlich autonomen Selbstherstellung von Selbstbewusstsein. Sie vollzieht sich vor allem in dem Bemühen, für die Kontinuierung des eigenen Daseins Sorge zu tragen, d.h. Handlungsmotivationen und -ziele im Sinne einer vernunftgemäßen Lebensform herauszubilden. Die Notwendigkeit der Selbsterhaltung entspringt aus dem Bestreben, im Ausgang von der Ambivalenz des Selbstbewusstseins zu einer das eigene Leben deutenden Selbstbeschreibung zu gelangen. Sie schließt ein praktisch-sittliches Selbstverhältnis ein, das in die Idee der Lebensführung eingreift. Der ursprüngliche Selbstbezug (als Person und Subjekt) ist mit Form und Vollzug des Handelns (als Selbsterhaltung) aufs Engste verbunden.

Welche Bewusstseins- und Handlungsformen der Selbsterhaltung im erklärten Sinne einer Selbstverständigung stehen nun offen? (a) Der *Naturalismus* lässt sich nach Henrichs Ansicht als Erklärungstyp begreifen, der bewusstes Leben lediglich als Resultat physikalisch-kosmologischer Prozesse auffasst. Die Subjekt-Person ist mit dem Gedanken vertraut, dass sich ihr Lebensgang in einem kosmischen Kontext vollzieht, der den Hervorgang des eigenen Lebens als in hohem Maße zufällig, ja als grund- und belanglos erscheinen lässt. Man erfährt sich wie ein Stäubchen im Weltall, als marginale Randerscheinung im unermesslichen Universum. Eine ähnliche, der naturalistischen Deutung gewissermaßen zuarbeitende Prämisse bewussten Erlebens lässt sich nun überdies in den Erfahrungen von Leid und Not ausmachen: Hierin ist der Einzelne dem Scheitern, dem Verlust eines fraglos tragenden Sinnes, einer letzten, von anderen Mitmenschen niemals aufzuhebenden Einsamkeit oder eben auch der Verstrickung in schier unauflösbare Schuld ausgesetzt. Solche Erfahrungen und Ahnungen scheinen das Leben unter einen einzigen zwingenden Zustand von Ungewissheit und Bodenlosigkeit zu stellen. Wenn dies zutrifft, kann sich die Überzeugung durchsetzen, diese Nichtigkeit des Lebens nun nicht nur zu ertragen, sondern auch aktiv zu betreiben.

Die Alternative zu diesen Gedanken einer quasi-naturalistischen Weltsicht ist zunächst wesentlich dadurch charakterisiert, dass in ihr die Aufgabe der Vermittlung der dem Leben des Subjekts eingeschriebenen Konflikttendenzen (als Person und Subjekt) als innerer und gesollter Anspruch erfahren wird. Dazu gehört weiter, dass sie die Randstellung und Hinfälligkeit des Lebens anerkennt. Diese Vermittlung entspringt – so Henrich – dem Eigensten von Subjektivität als solcher, insofern es um die Ganzheit und Identität des eigenen Lebens bemüht ist. Wird diese (reflektierte) Subjektstellung angenommen, so ist der Raum für jene Gedanken eröffnet, worin eine Selbstbeschreibung gründet, welche die definitive Bedeutung bewussten Lebens gerade auch an seine Endlichkeit und Konflikthaftigkeit zu binden weiß. So vermag sich das Subjekt zu einer Lebensführung ermutigt und herausgefordert zu wissen, in der es zur Geltung bringen kann, wodurch es seinem Leben eine definitive Bedeutung zuspricht. Dies kann auch nicht ohne Erinnerung an die Erfahrungen der Konflikte und des Leids vollzogen werden, in denen es sich der Hinfälligkeit und Fehlbarkeit seines Lebens bewusst wird. Dieses Wissen um die Nichtigkeit und die Möglichkeit des Verfalls in unabwendbarer Not kann jedoch umgriffen sein von der Einsicht, dass seinem Leben dennoch eine absolute und durch die kosmische Marginalität nicht aufzuhebende Bedeutung zukommt, eben weil in der endlichen Gestalt seines Lebens ein absoluter und bergender Grund als gegenwärtig erfahren ist.

Und in dieser Blickrichtung wird man sagen können, dass der Mensch in eine Art Grund-Entscheidung zwischen diesen Verständnisalternativen gestellt ist, sofern es ihm überhaupt wesentlich sein mag, seinem Leben einen solchen Deutungshorizont zu geben. Diese Entscheidung kann als Grundplan eines Selbst- und Lebensentwurfes gefasst werden, in welchem die letzten, tragenden (sittlichen) Überzeugungen, die das eigene Leben leiten sollen, eingezeichnet sind. Dies meint keine „technisch"-rationalisierte Lebensplanung, die lediglich auf entsprechende Situationen appliziert werden müsste. Sie steht vielmehr – in Entsprechung zur Ethik des Spinoza – im Zusammenhang mit der Idee der Lebensganzheit und -einheit eines Menschen und beantwortet als selbstgewählter Maßstab implizit die Frage danach, wer der Mensch ist und durch seine individuelle Lebensgeschichte sein will.

Die aus der Notwendigkeit einer Selbstverständigung herausgebildete Verhaltensart im Sinne eines Lebensweges, eines sittlichen Charakters, einer persönlichen Identität ist ein Regulativ situativer Entscheidungen und begünstigt Handlungsdispositionen und -vorsätze, die ihrerseits nicht jeweils erneut zur Wahl stehen. Hierin ist der originäre Ort des Freiheitsbewusstseins zu begreifen, der dann auch für das Verstehen von Schuld unerlässlich ist. Dem Selbsterhaltungsvollzug – unter welchem Deutungshorizont auch immer – kann sich die Subjekt-Person wohl kaum entziehen. Die Frage ist nun, inwiefern hierin die Dimension der Schuld entspringen und aufkommen kann.

(3 b) Die am Leitfaden des hier in Ansatz gebrachten Begriffs der Subjektivität gewonnenen Einsichten müssen nunmehr zu einer existentialen Hermeneutik und Phänomenologie des Schuldverständnisses zusammengeführt werden.

Das Selbstverhältnis als Person und Subjekt trägt, wie gezeigt, in sich eine Unklarheit über die Wirklichkeit seines Aufkommens und seines konkreten Lebensvollzugs. Im Spannungsfeld der faktischen Selbst- und Weltbeziehung liegt also eine zweifache Unklarheit, die als dessen „offene Stellen" auch Grund bestimmter Missverhältnisse und Konflikte im konkreten Austrag des Selbstverhältnisses (als Selbsterhaltung) ist. Daher wird, wenn dies als Grundverfassung menschlichen Existierens angesetzt wird, die konkret-gelebte Form dieses Selbstverhältnisses auch Aufschluss geben über die Wurzeln der Grunddimension des Schuldig-Seins und -Werdens. Jene Konflikttendenzen bilden also die Fluchtpunkte, auf die hin sich die folgenden Erwägungen orientieren müssen.

Die nun im folgenden näher zu bestimmenden Konkretionen von Schuld im Ausgang des „Selbsterhaltungsvollzugs" selbstbewusster Subjektivität sind als *Verwirrung gegenüber dem Eigentlichen von Subjektivität in der Spannung von Person- und Subjektdimension (resp. Endlichkeits- und Unbedingtheitsdimension)* und als *eskalierende Übersteigerung der Selbsterhaltung* zu fassen, die sich in Analogie zu den traditionellen Unterscheidungen von Schuld als *debitum* und als *culpa* setzen lassen.

Schuld als „debitum", d.h. in der allgemeinen, *nicht spezifisch negativ-sittlichen* Bedeutung des „Gesollten" ist demnach für diesen Zusammenhang als Defizit an Klarheit des bewussten Lebens, als Verwirrung gegenüber seinem „Eigentlichen", der Einheit der Subjektivität, und als darin sich zeigende innere Orientierungslosigkeit zu deuten. Das „debitum", als Schuld(-igkeit), ist, was der Mensch seinem (bewussten) Leben schuldet. Es ist das Fehlende an seiner Lebenseinheit und -ganzheit, das sich aus den Einseitigkeiten und Totalisierungen des Denkens und Handelns ergibt.

Wenn sich Subjektivität im Spannungsverhältnis divergenter Selbstdeutungen herausbildet, ist denkbar, (a) dass hierin ein Potential schuldhafter Übersteigerungen bzw. Totalisierungen entsprechender Momente des Subjektseins liegt, die in der Suche nach Selbststabilisierung (z.B. in einer bestimmten Rolle oder Funktion) nur noch verstärkt werden und zuletzt sogar zur Selbstbefangenheit in der Überzeugung führen, letzter Grund in sich selbst zu sein. (b) Möglich und denkbar ist aber auch das resignierte und verzweifelte Aufgeben und Ausweichen vor der Herausforderung, die Endlichkeit und Marginalität des Lebens so anzunehmen, dass ein tragender Sinn sich dennoch darin zeigt und ausdrückt.

Zu a) Die Persondimension der Subjektivität bezeichnet das wesentliche Bezogensein auf die vielfältigen Verflechtungen der Um- und Mitwelt. So kann etwa im Sinne einer Übersteigerung der Persondimension das Sich-Verlieren an das Nächstliegende und z.B. die Bindung an bestimmte Gegebenheiten der Alltags- und Arbeitswelt zu solcher Totalität gelangen, dass sich ihr gegenüber eine Distanz der Überlegtheit und Selbständigkeit nur noch schwerlich durchsetzen kann. Auch konkrete personale Bindungen und Verpflichtungen, die man eingeht und die an Menschen herangetragen werden, können, je subtiler ihr Anspruch möglicherweise mit einem Sanktionsdruck versehen wird, die persönliche Eigenständigkeit so absorbieren, dass man ihnen gegenüber das Gefühl hat, „keine Wahl mehr zu haben". Entsprechend lässt sich vorstellen, wie beispielsweise Einschüchterungen,

Drohungen etc., die mit der Angst oder dem Verlust von Anerkennung operieren, zu oftmals erniedrigenden Selbstverleugnungen oder gar in eine unaufhaltbare Dynamik sittlich zweifelhafter Taten führen. Man überhört den Ruf des Gewissens, der zusehends schwächer wird und stimmt zuletzt sogar Situationen und Handlungen zu, die man sonst abwehrt. Auf diese Weise wird eine Stabilität und Bestätigung des (dann halbierten) Eigenen gesucht, die schuldhaft einseitig bleibt, insofern die Vermittlung von Selbständigkeit und Hingabe gerade das „Gesollte", den inneren Anspruch der Subjektivität ausmacht.

Die Verwirrung in Bezug auf das Subjekt-Sein, d.h. hier dem Gegenüber-der-Welt-Sein zeigt sich im Verlust und Aufgeben individueller Selbständigkeit. Sie steht gerade im sittlichen Bereich für die Fähigkeit, sich gegenüber konkreten Handlungslagen und -optionen neutral verhalten zu können, um auf diese Weise zu einem überlegten und verantworteten Urteil zu gelangen. Darin liegt keine Missachtung tatsächlicher Handlungskontexte. Ihnen mit einer gewissermaßen immer zuvorkommenden Selbstrelativierung zu begegnen, die nicht mehr in einer reflektierten Zentrierung der vitalen Interessen von Selbst-Erhaltung als Vollzug von Subjektivität fundiert ist, schneidet der Dynamik bewussten Lebens allerdings eine ihrer wesentlichen Verständigungsformen ab. Dies entspricht dann nicht mehr der zu erfüllenden Wirklichkeit von Subjektivität.

Entsprechend lässt sich nach der anderen Seite hin die Dominanz der Subjekt-Dimension bewussten Lebens als Ausblenden der Kontexte von Intersubjektivität und Endlichkeit verstehen. Diese Möglichkeit der Übersteigerung bringt sich besonders im sittlichen Leben zur Geltung. So kann das Bestreben darauf gehen, die Einsicht in die Unbedingtheit des sittlichen Imperativs ebenso unbedingt in eine Handlungsform übergehen zu lassen, so dass die Verwiesenheit auf die legitimen Interessen anderer Beteiligter nicht zureichend berücksichtigt wird. Man fühlt sich souverän und vollkommen unabhängig gegenüber den Verwicklungen des Weltlaufs, solange nur das Richtige im Handeln ergriffen wird. Die Zurückbleibenden am Rande sind der Preis für die von allen situationsbedingten Interessen unabhängige Durchsetzung des Gebotenen. Diese zutiefst ambivalente Konstellation charakterisiert das sittliche Leben. Eine vereinseitigende Entschärfung dieser Spannung kann darin gesucht werden, die konkret-endlichen Bezüge des Handelns im eigenen Überlegen und Entscheiden weitgehend auszuklammern und sich (möglicherweise aus edlen Motiven!) nicht mehr wirklich vom Schicksal und Leid anderer Wesen anrühren zu lassen. Die Möglichkeit und Notwendigkeit einer Selbstrelativierung, dort, wo im Leben verankerte Interessen kollidieren, wird nicht mehr effektiv zugelassen. Es steht außer Frage, dass sich das Subjekt als selbständiges Handlungszentrum verstehen kann und muss. Dem zugeordnet ist aber die Verständigungsmöglichkeit, wonach es auch und gerade in seinen rationalen und sonstigen Aktivitäten von einem Grund dependiert, den es nicht selbst aus eigener Leistung hervorgebracht hat. Insofern steht das Ausblenden der Verwicklung in wirkliche Lebensverhältnisse auch im Verbund des Nicht-Wahrhaben-Wollens der Abhängigkeit von einem letzten Grund. Wenn diese Abhängigkeit zu Bewusstsein kommt und als Infragestellung der eigenen Unabhängigkeit erlebt wird, können sich auch jene Energien der verschiedenen Formen von Selbststabilisierung freisetzen, welche die Ungesichertheit und Unverfügbarkeit des Auftretens bewussten Lebens aufheben sollen.

Zu b) Auf diese Haltung wirkt etwa das Wissen um den anscheinend nur zufälligen Hervorgang des Lebens im Ganzen des Universums oder auch die Erfahrung der Belanglosigkeit und Nichtigkeit des eigenen Existierens in den anonymisierten Kontexten von Arbeitswelt und anderen sozialen Gegebenheiten tiefgreifend ein. So kann es als einzig lebbare Haltung erscheinen, die (reflektierte) Wirklichkeit des Lebens stillzustellen, zu betäuben und dem letztlich nicht beeinflussbaren Ablauf der Dinge einfach nur zuzuschauen und das noch irgendwie erreichbar Beste herauszupressen. In dieser vielfach in Gleichgültigkeit und Unentschiedenheit verharrenden Lebens- und Herzensträgheit verweigert sich der Mensch den Möglichkeiten des Selbst-sein-Könnens, er umgeht das Wagnis seiner Individualität und Subjektivität und kapituliert vor den Herausforderungen des eigenen Lebens.

Dieser Passivität entspricht auf der anderen Seite die ruhelose Aktivität des „Nur-nichts-verpassen-Wollens". Dahinter muss kein erklärtes Ziel stehen; alles ist möglich, solange es noch gesteigert werden kann. Ob nun eher resignativ oder (hyper-)aktiv: Man kann dem vielleicht nur zeitweiligen (nicht primär sittlich zu qualifizierenden) Gefühl nicht entkommen, bisweilen hinter den eigenen Lebensmöglichkeiten zurückzubleiben, denen man vielleicht aus Angst vor der unheimlichen Begegnung mit sich selbst, seinen Wünschen und Potentialen ausweicht. Wenn über dieses Bewusstsein und Lebensgefühl hinaus noch Erfahrungen des Leids und der Not, etwa im Scheitern von Plänen und Aufgaben oder im Verlust geliebter Menschen, eine große Übermacht gewinnen, so liegt die Annahme in der Tat nicht fern, das bewusste Leben als solches sei eine unerträgliche Last und einfacher sei es doch, in unbedrängter, unreflektierter Bewusstlosigkeit zu existieren.

(3 c) Vom Begriff der Schuld als Verfehlung des Eigentlichen und Wesentlichen der Einheit von Subjektivität hebt sich die Schuld als Unrechtsqualität einer Handlung und als Zustand, der sich aus der Missachtung sittlicher Imperative ergibt, ab. Damit ist gesagt, dass die Dynamik von Subjektivität und Selbsterhaltung in ihrem Kern von Extremen bedroht ist, in denen sowohl ihre eigene Verfassung in eine bestürzende Grundlosigkeit gezogen als auch die Unbedingtheit und Besonderheit des Lebens anderer Menschen dementiert werden kann. Die konstitutive Implikation von Subjektivität und Kontingenz kann übersprungen, ausgeblendet und pervertiert werden, insofern das Subjekt dem existenzprägenden Zusammenhang von Selbsterhaltung und Endlichkeit gewissermaßen die Anerkennung verweigert. Daraus erhellen dann die Wurzeln und Motive der destruktiv-schuldhaften Prozesse, deretwegen das Selbsterhaltungsstreben als faktisch schuldhafte „Natur" oder Tendenz im Vollzug selbstbewusster Subjektivität in Verdacht gekommen ist.

Dieser Haltung spielt die naturalistische Deutung des Lebens Handlungsmotive zu, die von Henrich zugespitzt als „Nihilismus" und „Nein-Tun" charakterisiert werden.[19] Nihilismus als „Lebens- und Bewusstseinsart" ist jene, welche die Fragen nach einem die anonymen und uniformen Tendenzen übersteigenden Sinn und Grund des Lebens nicht mehr als wirklich bedeutsame und das Dasein gestaltende anerkennt. Wo diese Haltung Raum greift, ist auch abzusehen, dass und wie sie konkrete Praxis formieren kann. Wo die letzte Nichtigkeit des Daseins behauptet und angenommen wird, mag man vor dieser Wahrheit in hastige Aktivität flüchten, sie in Ergebenheit und Erstarrung akzeptieren oder aber ihr durch gewissermaßen zuvorkommendes Handeln zu entsprechen versuchen: Praktizierter Nihilismus ist dann das aktivische Demonstrieren der Nichtigkeit des Lebensganges,

> „sich also an der Desillusionierung, der eigenen eingeschlossen, durch extreme Taten zu beteiligen, sich damit in ein ‚Nein-Tun' […] hineinzumanipulieren und auf solche Weise am Ende für das eigene Leben noch ein Gewicht oder zumindest das Privileg nicht zu überbietender Radikalität zu erhaschen. In die Psychologie derer, welche die Lagerwelten und killing fields dieses Jahrhunderts einrichteten, läßt sich ohne Rekurs auf diese Motivation kein Licht bringen."[20]

Die aggressiven Komponenten des praktizierten Nihilismus könnten sich also zum Amalgam einer „Handlungsrechtfertigung" verbinden, die das zerstörerische Tun, die Vernichtungsakte gegen andere Menschen und die aktive Herbeiführung gewaltsamer Katastrophen in Gedanken begleitet.

Man muss sich aber nicht auf die Abgründe solcher Extreme einlassen, um nachvollziehen zu können, was jenes Nein-Tun in Wahrheit ist. Was sich darin zeigt, gehört auch zu den Erfahrungen eines vom aktiven Gewalt- und Vernichtungswillen unbelasteten Lebens. Es ist die Übersteigerung der Selbstzentrierung und Autonomie in der Angst, „sich zu verlieren", nicht durchsetzen zu können, zu kurz zu kommen. Jegliche Selbstsicherungsversuche, welche die Unverfügbarkeit des Aufkommens von Selbstbewusstsein

---

[19] Vgl. D. Henrich, *Ethik zum nuklearen Frieden*, Frankfurt am Main 1990.
[20] D. Henrich, Die Zukunft der Subjektivität, in: Ders., *Die Philosophie im Prozess der Kultur* [wie Anm. 1], 183–210, hier 196.

auszublenden versuchen, gründen in seiner faktischen Ambivalenz. Darin können in ichbezogener Vermessenheit die Kontexte und Abhängigkeiten des Existierens sowie die Verantwortung für den anderen Menschen und das Eingebundensein in Lebensverhältnisse, welche die eigenen Interessen relativieren, missachtet werden. Das Subjekt richtet seine Handlungen und die zu ihrer Durchsetzung erforderlichen Mittel vor allem auf die seinem primären Egoismus zuträglichen Ziele und somit auf die weitgehende Neutralisierung der Bedürfnisse anderer Personen. Der Ursprung der hier erkennbaren Schuld – als Tat und Schuldigkeit – liegt in der verweigerten Selbstrelativierung auf die Anliegen des/der anderen Menschen. In diesen spezifischen Handlungsdispositionen und -vollzügen liegt der Kern der Schuld in der ichsüchtigen Absonderung und Abspaltung des eigenen Interesses von der Begegnung mit dem Subjekt-Sein anderer Menschen.

(3 d) Die mit dem hier entwickelten Freiheitssinn verbundene Verantwortung bezieht sich auf die Fähigkeit, nicht nur irgendwelche beliebigen Handlungsmotivationen auszubilden, sondern solche, zu denen wir uns aus eigener Einsicht bestimmen und die unser Verhalten im Sinne einer Lebensführung orientieren. In dieser Dimension konstituiert sich der Mensch als moralisches Subjekt innerhalb seiner Mitwelt.[21] Realistischerweise muss man annehmen, dass diese prinzipielle Fähigkeit nicht immer schon oder gar vollends realisiert ist. Nicht nur wird es oftmals schwerfallen, das als das Richtige und zu Tuende Erkannte im Handeln nun auch umzusetzen. Es ist auch nicht auszuschließen, dass man zur Ausbildung einer Verhaltensart, die als Aufgabe verstanden wird, womöglich für eine gewisse Zeit und trotz vieler Mühen gar nicht gelangen kann. In dieser existentiellen Spannung besteht die Verbindung eines Begriffs endlicher Freiheit mit dem Motiv der „tragischen Schuld".

Mit tragischer Schuld ist jene Aporie gemeint, dass der Einzelne aufgrund innerer Widersprüche und Notlagen oder aufgrund eines „notwendigen", aber schuldlosen Versagens und Verfehlens in einen Konflikt zwischen dem Anspruch seiner Verantwortung und seiner individuellen Fassungskraft und Situiertheit in besonderen Bindungen gerät bzw. geraten muss.[22] Exemplarisch zeigt sich dieses „debitum" in den Dilemmata des tragischen Subjekts der antiken Tragödie. Dessen Selbsterfahrung in Ohnmacht, Unwissenheit und schuldhafter Verstrickung spitzt sich in der unabwendbaren Einseitigkeit seines Handelns zu, das nicht allen Ansprüchen gleichermaßen gerecht zu werden vermag. Die Kollision von Motiven und Urteilen bringt das Schuldigbleiben gegenüber anderen berechtigten An-

---

[21] Vgl. D. Henrich, „... und verstehe die Freiheit", in: Th. Pröpper (Hg.), *Bewußtes Leben in der Wissensgesellschaft*, Altenberge 2000, 59–78.
[22] Vgl. E. Angehrn, *Die Überwindung des Chaos. Zur Philosophie des Mythos*, Frankfurt am Main 1996.

forderungen hervor. Dieser Schuld ist nicht zu entkommen. Sie charakterisiert jede Wahl und Entscheidung des Menschen, auch wenn er dabei nicht durch die bewusste Verletzung eines sittlichen Gebots schuldig wird. Denn jede Entscheidung für etwas Bestimmtes impliziert auch das Los-Lassen einer anderen, ebenfalls denkbaren oder erstrebenswerten Alternative. Insofern gehört zur Genese des Subjekts die Unausweichlichkeit des Schuldigwerdens, indem es sich zu etwas Bestimmtem, Besonderem entscheidet.

Eine weitere Form des Tragischen entwickelt sich aus dem Unvermögen des guten Willens, das Ideal des eigenen Selbst- und Lebensentwurfs wirklich in Taten umzusetzen. Viele Menschen leiden daran, dass in ihrem Leben nicht gelungen ist, was sie sich vornahmen. Besondere Umstände waren „schuld", dass man seine Ziele aufgeben musste oder sich hängen ließ. Die Verantwortung für die Lebenssituation ist damit beschränkt, obwohl die Einsicht und auch der Wille da ist, etwas zu ändern. Und dennoch fehlt die Kraft. Auch hierin zeigt sich die Verwirrung, das „debitum" der Subjektivität.

(3 e) In der theologischen Frage nach der Genese von Schuld und Bösem erscheint mir jene (traditionelle) Position zwar verständlich, aber auch zunehmend fragwürdig, die von einem „Zulassen" des Bösen durch Gott ausgeht. Darin liegt für mich der Impuls, jeglichen Bezug oder eben eine Verantwortung Gottes für das Negative der Schöpfung abzuwehren und ihn vor der Verstrickung in eine welthafte Unheilsgeschichte zu bewahren. Die Motive dafür liegen auf der Hand: der gute Gott kann niemals vom Bösen affiziert sein, er respektiert aber die von ihm gewollte menschliche Freiheit, auch wenn aus ihr Böses resultiert. Dies müsse dann gewissermaßen als „Preis der Freiheit" angenommen und überwunden werden.

Mir ist das Problem wohl bewusst, inwiefern auch die schuldhafte Dimension der Wirklichkeit des Lebens in den Gedanken einer letzten Einheit von allem nicht nur zu integrieren ist, sondern auch eine Erfahrung von Trost zumindest andeuten und vermitteln kann. Ginge es nur um einen theoretischen Aufschluss, könnten sicherlich Erklärungskonzepte konsistent entwickelt werden, die aber wohl vor allem teilnahmslos anmuten würden. Will das Philosophieren aber zu einer Sinndeutung des Lebens beitragen, muss es sich auch wirklich einlassen können auf die die Subjekte bedrückenden Fragen. Sie wird sie nicht auflösen, aber verstehen helfen – und hierin liegt die Möglichkeit einer ermutigenden Auseinandersetzung.

In diesem Sinne scheint mir folgendes bedenkenswert: Die grundsätzliche Möglichkeit der Verfehlung, die zuvor in ihren vielfältigen Ausprägungen phänomenologisch umzeichnet wurde, ist im Gedanken der Alleinheit nicht aufgehoben oder verharmlost:

> „Wird das endliche Subjekt in seiner Einzelnheit aus einer ursprünglichen Einheit begriffen, die selbst nicht auch einzeln oder endlich sein kann, dann darf das nicht darauf hinauslaufen, dass es kraft

dieser Affirmation seiner Einzelnheit auch aller seiner *Hinfälligkeit* enthoben wird."[23]

Das endliche Subjekt ist nicht vor der schuldhaften Verfehlung und Verwirrung bewahrt. Diese Möglichkeit und ihr Vollzug haben aber ihren Ursprung im Göttlichen selbst. Es muss daher ein wirkliches Mitwirken Gottes an *allem*, auch dem schuldhaften Tun, angenommen werden. Also in dem Sinne, dass Gott das Schuldigwerden des Schuldigen (mit-)vollziehe. Dies führt dann zu dem zentralen Gedanken, wie die Endlichkeit des endlichen Subjekts aufzufassen ist. Ist sie als von der All-Einheit essentiell differente und eigenständige zu denken, so dass Endlichkeit eben radikale, unaufhebbare Unterschiedenheit (= *Nicht*-Einheit) mit dem Absoluten ist. Oder ist Endlichkeit, obgleich im Modus der Selbständigkeit und Selbsterhaltung in ihrer wirklichen Verschiedenheit konstituiert, dennoch in ihrem Kern identisch mit Form und Vollzug des absolut Einen (Göttlichen)? In der ersten Variante ließe sich Schuld als Ausdruck der freien Endlichkeit des Subjekts verstehen, die Gott im Respekt vor der von ihm gewollten Endlichkeit in der Tat nur zulassen kann. Damit wird er aber auch zur Instanz der Gerechtigkeit und Sühne, mit all den zu einem solchen Konzept gehörenden Konsequenzen. Außerdem wird dadurch die Realität des Bösen und der Schuld stillschweigend vorausgesetzt, ohne doch erklären zu können, wie deren Genese zu denken ist.

In der zweiten Variante ließe sich meines Erachtens der Gedanke eines Mit-Vollziehens des Schuldigwerdens durch Gott gewissermaßen „rechtfertigen". Der Grund liegt in der ontologischen Bestimmung des Einzelnen und Endlichen als eines durch seine Differenz, d.h. sein individuelles Eigensein selbständigen Subjekts; es ist, was es ist im Unterschied zu allem, was sonst noch existiert. Es ist „nichts anderes" als es selbst. Diese im Absoluten gründende Seinsdimension kann sich nun – wie der russische Philosoph Semen Frank eindringlich dargelegt hat – auf eine Weise verselbständigen, wodurch gewissermaßen ein Riss im Band der Alleinheit entsteht.

> „Die sich dadurch in sich selbst verschließende Realität fällt somit aus dem allgemeinen Seinszusammenhang, aus der All-Einheit heraus und hält ihren eigenen, inneren Mittelpunkt (der ein solcher eigentlich nur durch seinen Zusammenhang mit allem anderen ist) in seiner *Isolation für den absoluten Grund der Realität*. Darin besteht eben die *Verkehrung, welche das Wesen des Bösen* als eines seienden Nichtseins ausmacht."[24]

---

[23] Henrich, *Denken und Selbstsein* [wie Anm. 9], 266 (Hervorh. R.L.).
[24] S. L. Frank, *Das Unergründliche. Ontologische Einführung in die Philosophie der Religion*, Freiburg/München 1995 (Orbis Phaenomenologicus Abt. V, Band 2), 445 f.

Diese Form der Selbstverabsolutierung, die sich zum Grund von allem machen will, die nicht anerkennt, dass die Zentralstellung der Subjektivität dennoch eingebunden bleibt in wirkliche Lebenszusammenhänge, kann als der innersubjektive Grund des Bösen und der Schuld gedacht werden. Durch Form und Verfassung der Subjektivität bleibt dieser Grund aber dennoch auch gebunden an seinen Ursprung aus dem Absoluten selbst. Daraus ergibt sich aber die für das theologische Denken anstößige Auffassung, Gott ermögliche, ja „wirke" das Böse, das doch vom Wollen und Tun des endlichen Subjekts seine konkrete Verwirklichung erfährt. Im Sinne eines monistischen Glaubens kann dies in aller Vorsicht gesagt werden. Aber dies ist keine „‚Lösung' des Theodizeeproblems". Gott in irgendeiner Weise eine Verantwortung für das Böse zuzusprechen scheint unerträglich und unhaltbar. Dies gilt aber nur im Rahmen eines Gottesbegriffs, worin Gott in einer Art „Objekt"-Bestimmtheit gedacht wird. Im Denken des All-Einen kann – wie immer vorläufig und vieldeutig – gesagt werden: „Die Verantwortung für das Böse liegt in jener, ebenfalls uranfänglichen und ursprünglichen Instanz der Realität, die *in Gott* (denn alles, ohne Ausnahme ist in Gott) *nicht selbst Gott* ist oder etwas Gott selber *Entgegengesetztes* ist. Der Ort der *grundlosen Urzeugung des Bösen* ist jener Ort der Realität, wo sie aus Gott geboren und in Gott seiend, *aufhört Gott zu sein*. Das Böse entsteht aus dem unsagbaren *Abgrund*, der gewissermaßen genau *auf der Schwelle* zwischen Gott und ‚Nicht-Gott' liegt."[25]

Und wenn dies so ist, sind das Böse und die Schuld nicht das letzte Wort über das Leben der Welt und des Menschen. Wenn dem Göttlichen eine Verantwortung für das Böse zugesprochen wird, dann nur, weil es ebenso die Kraft hat, es zu wandeln und die Opfer nicht in der Verzweiflung vergehen zu lassen. Die Schuld kann im Glauben an die Geborgenheit eines jeden Daseins im vorauszudenkenden absolut-einen Grund überstiegen werden. In ihm ist der Zeit-Raum, der das Gefüge *aller* Ereignisse und Erfahrungen in sich bewahrt. Darin ist auch die Hoffnung begründet, dass kein Leben im Ganzen verfehlt und verloren ist. Das ist, wie mir scheint, die einzige – die göttliche – Antwort auf das Leid, das Böse und die Schuld.

---

[25] Ebd., 457 f.

Dieter Henrich zu Raimund Litz

Komplexionen und Wechselbeziehungen im Absoluten

Meine Bemerkungen zum Text von Klaus Müller sind auch eine Vorbereitung auf das, was ich zu dem Thema von Raimund Litz beitragen werde. Dies Thema ist ein Bewährungsfall, an dem sich erweisen kann, ob es möglich ist, dem Gedanken vom All-befassendsein eines Absoluten einen Sinn zu geben, der nicht unverrückbaren Evidenzen des Menschenlebens krass entgegensteht. Sollte dies deutlich werden, dann würde sich daraus ein starkes Argument dafür ergeben, dass die Theologie an den Grundlehren des Monotheismus, die sie über Jahrtausende gegen viele Häresien fortgeschrieben worden sind, auch weiterhin ohne Abstrich festzuhalten hat.

Litz' Text ist in drei Teile gegliedert, die allesamt viel von dem zu erkennen geben, was er aus dem Umgang mit Wilhelm Klein als seinem Lehrer und Seelsorger gewonnen hat. In dem ersten der Teile zeichnet Litz einen Umriss seines eigenen Verständnisses der alleinigen Wirklichkeit des Göttlichen. Der zweite Teil geht den Ursprüngen dessen, was Schuld und was Böses genannt wird, im bewussten Leben nach. Als einen dritten Teil hat man die letzte Unterziffer des vorausgehenden Teiles anzusehen. In ihm legt Litz in Kürze und mit sehr viel Vorsicht dar, wie beide Gedanken zusammengeführt werden könnten, um verständlich zu machen, in welchem Sinne gesagt werden kann und muss, dass Gott nicht so gedacht werden darf, dass er dem Bösen und jeglicher Schuld als seinem radikal Anderen rein nur entgegengesetzt ist.

1.

Litz weiß, dass jeder auf begründete Skepsis stößt, der im Gespräch die monistische Sprachform ohne Vorbereitung in Gebrauch nimmt. So versucht er, sie erst einmal auf möglichst plausible Weise einzuführen. Dafür so weit auszuholen, wie es eigentlich nötig wäre, war hier aber der Ort nicht. Es trifft wohl zu, dass wir dann, wenn das Ganze alles Wirklichen gedacht werden soll, immer auch der Denker und dann weiter der Denker dieses Gedankens in eben dieses Ganze einbegriffen werden muss. Damit lässt sich zeigen, dass der Gedanke eines solchen Ganzen unmittelbar in Schwierigkeiten hineinführt. Vielleicht kann man aus ihnen sogar eine Paradoxie herausarbeiten. Aber zum monistischen Gedanke eines Absoluten lässt sich von da her doch nicht ohne weiteres übergehen. Denn ein ‚Ganzes' kann rein summativ, etwa als das vollständigste aller Inventare verstanden werden. Damit ist man nicht zur Unbedingtheit im Sinne des ersten Grundes eines Begründens gelangt – ein Moment, das in den Gedanken von einem Absoluten immer eingeht. Dass sich der Mensch in seinem Erkennen und seinem Handeln von einem Unbedingten her verstehen muss, zeigt aber gleichfalls noch nicht, auf welche Weise dieses Unbedingte zu dem Ganzen alles dessen, was wirklich ist, in Beziehung gesetzt werden kann, ist also mehr Aufweis eines Problems als eines Lösungsweges. Wohl aber sollte sich das Wissen davon – ebenso wie viele Erfahrungen des bewussten Lebens – in einen Gedankengang integrieren lassen, der vom Gedanken des all-einen Absoluten ausgeht. Indem dies gelingt, bestätigt und befestigt sich der Gebrauch dieses Gedankens, so dass also der Vorausblick auf einen solchen Zusammenhang wirklich zur Empfehlung einer monistischen Denkform beitragen kann. Die Begründung des Begriffsgebrauchs, der für diese Denkform charakteristisch ist, muss sich aber auf andere Argumente stützen. Über den Inbegriff alles Wirklichen rein für sich lässt sie sich nicht gewinnen.

Die Geschichte der monistischen Denkform reicht bis zum Beginn der Hochkulturen zurück. Klaus Müller hat meinen Beitrag in *Fluchtlinien* zur Erklärung ihrer Motivation in der Geschichte der Religionen weitergeführt. Um der philosophischen Begründung dieser Denkform umfassend nachzugehen, vor allem aber, um zu einer Begründung zu gelangen, auf die man sich heute noch stützen kann, wäre sehr weit auszugreifen. Eine solche Begründung kann nämlich von verschiedenen Evidenzen ihren Ausgang nehmen, die je für sich und die in ihrer Beziehung zueinander der Untersuchung bedürfen. Der Erfahrung am nächsten ist die Einheit des Universums in der Ordnung seiner Veränderungen. Abstraktere Ausgangsevidenzen ergeben sich aus dem Gedanken der Eleaten, dass allem, was wirklich ist, ‚Sein' in einem einzigen, nicht weiter spezifizierbaren Sinne zugeschrieben werden muss, oder aus dem platonischen Prinzip, demzufolge jede Unterscheidung aus einer Hinsicht auf Einheit erfolgt. Von solchen Ausgängen, die auf eine allbefassende Einheit in allem Wirklichen und dann auch in allen Gedanken führen, sind Überlegungen zu unterscheiden, die dabei einsetzen, dass Wirkliches aus seinen realen Gründen zu erklären ist. Die Reihe der Gründe scheint auf einen ersten Grund zu verweisen. So liegt es nahe, auch die Ordnungsart des Ganzen aus einem solchen Grund zu verstehen, der damit ein alles bedingender Grund wird. Es liegt dann weiter nahe, das, was als erster Gedanke von Wirklichem überhaupt gefasst worden ist, mit einem ersten Grund für alles Wirkliche zu verbinden oder zu identifizieren. Schließlich kann man auf die Gedanken eines Bedingten, eines Beschränkten und eines Endlichen als solchen reflektieren, die in der Praxis der Nachfrage nach Gründen unentbehrlich sind. Man sieht dann, dass mit ihnen zusammen auch die Gedanken von Unbedingtem, von Uneingeschränktem und von Unendlichem gefasst werden müssen. Da es aber zumindest scheint, dass das Unbedingte als dem Bedingten vorgeordnet zu denken ist, kann man zu der Schlussfolgerung kommen, man müsse von einem Unbedingten auch ausgehen, das als reines Sein zu denken ist, das Einheit schlechthin sein muss und aus dem sich somit alle Ordnung als Einheitsstiftung herleitet.

Mit allen diesen Sätzen habe ich nur einen Eilgang durch die Ketten und Kombinationen von Folgerungen skizziert, die für die Entwicklung der Gedanken von einem Absoluten eine Schlüsselbedeutung gehabt haben. Diese Bedeutung kam ihnen auch bei der Begründung eines philosophischen Monotheismus zu. Beide Positionen sind also in so weit noch gar nicht deutlich genug gegeneinander abzuheben. Folglich wäre nunmehr weiter zu erwägen, welche der Ansätze, der Ketten und der Kombinationen von Argumenten mehr den monotheistischen Gedanken von einem separaten Gott begünstigen und welche eher dahin tendieren, zu dem Gedanken von einem Absoluten zu führen, das alles Endliche in sich einschließt. Ebenso wäre zu erwägen, wie das Absolute auf jeweils einem dieser Wege näher zu fassen ist, welche Züge es dann immer noch mit dem monotheistischen Gott verbinden könnte und welche Züge sie unvereinbar miteinander sein lassen.

Die Aufgabe, dies alles auszuführen, ergibt ein Programm von einer sehr beträchtlichen Größenordnung. Sein Volumen und seine Schwierigkeit übertrifft noch das Unternehmen, das für sie ein Vorbild sein kann, nämlich Kants Herleitung der Ideen und deren differenzierte Kombination in seiner Vernunfttheorie.

Schon lange können wir die Begriffsbildungen, welche die Tradition der spekulativen Theologie beherrschen, nicht mehr einfach nur aufnehmen und weiterzuführen suchen. Wir müssen der Frage nach dem Ursprung ihrer Schlüsselgedanken nachgehen und dabei auch von den analytischen Mitteln Gebrauch machen, die im vergangenen Jahrhundert entwickelt worden sind. Mit dieser Frage im Sinn haben wir damit zu rechnen, dass wir bei scheinbar evidenten Ansätzen für den Zugang zu einem Absoluten und beim Ziehen von Verbindungslinien zwischen solchen Ansätzen tiefsitzenden Täuschungen erliegen. Einige von ihnen könnten deshalb besonders schwer zu durchschauen sein, weil sie Wurzeln nicht in einem Wunschdenken, sondern in der Verfassung der Rationalität selbst haben. Das gilt auch für jede Begriffsbildung vom Absoluten selbst – in sprachlicher Betrachtung einem Substantiv und Singular, der überhaupt erst in der nachkantischen Philosophie in Gebrauch gekommen ist.

Daran, dass die Rede von ‚dem Sein' einer Täuschung entspringt, die sich vergleichsweise leicht vermeiden lässt, ist im Zusammenhang mit dem Beitrag von Christoph Jamme erinnert worden. Genetische Analysen zum Ursprung der Rede von ‚dem Einen' würden deutlich machen, dass auch dieser Kerngedanke des Neuplatonismus nicht ohne genauere Analyse Eingang in eine Absoluttheorie finden kann. Im Kantischen Zusammenhang muss von einer Einheit, deren Bedeutung nicht auf die Einheitsbildung in einem besonderen Zusammenhang eingeschränkt ist, zunächst einmal ganz allein in Beziehung auf die Einheit der Erkenntnis und von deren Subjekt gesprochen werden. So ist es also notwendig, zu einer Begründung anzusetzen, die von dieser Einheit ausgeht, wenn man zu der anderen Einzigkeit gelangen will, die im Gedanken des Absoluten immer impliziert ist. Schnelle Schlüsse, die von dem ausgehen, was in der Rede von ‚dem Sein' und ‚dem Einen' unmittelbar gewonnen zu sein scheint, hat die Absoluttheorie zu vermeiden, wenn sie sich denn im Wissen von ihren Wurzeln in der Kantischen Tradition und von ihren Herausforderungen durch die empiristische artikuliert.

Damit soll nicht etwa gesagt sein, dass sich Raimund Litz der Rede von einem ‚absoluten Seins- und Einheitsgrund' enthalten müsste. Man muss sie zulassen, wenn die Erfahrungsart des bewussten Lebens und die Evidenzen, die für diese Selbstdeutung sprechen, in solcher Selbstdeutung einen Ausdruck finden sollen. Litz' Ausführungen halten gerade diesen Zusammenhang mit besonderem Nachdruck im Blick. Soll eine solche Rede aber den Status einer philosophischen Aussage behalten, dann ist es auch notwendig, sie so zu gebrauchen, dass die Genese und die Rechtfertigung der Begriffsbildung, die in ihr in Anspruch genommen wird, ebenso fest im Auge behalten wird.

Das ist auch deshalb nötig, weil in diesem Bereich des Denkens immer auch darauf zu achten sein wird, dass Gedanken des Absoluten mit dem Gottesgedanken nicht nur assoziativ zusammen gebracht werden. Die Frage nach der Verstehbarkeit der Schuld und des Bösen im Kontext monistischen Denkens ist Raimund Litz' durchaus eigener Beitrag zu dem weiten Themenbereich einer Absoluttheorie. Es lässt sich leicht verstehen, warum gerade dies Problem beim Durchdenken dieses Bereichs zwei gegenläufige Tendenzen begünstigt. Um zu verstehen, wie die Schuld in einen gegenüber dem Endlichen nicht differenten Ursprung einbegriffen sein kann, wird man versucht sein, das Absolute nicht als eine Gegeninstanz zu den Verstrickungen des endlichen Lebens und also nicht als separaten Gott zu denken. Um dann aber auch eine Befreiung aus der Schuld denken zu können, scheint eine Instanz notwendig, die selbst gar nicht in Schuld verwickelt werden kann. Das macht verständlich, wie es kommt, dass in Litz' Text die Betonung der Unausweichlichkeit des monistischen Grundgedankens mit der Neigung zusammengeht, immer zugleich zu versichern, dass darüber die monotheistische Tradition keine Einbuße leiden muss. In diese Ambivalenz wirkt die Grundfrage danach hinein, wie sich die Beziehung zwischen dem Gedanken des alleinigen Absoluten und dem Gottesgedanken auch von der Genese der beiden Gedanken her wird aufklären lassen. Litz' Beitrag lässt überall klar werden, dass dies eine Grundfrage schlechthin ist, der man auch aus genuin theologischem Interesse nachgehen muss. Man kann sich nicht, um das bewusste Leben letztlich von Gott allein her zu begreifen, dazu überreden, in den Nachfragen der Vernunft, die diesem

Leben doch innewohnt, nichts anderes als den Ausdruck seiner Anmaßung und Gottesferne finden zu können.

In anderen Beiträgen zu diesem Band ist dargelegt worden, wie ich selbst die Genese dieser beiden Gedanken zu verstehen suche. Weder der ontologische Kern des Gottesgedankens noch der Gedanke eines Absoluten lässt sich *allein* im Ausgang von der Subjektivität gewinnen. In beiden ist als erstes ein Überstieg über die Welt vorausgesetzt, in der Subjekte als Personen wirklich sind. Doch der Überstieg wird auf jeweils andere Weise vollzogen: Der Gottesgedanke geht aus dem Überstieg zu einem Grund der Welt im Ganzen hervor, der Gedanke des Absoluten dagegen aus dem Gedanken einer Alternative zu der *Form* der Welt als solcher. Der Gegenzug gegen diese Weltform, der zum Gedanken des Absoluten führt, ist zunächst dadurch motiviert, dass die Weltform, der er entgegengeht, wohl als Bedingung der Bezugnahme auf Einzelnes, nicht aber aus sich selbst heraus verständlich ist. Zusätzlich zu der Verständigung über die Ressourcen der Begriffsbildung muss aber in der genetischen Erklärung ihres Gebrauches die Betrachtung der Bedingungen treten, unter denen der Gebrauch der Begriffsbildungen als notwendig und gerechtfertigt gelten kann. In diesem Zusammenhang gewinnt dann der andere Überstieg seine ausschlaggebende Bedeutung, den das Subjekt, das von sich weiß, nicht im Ausgang von seiner Welt, sondern zu einem Gedanken von einem Grund seiner selbst als Subjekt vollzieht. Im Zusammenhang mit Klaus Müllers Beitrag sind die Gründe noch einmal durchgegangen worden, die dahin wirken, dass gerade in die Selbstdeutung des Subjektes der Gedanke eines Absoluten grundlegend werden kann, der doch zuerst aus dem Gegenzug gegen die Weltform von Gegenständen gewonnen worden ist.

Mit dem allen ist aber noch immer nichts darüber entschieden, wie der Gedanke des Absoluten genauer zu fassen und weiter zu entwickeln ist und welche Unterscheidungen dabei ins Spiel kommen. Im Unterschied zu dem metaphysischen Gedanken ‚Gott‘, dessen sprachliche Fassung sogleich eine Reihe von Prädikaten freisetzt, die Gott zuzuschreiben sind, ist mit dem Neutrum ‚das Absolute‘ ebenso unmittelbar die Notwendigkeit einer solchen weiteren Entwicklung angezeigt. Und obwohl der Begriffsform des Absoluten dann, wenn man von der Subjektivität den Ausgang nimmt, eine Prärogative zuwächst, ist auch das Verhältnis zwischen den Gehalten, die sich an den Gottesbegriff anschließen, und dem Grundgedanken der Absoluttheorie das Thema einer weiteren Nachfrage. Es ist klar, dass im Nachdenken darüber der Gesichtspunkt, wie sich die Unterschiede zwischen den Antworten auf solche Fragen in der Selbstdeutung des bewussten Lebens auswirken, wieder ganz in den Vordergrund der Abwägung kommen muss. Damit ist man dann auch wieder zu der Leitlinie des Beitrags von Raimund Litz zurückgekehrt.

Es ist aber doch nicht nur die Dimension dessen, was man die ‚Existenzanalyse‘ des bewussten Lebens nennen könnte, der in diesem Zusammenhang eine orientierende Bedeutung zuwächst. Im gleichen Zuge ist es notwendig, die Begriffsform, in der sich die Absoluttheorie artikuliert, als solche weiter zu entfalten. Dies ist eine Aufgabe, die der Theorieform der metaphysischen Gotteslehre und ihrer aus der Ontologie der Einzeldinge gespeisten Sprache nicht in gleichem Maße gestellt ist. Zieht sie doch sogleich in formale Betrachtungen hinein, die für die nachkantische Philosophie seit Jacobi charakteristisch sind und zu der, unter anderen Bedingungen, die Eleaten und die Platoniker den Anfang gemacht haben. Aus Hegels Logik gewinnt man für sie die besten Vorgaben. Allerdings hat auch Hegels Logik keine Lösungen anzubieten, denen einfach nur zu folgen wäre. Die folgenden Überlegungen haben im Vorfeld dieses Bereiches einzusetzen.

2.

In den Bemerkungen zu Klaus Müllers Text zeichnet sich schon die Problematik ab, die für alle Überlegungen zu Litz' eigentlichem Thema von zentraler Bedeutung sein müssen: Es ist Klarheit darüber zu gewinnen, in welchem Sinne das Absolute, in das Endliches eingeschlossen ist, gleichwohl eine Distanz *gegenüber* diesem Endlichen implizieren kann und muss. Denn Litz will sich gewiss nicht darauf beschränken, die Grenzmauer gegen den zumindest scheinbar so anstößigen Satz zu durchbrechen, dass das Absolute selbst schuldig wird, insofern es sich in Endlichem manifestiert. Es muss also ein Ansatz zu einer genaueren Rechenschaft über die Beziehung von Absolutem zu Endlichem gewonnen werden, wobei immer davon auszugehen ist, dass sie innerhalb einer Absoluttheorie nicht darin aufgehen kann, Relationen zwischen zwei separierten selbständigen Seienden zu charakterisieren.

Man sollte sich zunächst darüber klar werden, dass jeder, der diese Aufgabe schultern will, in den Gravitationsbereich der großen Gedankensysteme geraten muss, die sich unabhängig von den Weltreligionen oder auch in dem Versuch, sie zu entschlüsseln, entfaltet haben – und dann wiederum im Anschluss aneinander oder (und womöglich zugleich) in einem Grundgegensatz zueinander. Platon und Aristoteles, Origenes und Plotin sowie Hegel und Schelling sind Namenspaare, welche den Grundzug und die Vielfalt in der Tiefenwirkung dieser Gravitation anzeigen. Dabei würde es doch nicht genügen, dieser Traditionsmacht nur standzuhalten. Vielmehr muss es vor allem darum gehen, die Grundfragen, denen sie nachgingen, unter den Bedingungen eines Denkens neu zu entfalten, das seine Begründung ganz aus dem endlichen Wissen leistet, so wie wir es heute verstehen können, und das überall mit dem Denken verbunden bleiben will, das im bewussten Leben der Endlichen selbst am Werke ist. So lässt sich nicht übersehen, dass alles, was im Folgenden zu erörtern ist, über unzulängliche Vorarbeiten nicht hinauskommen kann.

Aber auch nach einer solchen Erinnerung kann man doch, aller gründlicheren Begriffsanalyse vorab, eine Übersicht über Grundtypen aufstellen, in deren Rahmen noch weiter bestimmte Beziehungsarten von Absolutem zu Endlichem eingegliedert werden können. Im Ausgang von dem Gedanken, dass Absolutes Endliches einschließt und dass beide nicht als ursprünglich different zu denken sind, kann die Weise, wie sich Endliches vom Absoluten herleitet und dabei als ihm zugehörig bestimmt bleibt, in fünf Varianten aufgefächert werden: 1. Absolutes lässt Endliches hervorgehen und verwandelt sich damit selbst zur Gänze ins Endliche, das seinen Ursprung erkennen lässt und somit in einem sehr starken Sinn seine Manifestation genannt werden kann. 2. Absolutes ist in sich selbst als der Ursprung der Endlichen bestimmt, ohne in ihnen als seine Manifestation schlechthin aufzugehen. 3. Der Hervorgang der Endlichen ist notwendig mit dem Hervorgang von Beziehungen zwischen den Endlichen verbunden, die in ihrer Interaktion von den Endlichen selbst her auszubilden sind. 4. Im Verlauf der eigenen Dynamik des Endlichen werden von dem Absoluten, dem ohnedies eine innere Komplexion zugeschrieben werden muss, weitere Beziehungen des Absoluten zum Endlichen initiiert. 5. In dieser Dynamik ergeben sich auch auf Seiten des Endlichen Beziehungen zum Absoluten, die vom Absoluten bedingt, aber nicht von ihm schlechthin bestimmt sind, so dass sich an sie dann auch weitere Beziehungen des Absoluten zum Endlichen anschließen können. Damit käme es innerhalb des Absoluten zu einem dynamischen Wechselverhältnis zwischen dem Absoluten und dem ihm zugehörigen Endlichen.

Obwohl diese Typen hier nur aufgezählt worden sind, wird auch daraus schon hervorgehen, dass sich die Antwort auf die Frage, wie sich Schuld in der Absoluttheorie begreifen lässt, wohl daran entscheidet, ob überhaupt und wie die Absoluttheorie in Richtung auf die beiden letzten dieser fünf Typen ausgeweitet werden kann. Denn nur innerhalb ihrer ist Raum für die Möglichkeit, dass das Endliche Absolutes in einen Zusammenhang hineinzieht, in dem das Absolute eine Deformation erfährt (4.), und ob daraus, und zwar von beiden Seiten her, sowohl ein Verlust wie auch eine Restitution hervorgehen kann (5.). Nach dem ersten dieser beiden Typen würde begreifbar, dass das Absolute Endliches in seine Schuld begleitet, ohne in ihr, so wie das Endliche, deformiert zu sein. Nach dem zweiten ließen sich nicht nur die Umkehr, sondern auch Reue und Vergebung verstehen. Der Abstand zwischen einem formalontologischen Minimum, dessen sich diese Typologie bedient, und einer Sprache, die Handeln, Schuld und Versöhnung der Endlichen wirklich erreicht, muss freilich noch durch stufenweise Konkretionen ausgefüllt werden. Eine dieser Konkretionen würde, wie gesagt, die begriffliche Artikulation der Absoluttheorie selbst vertiefen müssen. Hier sollen aber nur noch einige Erklärungen folgen, welche die Typen der Relationierung innerhalb der Einheit des Absoluten in der elementaren Form betreffen, in der sie hier eingeführt worden sind.

Der erste der fünf Typen hebt zwar eine Möglichkeit hervor, der wirklich aus dem Grundansatz der Absoluttheorie abgeleitet werden könnte, der aber dann doch sogleich aus allen Erwägungen ausscheidet. Denn er führt unmittelbar zu dem Gedanken einer Selbstzerstörung des Absoluten als solchen. Das Absolute kann sich nicht zum Endlichen wie ein Sprengsatz verhalten, dessen Zündung (die zudem immer schon erfolgt sein müsste) sich in die Wirklichkeit zerstreuter Einschläge umsetzt, in denen die Art und Stärke der Sprengung manifest wird. Das Gründen des Absoluten, in dem Endliches hervorgeht, kann in dessen Hervorgang auch schon allein deshalb nicht erlöschen, weil es doch ein kontinuierliches Gründen sein muss. So wird also das Absolute unangesehen dessen, dass in ihm gegründetes Endliches wesentlich zu dem gehört, was es selbst ist, auch eine von diesem Endlichen, welches man das ‚seine' zu nennen hat, abgehobene Wirklichkeit haben. Diese Implikation des Gedanken vom Absoluten ist auch überall da bereits in Anspruch genommen, wenn das Absolute als Grund des bewussten Lebens gedacht wird. Daraus ergibt sich, dass die Reihe der Verhältnisbestimmungen von Absolutem und Endlichem, die überhaupt weiter erwogen werden können, mit der zweiten einzusetzen hat.

Was sie betrifft, so ist klar, dass das einige Absolute nicht in einer Eins-zu-eins-Beziehung zu jeglichem Endlichen aufgehen kann, in dem es sich manifestiert. Denn die Endlichen sind nicht wie monadische Welten jeweils ganz auf sich beschränkt. Sie sind als Manifestationen des Absoluten auch realiter, nicht nur in ihrem bloßen Unterschiedensein, aufeinander bezogen. Das System dieser Relationen von Endlichen zu Endlichen muss in dem, wodurch es über die Summe der Eins-zu-eins-Beziehungen zwischen dem Absoluten und dem Endlichen hinausgeht, im Absoluten gegründet sein. Zugleich muss jedem Endlichen die Möglichkeit der Beziehung auf andere Endliche und, in jeweils anderer Weise, sogar eine Beziehung auf alle von ihnen zugeschrieben werden. Daraus folgt, dass Endliche innerhalb von Bezugsrahmen, in die sie einbegriffen sind, von sich aus Beziehungen zu anderen Endlichen einzuleiten vermögen. So weit also Schuld aus einer Verletzung *anderer* hervorgeht, ist sie in diesem Zusammenhang bedingt. Der Zusammenhang als ganzer ist aber zugleich in besonderem Maße als Manifestation des Absoluten zu fassen – und zwar deshalb, weil er als einiger und universaler Zusammenhang der Einzigkeit des Absoluten korrespondiert.

Aber Raimund Litz' Unternehmen, die Eignung einer Absoluttheorie dafür zu prüfen, des Menschen Erfahrung von Schuld aufzunehmen, ohne sie zu verkürzen, wird sich auf die Frage konzentrieren, wie die Relationstypen 4 und 5 in die Absoluttheorie einzubringen und wie sie dort im Blick auf gerade den Erfahrungsbereich der Schuld weiter entfaltet werden müssten. Denn der Ursprungsort des sittlichen Bewusstseins liegt in der Subjektivität, deren Grund aus dem Absoluten verstanden werden soll. Und was immer auch ‚Freiheit' meinen kann – die Freiheit, welcher jede Schuld entspringt, ist die der Person im Vollzug ihres bewussten Lebens. Ich bin in dem Buch *Denken und Selbstsein* beiden Themen nachgegangen. Litz bekundet mehrfach seine Zustimmung zu dessen Gedankengängen. Sofern sich seine Überlegungen an sie anschließen und sich zugleich den beiden genannten Relationstypen zuwenden, ergeben sich zwei Fragen, deren erste als ganz philosophische zu bezeichnen ist, während die zweite in den eigensten Bereich der Theologie hinüberführt.

Die erste Frage kann man wie folgt formulieren: Durch ihre Voraussetzungen ist die Absoluttheorie dazu genötigt, das Absolute selbst in den Zustand der Freiheit eines endlichen Handelnden, die schuldig geworden ist, auf irgend eine Weise mit eingehen zu lassen. Denn eine völlige Trennung von Endlichem und Absolutem ist unter den Bedingungen solcher Begriffsbildung überhaupt nicht denkbar. Muss man dann aber nicht sagen, dass das Absolute durch das Endliche in eine Verstrickung gerät, die mit dem, als was es zuvor hat gedacht werden sollen, durchaus nicht vereinbar ist? Lässt etwa der Mensch, um es mit der Umkehrung eines Dichterwortes zu sagen, Gott schuldig werden und hält den Höchsten gebunden in solcher Pein?

Die zweite Frage geht von dem Ansatz zu einer Lösung des Dilemmas aus, das in der ersten Frage zum Ausdruck kam, und fragt weiter: Ist es denkbar, dass der endliche Mensch im Bewusstsein seiner Schuld sich dem Absoluten zuwendet, um etwa mit der von ihm erbetenen Hilfe aus seiner eigenen Verstrickung herauszufinden – und zwar so, dass dann von dem her, was als Absolutes verstanden ist, in der Aufnahme dieser Zuwendung des Endlichen eine neue Beziehung zu ihm gegründet wird? Es ist sicher deutlich, dass in dieser Formulierung, die sich auf die relationsontologische Ausdrucksweise beschränkt, eben das in Frage steht, was in der monotheistischen Symbolik als die personale Beziehung des schuldigen Menschen zum geleitenden, zum strafenden, zum vergebenden und zum versöhnenden Gott geradezu im Zentrum steht.

Raimund Litz' Text deutet Antworten auf diese Fragen nur kurz und mit verständlichem Zögern an. Er wird ihnen sicher in kommenden Arbeiten weiter nachgehen. Ich kann, was er sagt, hier nur mit wenigen Bemerkungen in dem Richtungssinn, den er selber anzeigt, weiter auszuführen versuchen.

In jeder Antwort auf die erste Frage wird man davon ausgehen, dass das Absolute die bewussten Leben Einzelner so begründet, dass sie in Selbstbestimmung dieses Leben auf einen Lebensentwurf hin zu führen vermögen. In der Selbstbestimmung des Endlichen verwirklicht sich also das Absolute selbst. Weil aber nicht anzunehmen ist, was im ersten der fünf Relationstypen konzipiert war, dass nämlich das Absolute in dem, worin es sich verwirklicht, auch aufgeht und von ihm absorbiert wird, so muss in seiner Absolutheit eine Potentialität gegenüber demjenigen Verlauf seiner Verwirklichung gewahrt bleiben, die kraft der Selbstbestimmung des Endlichen geschieht. Angewendet auf die Wirklichkeit der Schuld ergibt sich daraus, dass kein Mensch, der schuldig wird, damit gänzlich dem entgleitet, was ihn selbst ausmacht. Man kann sagen, dass Gott auch diesen Weg mit ihm geht. Darin liegt, dass ihm die Dynamik, welche in die Schuld zieht, nicht wesensfremd sein kann. Aber er bleibt ein Abweg, auf dem der Endliche sich selbst die Stimmigkeit der Beziehung zu seinem Grund deformiert. Eben deswegen bleibt es immer auch möglich, diesem Weg eine neue Wendung zu geben.

Dabei muss man nicht etwa annehmen, dass das Subjekt eine Norm verletzt, unter die es durch seinen absoluten Grund gestellt wäre. Die Verletzung wird immer zuerst die Grundnorm betreffen, die ihren Ursprung in des Subjekts eigener Verfassung hat. Das Subjekt kann sich selbst verfehlen und insofern auch sich selbst gegenüber schuldig werden. Daraus sollte gefolgert werden können, dass sich in seinem Grund eine Distanz ihm gegenüber öffnet. Ob aber nun die Schuld aus der Verletzung einer gesetzten Ordnung, ob sie aus dem Verfehlen dessen, was es als Subjekt auszeichnet, ob sie aus dem Zurückbleiben hinter dem eigenen Entwurf oder ob sie gar aus einem Entwurf entstand, der sich geradezu von seinem Grund losmachen will – in allen diesen Fällen ist es immer möglich, durch das, was Kant eine ‚Revolution der Denkungsart' nannte, sein Leben zu sich zurück und damit auch in eine Konsonanz mit seinem Grund zurückzuführen. Das Absolute als Grund wird unangesehen dessen, dass es mit dem Subjekt auch in dessen Schuld einging, kraft der Distanz, die in Folge einer solchen Situation in seiner Beziehung zum selbstbestimmten Gang der Subjektivität aufkam, auch für diese Rückkehr gründend sein. An eben diesen Zusammenhang ließe sich, so scheint mir, als die eigentliche Perspektive aller endlichen Leben insgesamt, das theologische Lehrstück von der Restitution aller bewussten Leben in ihre eigentliche Wirklichkeit anschließen, das seit langem unter Häresieverdacht steht.

Ich möchte und muss es nun Litz überlassen, diese verwickelten Beziehungen zwischen Ethiktheorie, Absoluttheorie und Ontologie weiter zu durchdenken. Schon der Umstand, dass die Probleme um die Freiheit überall in sie eingreifen, lassen sie zu einem veritablen Labyrinth werden. In demselben Maße, in dem sich die Absoluttheorie überlegt von dem Relationstyp absetzt, für den das Absolute in seiner jeweiligen Manifestation verschwindet, wird die innere Komplexion des Absoluten, die man wegen einer Vielfalt der Beziehung zu dem Endlichen in ihm zu denken hat, im Gang der Analyse der Gedanken immer weiter anwachsen.

Indem wir sie erkunden, sollten wir uns aber immer wieder deutlich machen, dass das Absolute zwar das Endliche einschließt, dass aber alle *Gedanken* des Absoluten samt der Gedanken von den in ihm eingeschlossenen Endlichen, doch vom Endlichen *her* gefasst werden müssen. Daraus folgt zwar noch nicht zwingend, dass jene adäquate Erkenntnis des Absoluten ausgeschlossen werden muss, die Spinoza und die Hegel sogleich am Eingang ihrer Theorie in Anspruch nehmen mussten. Aber die These, dass auch eine Absoluttheorie nicht mehr erreichen kann als den schematischen

Umriss einer Konzeption vom Absoluten an der Grenze des endlichen Erkennens, tritt damit in einen Zusammenhang, der sie gegenüber dem Anspruch auf eine Wissenschaft vom Absoluten begünstigt. Denn diese These, für die etwa Nicolaus Cusanus und Fichte eine Begründung gaben, erscheint nun als der Bedingung angemessen, unter der jeder Gedanke vom Absoluten gefasst werden muss, dass in ihm nämlich der Ausgang vom Endlichen immerzu beachtet werden und zu Fortgang der Analyse zu erkennen bleiben muss.

Die Komplexion im Gedanken des Absoluten, und mit ihr zusammen die Entfernung des Gehaltes einer endlichen Konzeption vom Absoluten gegenüber dem Absoluten selbst, wird noch deutlicher, wenn man sich dann auch in den Bereich der zweiten Frage vorzuwagen beginnt. In dem Relationstyp, in dessen Bereich die Antwort auf die vorausgehende Frage eintrat, wird dem Absoluten bereits darüber hinaus, dass es in das Endliche eingeht und in ihm sich manifestiert, noch anderes zugeschrieben. Dass das Endliche nicht zu einem Anderen *neben* dem Absoluten werden kann, folgt unmittelbar aus dem Gedanken des all-einigen Absoluten selber. Von dieser seiner ersten Bedeutung ist es aber nicht ausgeschlossen, dass sich herausstellt, die interne Relation des Absoluten zum Endlichen müsse gegenüber deren einfacher Identifikation weiter ausdifferenziert werden. Eine solche Differenzierung ergab sich zunächst einmal daraus, dass das Absolute als Grund einerseits im Vollzug der Selbstbestimmung des Endlichen gegenwärtig ist, dass es andererseits dies Endliche aber aus einer Distanz begleitet, die damit eine Distanz in ihm selbst ist. Dabei ist diese Distanz keine bloße Entfernung, sondern zugleich Grund der Kraft, welche eine Ausrichtung der Selbstbestimmung oder auch deren Verlust revidiert, der zugleich Verlust der Konsonanz zwischen dem Subjekt und seinem Grund bedeutet hatte. In der Gesamtfiguration dieser Relationen ging das Absolute auch seinerseits modifiziert in alle Modi der Selbstbestimmung des Subjekts ein. Aber im Subjekt selbst sind bisher, unabhängig von seiner Selbstbestimmung, in der sich das Absolute manifestiert, keine weiteren Akte anzunehmen gewesen, die dem Absoluten zugewendet sind und über die sich dann das Absolute als Grund dann auch selbst in irgendeiner anderen Weise modifizierte. Die Wandlung des Endlichen war von der durchgängigen Gegenwart des Absoluten getragen. Aber von einer aktiven Beziehung des Endlichen zum Absoluten als solchem hätte nicht die Rede sein können, also auch nicht von der einer Antwort oder eines überlegten Entsprechens. Das Absolute ist – so könnte der Theologe wohl sagen – hier in einer Nähe zu dem gefasst, was in der Trinitätslehre der Geist, nicht aber Gott-Vater ist.

Die zweite Frage stößt aber nunmehr eine Erwägung darüber an, ob es möglich ist, dass Akte des endlichen Subjekts, die dem Absolutem und damit seinem eigenen absoluten Grund zugewendet sind, im Absoluten selbst eine Veränderung der Relation zu ihm, dem Endlichen, nach sich ziehen.

285

Daraus ergäbe sich eine Art von Wechselbestimmung, in der im Endlichen als solchen eine Bedingung für eine Veränderung im Wechselverhältnis der beiden zueinander gelegen wäre. Man muss sich fragen: Ist es überhaupt möglich, ein solches Verhältnis, von dem man allerdings in jedem Fall einer Beziehung zwischen zwei Separaten wie selbstverständlich ausgehen würde, auch im Binnenverhältnis eines Absoluten zu den Endlichen zu denken, die doch in dies Absolute eingeschlossen sind? Man erinnert sich, dass dem die Begründungen entgegenstehen, die Spinoza bestimmten, als er der Liebe, welche die Endlichen Gott entgegenbringen, in Gott selbst nichts entsprechen lässt. Gott ist überall nur Bedingung und Grund. Endliche können sich als in ihrer Beziehung auf ihn nur sammeln, ihn aber zu nichts veranlassen und in ihm nichts auslösen.

Ich habe schon die relationstheoretischen Probleme der Absoluttheorie, die sich im Zusammenhang mit der ersten Frage ergeben, als Aufgabe Raimund Litz anheim gestellt. Das gilt nun umso mehr für diesen zweiten Fragebereich mit seiner noch größeren Komplexion und seiner erheblichen theologischen Brisanz. Darum werde ich in meinen Bemerkungen die formalontologische Redeweise auch gleich beiseite lassen und mich, obwohl nicht Theologe, auf das einlassen, was sie schließlich fundieren müsste: die theologische Verständigung über eine Zuwendung des bewussten Lebens zu Gott als seinem Grund.

Die metaphysische Theologie meinte, die Existenz eines notwendigen Urwesens beweisen zu können. Fast ebenso außer Zweifel stand ihr, dass dies Urwesen als Grund der Welt wesentlich eine Intelligenz ist und dass ihm ein Wille eignet. Für die monotheistischen Religionen ist der Gottessinn mit dem der Person verbunden. Das bedeutet nicht nur, dass Gottes Wille das Gute als Form und als Ziel hat. Es bedeutet in diesen Religionen auch (und darin liegt eine Übereinstimmung mit Gottesgedanken der frühen Menschheitsgeschichte), dass Gott von denen, deren Gott er ist, etwas erwartet und dass er auf die Weise, in der sie sich ihm zuwenden, antworten wird.

Die Intelligenz ist eine Voraussetzung der Persönlichkeit, schließt sie aber nicht notwendig ein. Kant hat den Gedanken des Urwesens aber auch ganz von dem der Intelligenz getrennt. Er zeigte, dass der metaphysische Gedanke in seiner Reinheit und erhabenen Leere aus einer rationalen Operation hervorgeht, dass ihm aber die Intelligenz nur über eine Analogie mit dem wirklichen Menschen zuzuschreiben ist. Wenn ihm dann weiter zudem die moralische Persönlichkeit zugeschrieben wird, so aus einem Bedürfnis des endlichen guten Willens heraus. Für eine personale Wechselbeziehung zwischen Gott und den Menschen sah er keine Begründung, welche die Philosophie als solche zu geben vermöchte. Aber der Gottesdienst der monotheistischen Religionen, in seiner Verkündigung der Offenbarung und der göttlichen Gnade sowie in seiner Anbetung und seinem Bekennen, im Bringen des Dankes und im Gebet, setzt diese Wechselbeziehung voraus und ist ganz und gar in ihr gegründet. So stellt sich die Frage, ob und wie dieser Glaube in der metaphysischen Theologie und ob er auch in den Gedanken von einem all-einigen Absoluten einen Anhalt haben kann.

3.

Im Nachdenken über diese Frage kann ich an meine *Gedanken zur Dankbarkeit* (in: *Bewusstes Leben,* Reclamverlag Stuttgart 1999) ansetzen. Dort habe ich gezeigt, dass Menschen von einer Dankbarkeit ganz erfüllt sein können, die nicht nur an keinen Menschen zugewendet ist, sondern dem keine personale und überhaupt keine Adresse vor Augen steht. In diesem Dank schließt sich ein ganzes Leben zusammen, im Wissen von einem Ganzen, dem es zugehört, und in einer Zustimmung zu ihm und seiner Einstimmigkeit mit ihm. Doch es erscheint als unangemessen zu sagen, dass in ihr dem Absoluten Dank gebracht werde. Wohl aber scheint solche Dankbarkeit es auszuschließen, dass das Ganze, dessen sie inne ist, als profane Lebenswelt oder als das materielle Universum verstanden wird, das dem naturwissenschaftlich Gebildeten bekannt geworden ist. Auch die kontemplative Dankbarkeit setzt also ein Absolutes voraus, in welches das bewusste Leben eingeschlossen ist, und das sich in der Dankbarkeit in diesem Ganzen sammelt. Man kann also sagen, dass diese Dankbarkeit sich *vor* einem solchen Absoluten vollzieht – auch wenn es sinnlos bliebe zu sagen, dass der Dank dem Absoluten gelten könne.

Daran lässt sich nun der weitere Gedanke anschließen, dass in dem Absoluten, das als solches nicht als Person gedacht worden ist, die Wirklichkeit des personalen Lebens nicht etwa, um es so zu sagen, unterboten bleibt. Man muss vielmehr sagen, dass auch diese Wirklichkeit vom Absoluten umschlossen und zugleich überstiegen ist. Der Gedanke, dass die letzte Wirklichkeit, dass auch Gott ‚überpersönlich' sei, hat eine lange Geschichte, und zwar in Philosophie und Theologie gleichermaßen. In ihr gilt Gott auch nicht als ein Wirkliches wie andere und ist insofern ‚überseiend' – ein Gottesprädikat, das mit dem, ‚überpersönlich' zu sein, gut zuzuordnen ist. Ein solcher Gott ist, so wie das im neutralen Modus gefasste Absolute, dann nicht nur unsichtbar und unvorstellbar, sondern auch unerforschlich und unausdenkbar. Jede Rede von ihm bewegt sich alsbald in die Nähe der von Philo von Alexandrien und von Dionysios Areopagita begründeten negativen Theologie.

Wir müssen jetzt nicht auf die Frage eingehen, unter welchen Bedingungen diese Rede dennoch vor dem logischen Kollaps geschützt und wie ihr intendierter Gehalt angemessen entwickelt werden kann. Für sie gilt allerdings, dass sie nicht nur vom endlichen Denken, sondern auch vom Selbstbewusstsein des endlichen Lebens her aufgebaut sein muss. Darin liegt, dass sie darauf ausgehen wird, den Erfahrungen und Vollzügen angemessen sein zu können, in denen sich das bewusste Leben sammelt. Zu ihnen gehört die kontemplative Dankbarkeit.

Es ist aber auch möglich, viele Züge in der Praxis der monotheistischen Religionen solchen Voraussetzungen anzuverwandeln. Man könnte etwa (und ich selbst neige dazu) das Gebet als einen Akt der Zuwendung des Endlichen zu dem Absoluten begreifen, der darin fundiert ist, dass es sich seiner als Grund seines Lebens innewird. Könnte es sein, dass der Betende selbst weiß, dass seine Zuwendung, so wie sie den Bedingungen und Bedürfnissen des Endlichen entspringt, dem Absoluten an ihm selbst gar nicht gemäß sein kann? So würde er auch nicht erwarten, dass das, was, für ihn unausdenkbar, über dem Personsein steht, wie ein endlicher Mensch zu Wohltat und Hilfe zu bewegen ist. Aber so wie eine solche Zuwendung dem endlichen Leben ganz gemäß ist, so würde er auch erwarten, mit seiner Not und in seinem Gebet in seinem eigenen Grund, dem er sich zuwendet, nicht verloren, sondern in einer Weise, die er nicht auszudenken vermag, getragen und angenommen zu sein.

Wir müssen es bei dieser Frage belassen. Aber man kann noch weiter fragen, was dann zu folgern wäre, wenn man sagen müsste, die Intention des Gebets sei gebrochen, wenn es nicht in einer Wechselbeziehung zum Höchsten zu gründen ist, welche vom Endlichen ihren Ausgang nehmen kann. Man fände sich dann vor eine Wegscheide gestellt. Entweder müsste man das Gebet, insbesondere das Bittgebet, als aufkommend aus dem endlichen Leben verstehen, und den Bittenden dahin bescheiden, dass es ihm gemäß wäre, dem Höchsten sein Leben, allen Bitten voraus, gänzlich anheim zu stellen. Oder man muss zu denken versuchen, dass in der inneren Komplexion des unerforschlich-überpersönlichen Absoluten, in der das Personale doch nicht suspendiert, sondern übergriffen ist, neben der Gründung des bewussten Lebens auch die Möglichkeit einer Wechselbeziehung mit ihm gelegen ist. Es wäre dann diese Sphäre, auf die der Mensch im Gebet vertraut und der er sich anvertraut.

Die philosophische Absoluttheorie geht vom bewussten Leben aus – von Gedanken, die in ihm unabweisbar sind, aber auch von Grunderfahrungen, die unauslöschbar und spontan in ihm aufkommen. Sie erkennt, dass die Religionen ohne dies beides nicht über die kreatürliche Angst und Sehnsucht des Menschen hinausreichen würden. Die Absoluttheorie hält zwar Distanz zu den großen Erzählungen der Religionen. Aber sie sucht an den Erfahrungen festzuhalten, die in diesen Erzählungen Ausdruck finden, sie auszuloten und die Wahrheitsfähigkeit dessen zu begründen, was in ihnen eigentlich zum Ausdruck gebracht ist.

Wir werden daran festhalten müssen, dass es nicht erlaubt ist, von Beginn an als eine bloße Evidenz zu behaupten, dass die Nachfrage nach dem Grund des bewussten Lebens mit Notwendigkeit in die Absoluttheorie hineinführen wird. Dagegen stehen die vielen Argumentationen, welche diese Nachfrage in die Richtung eines Naturalismus, heute aber in den Bereich einer Begründung aus der Weltbeschreibung der subatomaren Physik ausrichten. Sie kann zwar niemals weiter als allenfalls zu Analogien von rudimentären Formen des Bewusstseins und des bewussten Lebens gelangen. Die argumentative und die suggestive Kraft einer solchen Perspektive macht es dennoch unausweichlich, sich auch der Frage zu stellen, ob und inwieweit die Selbstdeutungen des Menschen, die mit seinen Grunderfahrungen im Zusammenhang stehen, letztendlich revidiert oder auch suspendiert werden müssten oder jedenfalls ohne Bestätigung ihres Wahrheitsanspruches in eine Klammer gesetzt zu bleiben haben. Wir haben auch allen Grund, den Folgen nachzudenken, die sich ergeben würden, wenn diese Suspension einmal wirklich vollzogen sein sollte.

Doch das philosophische Denken, das dem Gedanken von einem all-einigen Absoluten nachgeht, muss vor dieser Perspektive nicht resignieren. Es kann seine argumentative Kraft, welche auch die einer Menschheitstradition ist, immer wieder neu ausbilden. Dabei nimmt es eine Aufgabe auf sich, vor die sich, wie dunkel, verdeckt und hilflos immer, jeder Mensch gestellt weiß. Ihre Stärke beruht gerade dort, wo sie sich über ihre Verwurzelung in endlichen Gedanken Rechenschaft gegeben hat, in ihrer Nähe zu der Tiefendimension der Erfahrungen des bewussten Lebens – eine Nähe, die keine wissenschaftliche Ontologie erreicht und die auch für die institutionalisierten Buchreligionen nicht in der gleichen Weise leitend sein können.

Die enge Verbindung zwischen Gedanken vom Absoluten und Schlüsselerfahrungen des bewussten Lebens gibt gerade dem Problembereich, um den sich Raimund Litz bemüht, sein besonderes Gewicht. Meine Bemerkungen haben auf einen Hauptteil seines Textes beinahe gar keine Rücksicht genommen, nämlich auf seine Gedanken zum Ursprung von Schuld in der Dynamik des bewussten Lebens. Ich kann ihnen weitgehend zustimmen und könnte sie nur ergänzen – etwa durch Erinnerungen an Hölderlins und Kierkegaards Lehren von den Stadien auf dem Lebensweg, der notwendig in Konflikte und an Abstürze führt, sowie durch die Aufnahme, aber auch die Kritik von idealistischen Autoren, die mehr als die *Möglichkeit* von Schuld begreifen wollten und die Schuld deshalb in einem Begriffssystem als notwendig herzuleiten suchten, um sie auf diese viel zu simple Weise in die Manifestation des Absoluten einbegriffen sein zu lassen.

Was dafür spricht, auch die philosophische Absoluttheorie nicht als ontologische Theorie allein zu konzipieren, sie also nicht für suisuffizient zu halten, wird in meinen Ausführungen ohnedies deutlich genug geworden sein.

Ich glaube übrigens – und möchte damit schließen – dass man von daher Platons ‚ungeschriebene Lehre' verstehen kann. Platon kann kaum in Anspruch genommen haben, einen systematischen Aufschluss über die ersten Gründe zu besitzen, dessen komplexe Begründung nur für die öffentliche Lehre ungeeignet ist und die allein im persönlichen Umgang und nur für dafür vorbereitete Menschen einleuchtend werden kann. Auch noch in dem täglichen Dialog mit seinen Meisterschülern wird er suchend und in

Skizzen gesprochen haben – sich also in seinem gesamten Denken in einem Aufstieg begriffen haben, der von vielen Ausgangspunkten her zu unternehmen ist. Dies Denken weiß und lässt einsehen, warum es sich selbst missverstanden hätte, wenn es so wie Spinoza oder Hegel ein Gipfelpanorama zu entwerfen versuchte. Der scharfsinnige Aristoteles könnte wohl diese Grundmotivation Platons ignoriert haben, als er eine Begriffsform, die gegenüber dem philosophischen Gehalt der platonischen Dialoge dürr und undifferenziert erscheinen muss, als den vermeintlich ganzen Gehalt von Platons geheimer Lehre über das Erste und das ‚Absolute' mit dann allerdings einleuchtenden Gründen kritisierte. Was er dabei über diese Lehre mitteilte, entbehre so des besonderen Sinnes, in dem von einer ‚Lehre' überhaupt die Rede sein konnte.

Aus der Erinnerung an eine solche Gestalt der Besinnung im denkenden Aufstieg in der Gründungszeit der Philosophie kann sich wohl auch ein Vorbild und eine Rechtfertigung für die Weise der Bemühung um eine ‚Absoluttheorie' ergeben, die allen Texten dieses Bandes gemeinsam ist.

Johann Reikerstorfer (Wien)

Zu einem subjekttheoretischen Universalisierungsangebot im interreligiösen Verständigungsprozess

Vorbemerkung

Die Selbstverständigung des Christentums im Pluralismus der Religions- und Kulturwelten gehört zu den geschichtlichen Herausforderungen heutiger Theologie. Dabei wird eine „hörsame" Theologie die *Relativierung* christlichen Wahrheitsanspruchs ebenso zu vermeiden suchen wie einen *Exklusivitätsanspruch*, der die Prophetie der anderen Religionen für das eigene Selbstverständnis verkennt. Die Frage freilich, ob das Christentum in einer weltanschaulich-religiös pluralistischen Öffentlichkeit seinen Wahrheitsanspruch aufrecht zu erhalten und doch auch hör- und lernfähig zu bleiben vermag, führt auf ein schwieriges, theologisch kaum noch vermessenes oder gar abgesichertes Gelände. Theologie wird auch für die anderen Religionen und deren Geltungsansprüche eine besondere „Denkungsart" entdecken und anerkennen müssen, in der sich eine Welt religiöser Aussagen elementar von der objektiv-realen Welt unseres natürlichen oder wissenschaftlichen Weltbewusstseins unterscheidet.

Eine solche „wirklichkeitsnahe" Wahrnehmung religiöser Welten verlangt jedoch grundsätzlich die Entfaltung eines Wissens um die in der Welterkenntnis „vergessenen" Voraussetzungen in einer subjektorientierten Reflexion, die sich der ins Gegenständliche versenkten Welterkenntnis mit ihrem „realistischen Vorurteil" entwindet und in einem Rückstieg in die „Subjektivität" den Grund derselben und eines bewussten Lebens in Entsprechung zu diesem Grunde („Immanenz") zu ergreifen vermag.[1] Das darin maßgebliche Vernunftkonzept vergleichgültigt nicht seine lebensgeschichtliche Verwurzelung, es besitzt in ihr vielmehr seine unveräußerliche Basis und kann nur in diesem Rückbezug hinsichtlich seiner *Erschließungskraft* erläutert werden. Könnte – so unsere Frage – dieses „extrapolierende", dieses „hypothetische" oder „synthetische" Denken, wie es Dieter Henrich im Anschluss an die Traditionen „spekulativen Philosophierens"

---

[1] Aufschlussreich sind Henrichs Worte: „Es gibt keinen Mythos und keine Religion, die nicht eben jenes Denken in Anspruch nehmen, das im Prozess der Subjektivität verwurzelt ist. In Mythos und Religion ist dies Denken freilich unausdrücklich und also ohne Kenntnis seiner selbst am Werke. Es bildet sich im Medium des Entwurfs von Geschichten aus, die eben deshalb, weil sie lebenserschließende und lebensbewahrende Bedeutung haben, als verbindliche Grundlagen des Lebensvollzugs eingesetzt und aufgenommen werden können." (D. Henrich, *Denken und Selbstsein. Vorlesungen über Subjektivität*, Frankfurt am Main 2007, 252)

zu erneuern sucht, nicht auch zum Gelingen einer interreligiösen Verständigung beitragen, weil es religiöses Bewusstsein in eine Selbstreflexivität erhebt, in der es *von sich her* in der Bestimmtheit seines Geltungsanspruchs – auch für eine selbstkritische Wahrnehmung – zugänglich wird.[2] Die darin intendierte Universalität lässt Religionen also weder bloß als *kulturimmanentes* Thema behandeln noch auch an allgemeinen Kriterien eines *geschichtslosen* Religionsvergleichs messen. Spekulatives Denken weiß sich vielmehr einer Theorie-Praxis-Dialektik verpflichtet, in der Begriffe ihre Praxis suchen und Praxis Grundlage eines Verstehens wird, das in unserer Frageperspektive z.B. Religionen in ihrer „lebenserschließenden und lebensbewahrenden Bedeutung" und insofern auch als „verbindliche Grundlage" des Lebensvollzugs selber zu erhellen vermag.

1. Vergewisserungen des Grundgedankens

Wenn nun Henrichs Denkansatz als Universalisierungsangebot im interreligiösen Verständigungsprozess wie überhaupt für eine vernünftige Wahrnehmung des Gottesthemas in einer pluralistischen Öffentlichkeit erfragt werden soll, gilt es vorweg schon seine Kritik an einer Denkform des Göttlichen zu hören, die es in „ichvergessener" Gegenständlichkeit von der Welt her zu fassen sucht. Die Kritik folgt dem Gedanken des „wahrhaft Unendlichen", das den Gegensatz von Endlichkeit und Unendlichkeit umgreift und seine *Gründungskraft* in selbstbewusster Lebensführung erweist. Der Grund gründet durchgängig bewusstes Leben (ermöglicht es nicht bloß) und *deshalb* ist „das Endliche in das Unendliche einbezogen."[3]

Dieser Rückgang in die Subjektivität *und* deren „Überstieg" im Ausgriff auf einen erfahrenen und gleichwohl entzogenen Grund („Metaphysik im Überstieg"[4]) vermag auch die *Eigenart* religiösen Daseinsverständnisses zu klären, das sich nicht „positivistisch" in einem dualistischen „Jenseitsdenken" auf eine ganz andere Welt richtet, vielmehr an Schlüsselerfahrungen *eigentlichen* Lebens[5] zurückgebunden bleibt, in denen sich der Grund *im* selbstbewussten Subjekt als sinnorientierende Daseinserhellung manifes-

---

[2] Religion erscheint in subjektorientierter Betrachtung als ein Daseinsvollzug, der sich selbst in bestimmten Einstellungen, Verhaltensweisen und auch rituellen Handlungen auslegt und darin sich in seiner Bestimmtheit zu verstehen gibt.

[3] D. Henrich, *Selbstbewusstsein und Gottesgedanke*, s.o., 21.

[4] Ders., Eine philosophische Begründung für die Rede von Gott in der Moderne. Sechzehn Thesen, in: D. Henrich u.a. (Hg.), *Die Gottesrede von Juden und Christen unter den Herausforderungen der säkularen Welt*, Münster 1997, 10–20, hier 17.

[5] Ders., *Selbstbewusstsein und Gottesgedanke*, s.o., 21; „Die Philosophie aber ist nicht nur aus dieser Wurzel hervorgegangen. Sie hat aus ihr auch immer wieder die Kraft gezogen, sich neu zu formulieren." (Ders., *Denken und Selbstsein* [wie Anm. 1], 48)

tiert. Das *Wissen* um die Unhintergehbarkeit der Subjektivität in aller Welterfahrung, die jeden subjektvergessenen „Objektivismus" des Denkens bricht, hat auch zur Folge, dass die „Wurzeln und Gründe der Religion" noch in dem aufzeigbar bleiben müssen „was der modernen Selbst- und Welterfahrung eigentümlich ist".[6]

„Gott" ist kein von der Welt her aufweisbarer oder rational beweisbarer Sachverhalt, sein Selbsterweis lässt sich – wenn man so sagen darf – nur lebensgeschichtlich aus dem bewussten Lebensvollzug selbst heraus vergewissern. Diese Neufassung des „ontologischen Gottesbeweises" erhält unter Einbeziehung „bewussten Lebens" in speziell theologischer Hinsicht eine *fundamentale* Bedeutung und Tragweite, weil sie „Theorie" und „Praxis" dialektisch so miteinander verbindet, dass die freie Lebensführung zur Erfahrungs- und Vergewisserungsbasis einer sich in dieser „Immanenz" erweisenden göttlichen Transzendenz wird.

Das Denken im Rückgang in den Grund des Selbstbewusstseins, sagt Henrich, „hat die Subjektivität als ganze und somit zusammen mit ihrem welterschließenden und in einer Welt positionierten Dasein zum Thema"[7]. In dieser jede existentialistische Disjunktion von Welt und Existenz überholenden Weltlichkeit selbstbewussten Daseins muss der Mensch – im Nichtwissen um seine Herkunft und Zukunft – sein *eigenes* Leben in geschichtlich einmaliger Selbstheit führen und kann es nur in einer orientierenden *Selbstverständigung* auf sich nehmen, die im „Widerstreit von Sinn und Unsinn" einen „Lebenssinn" – wenn überhaupt – aus dem sich gewährenden Grund der Subjektivität im Horizont des Mitseins zu erschließen vermag.

Immer sucht Henrich den erfahrenen Grund der Subjektivität mit dem spekulativen Gedanken („Idee") von einem „Ganzen" jenseits der erkennbaren Welt zu verbinden, in das sich vereinzelte Subjekte *ursprünglich* einbegriffen wissen.[8] Denn die unbezweifelbare Tatsache, dass Subjekte selbst in einer (primären) Welt „positioniert" sind, rückt die Zugehörigkeit zur Welt in den Horizont des im Selbstwissen erfahrenen Grundes, der als Grund eines *Ganzen* auch ein Leben „in der Erfahrung dieses Ganzen" ermöglicht und fundiert.[9] Dagegen wird in der andersgearteten Erkenntnisbewegung im Übergang von der „primären Welt" zur wissenschaftlichen

---

[6] Ebd., 15.
[7] Ders., *Denken und Selbstsein* [wie Anm. 1], 43.
[8] Vgl. dazu die Überlegungen in: Ders., *Bewußtes Leben. Untersuchungen zum Verhältnis von Subjektivität und Metaphysik*, Stuttgart 1999, 85–138, 194–216 und in: Ders., *Denken und Selbstsein* [wie Anm. 1], 249–366.
[9] „In dem Denken (aber), das sich auf das konzentriert, was wir eigentlich von uns wissen, werden wir über uns selbst hinausgeführt und gelangen zu einem Ganzen, das uns ebenso überragt, wie es uns ein Leben ermöglicht das wir frei in der Erfahrung dieses Ganzen führen können." (Ders., *Denken und Selbstsein* [wie Anm. 1], 26)

Welt das Subjekt selbst „ortlos" und der wirkliche Vollzug personalen Lebens undenkbar. Deshalb erfordert die Überwindung dieser – selbstbewusstes Leben eliminierenden – Objektivitätsauffassung ein „extrapolierendes" Denken, das im Überstieg der Subjektivität das Subjekt in seinem Grunde *und* der Eingeborenheit in ein *Ganzes* erschließt, in dessen Erfahrung auch ein freies Sich-Einlassen auf das Leben in bewusster Selbsttat möglich wird.[10] Menschliches Dasein vermag in solcher Selbstverständigung durchaus zu einer „positiven Lebensbilanz" zu gelangen, ohne das Negative im Leben bagatellisieren oder verdrängen zu müssen.

Dieser Weltbezug der Subjektivität, in dem sich Subjekte als leiblich „inkarnierte" Wesen im Mitsein voraussetzen müssen, wird auch, wenn ich Henrich recht verstanden habe, zur Basis einer Sinnerschließung religiösen Bewusstseins. Der religiösen Erfahrung gegenüber versagen nämlich alle bloß theoretischen Rechtfertigungsversuche im Ausgang von der Welt. Selbst der Hinweis auf eine bestaunenswerte Ordnung des Universums in einer theoretisch-ästhetischen Überhöhung der physikalischen Welt käme als Begründungsargument schon zu spät, weil sich die „lebenserschließende und lebensbewahrende" Funktion der Religionen einer *Grund*erfahrung verdankt, die der Intentionalität unseres Weltwissens entgegengesetzt bleibt und infolgedessen der „Kehre" in einem „extrapolierenden" Denken im Ausgriff auf ein Ganzes bedarf.[11]

Eine atheistische Selbstinterpretation muss diese radikale, diese ursprüngliche und in gewissem Sinn auch wieder selbstverständliche Wirklichkeit des Grundes *in* dieser Selbstermächtigung genauso verfehlen wie eine theistische Gottesvorstellung im Ausgang von der Welt. Denn die in der Gottesleugnung grundsätzlich unterstellte Gegensätzlichkeit von Selbstbewusstsein und Gottesgedanken verkennt die „absolute Position" des Subjekts im Wissen des Wissens um sich selbst. Eben diese Immanenz des Absoluten weist jedes linear-gegenständliche Denken in die Schranken und verlangt ein „spekulatives" Denken, das im Eigentlichsten, im Singulären selbsthaften Lebens die *ursprüngliche* Einheit des „Einen" von allem,

---

[10] „Dieser Ausgriff wird umso dringender, je mehr das Subjekt von der Frage nach der Bewandtnis seines Lebens bedrängt und in Orientierungskonflikte gezogen wird. Diese Frage geht darauf, ob das Ganze, dem jener Grund zugehört, von dem es weiß, dass es ihn nicht ausforschen kann, in einer Konkordanz mit seinem Lebensvollzug steht oder ob es gegen dies[es] Leben gänzlich indifferent ist, sodass jegliche Affirmation, unter der das Leben sich vollziehen kann, nur aus ihm selbst gewonnen oder herausgesonnen werden müsste." (Ebd., 251)

[11] „Die Religionen sind ebenso Versuche, sich dieses Ursprungs und der Mächte zu versichern, die dem Leben Bedeutung und Bewahrungskraft zuwachsen lassen. Die darin wirksame Praxis vollzieht sich immer zugleich um der emotionalen Beruhigung, Vertiefung und Steigerung des Lebens willen angesichts von vielfältig unfassbarem Menschengeschick." (Ebd., 252)

des unendlichen All-Einen im Einschluss des Endlichen ergreift, ohne die Differenz zum Verschwinden zu bringen.¹²

In diesem Zusammenhang bringt Henrichs scheinbar beiläufig eingestreute Bemerkung im Manuskript *Selbstbewusstsein und Gottesgedanke* einen elementaren Sachverhalt zum Ausdruck. Er bemerkt nämlich, dass die *Grund*erfahrung nicht nur mit der Selbstbestimmung des Menschen kompatibel ist, sondern ihrer auch „bedarf".¹³ Dieses „Bedürfen" meint nicht nur den Grund *im* Selbst und dessen Konstitution (Ermächtigung und Zueignung), sondern auch die *Beanspruchung* der freien Selbstbestimmung durch den Grund, der sich selbst („Inhalt") nur in einer entsprechenden *Form* als ursprüngliche Einbergung einzelner Subjekte in ihrer Einzelnheit zu manifestieren vermag. Anders gesagt: Nur im Modus freier Ergriffenheit und praktischer „Entschiedenheit" – in dieser Form von Selbstheit – kann sich der Grund als Sinngebung bewussten Lebens zur Erscheinung bringen und Leben in einer *Ent-sprechung* fundieren.

Sehr behutsam nähert sich Henrich in seinen „Gedanken zur Dankbarkeit"¹⁴ der religiösen Erfahrung, um ihr Sinnpotential aus Schlüsselerfahrungen bewussten Lebens zu verdeutlichen. Er erläutert sie vor dem Dunkel menschlicher Leidensgeschichten und sucht eben in dieser Bedrohtheit des Lebens die *Kraft* des Grundes für ein lebenswertes Leben aufzuspüren. „Gehört gerade solche Not dem Leben wesentlich zu, dann ist es auch notwendig, dass das Leben durch diese Erfahrung hindurchgeht, wenn es seiner selbst soll inne werden können – und zwar im Blick auf seine Welt, mehr aber noch in der Vergegenwärtigung des Grundes, von dem her es sich bildet und aus dem es in seinem gesamten Verlauf die Möglichkeit zu seiner Selbsterhaltung als bewußtes Leben gewinnt."¹⁵ Deshalb gilt die Lebenszustimmung eigentlich nicht der Not als solcher, sondern „dem Gang durch das ganze Gefüge einer Erfahrung, die bewußtes Leben, und zwar unter Einschluß der Not, zu dem macht, was es sein kann."¹⁶ Jetzt erst zeigt die Grunderfahrung in weltlicher Konkretisierung als *Vermögen* der Daseinsannahme ihr scharfes Profil. Eigentlich ist der Mensch in dieser Erfahrung selbst die Kraft, den Schmerz der Unversöhntheit in der Daseinsannahme subjekthaft zu ertragen. So wirkt das wahrhaft Unendliche im *Eigentlichsten* subjekthaften Lebens. Jede Rechtfertigung der Lebbarkeit bewussten Lebens durch den Menschen käme hier zu spät, weil der

---

¹² „Das All-Eine ist jenes selbstgenügsame Eine, das sich selbst ursprünglich in Alles *differenziert* hat oder das kraft seines Wesens ursprünglich in alles differenziert *ist*. Diese Selbstdifferenzierung ist die Eigenschaft, die an die Stelle der ursprünglichen Differenz zwischen der Einheit und dem Vielen getreten ist." (Ebd., 269)
¹³ Ders., *Selbstbewusstsein und Gottesgedanke*, s.o., 20.
¹⁴ Ders., *Bewußtes Leben* [wie Anm. 8], 152–193.
¹⁵ Ebd., 188 f.
¹⁶ Ebd., 189.

Lebensvollzug selber eine für alle Selbstreflexion reflexiv uneinholbare Evidenz besitzt. Gerade die Unbedingtheit des Absoluten manifestiert sich im „Standhalten", sozusagen im offenen Wagnis eines bedrohten und in seiner Identitätssuche „widerständigen" Lebens. Deshalb sucht Henrich das „Positive", die positiven Lebenserfahrungen bzw. Schlüsselerlebnisse, in denen das Dasein für ihn lebenswert, zustimmungsfähig und zum Anlass einer Dankbarkeit wird, die sich als „kontemplative Dankbarkeit" zuletzt nicht einmal einem intendierten Adressaten verdankt, weil sie Präsenz und Erfahrung des Unbedingten selber ist.[17]

Ein derart erinnerter Gott hätte alle Instrumentalisierungen und Funktionalisierungen im Sinne endlicher Interessen und Zwecke hinter sich gebracht, weil keine von der Welt ausgehende Erhebung das Unbedingte zu erreichen vermag, das sich – wenn überhaupt – nur für ein selbstbewusstes Subjekt in den Sinndimensionen seines Selbstseins bezeugen kann. Eine so verstandene Erfahrung des Unbedingten bringt sich in den Gefährdungen des Lebens als eine *bloß* menschlicher Anstrengung entzogene und doch ureigene Einwilligung in das Dasein, d.h. als *Vermögen* oder *Können* der Freiheit zum Ausdruck.

2. Subjekttheorie als religionsphilosophisches Universalisierungsangebot

In dieser Perspektive wird auch das kommunikative Potential des subjekttheoretischen Grundansatzes für die Theologie als Gottesrede in einer weltanschaulich-religiös pluralistischen Öffentlichkeit erfragbar.

1. Diese „Metaphysik des Überstiegs" kann rationale Konstruktionsansprüche einer geschichtslosen Vernunftreligion in die Schranken weisen, weil die Lebensrelevanz von Religion nur als Sinnerfahrung in konkreten (kulturellen) Kontexten denkbar und – wenn wirklich – auch verstehbar wird. Auch wenn Religionen um die Logik *ihres* „Denkens" selbst nicht ausdrücklich wissen, verkörpern sie in ihrer Vollzugs- und Ausdrucksgestalt öffentlich eine Sprache des Lebens gegen die „Mächte der Finsternis und des Todes" (M. Luther), sie affirmieren die Würde des Menschen in einem nicht aus dem Menschen selbst ersonnenen „Ja", das ein Leben auch in Konflikten innerlich hält und annehmen lässt. Und sie können sich auch im Bann des heute um sich greifenden „Naturalismus" kulturell als Kräfte des Widerstands erweisen, die eine in ihren Grundlagen bedrohte „Anerkennungskultur" zu inspirieren und zu stützen vermögen.[18] Gewiss: Reli-

---

[17] Ebd., 182 f.
[18] Vgl. dazu auch J. Habermas, *Zwischen Naturalismus und Religion. Philosophische Aufsätze*, Frankfurt am Main 2005 und meine Replik in: *Weltfähiger*

gion geht nicht auf in der „Andacht zur Welt", aber es gibt keine Gottunmittelbarkeit, die sich nicht durch Welt und insbesondere durch Welt als geschichtliche *Mitwelt* und deren „Vertiefung" vermittelt und zur Erfahrung bringt. Oder mit Henrich gesprochen: „[...] die Fundierung des Glaubens der Religionen in Gedanken und Erfahrungen des bewußten Lebens [...] versteht die Brüderlichkeit der Menschen nicht überschwenglich als weltverwandelndes eschatologisches Ziel jenseits jeder Profanität des Alltags."[19]

2. Die Stärke dieses subjekttheoretischen Ansatzes zeigt sich auch darin, dass er die fundamentaltheologische Suche nach „Glaubensgründen" („fides quaerens intellectum") an den Vollzug bewussten Lebens selber zurückbindet. Kraft dieser lebensgeschichtlichen Verankerung kann der „Wahrheitserweis" nicht mehr im Logos einer subjektlosen und erfahrungsenthobenen Argumentationssprache erfolgen. Sie verlangt eine Einheit von Theorie und Praxis, in der beide Momente einander fordern und ihre Kompetenz behaupten. Der Begriff, der seine Praxis in geschichtlicher Öffentlichkeit sucht und sie als unveräußerliche Basis bei sich hat, und eine Praxis, die ohne Begriffe erblinden müsste.

3. Die Entdeckung und Einübung einer *spekulativen* Denkform, die subjekttheoretisch Religionen in ihrer lebenserschließenden und lebensbewahrenden Kraft ermisst, vermag den Hang zu doktrinären oder dogmatischen Selbstinterpretationen zu brechen, der mit seinen Ausgrenzungen immer wieder zur Quelle gewaltsamer Auseinandersetzungen wird. Denn die Freilegung religiöser „Denklogik" wäre schon *als solche* kommunikativ, weil sie das Universale im Konkreten sucht und zur Sprache bringt. Dieser Intention will freilich erst der spekulative Gedanke von der ursprünglichen Einheit des alles Endliche in sich begreifenden und begründenden „All-Einen"[20] genügen, den Religionen auf je ihre Weise in „Heilserfahrungen" oder „im Medium des Entwurfs von Geschichten" als Halt und Orientierung selbstbewusster Lebenspraxis gegen die vermeintlich unüberwindlichen Zwänge einer normativen Realität oder Macht des Schicksals vertreten. Spekulatives Denken kann dieses humane und humanisierende Potential religiöser Erfahrungen entfalten helfen.

4. Bedeutet die Reklamierung der Erfahrungs- und Referenzbasis bewussten Lebens die Erneuerung des *mystischen* Grundgedankens von

---

Glaube. Theologisch-politische Schriften, Münster u.a. 2008 (Religion – Geschichte – Gesellschaft 35), 335–350 und 351–365.

[19] D. Henrich, Eine philosophische Begründung für die Rede von Gott in der Moderne [wie Anm. 4], 10–20, hier 20.
[20] Vgl. Anm. 12.

der Präsenz Gottes in der Seele und der Seele in Gott, so will Henrich, wie es scheint, diesen mystischen Gedanken jedoch in einer *Vergeschichtlichung* erschließen, weil der Mensch nicht nur selbstbewusstes Subjekt, sondern Subjekt als Person in personaler Mit-Welt ist. Wenn freilich das mystische „Gottvermögen" seine jeweils bestimmte Wirklichkeit nur in geschichtlich-kontextualisierten Vollzugs- und Ausdrucksgestalten zu gewinnen vermag, läge es wohl auch in der Konsequenz dieses Gedankens, dass Gott nur im geschichtlichen Dasein des Menschen und durch ihn *selbst* die Wirklichkeit zu erreichen und zu erfüllen vermag. Der Begriff „Gott" ist nicht Resultat eines menschlichen Ergreifens Gottes, vielmehr Ausdruck einer Ergriffenheit durch den anwesenden und doch sich immer auch entziehenden Grund. Deshalb könnte man diese Subjekttheorie auch als „radikalisiertes Bilderverbot" interpretieren – nicht um einem weltlosen Gottesverständnis Vorschub zu leisten, sondern um die wahre Immanenz Gottes als des „All-Einen" in ihrer Unverfügbarkeit sichtbar zu machen. Anders gesagt: Gott ist nur „dialektisch" oder „spekulativ" in seiner postulierten und erwiesenen *Weltfähigkeit* im Vollzug „bewussten Lebens" zu ergründen.

3. Subjekttheorie und theologische Denkform

Im Anschluss daran sei noch die Relevanz dieser Subjekttheorie in zwei fundamental-theologischen Hinsichten wenigstens andeutungsweise angesprochen.

Erstens: Neuzeitliche Theologie muss sich im Umkreis der Religionskritik und gegenüber dem nicht verstummenden Sinnlosigkeitsverdacht selbstkritisch fragen, was überhaupt ihre Rede als Gottesrede qualifiziert. Wie ist grundsätzlich eine Sagbarkeit Gottes denkbar, in der er nicht in eine endliche Singularität verkehrt werden muss? Was begründet die Eigenart dieser Rede und den Sinn ihres Objektivitätsanspruchs? Wenn eine Theologie sich subjekttheoretisch dieses Objektivitätsanspruchs vergewissert, müssten sich Aussagen „von" und „über" Gott als Vergegenwärtigung des lebensermöglichenden und -bejahenden Grundes selbstbewussten Lebens in der *Einbergung* einzelner Subjekte in ein überschreitendes Ganzes begreifen. Jede in Aussagen sich artikulierende Gottesrede wäre die sprachliche Objektivierung eines ursprünglichen „Einheitserlebnisses" (R. Reininger)[21], das nicht nur praktisch zur Bewährung, sondern in kultischen Handlungen

---

[21] Vgl. meinen Beitrag: Urerlebnis und Glaube bei Robert Reininger, in: J. Reikerstorfer, *Vom Totalexperiment des Glaubens. Beiträge zur Logik christlicher Gottesrede*, Frankfurt am Main 2008, 273–285.

auch als Innerlichkeit *in* Äußerlichkeit, als Subjektivität *in* Objektivität zu ihrer Positivierung gelangt.

Der Theologie wird eine *Denkform* abverlangt, die sich in einer unabschließbaren *Revision* ihrer Begrifflichkeit den Kategorien weltlichen Erscheinungswissens entwindet. Denn Gottes Transzendenz oder Absolutheit (das „Gott-über-Gott") ist – subjekthaft – die Kraft einer freien Öffnung oder *Selbst*-Übereignung an das unbegreifliche „All-Eine" als des sich differenzierenden Grundes von allem. Sie zielt auf eine Einheit, in der sich die menschliche Selbstüberantwortung in der Affirmation einer *in* ihr sich auch je vertiefenden „Erkanntheit" (vgl. 1 Kor 13,13) vollzieht.[22] Insofern ist es das so ermächtigte Subjekt selbst, das in der Wirklichkeit Gottes zur eigenen Wirksamkeit gelangt.[23] Zuletzt kann nur diese Weltimmanenz Gottes, in der er sich in der Hereinnahme des Endlichen bekundet, den biblischen Monotheismus von dem Verdacht einer pluralitätsfeindlichen Einheitsideologie befreien. Schellings „Herr des Seins" ist nicht dessen Be-

---

[22] Das Wissen um den alles begründenden und innerlich durchmessenden Grund ist nicht ein verfügbares, vom Menschen selber herstellbares und überschaubares, sondern ein je schon verwiesenes und verfügtes Wissen. Es ist nicht nur „lichtend" aus einer ursprünglichen Gelichtetheit, weisend aus einer ursprünglichen Verwiesenheit, erkennend aus einer ursprünglichen Erkanntheit, sondern ist, wenn ich Henrich recht verstanden habe, im lichtenden, weisenden und erkennenden Vollzug selber das vergegenwärtigende Ereignis des Grundes in *seiner* Gründung oder die Erkenntnis des Grundes in der Einheit von genetivus objectivus und genetivus subjectivus. So durchmisst das spekulative Denken in der „Armut" des Nichtwissens (Sokrates) einend das Ganze der Wirklichkeit, ohne dass es ihm verfügbar und durchschaubar wird.

[23] So muss z.B. die christologische Rede von der Selbstmitteilung Gottes im „Sohn" als innere Ermächtigung einer selbstbewussten und freien Lebenstat verstanden werden, durch die Gottes Erlösungsinitiative geschichtlich vollzogen und unwiderruflich wurde. Auch wirkt der göttliche „Geist" nur subjekthaft in Menschen, die im freien Selbstvollzug oder Vollzug ihrer Selbstheit – also im Eigentlichsten der „Überzeugung" – zu Zeugen der göttlichen Wahrheit werden können. Die praktische Kategorie der „Unterbrechung" reflektiert das Wahrheitszeugnis des Evangeliums in heutiger Öffentlichkeit in diesem Rückbezug auf die subjekthafte Basis eines praktischen Selbsteinsatzes. Ein in selbstvergessener Objektivität imaginierter Einbruch Gottes in die Welt etwa im Sinne „apokalyptischer" Untergangsphantasien muss schon aufgrund des Schöpfungsglaubens und der in ihm vorausgesetzten Verklammerung von „Gottesgedächtnis" und „Menschengedächtnis" ausgeschlossen werden. Vgl. dazu meinen Versuch: Zu einer politischen Hermeneutik des biblischen Schöpfungsglaubens, in: R. Langthaler (Hg.), *Evolutionstheorie – Schöpfungsglaube*, Würzburg 2008, 101–120 und meine Interpretation der „Seinsanalogie" als Implikation einer weltverändernden Hoffnung in: *Weltfähiger Glaube. Theologisch-politische Schriften*, Münster 2008, 279–287. Die Rede von der „Auferweckung der Toten" z.B. enthält eine Aufklärung über unsere todbringenden Verhältnisse und kann nur in dieser Aufklärung identifizierbar und tradierbar bleiben. Diese „Dialektik" muss in allen Inhalten der christlichen Gottesrede berücksichtigt werden.

herrscher, sondern die erfüllende Wirklichkeit des Wirklichen selber. Die wahre Weltimmanenz Gottes müsste also gegen jede Immanentisierung Gottes in einer auch entsprechenden Sprachform zum Ausdruck kommen. Mit anderen Worten ist Gott nur „dialektisch" und nicht in direkter Intention als Gegenstand sprachlicher Vermittlung erreichbar, was wohl Henrich in der geforderten „Logik revisionären Denkens"[24] im Auge hat.

Henrichs Denkform hat schon im Grundansatz ein *supranaturalistisches* Offenbarungsdenken, das die Welt nur als Basis und Hintergrund für eine „übernatürliche" Offenbarung versteht, genauso überwunden wie eine wirklichkeitsleere *Worttheologie*, die sich im steilen Einbruch der Transzendenz Gottes in die Lebenswelt der Menschen jeden Anknüpfungspunkt beim Menschen und seinen geschichtlichen Erfahrungen verbieten möchte. Was wir „Wort Gottes" nennen, will in der Analogie des geistigen Wortes das *wirklichkeitsmächtige* Anwesen Gottes selber, seine Präsenz und Nähe, also Geist und Kraft im Anderen seiner selbst imaginieren. Eben diese Wirklichkeitsrelevanz muss sich in einer unkritisch-anthropomorphen Worttheologie verflüchtigen. Denn der Mensch ist als Subjekt in *seiner* Welthaftigkeit das *Vermögen* oder *Können*, in dem Gott zum Gott der Wirklichkeit im Ganzen wird.[25]

Schließlich erhält dadurch auch der geschichtstheologische Begriff vom „Handeln Gottes" einen kritisch haltbaren Sinn. Die Weltgeschichte ist nicht unmittelbar Heilsgeschichte, aber nur in der Weltgeschichte können – nach dem oben geklärten Weltverständnis – auch heilsgeschichtliche Ereignisse im Rückgang in die Subjektivität und deren „Überstieg" ihren Sinn erschließen. Entscheidend ist nämlich das Verständnis des „In" göttlicher Weltimmanenz in der praktischen Rede vom „göttlichen Handeln". Seine Wirklichkeit schließt zwar einen „gegenständlichen" Eingriff in den Geschehenszusammenhang der Geschichte aus, ist aber auch nicht als bloßer Ausdruck uneigentlicher Rede zu deuten. Es meint nicht die Symbolisierung einer abstrakt-allgemein verstandenen Eingeborgenheit von allem in Gott als dem „All-Einen". Die Eigentlichkeit dieser Wirklichkeit verlangt, dass es in einer *geschichtlichen* Welt – wenn überhaupt – auch einer *geschichtlichen* Durchsetzung und Vergegenwärtigung der in Gott, dem unendlich „Einen", eingefassten Weltwirklichkeit bedarf. Gott ist insofern in der Welt, als die Welt in ihm zu ihrer Wahrheit kommt und Gott als die Wahrheit des „Ganzen" erkennbar wird. Er ist kein abständig-ferner Gott, er erweist (offenbart) seine Transzendenz in der Immanenz eines in ihm gefassten, in ihm *innerlich* fundierten und nicht bloß ermöglichten Daseins. So wird die in Gott gemessene Welt Inhalt eines geschichtlichen Offenbarungsereignisses als rechtfertigender Durchsetzung und Aufrichtung der göttlichen Welt und der ihr gemäßen Weltsicht.

---

[24] Henrich, *Denken und Selbstsein* [wie Anm. 1], 269.
[25] Vgl. Reikerstorfer, *Weltfähiger Glaube* [wie Anm. 18], 289–314.

Zweitens wäre von diesem subjekttheoretischen Ansatz her auch ein theologischer *Schöpfungsbegriff* (neu) zu konzipieren, der die Idee der „Schöpfung" nicht im subjektvergessenen Ausgang von der Welt, sondern *innerhalb* der Grund-Erfahrung des Selbstbewusstseins als *durch* und *in* Gott zu ihrer eigentlichen Wahrheit gebrachte Daseinswirklichkeit zu fassen sucht. Im Schöpfungsglauben ist Gott das ungemessene Maß und deshalb auch letztes Beurteilungskriterium von allem, was ist und geschieht. Gefragt wäre also ein Schöpfungsbegriff, der nicht mehr in jene geistlose – und doch allzu eingewurzelte – Denkform zurückfällt, die mit Kategorien der Welterkenntnis auch das Gott-Welt-Verhältnis bestimmt. Ein im Subjekt verwurzelter Schöpfungsgedanke müsste in der Differenz von Endlichem und Unendlichem die ursprüngliche Einheit eines (sich differenzierenden) Ganzen als gründende und sinngebende Einbergung der Subjekte und ihres Weltumgangs begreifen. Sein Sinn läge nicht in der ontologischen Umrahmung durch einen vorhandenen Seinsbestand, vielmehr in einer konkret erfahrbaren Zu-eignung und inneren Fundierung selbstbewusster Lebenspraxis im Miteinander weltlich „positionierter" Subjekte. Die „Idee" der Schöpfung, in der alles, was ist und geschieht, seinen letzten Sinn zu gewinnen vermag, meint im Unterschied zur Harmonie des griechischen Kosmos immer schon den nur unter Voraussetzung der Subjektivität erfahrbaren „Heilssinn" des Ganzen. „Schöpfung" hingegen als bloßes Interpretament des Glaubens, d.h. als eine nur im Glauben anders gedeutete Welt verriete bereits im Ansatz die Primärfixierung einer Realität, die im Ausschluss des Subjektes zwangsläufig auch diesen ganzheitlichen Wirklichkeitssinn von Schöpfung verfehlen muss.

Die Kausalitätskategorie wäre einem solchen Schöpfungsverständnis gegenüber völlig inadäquat und inkompetent. Die „Idee" einer sich differenzierenden Einheit des Ganzen in der Eröffnung des Grundes selber überholt auch die Trennung von Form und Inhalt, wie sie für die menschliche Welterkenntnis gilt, weil sich die letzte Bejahtheit des Lebens nur *in* seiner freien Annahme als nicht dem Leben selbst entstammende Sinngebung offenbaren kann.

Mit kosmologischen Spekulationen hinsichtlich einer „creatio ex nihilo" hätte ein solches Schöpfungsverständnis nichts zu tun, weil das „ex nihilo" nur den Grund im Dasein und das Dasein als Da-sein des Grundes in konkurrenzloser Ausschließlichkeit meinen kann. Spekulatives Denken zielt auf eine ursprüngliche Einheit von Inhalt und Form, in der sich der Inhalt seine Form erwirkt, um sich im Da-sein entfalten zu können. Insofern läge es in der „Idee" von „Schöpfung", dass die *Beanspruchung* der Subjektivität als inneres Moment hineingehört in die Erfahrung des unendlichen und selbstgenügsamen „Einen", „das sich selbst ursprünglich in alles *differenziert* hat oder das kraft seines Wesens ursprünglich in alles differenziert ist".[26]

---

[26] Henrich, *Denken und Selbstsein* [wie Anm. 1], 269. Oder in theologischer Sprache: Wenn Gottes Liebe Grund der Schöpfung ist, kann sich der Sinn von

An der Stelle zeigt sich aber auch die Unhaltbarkeit einer am Gedanken der Seinsmitteilung orientierten und sich in einer gestuften Partizipation am göttlichen Sein explizierenden Schöpfungslehre, weil die Vorstellung bloßer Seinspartizipation noch nicht die Präsenz Gottes im Selbstbewusstsein und eine darin fundierte Rede von der Schöpfung zu erreichen vermag.[27] Subjekttheoretisch wäre dieses Partizipationsdenken (und eine ontologisch fundierte Analogielehre) als verendlichende Immanentisierung des unendlichen „Einen" zu kritisieren, die gerade den Gedanken wahrer Immanenz Gottes verfehlt. Ließe sich der subjekttheoretische Ansatz dann nicht auch als tragfähige Basis für eine Neuinterpretation der sogenannten „analogia entis" heranziehen? Wie vermag das Endliche in der Einheit des Ganzen dem Grund desselben zu entsprechen? Eine Textpassage aus Henrichs *Denken und Selbstsein* mag anstelle weiterer Ausführungen den Sinn dieser Analogizität zu verdeutlichen helfen. „Einzelne sind charakterisiert durch Prozesse der differenzierenden Entfaltung nach innen und durch ihre Selbstbewahrung in der Außenbeziehung. Die Selbsterhaltung gewinnt ihre Kraft aus der Selbstdifferenzierung, durch die hindurch sich die Identität des Einzelnen erhält und weiter spezifiziert. Personen als Subjekte sind als Einzelne gemäß dieser Bedeutung zu verstehen."[28]

4. Befragungen

Abschließend sei es dem Theologen auch gestattet, einige Fragen an Dieter Henrich zu richten, die ihn vielleicht veranlassen könnten, seinen subjekttheoretischen Grundgedanken an einigen konkreten Bewährungsfeldern weiter zu verdeutlichen.

Schöpfung nur in der freien Annahme und im Nachvollzug des göttlichen Ja – und nicht als bloßes Echo desselben – erfüllen. Für das christliche Schöpfungsverständnis ist die Erfüllung der Schöpfungsidee (als Einheit von Inhalt und Form) in der Inkarnation des „Sohnes" und dem subjekthaften Vollzug des „Menschensohnes" geschichtlich in Erscheinung getreten. „In ihm, [...] durch ihn und zu ihm ist alles erschaffen" (Kol 1,16). Und er ist in der Geschichte das innerste principium der Geschichte, ihr Boden, ihr „Urgrund" (Offb 3,14), ihr Ziel, ihr alles bewegendes Worum-willen, „das Alpha und das Omega [...], der Gott, der da ist und der da war und der da kommt" (Offb 1,8).

[27] An diesem Punkt hat sich auch die Kritik Anton Günthers (1783–1864) am naturalistischen Schöpfungsverständnis der Scholastik entzündet, weil das vorwaltende Naturdenken griechischer Provenienz noch nicht der „geistigen Struktur" des Weltdaseins im Ganzen gerecht zu werden vermochte. Vgl. meine Arbeiten zum Schöpfungs- und Erlösungsverständnis bei A. Günther – jetzt in einer Zusammenfassung in: Reikerstorfer, *Vom Totalexperiment des Glaubens* [wie Anm. 21], 312–335.

[28] Henrich, *Denken und Selbstsein* [wie Anm. 1], 357.

1. Im heutigen Welthorizont global verhinderten, unterdrückten und beschädigten „Mitseins" wird wohl die Frage unumgänglich, ob die Anerkennung der Anderen als „Selbstzweck" nicht auch deren eigene Erfahrungen wahrzunehmen gebietet und die Anerkennungspraxis in einer produktiv-verändernden Form solidarischen Beistands erzwingt. Wäre die „Ursprünglichkeit" einer Lebensbejahung in einem Leben „aus der Erfahrung des Ganzen" nicht auch in der negativen Form eines leidenschaftlichen „Vermissens" für Andere denkbar? Denn es verfehlt die „praktische Vernunft ihre eigene Bestimmung, wenn sie nicht mehr die Kraft hat, ein Bewusstsein für die weltweit verletzte Solidarität, ein Bewusstsein von dem, was fehlt, von dem, was zum Himmel schreit, zu wecken und wachzuhalten."[29] In solchen Vermissungserfahrungen bekundet sich „ex negativo" eine radikale Affirmation der Menschwürde, die der Herrschaft des Vergangenen über die Zukunft widersteht und einer zynischen Anpassung oder resignativen Unterwerfung unter das Gesetz der Faktizität den Boden entzieht und darin auch ihre Bedeutung für einen aufgeklärt-öffentlichen Vernunftgebrauch erweist.

Henrich weiß um die bedrohte Lebensbewandtnis im „Dunkel, das diese Welt durchzieht."[30] Bleibt – so meine Frage – die Grunderfahrung bloß vom Dunkel der Geschichte „umrandet" oder gibt die Geschichte im Schicksal der Anderen auch Fragen auf, die in bewusster Lebensführung nicht verdrängt werden dürfen? Genauer gefragt: Könnte dieses geschichtliche Eingedenken der Anderen nicht gerade als eine besondere Form der „Treue zur Erde", als eine radikale Weise der Affirmation, der *selbst*tätigen Zustimmung zum Dasein auch im Modus eines am Ganzen rührenden „Vermissens" verstanden werden? Henrich plädiert dafür, „die Vergewisserung des Göttlichen über positive Lebenserfahrungen zu leiten, die gegenüber der Erfahrung der Not standhalten, nicht aus den Grunderfahrungen der Schuld, des Leids und der Angst zum Tode."[31] Der Satz ist nicht eindeutig. Meint er bloß Erfahrungen, die in einer Bilanz des Lebens gegenüber den negativen Grunderfahrungen bestehen können? Oder lässt er auch die Lesart zu, dass dieses „Standhalten" in der *angenommenen* Negativität oder Nichtidentität – wenn es denn geschieht – eine besonders qualifizierte Dignität des Lebens „aus dem Grunde" und in Ent-sprechung zu ihm zum Ausdruck bringt? Ein Blick auf die biblischen Glaubenstraditionen könnte schnell ersichtlich machen, dass „Gott" keine heile

---

[29] J. Habermas, *Ein Bewusstsein von dem, was fehlt. Eine Diskussion mit Jürgen Habermas*, hg. v. M. Reder/J. Schmidt, Frankfurt am Main 2008, 30 f.
[30] Henrich, Eine philosophische Begründung für die Rede von Gott in der Moderne [wie Anm. 4], 20.
[31] Ebd., 18.

Selbstidentität in einem leidfreien und sehnsuchtslosen Glück gewährt. Die biblische Gebetssprache ist immer auch eine „Krisensprache", die Ängste nicht verdrängt, sondern zulässt, sich ihnen aussetzt und darin nicht nur wach und freier macht, sondern eben auch die Sprachlosigkeit überwinden lässt (vgl. Mt 26,36–46). Solche Gebete „de profundis" richten sich nicht an einen gegenständlich ausgemachten Gott. Sie finden ihren Adressaten *im* Adressieren selber und sind als sich adressierender Widerstand *in* den Gefahren des Untergangs Vollzug der Hoffnung selber. Wäre eine solche Gebets- und Hoffnungssprache nicht jene Form „präsentischer Eschatologie", in der sich die Nähe des Unnahbaren, das Dasein des unendlich „Einen" in der Welt des Endlichen selbst ereignet?

2. Damit verbindet sich weiters die sogenannte Theodizeefrage im biblischen Paradigma einer *Gerechtigkeitsvision*. Sie nämlich entzündet sich gerade an der Erfahrung unschuldig und ungerecht Leidender, auch der Besiegten und Toten unserer Geschichte, für die es kein irdisches Gerechtigkeitsäquivalent gibt. Aus solchen Vermissungserfahrungen nährt sich das Gottesinteresse als „Hunger und Durst" nach der größeren Gerechtigkeit, die erst in jener Auferweckung der Toten gestillt sein wird, die im Glauben an die singuläre Auferweckung des gekreuzigten Christus verheißen ist. Und schärft nicht gerade diese biblische Heilszusage im Unterschied zu jedem gnostischen Erlösungsmythos den Blick für das verschleierte, das verdrängte oder vergessene Unheil in unserer Welt, kurz: für die Menschheitsgeschichte als Passionsgeschichte und in das Postulat einer strikt universalen Gerechtigkeit? Die biblische Theodizeefrage bedeutet in dieser aufdeckenden Erinnerung gegen das Vergessen keine „Vertagung" menschlicher Leidensschicksale in Gott selbst hinein. Darf dann aber die Rückfrage („Warum das Leid in dieser Welt und vor allem das Leid unschuldig und ungerecht Leidender?") nicht als Ausdruck der „Innigkeit der Lebensnähe" oder der „Immanenz" Gottes verstanden werden, weil sich Menschen mit dieser Frage gegen den Abgrund eines alles vergleichgültigenden Schicksals oder überhaupt gegen einen naturalistischen Kurzschluss des Daseins wehren? Wäre also diese Theodizeefrage nicht in der negativen Form des Vermissens als radikaler Ausdruck einer „Ganzheitserfahrung" interpretierbar, in der „Ganzheit" in einem zeitlichen Nochnicht entzogen und nicht bloß verhüllt bleibt? Und könnte man in dieser Form eine Präsenz des Grundes in einer „präsentischen Eschatologie" erblicken, was mich zur Frage an Henrich veranlasst, ob ihm diese Grunderfahrung im Hineingehen in die Welt und in der Hereinnahme der Welt in den Lebensprozess als Grunderfahrung denkerisch zugänglich ist?

3. Fragen möchte ich, ob sich vom Gedanken der Grunderfahrung her auch verdeutlichen ließe, was für die jüdisch-christliche Religion „Sünde" heißt. Wie geht man mit jenen Unrechtserfahrungen um, die – wenn überhaupt – einer anderen Vergebung bedürfen, als ihre zwischenmenschlichen Formen aufzubieten vermögen? Kann ein solcher „Schmerz" in bewusster Lebensführung versöhnt werden, ohne den Verdacht einer vergesslichen oder sich immunisierenden Selbstversöhnung auf sich zu ziehen? Oder wäre die Annahme dieses Schmerzes selbst als eine Erfahrung des Grundes zu denken, in dem ein Subjekt diese Nichtidentität auf eine eschatologische Versöhnung hin aussteht, in der Gott *gegenwärtig* der sein *wird*, „der alles in allem bewirkt" (1 Kor 12,6) und „alles in allem" ist (1 Kor 15,28)? Bleibt im „Welthorizont" die Überwindung der Finsternis (1 Joh 2,8b) und des Todes (Joh 5,24) in der Liebe, kurz: das johanneische In-Gott-Sein nicht auch noch durchzogen von der Zeitlichkeit des Auf-Gott-hin?

4. Inwieweit können auch epochale Erfahrungen der Menschheit in ihrem Wandel oder Aufgänge neuer Horizonte menschlichen Selbst- und Weltverständnisses als Manifestationen des Grundes im Selbstbewusstsein interpretiert und als unkalkulierbare *Herausforderungen* selbstbewussten Lebens verstanden werden? Wäre z.B. die heutige Weltöffentlichkeit mit ihren leidvollen Gegensätzen und den globalen Kultur- und Zivilisationskonflikten, der implodierenden Gewalt, dem Terrorismus mit seinen Verfeindungszwängen usw. nicht eine neue Dimension der Herausforderung unserer Verantwortlichkeit für Andere in einem bewussten Leben?

In solchen Befragungen geht es nur nochmals um das Moment der „Differenz" in der „All-Einheit" und in alldem eigentlich um das Problem, wie ursprüngliche Einheit gedacht werden muss, wenn die Perspektive, aus der sie sich dem Denken stellt, unhintergehbar und unüberholbar der endliche Daseinsvollzug bleibt. Könnte dann nicht auch die „Differenz" als „eschatologische Differenz" Sinn gewinnen, die jede gegenwärtige „Sinnerfahrung" durchzieht und in ihr die Frage nährt, ob das ursprüngliche Eine, das sich in alles differenziert (hat), das „Eine" nur *ist*, indem es alles in allem sein *wird*?

Dieter Henrich zu Johann Reikerstorfer

Hoffnung und Sammlung des Lebens

1.

Dem Verfasser bin ich dankbar dafür, dass er so viel Mühe darauf gewendet hat, meine philosophischen Überlegungen vom Zentrum seiner eigenen Theologie her aufzunehmen und zu durchdenken. All das, von dem er sieht, dass es sich in diese Theologie einfügen lassen möchte, fasst er in eigenständigen Formulierungen und versucht, es zu einer Erweiterung der Begründungen seiner eigenen Perspektiven zu nutzen. Dabei verstärkt er das Gewicht einiger Gedanken, die ich zuerst in dem Buch *Denken und Selbstsein* entwickelt habe. Man sieht bald, dass seine Absicht vor allem darauf geht, aus meinen Texten einen möglichst engen Zusammenhang zwischen der Subjektivität und der Weltbeziehung herauszuheben. Ist das doch eine Voraussetzung dafür, dass die Subjekttheorie zu seiner eigenen Konzeption beitragen kann. Sie will einen ‚weltfähigen Glauben' beschreiben und begründen, der auch der gegenwärtigen Weltlage gewachsen ist und der in sie eingreifen kann. Wo Reikerstorfer sich beim Herausheben einer solchen Linie nicht sicher ist, ob meine eigenen Intentionen mit seinen Akzentsetzungen vereinbar sind, da merkt er dies ausdrücklich an. Bald zeichnen sich dann aber auch Zweifel und Vorbehalte ab. Im Schlussteil seines Textes führen sie zu gewichtigen Anfragen an mich. In ihnen legt mir der Autor nahe, ihm in einigen Grundzügen seines eigenen Projektes von meinem Ansatz her beizutreten. Aber er ist wohl auch geneigt, für den Fall, dass bei mir zu viele Gründe dagegen stehen, die sich aus Grundzügen meiner Überlegungen ergeben könnten, dies als Folge eines Defizits in dem Ansatz der Subjektivitätstheorie vor den Aufgaben der Zeit und eines Lebens zu verbuchen, das sich vor ihr verantworten und in ihr bewähren kann.

Diese Anlage des Beitrages macht es mir leicht, auf ihn einzugehen. Seine expliziten Bezugnahmen auf meine Texte nehmen es mir ab, dabei weit ausgreifen zu müssen. Ich bin mit dem Autor auch in vielem einig, so zunächst einmal darin, dass mit der Verständigung über die Dynamik der Subjektivität des Menschen eine Aufgabe gestellt ist, die für ein Verstehen der Religionen untereinander ein besonders geeignetes Feld bereitet. Er sieht des weiteren richtig, dass für mich das Zentrum jeder Religion an Erfahrungen gebunden ist, die mit dem denkenden Überstieg des bewussten Lebens zu seinem Grunde in einem Zusammenhang stehen. Schließlich stimme ich ihm zu, wenn er sagt, dass dieser Überstieg zwar im endlichen

Leben seinen Ausgang hat, dass die Beziehung zwischen Grund und Leben dann aber ebenso in der umgewendeten Richtung, also vom Grund her verstanden werden muss.

Die Umkehrung dieser Beziehung darf freilich nicht dahin führen, dass nun vom Grund her auf das endliche Leben vielerlei Ansinnen ergehen und als gegründet erscheinen sollen, die nicht in der Bewegung, die zu dem Überstieg geführt hat, eine Fundierung und eine Adresse haben. Die Bewegung, die nach dem Überstieg zu einer Bewegung im Ausgang vom Grund umgewendet wird, ist immer auch Rückkehr zu sich; und sie geschieht, *während* der Überstieg weiterhin vollzogen und nur auf neue Weise erfahren wird. Was in der Religion Glauben bedeutet, ist kein fixer Gemütszustand, sondern ein komplexes Geschehen im bewussten Leben. So kann sich auch der Grund in dem Lebens, das dem Grunde entspricht, nur insoweit ‚zur Erscheinung bringen', wie sich das endliche Leben mit dem, was seinem Selbstsein eignet und was es ermöglicht, in dieser seiner Entsprechung verstehen und sammeln kann. Die Aufgabe eines anderen, eines eigentlich theologischen Gesprächs könnte es sein, nunmehr zu klären, inwieweit daraus eine zureichende Grundlage für eine theologische Dogmatik zu gewinnen wäre.

Der zweite und der dritte Abschnitt von Reikerstorfers Text entwickeln eine Reihe von Überlegungen, in denen Vorzüge aufgewiesen werden, welche sich auch für die Erklärung theologischer Begriffe und Symbole durch den Einsatz bei der Verständigung über das bewusste Leben ergeben könnten. Besonders überrascht hat mich des Autors Versuch, in diesem Zusammenhang eine neue Interpretation für die ‚analogia entis' zu gewinnen. Kant hatte betont, dass Analogien nur zwischen Erscheinungen aufgewiesen werden können; das Intelligible lasse sich auf keine Weise analogisch in Beziehung zu Erfahrungen verstehen. Aber Reikerstorfers Argument scheint mir doch schlüssig zu sein: Wenn nämlich der Grund des bewussten Lebens in einer spekulativen Begriffsform erschlossen wird und wenn dann weiter das endliche Subjekt unter der Voraussetzung derselben Begriffsform verstanden wird, dann muss es auch erlaubt sein, das Verhältnis beider als analogisch zu beschreiben. Allerdings setzt das voraus, dass zuvor die Ausbildung der spekulativen Begriffsform auf eine andere Weise hat gerechtfertigt werden können. Die Analogie ist dann also nicht mehr eigentlich ein Erkenntnisweg, sondern eine Form der Beschreibung von Relationen innerhalb einer spekulativen Begriffsform.

Das Interesse von Reikerstorfer an der Beschäftigung und der Auseinandersetzung mit meinen Arbeiten konzentriert sich, wie gesagt, auf einen Übergangs- und Vermittlungspunkt in ihnen, nämlich auf den Zusammenhang zwischen der Selbstbeziehung der Subjektivität und ihrer Weltbeziehung. Er sieht, dass ich dem bewussten Leben die ständige Bemühung darum zuschreibe, sich selbst als inbegriffen in einem Ganzes zu verstecken, in dem es einen Ort hat und aus dem es eine Rechtfertigung findet. Dazu muss es Gedanken von ‚Integrationswelten' entwerfen und sich selbst als

Glied einer solchen Welt begreifen. Diese Welten sind sowohl von der alltäglichen Lebenswelt als auch von dem Universum der Objekte der Physik zu unterscheiden. Reikerstorfer verbindet diesen Weltbezug, der aus der Notwendigkeit zur Selbstdeutung des bewussten Lebens hervorgeht, meines Erachtens zu direkt mit jener anderen ursprünglicheren Weltbeziehung, in der sich Alltagswelt und wissenschaftliche Welt allererst aufbauen. Im Ganzen des bewussten Lebens sind sie allerdings wirklich gleichermaßen verankert.

Reikerstorfer nimmt auch mit Zustimmung auf, dass ich in neueren Veröffentlichungen die Subjektivität mit der ursprünglichen Weltbeziehung so verschränkt habe, dass sich von da her eine Erklärung der Leiblichkeit der Subjekte und der Weisen ihres Mitseins gewinnen lässt. Der Nachweis, dass eine Philosophie, welche beim Subjekt einsetzt, diese Aufgaben besser lösen kann als eine Theorie, für die Intersubjektivität die erste und die letztlich gründende Tatsache ist, befreit die ‚Subjektphilosophie' von dem für eine Weile modischen Vorwurf, aufschlussschwach zu sein und einem vergangenen ‚Paradigma' verhaftet zu bleiben. Dieser Vorwurf wirkt allerdings inzwischen selbst ziemlich vernutzt und abständig.

Bei der Erklärung des Übergangspunktes zwischen Selbstsein und In-der-Welt-Sein muss man nun allerdings darauf achten, auf welche Weise diese Übergänge ausgewiesen werden. Denn davon hängen auch die Folgerungen ab, die auf ihnen aufgebaut werden können. Reikerstorfer sagt mit Recht, dass der Weltbeziehung und der Intersubjektivität insofern dieselbe Unmittelbarkeit zukommt, die auch der Selbstbeziehung als solcher zuzusprechen ist, als auch sie nicht durch Schlussfolgerungen des Menschen initiiert werden müssen. Sie treten zusammen mit der Selbstbeziehung ein. Das ist unangesehen dessen so, dass die philosophische Analyse im Ausgang von der Selbstbeziehung zu den Weisen des In-der-Welt-Seins hinführen muss. Daraus folgt in der Tat, dass Erfahrungen des Mitseins vorgängig sein können gegenüber der Ausbildung von demjenigen Für-sich-Sein, das sich als solches erfasst, sich von allen anderen Verhältnissen abhebt und sich auf sich selbst stellen kann. Es folgt ebenso, dass Gedanken, die von der Welt ihren Ausgang nehmen, in den Aufbau der Selbstdeutung des Selbsteins einwirken können. Auch jene Gedanken, die dem Grund des eigenen Lebens gelten, sind keine Bildungsgüter oder Resultate von eingeübten Schlussfolgerungen. So ist es möglich, dass sich zwischen dem aufkommenden Selbstsein, der Weltbeziehung in Leiblichkeit und Mitsein und Gottesgedanken ein Netzwerk ausbildet, in das der Mensch hineinwächst. Man kann in ihm durchaus, wenn auch in einem gegenüber dem transzendentalen erweiterten Sinn, ein holistisch verfasstes Grundverhältnis sehen. In Beziehung auf es argumentiert Reikerstorfer häufig dahingehend, dass Einwände gegen die Welt- und die Gottesbeziehung des Menschen ‚zu spät' kommen, wenn sie meinen, nicht von der immer schon gegründeten Realität dieser Beziehungen ausgehen zu müssen.

Obwohl dies alles zutrifft, ist aber doch daran festzuhalten, dass das Selbstsein und die Dynamik, die in ihm wurzelt, auch für die Ausbildung dieses komplexen Beziehungsganzen die eigentlich konstitutive Bedeutung hat – und zwar insofern, als sich das Muster ihrer Verknüpfung nur von dem Für-sich-Sein der Subjektivität her begreifen lässt. Des Weiteren muss man sehen, dass die Welt, von der das Subjekt nicht abzuscheiden ist und die in vielem Heideggers Welt als Bewandtnisganzheit und Habermas' Lebenswelt entspricht, nicht jene feste Fügung und Verlässlichkeit hat, die ihr häufig zugeschrieben wird. In meinem *Versuch über Kunst und Leben* habe ich näher dargelegt, wie gerade aus dieser Weltform und ihren Ambivalenzen die Notwendigkeit zu einer Verständigung in einer anderen Gestaltung und Deutung dieser Welt ausgeht, die dann als Integrationswelt gelten kann. Alle großen Kunstproduktionen sind darauf ausgegangen, eine solche Welt zu erschließen, und große Kunst gäbe es gar nicht, wenn die primäre Welt aus sich selbst heraus verständlich und dem Subjekt auf immer Heimat wäre. Ich denke, dass dem allen auch etwas in der christlichen Grundlehre entspricht. ‚In der Welt habt ihr Angst' – diese lapidare Aussage schließt ein, dass unsere Lebenswelt von einem bedrohlichen Dunkel durchherrscht ist. Die Verheißung, die sich an diese Diagnose anschließt, stellt jedoch mehr noch als ein tieferes Verstehen dieser Welt in Aussicht, durch das sie erst ganz vertraut werden könnte. Sie lässt die Hoffnung in eine ganz andere Sphäre des Lebens ausgreifen, in der die Weltbindung geschwunden und die des Menschen eigentliche Heimat ist. Ein Element des Versprechens der Erlösung in einer ganz anderen Welt als der unseres gegenwärtigen Lebens teilt die christliche Verkündigung immer noch mit den gnostischen Befreiungsmythen. Man sollte also den Transzendenzbezug auch in der christlichen Verständigung über die Welt als ganze, aus dem sich eine Verwandtschaft mit Platon, Leibniz und Kant ergibt, gegenüber der Hoffnung auf eine bewahrende Verwandlung dieser unserer Lebenswelt nicht beiseite drängen.

2.

Alle diese Bemerkungen bereiteten die Antworten vor, die ich auf Reikestorfers pointierte ‚Befragungen' am Ende seines Textes geben kann. Ich hoffe, dass, was ich zu den ‚konkreten Bewährungsfeldern' zu sagen habe, zunächst einmal in sich einleuchtend ist und dann wirklich, wie Reikerstorfer es erwartet, auch die subjekttheoretischen Grundgedanken wird verdeutlichen können. Dabei gehe ich auf Reikerstorfers Nachfragen nicht je für sich, sondern in einem Zuge ein.

In meinen Versuchen über die Weisen des Mitseins findet sich auch eine Begründung dafür, warum Menschen als Subjekte über jede soziale Ordnung, in die sie eingebunden sind, hinausgreifen, sie in ihren Grenzen sehen und ihnen deshalb auch aktiv wirkliche Grenzen setzen können. Daraus lässt sich aber nicht unmittelbar folgern, dass jedem einzelnen Menschen für die Weise, wie sich bewusstes Leben auf diesem Planeten verwirklichen kann, eine Verantwortung zuwächst. Eine solche Folgerung könnte nur über ein ethisches Prinzip gewonnen werden, und sie ist durch keines von ihnen gedeckt. Eine Forderung an das wirkliche Handeln kann nur den Wirkungskreis des einzelnen betreffen. Nur in seltenen Fällen schließt diese Wirkungssphäre die Gestaltung einer Weltlage in sich ein. So kann, was der einzelne bewirkt, nur indirekt mit dem Schicksal des Ganzen verknüpft sein. Die Notwendigkeit der Rücksicht auf dies Ganze muss allerdings heute in allen Wirkungskreisen mit in den Blick kommen. Wo jedoch das Handeln aller Einzelnen zur historischen Aktion gebündelt werden soll, ist immer ein illusionäres Programm im Spiel und eine Verstrickung in die Paradoxie der Folgen das unabwendbare Resultat. An dieser Einsicht festzuhalten und aus ihr, mit Max Weber, die Folgerungen zu ziehen, ist inzwischen selbst zu einem wesentlichen Bestand in dem konkret durchgebildeten ‚Prinzip Verantwortung' geworden und kann deshalb auch einem weltfähigen Glauben nicht fremd sein.

Doch das Christentum ist wirklich eine universalistische Religion. Allen Völkern soll die befreiende Botschaft gelehrt werden, und Gottes Reich entspricht dem Imperium Romanum in dieser Universalität seines ökumenischen Anspruches – wenn es auch nicht von dieser Welt ist. Insofern entspricht diese Religion in der Antizipation des Blickes auf den Weltkreis der Situation der Menschheit, die erst in unserer Zeit historische Wirklichkeit geworden ist. In ihr hat der Blick auf die Lebenssphäre dieses kleinen blauen Planeten das Schicksal aller Menschen in ganz der gleichen Weise von der Bewahrung ihrer kosmischen Heimat abhängig werden lassen. In der Folge davon hat die freundliche Zuwendung zu den einzelnen Menschen aller Völker eine neue Dimension und einen weiteren Hintergrund bekommen. Die Verhältnisse, in die Menschen hineingeboren werden, müssen zusammen mit der Bewahrung der Lebensmöglichkeit der gesamten Menschheit zum Inhalt einer gemeinsame Sorge und einer besonnenen Gestaltungsenergie werden. Der gute Wille muss sich dabei mit der analytischen Kraft verbinden, welche die Situation, in der wir uns finden, in der Tiefe durchschaut und die Notwendigkeit und die Chancen, in ihr zu wirken, sicher zu erfassen vermag. Das Gebot zur Klarheit des diagnostischen Blicks und zur Einübung des langen Atems im Handeln ist dabei mindestens ebenso wichtig geworden wie der Appell zu einer passionierten Solidarität. Wenn dieser Appell nunmehr auch zu einem Engagement aufrufen muss, der die Menschen aller Länder im Blick hat, darf er doch nicht mit einem Appell zur Bewahrung des Ganzen verwechselt werden.

Auch in dem Zeitalter, in dem das Dasein der Menschheit ein wirkliches Handlungsziel geworden ist, muss doch das Leben eines jedes Einzelnen der Fokus selbst noch jenes klaren Blickes bleiben, der auf die politischen Aufgaben in der zusammengewachsenen Welt geht. Das erfüllteste Leben währt nur eine kurze Zeitspanne, und die Zeit eines jeden Lebens ist die in einer begrenzten Jetztzeit. Selbst für den, der, wie es heißt, lebenssatt stirbt, ist der Tod und der Verfall des Körpers zum Tode hin ein Skandalon. Das gilt trotz des anderen Schreckens, der von der Alternative zum Tod ausgeht, nämlich von der Aussicht auf ein irdisches Leben in dieser Welt, das niemals ein Ende finden könnte. Vor diesem Skandalon, dem jeder Mensch ausgesetzt ist, gewinnt das Leiden an provozierender Schärfe, das von Menschen anderen Menschen zugefügt wird oder welches Prozesse der Natur immerfort über ihn bringen. Solches Leid zu mindern oder zu wenden, wird als Impuls am ehesten dort freikommen, wo das Geschick des bewussten Lebens durchdacht und erfahren worden ist. Aber dieser Impuls und das Gebot zu solchem Tun bleibt zunächst einmal unabhängig von allen Gedanken an ein lichtes oder ein düsteres Eschaton dieser Welt.

Doch keine Solidarität auch in der Liebe kann jenes Skandalon aufheben und alle Lebenswunden heilen. Darum verlangt jeder Mensch, der auch nur dies weiß, nach einer Befreiung aus Lebenssorge und Bedrängnis aus noch einer anderen Quelle. So ist er bereit, den Zuspruch einer Hoffnung zu vernehmen, die ihn auf einen anderen Zustand verweist – sei es in einer anderen Welt, sei es in dieser Welt, dann aber als ein Gottesreich, in das er einmal zurückkehren darf und in dem ihn und denen, die er liebt, die Bürgerschaft verheißen ist.

Die Kraft all dieser Hoffnungen, Menschenleben wirklich zu tragen, ist in unserer Zeit bereits weitgehend hingeschwunden. Darauf hat hingewirkt, dass uns die Kosmologie das endgültige Ende alles Lebens auf diesem Planeten in sichere Aussicht gestellt hat, und lange vor dem schon das Ende der Menschheit. In meinem Buch *Ethik zum nuklearen Frieden* habe ich gezeigt, warum diese neue Welterfahrung einer naturalistischen Distanz zum besorgten Leben und dann auch einem praktizierten Nihilismus einen mächtigen Auftrieb geben musste.

Wohl sollte sich gerade die Philosophie der Zugkraft dieses Wissens nicht umstandslos unterwerfen. Wenn irgendwo, dann ist in ihr durch Platon, durch Leibniz und durch Kant die Potentialität dafür überkommen, dieser hinfälligen Erfahrungswelt eine ganz anders verfasste Weltform zu unterlegen. Dafür könnte sie sogar in der wissenschaftlichen Ontologie unserer Zeit, der theoretischen Physik, vielfältige Unterstützung mobilisieren. Dennoch müssen wir wohl davon ausgehen, dass es nicht gelingen kann, allein aus einer Hoffnung, die auf eine solche Welt hin orientiert ist, dem Sog zur Resignation in die bloße Faktizität entgegenwirken. Ohne das, was theologisch ‚präsentische Eschatologie' heißt, wird keine andere Reaktion auf das, was wir wissen, als die tapferer Resignation in das Faktische des Lebens freikommen können. Sie kann in sich die Hoffnung auf eine andere Welt, die uns unausdenkbar ist, wohl gewähren lassen und ihr sogar einen eingegrenzten Platz freimachen. Doch darauf, dass solche Hoffnung sich erfüllt, wird auch für den Christen nicht mehr, so wie ehedem für Paulus, schlechthin alles gestellt sein dürfen.

Reikerstorfer erinnert daran, dass ich selbst meine, jede Innigkeit der Lebensnähe sei eine Instanz gegen die Gottes-losigkeit des Lebens. In dem kleinen Buch mit dem Titel *Endlichkeit und Sammlung des Lebens* habe ich vor kurzem versucht, verstehbar werden zu lassen, warum selbst unter dem Schreckensregime eines plansicher praktizierten Nihilismus dessen Opfer in Elend und Ausweglosigkeit doch der Sammlung ihres Lebens nicht beraubt werden konnten. Wenn dies wahr ist, dann darf man auch an der allgemeinen Aussage festhalten, dass kein Leben in dieser seiner irdischen Existenz gänzlich verloren ist. Im Grunde auch des verzweifelten Lebens könnte man dann auch ein Wissen von der Affirmation aufzuspüren suchen, unter der sich dieses wie jedes Leben vollzieht. Es ist klar, dass daraus folgt, solches müsse auch für den gesagt werden, dessen Leben von Schuld entstellt ist oder von dem, was vielleicht ‚Sünde' zu nennen ist.

Ich muss wohl zugeben, dass dies wie ein Paradox anmutet, vor dem manchem die unausdenkbare Hoffnung auf eine Erfüllung aller Leben nach einer letzten Verwandlung als das kleinere Paradox erscheinen wird. Aber für beide, jenen stoischen Gedanken und diese Hoffnung, ist wohl eine ihnen immer noch gemeinsame Voraussetzung die negative Theologie in ihrer Gottesrede. Reikerstorfer hat sie unlängst in einem schönen Aufsatz als Voraussetzung der Theologie einer tätigen Hoffnung in dieser Welt verdeutlicht, die ihn mit Johann Baptist Metz verbindet.

An die Wahrheit jener Aussage über den Sinnkern in jedem Leben zu glauben, ist – so muss ich nur hinzufügen – kein Substitut für die Erfüllung der Hoffnung auf einen gerechten Ausgleich unbilliger Lebensnot und frühen Hinscheidens unter dem Regime einer göttlichen Gerechtigkeit – eines Ausgleiches zumal angesichts des Kindertods und von kindlichem Leiden. Auch diese Aussage lässt also die Theodizee-Frage an diesem für sie gewiss sensibelsten und wesentlichsten Punkt in eine negative Antwort münden: Wir können unser Leben auch in unserem Glauben an seinen unbedingten Grund nicht an die Alternative binden, dass entweder jene Hoffnung auf einen Ausgleich sich erfüllen wird oder dass unser Glaube eitel gewesen ist. Dann aber bleibt dem Christen nur die andere Hoffnung, die manchen wie eine Blasphemie anmuten mag, dass nämlich auch die Not des Lebens in Gottes Segen geborgen ist. Das ist aber etwas ganz anderes als der Ausdruck einer Bequemlichkeit des Denkens oder des Herzens, nämlich ein Resultat, zu dem man in dem Willen, aufrichtig und wahrhaftig zu sein, geführt worden ist. Man kann also eine solche Denkart durchaus nicht dessen bezichtigen, dass aus ihr die Gleichgültigkeit des Mitfühlens und eine Trägheit im Handeln als Folgerungen hervorgehen müssen. Passioniertes Mitsein und die befreiende Gewissheit in der Liebe kann gerade aus dem Wissen davon hervorgehen, dass kein Menschenleben in seiner Endlichkeit die Erfahrung der Lebensnot jemals ganz hinter sich lassen kann.

Hinweise zu den Autoren

Dieter HENRICH, geboren 1927 in Marburg, Abitur 1946, Promotion in Heidelberg 1950, Lehrstuhl in Berlin 1960, Heidelberg 1965, München 1981, ständiger Gastprofessor Columbia University New York ab 1968, dann Harvard Universität 1973–1984; u.a. Ehrenmitglied der American Academy of Arts and Sciences und Dr.theol.h.c. der Universitäten Münster (katholisch) und Marburg (evangelisch). Hölderlin-, Kant- und Hegelpreis unter anderen Preisen, darunter der Deutsche Sprachpreis 2006.
Historische und systematische Veröffentlichungen, darunter *Der ontologische Gottesbeweis* (1960), *Identität und Objektivität* (1976), *Fluchtlinien* (1982), *Der Grund im Bewusstsein* (1992), *Versuch über Kunst und Leben* (2001), *Denken und Selbstsein* (2007).
Henrich hat eine Philosophie, die sich an die Grundtatsache der Selbstbeziehung im bewussten Leben anschließt, gegen die vorherrschenden Tendenzen in der Philosophie des 20. Jahrhunderts entwickelt. Er gilt darum als Begründer einer gegenwärtigen Theorie der Subjektivität. Sie soll dahin führen, die Problemstellungen der Transzendentalphilosophie und der Analyse der Existenz des Menschen zusammenzuführen. In diesem Zusammenhang hat Henrich dann auch die Notwendigkeit von letzten Gedanken des bewussten Lebens und von Abschlussgedanken der Philosophie als Basis für die Begründung einer Metaphysik oder eines Denkens des ‚Absoluten' in der Moderne entfaltet. Damit hat er auch bei Theologen viel Interesse gefunden. Im Übrigen sind zahlreiche Lehrstuhlinhaber für Philosophie in aller Welt seine ehemaligen Schüler.

Ulrich BARTH ist Professor für Systematische Theologie an der Theologischen Fakultät der Martin-Luther-Universität Halle-Wittenberg.

Konrad CRAMER ist emeritierter Professor am Philosophischen Seminar der Georg-August Universität Göttingen.

Jörg DIERKEN ist Professor für Systematische Theologie mit den Schwerpunkten Ethik und Religionsphilosophie am Fachbereich Evangelische Theologie der Universität Hamburg.

Christoph JAMME ist Professor für Philosophie am Institut für Kulturtheorie, Kulturforschung und Künste der Universität Lüneburg.

Dietrich KORSCH ist Professor für Systematische Theologie am Fachbereich Evangelische Theologie der Philipps-Universität Marburg.

Raimund LITZ ist Lehrbeauftragter am Seminar für Philosophische Grundfragen der Theologie an der Katholisch-Theologischen Fakultät der Westfälischen Wilhelms-Universität in Münster.

Klaus MÜLLER ist Professor für Fundamentaltheologie und Religionsphilosophie sowie Direktor des Seminars für Philosophische Grundfragen der Theologie an der Katholisch-Theologischen Fakultät der Westfälischen Wilhelms-Universität in Münster.

Johann REIKERSTORFER ist Professor für Fundamentaltheologie an der Katholisch-Theologischen Fakultät der Universität Wien.

Violetta L. WAIBEL ist Professorin am Institut für Philosophie der Universität Wien.

Akademie Verlag

Staat und Religion in Hegels Rechtsphilosophie

Andreas Arndt, Christian Iber, Günter Kruck (Hrsg.)

Hegel-Forschungen

2009. 161 S. – 170 x 240 mm, Festeinband, € 89,80

ISBN 978-3-05-004637-2

Für Hegel findet der durch die Konfessionsspaltung zerrissene moderne Staat, indem er Religion und Politik trennt, sein Gravitationszentrum in sich selbst. Erst durch die Trennung von einer bestimmten Religion könne der Staat auch weltlichen und religiösen Geist versöhnen, sofern sich die Religion dem sittlichen politischen Gemeinwesen einordnet, sich der Sittlichkeit des Staates unterordnet. Diese Sittlichkeit wird jedoch gleichermaßen vom politischen wie religiösen Fanatismus bedroht.

Das Verhältnis des modernen Staates zur Religion ist bis heute spannungsreich geblieben. Während christliche und islamische Fundamentalisten das Prinzip der Moderne umfassend revidieren und den Staat der Religion unterordnen wollen, gibt es auch unterhalb solcher Fundamentalismen Versuche, mit religiös motivierten Vorstellungen Einfluss auf den Staat zu nehmen. Umgekehrt garantiert der moderne Staat die Freiheit der Religionsausübung, was es notwendig macht, politische Vorstellungen ungeachtet ihrer Motive rein rechtlich zu bewerten.

Hegels Theorie, dass der Staat nur dadurch, dass er sich von einer bestimmten Religion trennt, Religionen und Staat miteinander versöhnen könne, ist angesichts jüngster Konflikte und Konfliktpotentiale von größter Aktualität. Die vorliegende Band stellt sich zur Aufgabe, Hegels Theorie unter Einbeziehung aller einschlägigen Texte zu rekonstruieren sowie ihre Bedeutung in den damaligen und heutigen Kontexten zu erörtern.

Mit Beiträgen von Samir Arnautovic, Andreas Arndt, Stefanie Ertz, Christian Iber, Walter Jaeschke, Otto Kallscheuer, Jindrich Karasek, Günter Kruck, Friedrike Schick, Lu De Vos und Mirko Wischke.

www.akademie-verlag.de | info@akademie-verlag.de